中国儿童电影研究丛书

# 于蓝
# 纪念
# 文集

A COLLECTION

COMMEMORATING YU LAN

黄军 李镇 主编

中国广播影视出版社

**图书在版编目（CIP）数据**

于蓝纪念文集 / 黄军，李镇主编．-- 北京 ：中国广播影视出版社，2023.3
（中国儿童电影研究丛书）
ISBN 978-7-5043-8943-5

Ⅰ．①于… Ⅱ．①黄… ②李… Ⅲ．①于蓝（1921-2020）－纪念文集 Ⅳ．① K825.78-53

中国版本图书馆 CIP 数据核字（2022）第 229889 号

于蓝纪念文集

黄军　李镇　主编

| | | |
|---|---|---|
| **责任编辑** | 余潜飞 | |
| **封面设计** | 智达设计 | |
| **责任校对** | 龚　晨 | |

| | | |
|---|---|---|
| **出版发行** | 中国广播影视出版社 | |
| **电　话** | 010－86093580　010－86093583 | |
| **社　址** | 北京市西城区真武庙二条9号 | |
| **邮　编** | 100045 | |
| **网　址** | www.crtp.com.cn | |
| **电子信箱** | crtp8@sina.com | |

| | |
|---|---|
| **经　销** | 全国各地新华书店 |
| **印　刷** | 北京金康利印刷有限公司 |

| | |
|---|---|
| **开　本** | 787 毫米 × 1092 毫米　1/16 |
| **字　数** | 400（千）字 |
| **印　张** | 24.75 |
| **版　次** | 2023年3月第1版　2023年3月第1次印刷 |

| | |
|---|---|
| **书　号** | ISBN 978－7－5043－8943－5 |
| **定　价** | 99.00 元 |

# 编 委 会

**主 编** 黄 军 李 镇

**编委会**（以姓名笔画为序）

匡晓林　刘利红　李剑平　李泽坤

李　镇　余　韬　张　玲　陈　静

郦　虹　徐天福　唐　科　黄　禾

黄　军

本文集由"中国文学艺术基金会关心下一代儿童电影发展专项基金"资助

# 序

　　于蓝是谁？于蓝是无产阶级文艺战士、革命艺术家，是中国新时期儿童电影事业的开拓者，是新中国儿童电影的一面旗帜，也是新中国最美奋斗者。她是一个为了中国的儿童电影殚精竭虑、百折不挠的人；一个为了让中国的孩子能看上好的儿童电影而不畏艰难困苦、不计个人得失，四处奔走，筚路蓝缕，甘愿俯首弯腰的人；一个为了护住新中国儿童电影品牌能够委曲求全最后又能顾全大局的人；一个和风细雨，循循善诱，善于团结志同道合者一起奋斗到底的人；一个精神世界比较纯粹而且追求高尚的人，一个以演英雄做英雄作为人生境界追求的人，一个有益于少年儿童心智健康的人；一个有益于中国电影事业全面发展的人；当然也是一个有益于人民的人！

　　于蓝的精神是什么？不同的人，不同的目光，从不同的角度，不一样的视点与距离，感受与表述会不一样。正是这些多样的感受与表述，勾勒出了于蓝的精神雕像，比较立体地呈现出了于蓝的精神的血肉形象，让我们看见以于蓝为代表的中国电影界，特别是儿童电影领域里于蓝的精神蓬勃绽放！所以，于蓝的精神不仅仅是于蓝老师一个人的精神，是所有为了中国儿童电影事业、为了中国孩子精神世界的审美与道德的提升而努力奋斗的电影工作者的精神集合。作为晚辈，就我个人的感受和理解，于蓝的精神，是对新中国的儿童电影事业充满激情与理想，对中华民族的未来生命充满爱的使命感与崇高的责任感，以及时不我待的紧迫感，总是看到中国未来的生命的美好与光明。为了这个美好与光明，以革命艺术家的精神与意志，不忘初心，克服

困难，呕心沥血，与志同道合者携手奋斗，几十年如一日，坚韧执着，勇往直前。对未来充满希望，对现实坚定信念！

我们纪念她，感念她，以此激励起为神圣的儿童电影事业一往无前的力量。

百年于蓝，应运而来，归去自然。

云自随风去，依旧念蓝天！

黄　军

2022 年 9 月 10 日

# 目　录

## 于蓝谈艺

## 于蓝访谈

## 众说于蓝

## 研讨实录

# 于蓝年谱

# 于蓝谈艺

# 难忘的课程

## ——《在延安文艺座谈会上的讲话》发表二十周年有感（1962）

毛主席《在延安文艺座谈会上的讲话》这一重要的历史文献发表二十周年的前夕，我又一次重读了毛主席这个重要著作，同时回顾了自己的创作道路，感触很多。在许多感想中，我体会到有一点对我来说是最重要、最可宝贵的，那就是作为一个演员，要永远地保持充沛、饱满的革命热情，关心并投入到群众的火热斗争中去，并在生活和斗争中不断改造与提高自己。这些看来似乎是老生常谈的道理，但它确实是十分重要的，而且是随时随地左右和影响着自己的创作能力。当一个演员真正进入创作境界之后，它便成为你整个创作的动力，会影响你创作的倾向、风格、和艺术形象的魅力。

因为只有当你对美好的事物、新的生活产生由衷的激情，才能有强烈的发自内心地要歌颂它、赞美它的欲望，这时，也才可能把自己感受的一切，通过所创造的形象传达给观众，来感染观众。

当然要获得这种创作的能力并不是轻而易举的，我的短短的但是曲折的创作经历使我深深地体会到它的复杂性和艰巨性。

## 文艺新兵的苦闷

1939 年时，我才十八岁，那时还没有做专业演员（在抗大学习），只参加一些业余的文艺活动。1939 年的冬天，学校为了纪念"一二·九"演出了五幕话剧《一二·九》，我扮演其中主要角色学运领袖之一。由于当时被革命浪潮所推动，革命热情很高，再加之自己也熟悉学生生活，因此这次演出得到抗大同学以及校外观众的热烈欢迎，我也被他们誉为有希望的业余演员

之一，大约这就是我以后成为专业演员的基础了。不久，我真的转入鲁艺参加了专业的话剧工作（在延安鲁艺实验话剧团担任演员工作）。这时虽然经常参加演出，却很少获得像演出《一二·九》那样的赞许，甚至有时还遭到有的人的讥讽。如有一次我扮演《佃户》中一个农村姑娘，曾被人讽刺为在扮演"英雄与美人"。听到这种反映，内心当然难受，我还为此流过眼泪。后来才逐渐明白，我虽然是穿着农民的服装，但思想感情、语气、动作完全是小资产阶级的。知道了毛病所在，可仍然找不到正确的解决途径。我曾经把希望寄托于更多的舞台实践，后来，又接着演了好几个戏，应该说舞台生活比较熟悉了，可表演上仍然没有根本的起色。舞台实践并没有解决创作上的问题。怎么办呢？于是，我又想求助于斯坦尼斯拉夫斯基的表演方法，但也没有获得预期的效果。我沉溺在苦恼中，把希望寄托于渺茫的未来……

## 为工农兵服务的第一步

正当我处于彷徨、苦闷不知所措之时，延安开始了伟大的"整风运动"，1942 年 5 月党又召开了延安文艺界的座谈会，在延安文节界中掀起了空前未有的学习热潮，针对当时延安某些文艺作品的错误倾向（如王实味的《野百合花》、丁玲的《三八节有感》等作品），以及较普遍存在的"关门提高"等问题进行了批判。这次学习震动了我的思想，使我这个年轻的文艺新兵受到一次启蒙教育，开始认识到革命文艺应该面向什么人、为什么人服务的问题。

有了认识，不等于就能正确地行动。1942 年 5 月间初步学习了会议文件之后，在这个学习热潮下，7 月间为了纪念抗战五周年，我们鲁艺到茶坊进行一次"七月窗传"为工人和附近农民巡回演出。这也是我第一次参加的为工农兵演出。当时我在苏联活剧《海滨渔妇》中扮演一个反法西斯斗争中的乌克兰姑娘。这次演出的节目全是和我国抗战没有多大联系，和陕北的农村生活也毫无关联的西洋音乐和外国话剧。由于生活习惯、语言、动作以及生活内容和艺术形式都是当时当地群众所不熟悉、不了解的，所以一点儿也没有得到观众的欢迎。再加上我们以为给工农兵演出就是为工农兵服务，因此下去后只是晚上演出时在舞台上和工农丘见面，本常根本没有和他们发生联系，甚至连主动去听取一下群众对演出的意见都没有，更谈不上深入工农兵群众和他们交朋友谈知心话了。这次巡回演出，去时热热闹闹，归时冷冷清清，群众不赏识，英雄无用武之地。群众为什么不欢迎我们的演出？我们的演出怎样才能获得工农观众的喜爱呢？我心里画上了一连串的问号。

## 热火朝天的新秧歌

回来之后，整风学习更深入了，大家在政治思想和文艺思想方面都进一步得到提高。我们的学校鲁艺特别针对"关门提高"和"洋教条"做了深入而热烈的检查和讨验。这时我才明白了：不仅要有为工农兵服务的愿望和热情，而且"只有用工农兵自己所需要、所便于接受的东西"去为他们服务才能达到真正服务的目的。而根据当时的情况正如毛主席所指出的："对于他们，第一步需要还不是'锦上添花'，而是'雪中送炭'。"然而，到底什么样的创作才是"雪中途炭"呢？我还无法得到答案。

冬去春来，1943年的元旦就要来到了。这时领导上发动全院同志准备一些节目，与当地群众联欢，共贺新年，并宣传中共中央新颁布的抗日救国十大政策。领导要求这次宣传不仅内容能使群众懂得，而且形式上要使群众喜闻乐见。全院同志热烈响应号召，特别是一些熟悉民间文艺的同志们（像安波、王大化、贺敬之、李波、单路由、刘炽等同志）就大大地发挥了他们的才能，搞出了花鼓、旱船小车以及大秧歌等许多节目。这一次一走出大明就意外地博得了群众的热烈欢迎，群众称它为新秧歌，许多群众追赶着看个不够，就是干部也追随着秧歌队流连忘返。被群众誉为"鲁艺"家的秧歌就这样出了名。在这次胜利的演出之后，周扬同志召集了会议进行总结。他指出这次虽然成功了，但还是一个开始，我们的工作中还有缺点，列如我们的秧歌是新秧歌就应该表现新时代的人物，旧秧歌中开化劳动人民的地方必须抛弃（这是指秧歌队中的化装仍把一些农民形象画上三花脸或是丑婆子等现象）。经过周扬同志的帮助，大家信心百倍，以更认真严肃的态度来对待这有历史意义的新秧歌运动了！

接着，春节来到，"鲁艺"秧歌队以配合春节的宣传中心拥政爱民、拥重优属为主题创作了更多的新节目，特别歌颂了边区军民自力更生、发展生产的劳动精神。真是内容丰富，花样繁多，大秧歌中丑化劳动人民形象的三花

脸和丑婆子再也没有了，而代之以新社会的工、农、兵、学、商、妇女、儿童等各色人物。最轰动的要算王大化同志与李波同志合演的小秧歌剧《兄妹开荒》了。这次演出的盛况真是空前，秧歌队每到一处都是漫山遍野地坐满了人群，广场上还里三层外三层地站满了观众。他们聚精会神，兴致勃勃，目不转睛地注视着广场上的表演，不时被剧情引逗得发出欢畅的笑声。欢乐之声山震谷荡，响彻了革命圣地，鼓舞着山谷的广大人民，也激荡着我们这些年轻文艺工作者的心弦。群众的欣赏热情给我上了生动的一课，我脑子里的问号逐渐得到解答，深深体会到"雪中送炭"不仅是要把节目送上门，更重要的是要表现他们的生产和斗争，他们所熟悉、所关心的生活和他们的思想情感。特别是要用他们自己的语言和他们所喜闻乐见的文艺形式。

## 到唯一的最广大、最丰富的源泉中去

这一年的冬天，中共中央西北局决定将鲁艺和其他几个专业团体，分别派到陕甘宁边区的五个分区去劳军和给当地老乡演出，并把秧歌运动普及到各个分区去。鲁艺去的地方是绥德分区。这个决定成了我们每个人的自觉要求，大家都急于想赶快到群众的火热斗争中，可领导上此时偏偏不要我们匆促下乡，要我们不仅排练好演出的节目，更重要的是要在思想上作好深入细致的准备。为我们请了许多下过乡的同志介绍他们的下乡经验，领导上还再三告诫我们：不仅要有和群众一起生活的决心，并且要懂得怎样和他们生活在一起。这首先要求我们放下知识分子的架子，改变小资产阶级那一套脱离群众的生活方式……这时候我俩开始走向崭新的战斗生活。我就像刚入伍的八路军新战士一样，学习着怎样给群众打扫房屋和场院；给老乡担水；用陕北方言和她（他）们拉着家常……几个人挤在老乡的一铺热炕上，没有人吵着太热或太挤睡不着觉了，也没有人不顾实际条件地讲究卫生了。这样，我们就像吸铁石一样，每到一处，都有些老太太、小媳妇、大姑娘或者老大爷把我们围得紧紧的，那种融洽的关系有如暖流一样温热着我们的心，再没有七月宣传那种冷冷清清的滋味了。

其实自从参加革命之后，我有不少可以接触农民群众的机会，却熟视无睹，几年来一直关在自己小资产阶级的王国里和群众格格不入。这时当我突破了这个小圈子真正接触了工农群众，我感到不仅生活充实丰满而且眼睛也突然明亮起来。短短的四个月很快地就过去了，但给我这个文艺新兵留下了新鲜难忘的生活感受。一幅幅生动的生活景象，各种各样的农民形象，他们的劳动热情、工作智慧以及生活中的幽默都久久地萦绕在我的脑际之中。这时我才开始懂得了毛主席所讲"生活是文学艺术唯一的源泉"的道理。像我这样一直生长在大城市刚刚迈出学校大门，根本没有什么生活阅历的青年，是在经过了一段长时期的摸索和实际生活的教育之后，才开始真正领会这一似乎很平凡的真理。

　　这里，我回想起影响我表演创作的一个深刻难忘的生活片段：有一次，我们在双谷峪参加群众一个追悼公安烈士的大会，无数的民兵扛着红缨枪，无数群众列着整齐的队伍前来，静静的会场给人一种肃穆庄严的感觉。忽然大家目光都转向人群的背后，我也抬头望去，原来远处一个农民牵了一头毛驴朝着会场走来，驴上坐一个身穿素服的中年妇女，由她脚上的白鞋和她沉重的心情，我很快明白这是烈士的妻子。她垂着头无言，也没有哭泣，在她悲痛的眼神里，我好像看到一种不同于一般农村妇女的精神状态，那是什么呢？我不能一下解答，也不能忘却。晚上我躺在炕上苦苦地反复思索，终于我懂得了她那不同于一般农村妇女的眼光，就是觉悟和力量。这是她在和丈夫长期共患难的战斗生活中所获得的。所以，在这沉重的打击下，她没有被悲痛压倒。她的形象给我留下了极深的印象，就像影子一样时时跟随着我，成了我不久以后创造大型歌剧《周子山》中张聚英（革命领导者马洪志之妻）形象的重要依据。也是我日后创作生活中，能捕捉到革命妇女形象和气质的重要起点。

　　《周子山》是根据我们鲁艺工作团在子洲县收集的材料，由王大化、张水华等同志编写的。这是一个描写陕北土地革命斗争的戏。剧本写好以后，一边巡回演出一边排练。那时排练反映土地革命斗争的戏是破天荒第一遭，虽然热情很高，由于我缺少土地革命时期的斗争生活，无论如何也排练不好，总显得很干巴，毫无兴味。后来我们在桃镇演出时，遇到一位申红友同志（区干部），他不仅参加过土地革命斗争，而且非常热爱戏剧。在这位老师的热情帮助下，戏的排练工作起了变化，马上生气勃勃，充满了浓郁的土地革命的时代气氛。例如：第一场戏是红军小队长谢玉林前来马家沟找当地革命领袖马红志，商量配合攻打黑龙寨的行动和布置计划。申红友同志从谢玉林一出场就要求演员脱下红军服装，化装成一个卖羊的老乡，手中执着羊鞭，这立即把演员的想象活跃起来了，再加上秧歌步伐和音乐节奏的配合，演员马上获得了创作的信念，在台上自如地动作起来。继之谢玉林来到我们家中（马红志家）的场面就更吸引人了，如接头时如何打暗号，在窑中谈话时如何用升斗遮蔽着灯光……在许多动作处理上，都给我们出了好主意。由于他的帮助，戏变得真实了，生动了。此外，他还具体地、耐心地教我（马红志妻）如何警觉地出去放哨、找人等许多斗争生活的细节。现在我们排演反映革命斗争的戏很多了，会觉得司空见惯，可在当时要排成这个样真不简单。这样，这个戏的演出获得了成功，从老乡到各级干部看了都非常满意。在这次排练中，申红友同志用他自己的斗争经历鼓舞了我们的创作热情，又用他丰富的生活经验哺育了我们每个角色的创造和成长。在申红友同志耐心帮助下，再加上实际生活的锻炼，以及那位烈士妻子的精神气质给予我的影响，我的角色创造就起了根本性的变化。这个形象不仅不再是穿着农民服装的女学生，也不同于一般演出中的普通农村妇女了，她是一个具有一定觉悟的质朴可亲的真实形象了！这次下乡给我在"艺术和生活"的关系上上了难忘的一课。

## 要永远保持充沛的革命热情

党的教育和实际斗争生活的磨炼，使我这个文艺新兵走上了一条正确的道路。在这以后几年中，我沿着这个正确的道路走，在思想感情上的确起了一些变化。全国解放后一两年内，由于在抗日战争和解放战争中的锻炼，那种深入生活、投入斗争的热情还很旺盛。特别是拍摄影片《翠岗红旗》时，有机会到老苏区江西瑞金一带深入生活，老苏区人民的生活斗争，都给我无限创作热情与生活依据。以后在抗美援朝的炽烈斗争中，我又有机会去朝鲜，在那里亲眼看到许多可歌可泣的英雄事迹。这些年间，又有许多亲切的体验，它们犹如甘露一般，一点一滴地滋润着我，成为我创作上的珍贵源泉。

但是，正如毛主席所说的："你要群众了解你，你要和群众打成一片，就得下决心，经过长期的甚至是痛苦的磨炼。"因为我对这个长期性和艰苦性认识不足、体会不深，因而曾经走了一段弯路。

当我演过一两部影片之后，遇到了提高艺术技巧的问题。怎样才能创造出真实生动而感染人的艺术形象呢？生活毕竟不能代替艺术呀！这的确是个实际问题。这个困难在一段时间内困惑着我，苦恼着我。这个困惑和苦恼本是我前进道路上一个可喜的现象，如果循着一条正确的道路追求下去，会得到很好的解决，从而使我的创作达到一个新的水平。可是我，背上了来自解放区的包袱，自认为思想改造和生活基础都差不多了，主要应该解决技巧的提高了。这样渐渐地，我就不再去关心与注意周围的生活和斗争，而把自己关在抽象的技巧之门里面。弄来弄去，技巧还是未抓到，个人得失的苦恼又来了。对周围的生活失去了热情和应有的激动，于是更苦闷、更困惑。按说向传统学习，观摩各个剧种及兄弟团体的演出、排练，都是学习表演技巧的重要途径之一。可是出现了一种奇怪的现象：我虽然热衷于技巧，但对艺术的高低、美丑、优劣失去了分辨的能力。许多美好的演出能激动很多同志，而我却无动于衷。我对这种状况感到恐惧和不安。后来我才明白，因为我只东鳞西爪地注意一些纯技巧的东西，而那个作为艺术整体的演出常常不在我注意的范围之内，因此任何演出激动不了我。可是电影、话剧中的演员表演，即便是一举手、一投足都与整个剧本所反映的角色生活密切相关，这种东鳞西爪地乱抓，又怎么可能有机地融汇在一个演员的创作上呢？！

大约是 1953 年的国庆，我有机会在天安门前观礼，当那检阅的礼炮轰鸣之后，军乐队奏起国歌，突然，我激动起来。一刹那间，我国人民艰辛的革命历程如江海一样澎湃在我的心胸之中，为革命烈士默哀的时刻我再也抑制不住自己的热泪。当我抬头看到祖国力量的大检阅，特别当我看到游行行列中的群众，对我国各族人民的领袖毛主席洋溢着强烈的崇敬和热爱时，幸福的感觉激动着我，我更抑制不住自己，流了好几次眼泪。同时，我又深深地自疚，不久前的一段时间内，我好像离开了这个朝气勃勃的生活，并且对这沸腾的斗争现实漠不关心。今天，我好像重新跟上了这个前进的队伍，又重新找到了我那最宝贵的革命激情。说也奇怪，就从这一天起，我发生了变化，眼睛似乎明亮起来，热情也充沛起来，对如火如荼的现实生活再也不是那种漠不关心的态度了。这个力量鼓舞着我，激动着我，使我丢掉包袱，

轻装前进，同时正确地去解决那摆在议事日程上的课题——如何提高表演技巧。

## 在火热斗争中提高洞察生活的能力

生活虽然不等于技巧，但生活总是创作技巧最重要的源泉。当然，要使生活成为创作技巧取之不尽用之不竭的源泉还必须具有一个条件：在群众火热斗争中，不断改造与提高自己的觉悟和认识，这样才能正确地和有效地去："观察、体验、研究、分析一切人，一切阶级，一切群众，一切生动的生活形式和斗争形式，一切文学和艺术的原始材料，……"才能提高洞察生活的能力。具有了洞察生活的能力，才可以使你敏锐地判断生活中的美丑、善恶，能帮助你从生活的海洋中捕捉到你所需要的许许多多形象素材，从而加以集中、概括，最终创造出生动的人物形象。我在高尔基名剧《小市民》中扮演达吉亚娜的时候就深深体会到这一点。

《小市民》中主人公别斯谢妙诺夫有一儿一女，女儿达吉亚娜，二十八岁，未出嫁，是一个小学教员，儿子彼德是弟弟，大学生。高尔基给斯坦尼斯拉夫斯基信中这样谈到对兄妹二人的看法："彼德——想要安静地生活着，可是他感觉到这样生活着是不应该的，于是他就给自己找根据，找不到就发脾气……他要作为一个小市民，要成为他父亲一样的吝啬鬼，不像他父亲那样有能力工作，可是他更聪明些、狡猾些……""达吉亚娜——想生活，但既没有力量，又没有勇气……她的精神败坏到使她既不能做好事，也不能做坏事。"从高尔基对剧中人的解释，不难看出彼德和达吉亚娜是作者所鄙视和指责的小市民人物。可是，我在创造达吉亚娜这个形象的开始时，按照剧本所提供的台词和角色生活，却怎么也没有力量达到这个要求。那时我正在中央戏剧学院表演干部训练班进修，根据自己的表演实践，又向苏联表演专家学习了一些先进的和科学的表演方法，按说我在表演方法和技巧上已较前大有提高了，可是创作这个人物还非常吃力。记得第一次连排后，我们的导演康里涅夫同志（苏联专家）说："于蓝！你什么都做得对，就是这个人物不对，你是演一个善良可同情的妇女。"真是恼火！不论台词、生活动作、人物关系等，我都做了努力，为什么这个人物总是不对头呢？我也尝试装上一些令人愤恨的东西，但又看出来是硬加进去的。总之。经过种种努力，进展却不大。一天专家问我们："你们以为这个剧中谁是小市民？"大家异口同声地说："父亲，别斯谢妙诺夫！"他摇了摇头说："不对，我认为是彼德！""彼德？！"大家都惊讶起来。在专家的启发下，我才领悟到前一阶段演不好这个角色的症结之所在：原来彼德和达吉亚娜这姐弟俩正是剧中该批判的小市民的典型，而我却认为他们身上顶多也不过有些小市民的影响。演员的创作本身必须包含演员对角色的正确评价。因为我没能很好认识这个角色，也就不能批判她，因此无法找到人物的核心，体现人物的本质。

在这次排练对话以后，我不由得在脑子里涌现出自己参加革命前的一段生活情景。中学时代，我对国民党统治下的腐朽生活极为不满，可是在脑子里却装满了"不参加任何政治派别"的"清高"思想。走上革命道路之后，虽然明白了这个"清高"是不可能存在的，但我始终未正视这"清高"的实质是什么。今天掘深了去看，我那么自以为是地欣赏这"清高"二字，和小市民达吉亚娜多么相似呀！对什么都不满，却又什么都不想去做，只想原封不动地在那里叹息，还认为自己比那些想改造生活的人们更高明一些！幸好，我最后还是没有像达吉亚娜那样走回悲剧的道路。想到这里我不曰得心也跳，脸也红……暗暗地深省起来。真是又惊又喜，惊的是参加革命这么多年，还没有深挖过这段思想，喜的我从自身的体验中找到了这个角色的种子。这颗种子就像一盏小灯一样，把我眼前照亮了，旧社会中和这类似的自以为是的可悲的小市民形象都出现在我的眼前，他们的言谈笑貌形形色色地都涌现出来由我挑选和集中了。达吉亚娜的精神面貌被我抓住了！

凑巧在另外一天，一个演员同志不晓得是什么事情使她不满，她在向自己发脾气，正好这个时候，专家要她出来表演一个片段，尽管她尽力控制自己，可是她的激怒和不满全带到台上来了，她的脸色不断发红，克制不住的那种激动，有时甚至呈现出一种神经质的样子……总之，她给人的印象是：她对什么都不满，她对什么都要抱怨。我被她这种舞台上的自我感觉所吸引，心中想：这倒很像达吉亚娜！这时专家悄悄在我的耳边说："这是很好的达吉亚娜……"这一刹那间，我完全掌握了创造达吉亚娜的这个形象的路子。由此，我进一步揭开了这个角色和剧中其他人物的关系，我不再只是一个善良、被人同情的可怜妇女了，而是多么具有这个小市民独特的、微妙而复杂

的人物性格呀！就是这样我才逐步掌握了刻画这个人物的技巧。

当然，我不是说这是掌握表演技巧的全部方法，但，这总是最重要的、最基本的方面。比如继承与借鉴古人与外国的经验当然很重想，但如果离开了充沛的革命热情和真实的生活为基础，那么，继承与借鉴只能是生吞活剥地硬搬或是机械模仿，使你东鳞西爪地抓到一些技巧，表演的结果也只能是无生命的形象。反之，有充沛的革命热情和丰富的生活积果，又能在生活和斗争中不断改造与提高自己，从而就可获得洞察生活的敏锐能力和捕捉形象的能力。也就是不仅能从生活的源泉中找到艺术创作的宝藏，又能获得雕刻这些宝藏的创作能力。同时也只有如此，继承与借鉴才不会硬搬与模仿，而是真正地吸取其中精华成为你创作的宝贵养料。

这些体会虽然很不深刻，但应该说从延安文艺谈会召开以后，在延安的秧歌运动中以及其他解区的艺术实践中都教育了我，哺育了我的成长。由于自己的觉悟和努力很差，时即时离，很不稳定，也走过弯路。可是终于在党和毛主席的文艺思想光辉照耀下，和同志们之间的互勉互励，特别是在蓬蓬勃勃的社会主义建设中，全国劳动人民意气风发的艰苦劳动，不断地教育着我，启示着我，这些体会才成为我自觉遵循的创作道路。

本文发表于《电影艺术》1962 年第 3 期

# 吉福尼电影节见闻（1985）

在意大利吉福尼举行国际儿童、青年电影节已经有十四个年头了。吉福尼是意大利南部瓦莱波亚那地区萨莱诺省的一个小城镇，只有九千人，大多数居民从事农业。据说这个电影节原是威尼斯电影节的一个组成部分，由于吉福尼的知名人士在家乡度假时，感到这里的孩子们十分需要文化生活，应该让他们知道世界上广大的儿童是怎样生活的，于是在1971年从威尼斯电影节中把儿童电影分了出来，在吉福尼举行了第一届国际儿童、青年电影节。现在吉福尼的儿童和少年从他们刚有记忆的时候起，就知道这个迷人的电影节。

吉福尼坐落在绿色的峡谷中，街道比较狭窄，有些老楼已倾斜，用木椽支撑着。这使我想起我国江南的小镇，多么相似啊！这里，巷头常有半圆形水池嵌在墙壁内，山泉从水池上石雕兽头的口内长年不息地流淌着，人们路过随时可以喝上几口，甘甜异常。街道虽然狭窄，但汽车络绎不绝。在市中心唯一的一条稍宽的街道上，街头有一座大的喷水圆池，它的四方雕有石女像，每个女像抱着一条鱼，鱼口日夜不息地喷流着山泉，可供饮用。街道两旁的小树丛中设有木椅，可以憩坐。因为1984年的电影节是"中国年"，大街小巷的上空都挂着中意国旗，会场的主要街道还挂满了中国式的彩色蝴蝶风筝，一派节日气氛。当我们漫步街头时，不断有孩子们围上来。他们不是来看"外国人"，而是彬彬有礼地欢迎我们。他们兴致勃勃地告诉我：他们很乐意接待外国小朋友到家里做客；他们接待过哪些国家的小朋友；他们之中谁是本届电影节的小评委……。感情纯真，仪态大方，俨然是镇上的小主人，令人喜爱。看来，这个电影节真正陶冶了一代儿童的精神风貌。

七月二八日电影节开幕了。在一座学校和教堂中间的马路上，临时用儿童喜爱的童话布景片围起一个不小的广场（约有两千多座位，每晚可以看到大型歌舞音乐会的演出）。大会的开幕式上，儿童代表向全世界呼吁："不要

让儿童电影失踪!"大会主席也一再重申孩子们的这一要求。这呼吁博得了与会的各国代表的热烈掌声,也一定会受到全世界电影工作者的重视。

社会主义中国有自己专门为儿童服务的电影制片厂(当然苏联也有,历史更长),这使多少外国朋友羡慕啊!今年吉福尼电影节是"中国年",我国除参加竞赛的影片外,还选送了六部儿童故事片、六部动画片、九部纪录短片,举办了中国儿童电影的回顾展。文化部少儿司还派了广州军区杂技团的六位小演员和两位擅长书画的小朋友为电影节做了精彩表演,吉福尼电影节颁发给中国儿童电影代表团儿童电影事业荣誉奖金牌一枚;国际儿童、青年电影中心评委会也颁发了奖牌。意大利《那玻里晚报》还在《中国电影在吉福尼取得了成功》的通栏标题下,刊登了许多对中国儿童电影的评述。赞比亚记者说:"《候补队员》说明你们的意识形态,是非暴力的,我们能够接受。"国际儿童、青年电影中心负责人莫尼克女士说:"从回顾展中我们看到中国电影有自己的风格,我们很高兴。"这一切使我感到,建国以来中国电影工作者的创作道路是正确的,我们不必妄自菲薄,我们有优秀的文化传统,有社会主义制度赋予的优良创作条件,我们的电影队伍的辛勤劳动是被世界承认与赞许的。

当然,我们不能故步自封,我们要学习与借鉴外国电影,包括意大利这一有古老文化传统的国家的成功经验。他们各界人士都对文化生活特别是儿童的文化生活十分重视,所以才有这个已有十四年历史的吉福尼儿童电影节。据说意大利北部、中部也都有类似的儿童电影节。为了帮助孩子们在假期中开阔眼界,锻炼自立能力,许多当地的知名人士与地方长官集资为儿童举办各种文化活动,我们代表团的杂技小演员就为一些地区的乡镇儿童演出了近十场节目。而我国却从未举行过国际性的儿童电影节,各地区更没有开展过这种活动,他们这种重视儿童少年的文化生活的精神,是值得我们学习的。相信在今后丰富多彩的文化交往、文化生活中也会促进我国儿童电影的提高与发展,培养我国儿童少年的自主开拓精神。

这次我们中国电影代表团受到了格外的重视,结交了不少意大利和各国儿童电影工作的新朋友,并从许多优秀儿童影片中开阔了眼界。从相互交往中,我们也体会到全世界儿童电影事业的艰辛。我们这次能深入山乡地区了解意大利人民、少年儿童对文化生活的渴求与建树,从中得到许多启示。

意大利的暴君墨索里尼曾使这个国家陷于战火之中，遭到第二次世界大战的严重破坏。从意大利著名电影明星索菲娅·罗兰的自传就可以看到拿玻里、波祖里包括吉福尼这一带所遭受的破坏是多么严重。但是他们的人民在战后通过自己的建设，使他们的文化生活得到迅速的发展，这不正是我国城乡改革可借鉴之处吗？我相信我国的文化、电影事业在改革中也一定会得到繁荣和发展，因为我们是社会主义国家！

写于吉福尼电影节之后

本文发表于《电影艺术》1985 年第 6 期

—— 于蓝谈艺 ——

# 儿童电影创作的现状及其他（1986）

我们打算在这个会议上评论和分析 1985 年到 1986 年儿童故事片的成就和不足，探讨儿童片创作中的各种问题，目的是为了提高儿童影片的质量，使它更加繁荣和发展。如果这个会开好了，也能够为明年"童牛奖"的评选做好思想上和理论上的准备。

今天，电影界、电视界、戏剧界、新闻界和文学界的许多朋友都热情地来参加这个会议，体现了全社会对儿童电影事业的希望和要求，也体现了我们儿童电影工作者本身的一种紧迫的责任感和使命感。

"文革"前 17 年一共生产了 39 部，平均每年 2.3 部。数量不多，但是创作了许多优秀儿童故事片，教育了两代甚至三代人。十年动乱中，只生产了 9 部，每年不到 1 部，又受了"三突出""高大全"等创作思想的影响，除了《闪闪的红星》一部，其他影片都没有给大家留下什么印象。粉碎"四人帮"后的 10 年，生产了将近 70 部，平均每年 7 部，比"文革"前增加了将近三倍。尽管尚未达到党中央提出的每年生产 12 部的要求，但还是比"文革"前增长了许多，这是十分可喜的现象。

特别应当指出的是，"文革"前的影片，革命历史题材的比重较大，而现在我们的题材比过去开阔多了，反映的生活面也广阔多了，包括城市儿童、农村儿童、少数民族儿童、失足少年、中学生；儿童与武术、儿童与体育、儿童与大自然、儿童与动物等。涌现了一批在国内外都得到称赞的影片，如《苗苗》《四个小伙伴》《啊！摇篮》《泉水叮咚》《闪光的彩球》《候补队员》《赛虎》《小刺猬奏鸣曲》《十四五岁》以及最近获得"金鸡奖"的《少年彭德怀》和新上演的《"姣姣"小姐》。这些片子受到广大学生和家长的热烈欢迎。

可是我们的影片不论在数量和质量上都不能满足广大少年儿童的需要，我们经常在报刊上、会议上看到和听到教师、家长和孩子们的呼吁，希望生产和创作更多、更好的精神食粮，其中就包括儿童电影。我个人感觉到，我们的儿童影片还存在三个"少"。

1. 富有吸引力和感染力的儿童形象少。特别是多层次多侧面的、有血有肉的、能够为我们 80 年代的孩子所喜爱并愿意学习的儿童形象非常少。只有具有吸引力和感染力，才能有说服力并具有启迪的力量，才能达到寓教于乐的目的。

2. 新颖的题材和样式少（比如童话片本来就少，"文革"后只拍了 1 部，虽然孩子们喜欢，由于花钱多，受到各方面的指责，没人再敢问津；科幻片更是个空白点）。新颖的选材角度和视点非常少，这也是需要我们做出很大努力加以改善的。

3. 生产的影片少，特别是拷贝少（比如儿影厂生产的一部影片，各方面反映还不错，可是只卖了 28 个拷贝）。

这次会议也可以说是个会诊的会议，如果我们能把脉号准了，药下对了，就能促进这些问题的解决，使儿童电影走向一个新的里程。

希望大家像搞创作一样地带着一颗坦率、真挚的童心来参加会议，通过无拘无束的讨论、争辩，找到一些富有规律性的东西，我们对它加以认识就能成为理论性的指导，就能影响和推动我们的创作实践。

（本文系作者在儿童故事片创作座谈会上的讲话，发表时略有删节。）

本文发表于《电影通讯》1986 年第 9 期

# 让孩子们高高竖起大拇指（1988）

## 一

　　中国的儿童电影已经起飞！1986年我国儿童影片年产11部，首次接近国家年产12部的要求。这个数目是可观的，"文革"前17年也只拍摄出39部儿童影片，平均年产2.3部。而粉碎"四人帮"特别是十一届三中全会以来，却已生产了70余部儿童影片，平均年产7部。近两年更超过这个数目，在数量上已经有了明显的增长。

　　那种不吸引孩子、单纯说教、灌输式的儿童影片基本不见了。《我和我的同学》《少年彭德怀》《月光下的小屋》《鸽子迷的奇遇》《姣姣小姐》《娃娃餐厅》等影片获得了国内外的好评。这次中影公司举办的第一次中国电影展，大部分参展儿童片为外商所订购。《少年彭德怀》不仅在国内获得金鸡奖、童牛奖，在1986年葡萄牙国际电影节上也获得大奖，在葡各地展映时得到好评。《月光下的小屋》在美国、印度和苏联参加电影节获奖，而且受到当地儿童和成人的高度赞赏，使导演自己都不敢相信。《鸽子迷的奇遇》在印度第五届国际电影节连获两项奖。印度儿童观众对它的热爱，使我深深感动。

　　在1986年上海召开的小影迷座谈会上，孩子们说："对去年（指1985年）的儿童电影，我们应该竖起大拇指！但还不是高高地竖起。"短短的几句评语，多么中肯！他们肯定了儿童影片的起飞，但更希望能腾飞起来。可是，我们有些同志没有更多地观看当今的儿童影片，所以还说："我国儿童片都是说教式的，还未脱离灌输的模式……"我绝不愿指责这些同志，但我愿意竭尽全力为他们能看到近两年的儿童片提供条件，然后再倾听他们的宝贵意见。

　　法国儿童电影节的筹办人为选片走过许多国家，他认为："儿童电影的希望在苏联和中国。"当然，起飞并不等于已经十分完美了，比起各国的优秀儿童片，我们还有差距，还要奋起直追，才能让我们自己的小观众高高竖起大拇指。

二

到生活中去认识和思考，创造出富有时代风貌又为少年儿童所喜爱的人物形象。应该承认儿童电影起飞的可喜现实。起飞的原因首先是安定团结的政治局面和社会生活给创作者以良好的创作环境和条件；同时也有全社会的关注，如儿童电影学会受国家教委、文化部、影视部、妇联、团中央的委托举办的童牛奖活动（曾受到北京市委、石油部等许多单位的资助），为儿童电影的繁荣和提高起了极大的推动作用；还有一批刚刚形成的儿童电影理论队伍，他们的研究与探讨争辩都促进了儿童电影的提高。"要为儿童而创作；为儿童而拍摄；为儿童所喜爱和受益"的创作原则已经在儿童电影工作者的心田里播下了实实在在的种子。

经过十年动乱后的反思，我们整个国家的思想活跃了，我们摒弃了极左时期的思想桎梏。经济改革，开放搞活更带来了丰富多彩的生活景象，改革的洪流影响着各种类型人物的生活动态和心理动态。因此，要表现这个时代的少年儿童生活，仅以过去的观念、认识、思考和多年形成的概念、模式都不足以囊括和表达了。解决这一任务唯一的办法就是深入生活，要到激荡的生活中去认识，思考、捕捉和了解少年儿童的心理动态、生活动态以及时代和社会给予他们的好和坏的影响。只有把握住这样深刻的生活动态，才可能创造出符合时代风貌的人物形象。如《闪光的彩球》在拍摄中始终坚持了以儿童为师、以儿童为友的原则，影片的主要情节都来自现实中的真实事情，因而使影片真实质朴而又富有儿童情趣，受到了小朋友们的真心欢迎。中年作家王兴东、王浙滨之所以能写出《鸽子迷的奇遇》的剧本，塑造出杜安这样生动感人的形象，是因为生活中的原型给他们提供了生动的素材。这次该片在印度儿童中影节上受到印度儿童真诚而热烈的欢迎，并被授予他们心目中的最高奖赏——儿童评委奖。青年导演彭小连在剧本提供的素材量不够丰富的情况下，如果不是深入学校，和孩子们热情地"滚"在一起，绝拍不出《我和我的同学们》这样耐人品味的好影片。

提高当然也需要借鉴，借鉴给我们带来了新的审美要求和新的启迪。借鉴对提高的作用要极为重视。但目前我们国家由于各种条件的不足，还远未使我们有更多更好的借鉴机会。但是我要说，更重要的仍是对生活的认识、理解和表达功力。比起深入生活，借鉴只是流而不是源。我们绝不排斥借鉴，还要争取更多的借鉴，但更需要大声疾呼："要到生活的激流中去！"只有如此，才能获得创作的丰富源泉，深入生活的方式是多种多样的，绝不能提倡在"左"的路线下那种"劳动改造"的方式，但必须到生活中去！需要我们去探索和创造深入生活的方式，为了真正的腾飞，为了孩子们能高高地竖起大拇指，只有到生活的深处，你才有创造力！只有到生活的深处，你才会获得创造的种子，创造的酵母，创造的灵感！

## 三

要寓教于乐。既反对把艺术变成单纯的"教科书"，也反对取消一切教育性、思想性的观点。与整个创作规律一样，要反对图解政治条文和思想要求的影片，也反对机械地从属于政治的创作态度，因为那不是艺术。绝不能把艺术作品变成单一的"教科书"。但是，那种反对影片具有任何教育性的观点，也绝不可取。因为孩子总是未成年的人，他们需要认识生活，需要美好情操的陶冶；需要认识和热爱自己的民族；需要明辨是非善恶；需要认识了解世界；需要开阔自己的文化视野……总之，他们是嗷嗷待哺的幼鸟。一切有良知的艺术家都会有一种高尚的责任感，应像智慧的教师、朋友、保姆或园丁一样，善于以艺术的形象的启迪去哺育孩子的成长。要取消一切教育属性的想法和做法都是不利的，也将无益于人类的发展。问题是如何通过艺术的创造性和它的感染魅力（视听感染力）取得儿童的喜悦、认同、接受，才能达到寓教于乐的目的。当然有益无害也是可取的，纯娱乐性无害的影片也是孩子所需要的，无害就会有益。

孩子需要我们真诚如实地反映生活，那种假大空地虚饰生活是有害的。但我们也不能带着主观和成见，用有色的眼镜去反映生活，也不宜用曲光镜的折射来反映生活，而是需要深入浅出、诚实地反映生活，才能为孩子所理解与接受。有些同志曾因憎恨假、大、空，或者十年动乱所留下的伤痕过重，再加上国外思潮的影响，在写孩子作品时总是使生活充满灰暗的情调，或是困惑不可解的前景。如果我们的作品使孩子们在生活的道路上，产生悲观、厌倦或者恐惧消极的心态，是对民族有罪的。我们当然不能用欺骗和隐瞒的态度去写空泛、虚假的美好来遮掩丑恶，但美好和创造总是生活中潜在的主流。我们不能让孩子们失去与困难和恶势力作斗争的信念与勇气。我们既要使他们看到社会前进的艰巨性，更要使他们看到社会前进的必然性和可信性，从而使他们富有进取精神，甚至冒险精神。没有进取，没有冒险，没有牺牲，也就没有社会的前进！我们要使孩子热爱生活，热爱人民，热爱祖国，热爱党和热爱大自然，这些都不能仅仅是教科书上的条文或概念，而且需要以形象的感染来储存在他们幼小的和年轻的心灵之中，使他们在未来的道路上不会患思想上的软骨症，或者成为无所事事的精神患者；而是一些具有潜在能量的未来人。当然，这一切不是在一部影片中都能全部回答的，但每部影片通过形象的启迪，有一两颗优良的种子播在孩子们的心扉上，就会得到丰收的果实。

## 四

要和孩子们在一起，了解孩子们对影片的爱好和承受力。现在有人在研究"接受美学"也是很重要的。我在国内外多次和孩子们在一起观看影片，感到赤子之心确实是人类的希望。他们对正义，对美和善总是竭诚地拥戴，常常对主人公的正义行为给以极大的关注，当他取得胜利的时候总要报以最热烈的掌声。对那些克服困难战胜邪恶的英雄行为，对友爱互助的美好情操都能由衷地富有参与感，并给以认同的笑声、叫声和欢呼声。曲折跌宕的情节，意想不到的变化和出奇制胜的意外结局对他们也是有强烈的吸引力。符合剧情的情绪渲染，甚至诗情画意的处理，都能得到他们的认同。而那些离开人物拖沓冗长毫无生气的描写、渲染都要引起孩子们的反抗。如果能把孩子们独特的心理和情趣刻画得栩栩如生、丝丝入扣，那么孩子们更会与主人公同呼吸共命运。《小兵张嘎》是这方面的范例。《我和我的同学们》中几个男生到布兰家负荆请罪的一场戏则具备了当代中学生的独特心态。加拿大影片《巴赫和小家伙》和中国影片《月光下的小屋》在莫斯科儿童观众中得到共鸣与赞赏，使我为之倾倒。这就是儿童电影艺术家所应追求的境界。

孩子们喜欢幻想和神奇，科幻、侦破、战斗都能紧紧地吸引他们。当然我们不能以不健康的内容（随意乱来的科幻，狭隘复仇的武打等），或是简单粗俗的低级趣味去获得廉价的效果。

印度电影节儿童评委提出，好影片必须有三个条件：①内容好，②情节好，③有幽默感。幽默是人类出于天性的欣赏要求，尤其是儿童对幽默既有强烈要求，又极易满足，随便一个人跌倒，他们都会笑起来。当然我们不能搞一些陈腐的笑料，而是要充分运用艺术的手法，创造出富有幽默感的喜剧气氛。对生活某些真实的夸张，往往产生出幽默的魅力，并给儿童以极大的满足。富有幽默感和喜剧色彩也应是我们儿童影片去探索和追求的目标之一。

和孩子们一起看片，是儿童电影艺术家们检验自己工作成效的最好标尺。他们不会掩饰自己的喜好或不满，他们会满腔热情地表达自己的美学要求。我们要经常接受他们的教育。不同的对象，不同的范围，同样一部影片，都会有不同的反应，这些都可引起你的思考。反复地思考，反复到孩子中间去学习，会受益并得到启示，将把我们的儿童电影推向更美好的境界。

本文发表于《电影艺术》1988 年第 4 期

# 做革命道路上的一块铺路石（1990）

这几天我日夜不安，给我召开这样的盛会，今天又给我这么多的赞扬有些过重了。我回想五十多年所走的革命道路，思绪万千。

从前我只是一个幼稚的女孩子，直至田方同志逝世前不久，他还说："于蓝，你多么迂腐！"从幼稚的女孩到迂腐的老太婆和至今的我，确实是还很幼稚的。就是这样一个幼稚的人得到了党，得到了人民和同志们的信任、理解和厚爱。今天还给予我偌大的鼓励，我感到愧疚与不安。我想除了感激之外，我应该向同志们汇报什么？想讲几个决定我终生道路的航标。

第一个航标：我怎样站在共产主义的大旗下面的？这是祖国的命运，祖国的历史，把我推向了党的怀抱。

1931 年"九·一八事变"，我只有十岁，就被称之为"亡国奴"流亡关内，1937 年平津失守，十六岁第二次当亡国奴。在国破家亡的时刻，我多么盼望当时的国民党政府和军队来解救我们呀，可是他们跑了，跑得很快很远，1938 年 1 月国民党政府迁都重庆，到了峨眉山上了。在敌人铁蹄下我就要窒息而死了。1938 年 3 月一个好友跑来告诉我，不要悲观、不要失望，有的是人在抗日，就在北平附近……他们是谁呢？我不知道。带我们出走的黄秋萍同志（黄秋萍同志今天在座），只说他们和八路军关系密切，八路军又是谁呢？我也不知道。只要抗日我就走！原来八路军就是中国共产党的军队，我第一次见到了八路军的司令员是杨成武同志（今天杨成武同志也在座）。

军分区送我们到延安学习，延安很苦，睡在地上、鼓楼架上、破庙里，我也有牢骚，心想："这就是东方莫斯科呀！"但当我入学第一天（抗日军政大学）的表上写着"中华民族优秀儿女，对革命无限忠诚"时，我一下子长大了，祖国和民族看重我，我自豪我更要自重。

当培养我入党的时候，我又怕了，我怕铁的纪律，我还要回家！指导员笑了，她说："是自觉的纪律就自然形成，是钢铁一样坚强！我们大家都要回

家！我们会在党的队伍中得到帮助和提高！"朴素的真理使我站在党旗下宣誓了！

但，我真正皈依在共产主义的大旗下，是延安的整风学习中。为什么伟大的先行者我们的国父孙中山先生所领导的资产阶级民主革命失败了？陕甘宁边区政府主席林伯渠林老曾说："辛亥革命前觉得只要推翻帝制就可以天下太平了……。在痛苦的经验中发现此路不通，终于走上了共产主义道路。"学习了很多资料，此时我明白了旧民主革命和新民主主义的根本区别，我自觉地皈依在共产主义的大旗下，把它作为终身为之不懈奋斗的理想，（我的第一位马列主义教员赵毅敏同志今天也在座），就是十年"文革"、六月风波都没有使我对党失去信心。实现共产主义的道路尽管还很遥远，我想和那些抛头颅洒热血的先烈相比，我们同样应该不需要在这条道路上去为自己获取什么！能成为一块铺路的石子就已经了不起了，这应该是站在共产主义这面大旗下面每个战士的胸怀！比起他们我还相差很大。

第二个航标是在艺术创作的实践中，延安文艺座谈会上毛主席的讲话精神使我获得指引。

1942年座谈会上，我太小不能参加，但是会后，毛主席亲自来到鲁艺为我们讲话，我就坐在他膝前的地上，看到他身穿补衣，深入浅出地号召我们："走出小鲁艺，投身到大鲁艺中去！"这次讲话是我终生不能忘记的教诲。

在大鲁艺中，（人民火热斗争生活中）奠定了我这一生的美学观念！那就是"真实才是美"的美学观念，它指引我去寻找，去探索最真、最美、最新的艺术创作。

在大鲁艺中，文工团写出了《周子山》，排出了《周子山》，每个演员在火热生活的洗礼中获取了创作的源泉。每个角色（不论正反面）都充满了时代和生活的浓郁气氛，成为有血有肉、有个性的农民形象，为此获取了陕甘宁边区甲等文化奖。在生活和创作的实践中，我找到了毛主席所讲的"人民的生活和群众的火热斗争，它们是一切文学艺术取之不尽、用之不竭的唯一涌泉"这条真理，这条真理使我开始迈进艺术殿堂的大门！

第三个航标：我参加过土改。1946年冬在牡丹江奎山屯，我亲眼看到压在农民头上的大山，那些情节历历在目，他们贫困的生活和卑微的地位比《暴风骤雨》和《太阳照在桑干河上》有过之无不及。没有土地改革，中国亿万农民只能是猪狗不如地生存着，当他们获得土地之后，他们才真正是大地的主人，才获得了做人的权利。特别是我曾两次到印度，看到流入城市的贫苦农民和城市贫民，那么卑微低下的地位，使我欣慰地感到中国农民如果得不到土地改革就没有农民今天的一切。尽管致富的道路经过许多艰难，而且道路也是漫长的，但他们有了做人的基本权利，他们就能释放出巨大的生产能量——生产力，前途是广阔的！土改是我产生对人民感情的基础，我忘不了他们，大家可以看到他们翻身后和我的留影，他们是我生活和创作的动力。

在日后多次深入生活，以及在创作角色时都结识了许多工农群众和士兵，他们在我心中留下很深的印象和友情，我多次暗暗发誓永不背叛人民。于敏同志曾问我："你能演好这些角色最重要的是什么？"我思考再三，是我爱他们！他们是我创作的动力！

最后让我讲讲：我所做的一切都离不开同志们和党与全社会的支持，每个角色的创作离不开创作集体和各电影厂中每个同志的汗水。1981年儿童电影制片厂诞生了，我们建厂，我们的影片生产和这个事业的发展繁荣都凝聚着全厂同志的汗水，更凝聚全社会的关怀与扶持。当我接到孩子们从四面八方寄来的渴望，当我接到终生献身在三线的军工观众来信，当我收到祖国边陲不署名的贺电，当我接到老放映员的慰问……今天同志们的发言和眼神里充满光芒，都使我感到党和人民和同志们给我的太多、太厚！春蚕到死丝方尽，蜡炬成灰泪始干！我的力量虽很幼稚弱小，但努力在历史长河中做一颗铺路的结实石子！

**本文是1990年于蓝在"庆祝于蓝同志从事革命艺术活动五十年座谈会"上的发言**

于蓝谈艺

# 回忆张平（1990）

  最近，在中央电视台展播的一系列革命历史题材的影片中，我又看到了他：那个一面削着木头手枪一面给嘎子讲抗日英雄故事的老钟叔；那个在敌人的严刑拷打和美人计下同样坚贞不屈，表现出一个革命军人崇高的气节和顽强的意志的"钢铁战士"张志坚；那个"停战以后"在军事调停处执行部的谈判桌上慷慨陈词，揭露美蒋假和谈真备战阴谋的中共代表顾青……

  他，就是忠诚的无产阶级革命文艺战士、著名的表演艺术家、我的老战友、好兄长张平同志。

  张平同志去世已经将近四年了。然而，每每重温他所主演的影片、体味他所创造的角色时，我总是一次比一次强烈地感到他没有死，是的，没有死。他没有离开我们，没有告别影坛，没有放弃对表演艺术的探索。没有停止关于文艺为人民服务、为社会主义建设服务的思考……特别是，当四十多年来留下的印象纷纷浮现在我的眼前，银幕上的张平又还原成生活中的张平——仍然带着他所特有的宽厚而真诚的微笑，用略带沙哑而低沉的嗓子操着北方口音讲话，此时，我愈加感到，他本身不就是一个光彩照人而又可亲可敬的艺术形象吗？而且是一个永生的艺术形象！

  从延安到北京，从鲁艺到北影……

  回忆张平，重温我的阔别已久的"革命战争年代的那么一股劲"，重温延安精神，重温毛泽东同志《在延安文艺座谈会上的讲话》中明确提出的文艺为工农兵服务的方针，对今天的人们，尤其是文艺工作者，还是有一定的启发作用的吧？

## 一

  延安文艺座谈会召开以后，毛泽东同志又亲临鲁艺，结合鲁艺的实际宣讲文艺为工农兵服务的方针——这是张平一生向人们津津乐道的美好而珍贵的回忆，特别是在他的晚年。

是啊，那一天对我们每个人来说，都是毕生难忘的。它几乎成了我们鲁艺人的节日。

毛主席 10 点多钟到的鲁艺，同志们提出请他在鲁艺吃午饭，多待些时间，多讲点东西，毛主席愉快地答应了。那天，张平负责安全保卫和接待工作。毛主席走到张平面前，俯在他耳边悄悄地说："给我一点辣子……。"

尽管菜肴并不丰盛，但那餐饭吃得好热闹，就像一家人团聚一样。

毛主席针对鲁艺师生所反映的在教学与演出中还存在着某些"大洋古"和关门提高的倾向，重点讲述了文艺为什么人的问题、普及与提高的关系问题以及文艺创作的源泉问题。基本精神与我们后来读到的"讲话"是一致的，但针对性更强。深入浅出，融古化今，款款而谈，也更能体现出毛主席的讲话风格。

他号召我们，要走出"小鲁艺"，到"大鲁艺"中去。就是让我们深入到工农兵群众、火热的实际斗争中去。

他把群众喜闻乐见、清新质朴的文艺节目，譬如陕北秧歌，称为"豆芽菜"，希望我们为培育它们、发展它们，从而创造出具有中国气派、时代精神的新文艺而奋斗。

当晚，鲁艺大礼堂举办舞会，毛主席也兴致勃勃地多次下场。他晃动着高大的身躯，舞步严谨，一丝不苟。如果用一句话形容他跳舞的风采，或许"一切行动听指挥，步调一致才能得胜利"最合适。

哪件乐器不认识，他虚心地向行家们求教。

当再次见到那位要求去莫斯科留学的杜矢甲时，毛主席把一盒当时很难见到的"大前门"香烟送给他……

那一天，毛主席过得非常愉快。

毛主席离开后，鲁艺人简直疯狂了。我们久久地回味着毛主席的报告，你一言、我一语地议论着到"大鲁艺"去，学"豆芽菜"等问题，兴奋得彻夜未眠。后来，张平久久地沉浸在甜美的回忆中，说他感到那一天过得比参加延安文艺座谈会还要幸福，因为他从没有像今天这样明晰地感知毛主席的文艺思想，从没有像今天这样贴近地观察毛主席的作风和为人。

1940 年春从前方归来，成为鲁艺演出的"台柱"的张平，从此更加自觉

地深入到工农兵群众中去，从日新月异的火热的革命斗争生活中汲取创作营养，他的创作道路越走越宽广，他的表演风格越演越成熟。

二

周子山是张平在文艺整风以后创造的第一个重要角色。它的成功，应该说是张平对"豆芽菜"理论身体力行的结果。

1943年，延安掀起一场轰轰烈烈的秧歌运动，其中，鲁艺秧歌队演出的秧歌剧《兄妹开荒》以健康、明朗、活泼、欢快的曲调表现群众对待劳动的新态度，反映了解放区的崭新气象，因而特别受到了根据地人民的欢迎。次年，为了探索秧歌剧这一新剧种在塑造人物、展开情节、铺陈场面等方面的潜力，深入陕北农村的鲁艺工作团师生，根据绥西地区实际生活，编演了大型秧歌剧《惯匪周子山》（后改名《周子山》，水华、王大化、贺敬之、马可等执笔）。这部戏通过周子山叛变革命，堕落为政治土匪的过程，集中表现了革命队伍的分化问题，具有较深刻的思想性。张平扮演周子山。

在战争年代，我们最恨的就是叛徒、蜕化变质分子。我们视之为革命肌体上的蛀虫。因此，演周子山，往往最容易从概念出发，把他演成从一开始就流气十足、无恶不作的兵痞恶棍，就像旧戏舞台上奸相曹操的那张象征奸邪伪诈的白脸。张平却没有这么演。他把自己深入生活搜集到的素材加以提炼，融汇到对角色的创造中，悉心寻找人物的感觉，特别是那种一个处处以自我为中心又意志薄弱的人在革命大潮汹涌澎湃向前发展的时候，经不住考验，跟不上形势而逐渐消极、掉队最终蜕变为革命的叛徒的心路历程。张平把周子山的堕落过程演得真实可信，艺术地再现了生活中的周子山。实际上他用他所塑造的周子山的形象向我们革命队伍中的每一个人都敲响了警钟，从而深化了剧本主题。

如果说"周子山"是张平艺术生涯中的"豆芽菜"，那么后来在大连所演的话剧《日出》中的李石清，则是他早期的艺术硕果。

大连虽是中国东北的一个滨海城市，但在过去的几十年里，却始终被一些帝国主义国家统治着。大连人民不仅长期受到帝国主义的政治压迫，经济掠夺，与之相伴的还有思想奴役，文化侵略。直到大连解放，市民中还存在着这样的看法："共产党好，但没文化。"针对这种误解，而且为了宣传爱国主义思想，用艺术形象教育群众，市委书记要求我们这些来到东北开辟工作的东北文艺工作团的战士为大连群众演出《日出》。

以前在延安，鲁艺实验话剧团也曾演出过《日出》，那时扮演李石清的是著名演员方琛。方琛成功他表现出了李石清不择手段往上爬、狠毒、阴险、狡诈的性格特征。应该说，这也确是曹禺笔下的这个人物带给观众的主要感觉。

然而，当张平接下这个角色以后，他并不想重复前人，他要找到更新的感觉。来自北方农村的张平青年时期曾在物欲横流的大都市上海生活过，他相信自己能演好。他反复阅读剧本，查看大量书籍，在这些基础上揣摸人物心态，努力缩短自己与角色的距离，终于在舞台上创造出一个有别于前人的属于张平的李石清。除了狠毒、阴险、狡诈这些外在的形象，张平挖掘出了李石清洞悉人情、不甘卑微以致出卖灵魂、自饮苦酒的痛苦内心，也就是挣扎在灵与肉之间的那种底蕴。相比之下，我演的陈白露，虽然也获得了一定的成功，但毕竟囿于自己经历的局限，没有创造出更为丰满的人物形象，不如张平。《日出》的演出轰动了大连。怀疑共产党没有文化的市民们被征服了，市委书记赞扬我们文艺团为党立了功，这里，当然也有扮演李石清的张平的一份贡献。

## 三

随着中国革命的最后胜利，我们一起转到了电影战线，先是东北电影制片厂，后是北京电影制片厂。张平从此作为一个优秀的电影演员，赢得亿万观众的尊敬与爱戴。

由他主演，并且影响较大的影片主要是《钢铁战士》和《停战以后》。

在《钢铁战士》中，张平扮演我军排长张志坚，充分表现了我军战士正气凛然、钢骨铁筋的英雄本色。我认为，这也正是张平作为一个革命的文艺战士的本色，因此演来灵活自如。这个角色的塑造成功应在意料之中。

我和田方替他感到担心的，是他在60年代接受《停战以后》中的中共代表顾青的角色的时候。我们知道，这部戏表现的是1946年停战协定签订后，在北平由国、共、美三方组成的军事调停处执行部下面一个小组的斗争。这是一部"政论性"影片，所有的情节都围绕着谈判桌上的斗争展开。因此它

所呈现出来的戏剧性不是常规形态。另外，中共代表顾青所应具备的"儒将"气质，对演员的素质、心理以及表演能力也提出了较高的要求。

张平能演好顾青吗？

待到影片拍完以后，我们坐在小放映室中，看到银幕上身着呢料制服、气宇轩昂、目光炯炯的中共代表顾青时，我们都认同了。我们祝贺张平继《日出》的李石清后，又登上了一座新的艺术高峰。

我印象最深的是张平在这部戏中几处"笑"的处理：在没有想通与敌人谈判的意义、要求到前方去的下级面前，他的笑是宽厚的，表现出一个党的老干部对同志的爱护与关怀；在善良的人民群众面前，他的笑是和蔼可亲的，像儿子面对父母；在愚蠢、反动的县长面前，他的笑是隐隐的，透露出鄙夷与嘲讽；在美蒋代表面前，他往往微微冷笑，有理有利有节地回击了他们一次又一次的诬陷与诡计；而在谈判破裂后，他瞻望前景，又露出了自信的、意味深长的笑容……

确实，张平已经完全"化"成了顾青。

张平走了，但他一生所走过为工农兵服务的道路，他一生对艺术真谛的执着追求，他一生对革命的忠诚，将伴随他所创造的银幕形象，永远地留在我们心中……

**本文发表于《电影艺术》1990 年第 5 期**

# 生活之源常在　艺术之树常青（1991）

提琴家、钢琴家是通过琴弦和键盘把自己的心用熟练的技巧表达出来；画家用笔和色彩把自己的心表达出来；而演员却是要把角色的心通过自己的心和形体表达出来，既不能用自己的心代替角色，又不能脱离自己把角色的心端出来。那么演员怎样才能达到比较准确的创作境界呢？真正的表演艺术家都会认识到没有深厚的生活积累和娴熟的表演技巧是难以达到这个境界的，而这个境界就是表演艺术家们终生为之奋斗与追求的目标。回顾自己的创作历程，留下了许多艰辛难忘的时刻，这就是积累生活与学习技巧的艰苦过程。在这条漫长的道路上，我曾遇到许多问题，这些问题都是在追求与探索中解决的。

## 为什么"要死在舞台上"？

1940 年 3 月 30 日，在延水河畔，我和自己的好友赵路（女，一同参加革命的），提着小小的背包告别女大的同学和校园，沿着河边无忧无虑地走向二十里地以外的桥儿沟（鲁艺校址）。当时我们的神态可谓轻松、洒脱，因为就要到自己充满兴味的剧团（鲁艺实验剧团），去投入极为神秘又饱含魅力的演员生活了。

我的启蒙老师熊塞声同志迎接我们，她是我初中时代景仰的口国旅行剧团的演员，我到抗大学习后，她教我们排练话剧，是一个十分热情可爱的大姐姐（她是东北人，后来也是我结婚的介绍人）。她叫我们放下背包，跟她去看排练。那是果戈里的喜剧《婚事》，由干学伟同志（后在延安扮演列宁的名演员，解放后是电影学院的教授）和陈锦清同志（解放后是中国舞蹈学校的创始人）扮演男、女主角。他们好像总是不满足，排练一会儿就停下来讨论一阵，和我们业余的排练很不相同，很像研究学问，熊塞声同志问我：

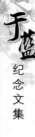

"喜欢吗？"我并不由衷地点点头，她却说："只是喜欢还不行！这是崇高的事业，要毕生为之奋斗，要死在舞台上！"舞台并不是战场，为什么要死在舞台上？但是我记住了这句话。在漫长的人生道路上我终于懂得了这就是要有对事业执着追求的精神，直至死。我现在更懂得这是人生最宝贵的品格，不论你做什么工作，有了这种精神，你就会有所奉献，你都会感到生活的充实与幸福。

## 你就这样当"龙套"跑下去吗？

延安时代的文艺工作者（从事其他战线工作的人也一样），大都是怀着一切为了抗日，一切为了革命的纯净心灵，根本不懂什么叫名利思想。在剧团里我们既是演主角又是舞台工作者，大家从不计较把自己放在什么岗位上。我到剧团后第一部我演了女主角（《佃户》中的银子），第二部我还是女主角（契诃夫的《求婚》中的老处女）既演戏，也做服装、道具工作。1941年的冬天，剧团的一位老演员安玲同志（资格老，其实只有廿几岁），她在话剧《白占元》中担任女主角。但是她刚刚生了一个小宝宝，为了保证正常的演出，我则在距礼堂（当时没有剧场）很远的一间四五平方米的小房内照看她的孩子，四周没有人烟，大风呼号，很可怕。但小家伙刚刚满月，一把屎、一把尿，弄得我手忙脚乱，满头大汗，连害怕都顾不上了。为了他们能演好戏（这个剧目演完，安玲同志才来喂奶），我没有任何苦的感觉，反而觉得自己还真不简单。

当整个阶段的演出任务结束，舞台上的幕布、布景、道具、灯泡全要拆卸下来运回几十里外的剧团。我的丈夫田方，他虽是剧团的主要角色，但每次他都要带领更年轻的同志们去拆卸、打包，然后总是叫别的同志带队先走，他自己压后，赶着马车回去。这时我当然要留下，他也不拒绝。同志们走了，他把我扶上了车，不让我走路，原来他已在车上为我留了一个可以坐下的小空隙！十冬腊月，天寒地冻，可能同志们已经到了住地，可我们这匹老马破车仍在冷风中颠簸。生活确实是艰苦，但在苦中充满了甜美的滋味。

后来，演秧歌，我因为是大城市里的学生，对民间的东西一无所知，我就跟在秧歌队里，做一个跑场子的小角色，边看边学习。当时熟悉民间艺术形式的一些同志，一下子在延安红了起来。大家都为他们和"鲁艺家秧歌队"（新秧歌）走红、唱红而感到高兴。可是有一位从上海来的同志，他忽然问我："于蓝，你就这样甘当'龙套'地跑下去吗？"我真的听不懂他的意思，愣愣地睁大了眼睛望着他，表示不明白，他笑着走了。事出突然，所以印象也很深。多少年后，我才明白，他比我年长，又是从十里洋场的上海跑到延安，他在那里烙下的名利观念，使他不能理解，这些年轻人会有无名利的纯净思想，他确实不懂我们这些革命队伍里长大的年轻人，在延安文艺座谈会后，从群众喜闻乐见的艺术形式中获得了多少启迪啊！

我至今珍惜在革命队伍里，革命前辈用烈士鲜血浇灌的思想对我们进行的教育，那是我做人、从艺的起点。这些熏陶使我们的血管里流淌着与祖国和人民同呼吸共命运的血液。我们努力要求自己创作人民喜爱的艺术，而不是只爱艺术中的自己。从起点到漫长的革命战争和祖国建设的坎坷历程，都锤炼着我，燃烧着我，我带着这些深重的感情去理解角色，创造角色，确实使我能获得角色的真情实感，从而使角色的心和我的心融为一体。甘当跑"龙套"的小角色也是会成为人民的演员的。

## 是演"美人"还是演真实的人

在鲁艺实验剧团，我演了许多角色，其中除了扮演抗战中的农民形象外，多是苏联反法西斯的话剧和古典名剧，当时我只是一个通过外形化装，能把台词说出来，并带有一些感情色彩的演员而已，根本谈不上形象的创造。虽然我们生活的根据地就是农村，但演不好农民妇女。当我扮演《佃户》中的女主角彩排后，熊塞声大声地说：你们这是演"英雄与美人"吗？（指我和男主角张成忠同志）。她在批评我们，我心中却想农村姑娘也有好看的嘛。但是，我明白自己没有演好。为什么没有演好？怎么才能演好？我却一点也不知道，这个苦恼一直锁在心里。后来在《粮食》中，我扮演一个汉奸地主的儿媳，我想努力从外形上下功夫，学罗圈腿，走内八字，结果演成一个痴呆的农妇，完全不是一个地位卑下而心地善良，敢于、善于斗争的年轻农妇。导演虽然下令取消那些外在动作设计，但仍然没演好一个农村妇女形象。

　　1942年春，毛主席在召开延安文艺座谈会之后，亲自来到鲁艺。他身穿补丁裤子和旧军装，站在我们面前，身材高大，语言幽然并充满湖南乡音，深入浅出地讲出了百验不爽的真理——人民生活是创作的源泉。他号召我们走出"小鲁艺"到"大鲁艺"中去！1943年冬，鲁艺戏、音、文、美四个系的同学们组成文工团，在秧歌队的基础上，再带一些小节目，深入到绥德分区为老乡演出。文工团和老乡们同吃同住，女同志则和老大娘或年轻媳妇同睡一铺坑，同吃一锅饭。此时，除了对农民的生活习惯有些了解外，还没有感到有什么重大的收获。一天，在双谷峪参加一个治安烈士的追悼大会。民兵们扛着红缨枪，老乡们排着队坐在山崖上，会前虽然仍有悄言碎语，但空气十分肃穆。突然间，会场静下来，大家的目光都投向人群的背后，我也抬头望去，烈士的妻子骑在毛驴上，由一个老人缓缓引向会场。她穿着旧棉衣，腰间系着厚厚的粗毛线织成的腰带。她没有哭，没有喊，却给人十分悲痛的凝重感，她那种无声而真悲的神态使我感到她不同于一般农村妇女。那神韵里可以看出悲伤与觉悟的凝结，她悲痛，但克制住了。她并不漂亮，可以说很普通，但震撼了我，她的神韵里透露着真实和自然的美，这美具有引人注目的魅力。多少年后，我才体会出：她的神韵正是她多年和丈夫在劳苦生活中，共同战斗所磨炼出来的精神气质，这气质正是演员创造任何一个角色时，都需捕捉的东西，有了它才可以达到神似的境界。

　　由于边演出，边进行创作，根据土地革命时期的一个真人真事的故事，由张水华、王大化（革命烈士、秧歌剧的创始人）、马可等同志改编创造出《周子山》（原名《惯匪周子山》），但是排练失败了，团长张庚同志、导演张水华同志决定把参加过土地革命的一位区干部申红友请来，这位同志很有点"艺术"天才，当饰演红军小队长的刘炽同志（著名音乐家）穿着军装上场时，他说："你到哪儿去？那是白区，这样不是暴露了吗？"丰富的生活竟使他成为有才华的"导演"了。他叫刘炽换上老羊皮袄，反穿着，拿上赶羊鞭，演员由于他的启发，一下子活跃起来了。当饰演农民共产党员马洪志的王大化同志端着油灯出来时，他又叹口气说："同志，农民黑夜不点灯，深更半夜屋里亮亮的，不坏了事？！"他叫王大化找一个道具，用盛米的斗，遮住油灯再走出来，一下子把农村地下党员的活动生动地排练出来。他也帮助我安排自己的动作行为，再加上前边那位烈士妻子的神韵，我找到了角色的气质和动作中的自我感觉（当时我还不会说这几个词，后经过学习才懂）。我成功地塑造出农村土地革命中家庭妇女形象。我的战友孙铮同志（后在电影学院教表演），她从新四军归来，看后十分兴奋地说："你这个人物形象富有泥土气息和艺术魅力，我十分喜爱！"我敢说全台每个角色都演得十分成功，在绥、米一带十分轰动！并获得了陕甘宁边区文艺甲等奖。这就是生活使我们创造了真实的人物形象。

生活是创作的源泉，这就是最深刻的一课，真实地、生动地反映生活，才能创造出艺术的魅力——美！一切违反生活真实的所谓美，都不是真正的美，也不会为人们所接受。这是我迈进艺术门槛的第一步，以后我执着地沿着这条道路进行创作，不投机、不取巧、不怀任何侥幸心理地走向深入生活进行创作的道路，去演真实的人物形象，寻找真实的美。

## 你没有"开麦拉"Face 能当电影演员吗？

1945 年 8 月 15 日，日本帝国主义投降，我随鲁艺组成的东北文工团（一团）响应周总理号召，用自己的双腿和美蒋的火车、轮船、飞机赛跑，尽快赶到自己的家乡东北大地，迫使日寇向我军投降。我们 9 月 2 日出发，11 月赶到了沈阳城。我的爱人田方同志奉东北局之命，去长春接收由日本人一手建立起来的"伪满映"（电影制片厂）。由于国民党撕毁停战协议，全面内战爆发了。1946 年夏，我党将该厂的骨干人员和重要器材全部北迁到鹤岗。11月冬我由东北文工一团转调到电影厂，我是个话剧演员应该继续当演员？还是做其他工作？有的同志真诚地劝告我："你没有'开麦拉'Face（脸型不适合电影镜头），还是干别的吧，现在有许多工作可做。"可是，我一参加革命，党就培养我做演员，我的前辈又教导我应该死在"舞台"上，我想"开麦拉"真是不可逾越吗？我没有动摇，但第一部影片《白衣战士》在某些电影专家的眼睛里是不受重视的。再回想起摄影机前那些受窘的场面，真不好受。摄影师（他也是第一次独立摄影）一会儿嚷："于蓝你的脖子太细了！"一会儿叫："你的肩膀太瘦了！""你的眼白太大了……"，我真是无所适从。我承认舞台表演与银幕表演有区别，舞台需要充分的表现力，而电影不需"充分"，只要含有就可以了，我应努力改正与适应，但瘦与细则不是演员所能够增减

的。当时，真是一投手、一举足都不对。不过，我没有提出任何抗议，而是厂的艺术领导同志决定换一个有经验的日本摄影师来掌握机器，帮助拍摄。这样，我才如释重负，稍稍解脱。这部影片完成后，我没有丧失信心。我想从下一次的实践中来检验自己。此时北京已经解放，厂的艺术领导陈波儿同志调到北京，任电影艺术处处长，她很及时地从北京寄来一信。信上写着"……于蓝，我看了影片，你的表演道路是正确的……"至此，我解除了不安，决心从实践中提高。

以后，《翠岗红旗》和《龙须沟》，在深入生活的基础上，使自己扮演的角色，获得了成功。著名的话剧导演孙维世同志非常喜爱我的表演，特地调我去参加她执导的《万尼亚舅舅》，并让我扮演重要角色之一叶琳娜。万万没有想到，我和另一位男主演都失败了。孙维世同志又把苏联专家列斯里请来重新排练，列斯里立即把我和男主角都撤换了，大家为我捏着一把汗，怕我受不了。特别是孙维世同志更加不安，她说："于蓝，谅解我，你可以留在这里看专家排练，你也可以回到电影厂，好吗？"我当然并不好受，但是我不知道自己错在哪？我告诉她："维世，别担心我，我决心留在这里学习。"她紧紧握着我的手，眼里有些潮湿，我很感谢她对我的深情。全剧重排后，我观察到自己失败的原因，主要是对角色的理解错误。也可以说是对帝俄时代的生活无知，对契诃夫的作品没有真正理解。我深感演员多么需要丰富的知识和演技的提高。

1954年中央戏剧学院第一次创建由苏联专家库里涅夫执教的表演干部训练班，我报名了！这不是推荐学生的方式，必须经过严格考试！又有同志善意地说："叫你去苏联学习，你不去，现在倒要当小学生了！"我说："演中国人民的形象确实无需去苏联，但，现在有老师来中国教史坦尼体系，这不正好吗！我愿意去当这个小学生。"田方同志是支持我学习的，送我一个厚厚的笔记本，上面写着："做一个好学生！"我已经是两个孩子的妈妈了，如果没有他的帮助和鼓励是难以坚持下去的，幸好我没有使他失望。

我很感谢专家库里涅夫，他尊重中国人民的革命生活，面对中国的生活实际，把史坦尼体系在苏联的经验传播给我们。过去在延安我们也学过史坦尼的部分著作，恰恰走了唯"体验"歧途，只强调内心体验，就出现表演情绪和硬挤感情的错误。这次学习大大得到提高，他通过形体动作的方法，就是以人的形体生活和内心生活完全一致为根本的方法，找到形体动作逻辑，使演员走向创造形象，能激起自身那些最复杂、最深刻的情感和体验，这些情绪和感情是在动作的目的中产生的，也可以说这是心理形体动作方法。这些学习确实使我们把过去的表演做了深入的总结与升华，它使我能把生活源泉中的各种素材，通过这些创作方法，更好地塑造角色。但是贯穿整个教学过程是表演技巧虽是塑造人物的重要手段，但是真正的功力还在于怎样认识生活，怎样揭示人物的内心世界。生活不等于艺术，但它是取之不尽的、用之不竭的艺术源泉。艺术不等于生活，但它反映了更真实的生活。这是我从实践和学习的历程中所获得的深刻体会，我创作角色首先是深入生活去认识，去理解自己，通过各种创作手段去捕捉角色的内心世界和动作发展，从而再通过各种练习（个人的小品、双人小品、纯形体练习以及排练）去体会和寻找角色的根须，使自己自然而然地生活在角色的规定情境中，通过各种适应与交流（特别是即兴的适应）诱发出既是角色的也是演员的真情实意。从而才能通过自己的心（思想与激情）和形体把角色的内心世界揭示出来，使角色更加丰满。

毕业后我曾在《林家铺子》中扮演张寡妇，《革命家庭》中的周莲，《烈火中永生》的江姐，这些形象基本上得到了观众的认同，甚至是厚爱。应该说这些角色由于自己功力所限并未能全部达到人物的境界，例如江姐和双枪老太婆会面那场戏因为温情太多，就未能很好把两人对老彭的深情表现出来。根据江姐的素材，我认识到她善于思考，感情细腻，对生活充满热爱，但内含而不外露。她在白色恐怖的环境中善于斗争，也敢于斗争，她确实是一个温柔的女性但又是一个坚强的革命战士。这个角色的成功，绝不是我个人的成绩，我十分感谢小说作者们的革命激情深深感染了我，也感谢改编者夏衍同志语重心长的嘱咐："千万不要外露，她不是刘胡兰！"这句话可以说使我找到了角色的核心，两个不同年龄、不同环境的女英雄！给我极大启迪！导演水华在很多处理手法上给我极大帮助，像徐鹏飞审讯江姐，导演叫项堃同志暴跳如雷、急不可待，而叫江姐平静再平静，以此激起敌人的暴躁万分而又一无所得，他这样的处理手法就激起了我对敌人的冷酷而又更加平静的心境，很好地突出了江姐含而不露的个性和聪明才智！再如牢内战友深夜听敌人刑讯江姐的细腻镜头，以及江姐被抬回来的担架、并不露受刑后的江姐，

却只见地上点点滴血,以及龙光华为给江姐送水而遭敌人枪杀的一组镜头,都铺垫了江姐与小萝卜头会面和江姐挣扎站起来向战友微笑致意的镜头,由于我看到了前边那些镜头的拍摄,给我的表演以极大的感染,激发出自己的真情。还有许多章节都是合作者互相启迪而成功的!

我倒没有因为不具备"开麦拉"Face(不漂亮)而不能当电影演员。我确实在银幕上塑造了几个人物形象,并得到了一定的认可。那是为什么呢?我的回答是:因为我的命运是和祖国人民的命运联系在一起的,我的心是和人民的心一起跳动的!我的血液是和人民的血液一样炽热,因此我不会辜负祖国和人民对我的培养与期望,我要去执着地追求并努力完成表演任务。更因为我爱人民,爱党所从事的事业,我对生活充满了爱,我是用爱去拥抱自己的角色,用自己的表演经验和技能全身心地和角色融为一体而去表演的。所以我越过了摄影机的限制,而成为一个电影演员。

现在我虽然到了新的电影岗位,在为亿万儿童服务,去开展儿童电影事业,但是爱祖国、爱人民、爱孩子的心仍然炽热不变!我会实现自己的诺言,为之奋斗直至生命终结!

**本文发表于《电影艺术》1991 年第 3 期**

# 说几句，也许是"老生常谈"（1991）

《当代电影》编辑部召开座谈会，讨论如何探索中国社会主义电影文化的基本特征和主要规律，这个题目很重要，但，我不是理论工作者，只想谈谈自己的感受。

我经常听到观众的叹息与埋怨，他们说现今的电影在跌落，不如五六十年代的电影给人留下的印象深刻。（当然不是指《开国大典》等优秀影片）我真怕听那样一些话，我总要为之辩解几句，说我们还是有国际电影节上获奖的影片呀！比如《红高粱》《老井》等。但，不论是高级知识分子还是普通工作人员都会对我露出略带轻蔑的笑意，表示不以为然。有的甚至说拿中国的"落后""猎奇"去迎合外国人的口味！这些话说得十分认真，十分尖锐。凭良心讲，我认为那些外国评委也都是艺术大师，还不至于如此水平吧？！但是持以上观点的观众绝不是少数，可以说很多。那么我在想，难道在中国持这样观点的人都是文化水平不高吗？！不，也绝不是！他们之中很多人是很有知识和教养的：为什么他们和我们一些电影工作者的看法有那么大的差距呢？这个问题在我心中思忖了许久，我得到一个答案：我们中国广大观众的欣赏趣味历来就有中国自己的美学观点，外国人是不能取代的！有些受外国赞赏的作品并不受中国人民群众（包括高级知识分子在内）的赞赏，这是符合逻辑的。上海的影评学会有一位同志说："有些影片思想苍白，除了给观众一点游戏规则之外，还有别的什么呢？……他们在拾取巷陌趣闻、尘外轶事、宫帏秘事……"他说的现象确实大量存在，并争相问世，难道这不是背离时代和人民群众吗！广大的人民群众为什么对有些电影那么不满意呢？！他们还是把电影视为艺术（不是简单的感官找些刺激），愿意从中得到艺术的享受，情操的陶冶，心灵的净化，感情的共鸣，使自己的精神得到充实、振奋，在潜意识中获得许多启迪，当然纯娱乐性作品也会得到健康的欢乐，也受人民喜爱。总之，不论是历史题材的，还是当代题材的，他们都愿意从影

片中获得这些艺术的感受！这就是中国人民的美学要求，中国社会主义社会广大人民的德育观念所追求的美学要求。

我想人类的历史总是向前推进的，即使在一个时期内出现了逆流，但，终归会被创造历史的人们拨乱反正，而恢复到历史前进的航道中去。那么，肩负塑造人类灵魂的工程师们，在这个前进的航程中应该做些什么呢？我想他们的职责就是要培育和提高人们能为历史前进做出奉献的力量和素质。这就是电影艺术家们不能推卸的历史使命！

最近从京城的"渴望"热，和《渴望》风靡全国这一现象不正说明了问题吗！我并不是说电视剧《渴望》十全十美，但是，它是人民所渴望的艺术作品！因为它反映了人民群众的心声，人们不仅能从生活中找到这些角色，而且能从这些角色中找到人间的真情和追求的道德规范，各个层次的人民群众都可从中得到满足和启迪！这一现象也应使我们电影工作者得到启迪！

我还想说说中国儿童电影制片厂，在1989年的金鸡奖评委会上获得赞赏，他们送去了三部影片，获了四个奖，评委们誉为一片绿洲。在辽宁、哈尔滨、上海、绍兴，这些影片不仅获得小观众的赞赏，也得到艺术家、评论家的高度称赞。回想起这几年的艰辛过程，在反对政治教化的思潮中，却也有人要求儿童影片要取消一切教育性，但是拍摄儿童电影的艺术家们，他们没有迷失航向，他们坚持"二为"和"双百"特别是坚持"寓教于乐"的原则，不断在艺术上努力求新，追求思想性、艺术性和观赏性的和谐一致。因为他们意识到自己对儿童少年——祖国未来的建设者们负有高度的责任感！他们不能让孩子们陷在迷茫、困惑、恐慌和无望之中；他们知道孩子们应该在健康的氛围中成长，应该有理想和信念，勇于拼搏，敢于和丑恶斗争，才能担负起建设未来的使命！他们为孩子们播种社会主义的精神文明，他们受到孩子和家长、老师的信赖与喜爱！我想一切电影工作者都应为祖国的未来，为历史的前进，意识到自己的神圣职责。

**本文发表于《当代电影》1991年第2期**

# 救救儿童电影（1994）

在这里我想就中国儿童影视事业再做一次呼吁。原来全世界只有两家儿童电影制片厂。一是苏联的高尔基电影制片厂，一是北京的中国儿童电影制片厂。苏联在 8·19 事件前就已将电影事业全部推向市场，从而高尔基电影制片厂解体了。

1993 年 12 月，在上海国际电影节期间，我国文联和联合国教科文组织举办国际儿童电影研讨会时，全世界就只有中国这一家儿童电影制片厂了。我们的介绍受到了各国代表的赞赏，并羡慕中国政府重视儿童电影。这是我们坚持社会主义精神文明的优越性。但，是否我们的文化事业就已十分完善、美好？我想大多数人会回答："并不！"今年 2 月 25 日《中国妇女报》刊登了《救救科教电影》的报道，中国儿童电影制片厂又何尝不是如此！其实从 1981 年建厂后，我们就在呼喊儿童片发行难的问题，这就潜伏着能否自产自销而生存下去的问题。我们也得到中央领导、教委、妇联的重视；但是就是解决不了。问题的症结在哪里？最近各大报纸都反映了文化滑坡现象，特别农村文化滑坡极为严重，严肃文艺、民族艺术、儿童电影、教育电影都在市场经济面前滑坡。怎样才能完善文化事业的各项改革政策呢？这是迫在眉睫的大事！我想仅就中国儿童电影制片厂的改革问题提出以下建议。

## 一、理顺体制改革——首先应该名正言顺地将儿童电影回归到事业单位

我认为娱乐性强的文化事业（如歌厅、舞厅、卡拉 OK 厅、音像镭射以及通俗书刊等）可放开市场，但是也需要健康的导向和严格管理，防止反动、淫秽等非法文化混进市场。反之，对更有社会效益、非纯娱乐性的文化事业（如：儿童电影、科教电影以及艺术性、思想性较强的严肃文艺等）则应首

先给以保护、扶植，使之有生存发展的良性环境，同时积极培育这方面的市场。儿童电影、科教电影都是不能简单地直接计算经济效益的文化事业，它们是属于潜移默化促进德育、智育，具有社会公益性的文化事业，其实也是希望工程。过去，电影由于长期实行计划经济，改革以来主要是围绕成人电影如何用市场经济解决利润分配问题，根本无暇考虑儿童电影和科教电影的特殊性，却用一刀齐的办法把他们推向娱乐市场（而过去并未培育这些产品的特有市场），致使童影、科影陷入困境。本来简单的问题却复杂化了。我们现在应该按照规律来理顺这些文化事业的管理体制，使之回归到事业单位的轨道上来。在资本主义国家（日本、德国、法国……）都能保护各种文化品类，给以补贴，补贴比重还很大。那么社会主义更应发挥它的优越性。我希望体改委、财政部能深入调查这方面的实际情况，给予关怀，摆正各种文化事业应有的位置，给予不同的政策待遇。这些事业所需投入为数并不多，以童影厂而言，每年只需 650 万元人民币，就可以维持儿童电影的再生产。

## 二、努力开辟非商业性的第二个市场

自改革开放以来，较之"文革"前仅年产 0.7 部影片的数字，儿童影片有了一定的发展，基本上保证了年产 10 部左右。艺术质量也不断提高，在国内外展映均获好评。但是儿童影片的销售拷贝量逐年递减。80 年代初期一部影片最高拷贝量为 112.5 部，最低拷贝量为 68.5 部。但在 1986 年以后，最高拷贝量却降为 68.67 部，最低量为 37.6 部。进入 90 年代以后，每况愈下，1991 年只能平均销售 35 个拷贝，1992 年平均为 22 个，到 1993 年底在全国订片会上竟无人问津。是否儿童片的质量不好？不是的！仅以童影厂为例，从建厂到 1993 年底共拍 55 部影片和 44 集电视剧，55 部影片中有 25 部获国内外几十项奖次（在国际上就获得 11 次影片奖项）。

高质量和低销售量这种怪现象的形成，不是简单的哪一部门的问题，而是一个需要综合治理，全社会都要注意的大问题。

目前进行的 100 部爱国主义影片的放映活动，是极好的开端，它不仅有益于少年儿童了解祖国历史，增强身心健康发展，而且有必要、有利于开辟学校这条非商业性的渠道，形成非商业性的市场，可以纳入经常的运行轨道。

根据最近的消息，中影公司表示不再负责儿童电影的发行了，这就使儿童电影在没有自己市场的情况下，被推向娱乐市场。当然也就有人会喊出"救救儿童电影吧！"应该说全世界的儿童影视都极为困难，但是各个国家都有自己的保护政策，尽管我们国家已经给了许多保护，但是距离人民的要求和几亿少年儿童的需要还很远，我国人口众多，幅员辽阔，文化又比较落后，从培养新一代接班人的战略角度考虑，希望国家能从实际出发，给以保护、扶植。

*本文发表于《群言》1994 年第 6 期*

# 我爱恋的家园 (1998)

　　长影（原东北人民电影制片厂）是我的电影摇篮，而北影则是我成长的家园，从 50 年代开始到 80 年代整整三十个年头，我都是北影人。风和日丽也罢，凄风长雨也罢，死而复生也罢，这丰富曲折的三十年，是我人生最富有的年代。虽然离开北影已经有十几个年头了，可是我留在北影的岁月，仍是历历在目，难以忘怀！

　　我刚到北影，还没有接到创造角色的任务时，就马上投入纪录片组，当了《烟花女儿翻身记》的助理导演。我协助导演组织拍摄，那些"烟花女儿"（从 12 岁到 40 岁），她们都不是演员，要让她们把过去旧社会苦痛屈辱的生活和解放后翻身的喜悦再现在银幕上，不是轻而易举的事，这就需要我成为她们的知心朋友，能平等地和她们谈心。消灭娼妓，这是中国历史上破天荒的创举，她们的命运深深扣动了我的心弦，工作进行得很顺利。后来，她们在新的生活里，有很多人成了先进人物和模范工作者，直至今日，她们中还有人给我写信。一次，我听见有人喊我，原来她就是过去的"烟花女儿"，也就是她告诉我，谁当了模范，谁在抗美援朝中立了功！我听着，眼睛里充满了喜悦的泪光。

　　难忘的是，还在北影演员科的时候，抗美援朝的历史时刻到来了，1951年初夏厂长汪洋同志让我任队长，李百万同志任副队长，带着队伍去朝鲜，到志愿军中体验生活，并放映电影进行慰问。我虽多年参加革命但是到战场上，到炮火中还是第一次。出发前，厂长汪洋嘱咐我："一个也不能死，都要带回来！"这道命令，沉重地压着我，我们在敌人轰炸下，辗转到了三十八军，多次经受敌机轰炸下的行进与隐蔽，行进只能在黑夜中进行，那长长的卡车行列，总要透过尘土与炮火的烟雾，缓慢前进。那样壮丽的场景，使我永铭脑海。记得一次在高炮营，夜间遇敌机低空轰炸，气浪震荡心肺，弹光闪闪如在眼前，虽住在石洞内，仍令我马上惊醒，爬行去摸索每个同行的女同志，判断是否活着。大家都被惊醒，都在互相询问着，是否受伤；其实这石洞本身就是很好的防空洞，但我们被轰炸惊恐了一夜。第二天，营首长把我们带进高炮阵地，让我们目睹击落敌机的壮观。我更忘不了新华社驻军记者刘贵梁同志，带我们走进几乎炸平的平壤市，真是弹坑毗连，几乎没有平地。他告诉我们说夜间才能行走，可我们等不及，下午就在他的带领下，穿过了机枪阵地和铁道。体味着战争的硝烟，傍晚时刻就赶到了朝鲜中央映画摄影所。从那些被炸毁的残留墙壁和高楼的遗骸中，可以看出战前这是一个规模宏大的摄制厂，而今已被美军疯狂炸毁。朝鲜那些著名演员俞庆爱（在《我的故乡》中扮演母亲）、沈影（在《我的故乡》中扮演革命者金学俊）等十几个人，依然神采奕奕，热烈地长时间地握着我们的手，双方没有说话，只是互相笑着，望着，已经不需要翻译了，彼此都十分了解对方的语言。他们谈了许多电影工作者在战火中的英雄事迹，并请我们吃了冷面，直到深夜，我们才又紧紧地拥抱，告别了他们。深夜里，汽车在飞扬的尘土中颠簸着，周围不断有敌机的照明弹和轰炸声，我们在硝烟中默默无言，但是我们的心头都感到异常的兴奋和充实。日后，北影不断组织创作干部深入农村和工厂，我们结交了许多难忘的朋友，也积累了许多难忘的生活素材，这是北影这个艺术家园的传统，它让自己的成员不断地向人民吸取乳汁，不断地健康成长。

至于在北影的创作、拍摄，则更是令人向往与难忘。1951 年冬，我接受了电影《龙须沟》的创作任务，原本由北影的演员全部承担这个任务，后来由于各种原因，改由北京人艺话剧《龙须沟》中的演员来拍摄，谁知导演冼群同志却留下了两个电影演员：一个是张伐，另一个是我。张伐扮演丁四，我扮演程娘子。我心中很不踏实，因为人艺演"龙"剧已近百场，而且扮演程娘子的演员韩冰同志演得很好，受人夸奖，既朴实又泼辣，十分成功。我自认，在这方面赶不上她。而导演冼群却说："韩冰同志是演得很好，但她是另一种类型，我恰恰要选择你，我希望你能演出娘子对丈夫的贤惠体贴。"当时，我还不能十分理解。

由于剧组人员的调换，厂内计划的更改，拍摄时间拖延了，而我已怀了第二个孩子田壮壮，即将在四月临产。但是我不能忘记深入生活，我跑遍了龙须沟、德胜门、宝禅寺、什刹海周围的大杂院，交了许多朋友。访谈、体会，使我忘记了一切，两腿肿得发亮，也没有因此停顿。这些劳动妇女的形象，从言谈举止到为人待物逐渐在我脑中浮现出来，而且我知道她们举止形成的原因，那是长期生长的大杂院环境，长期生活的艰难，长期劳动的沉重……同时我特别感受到她们对新社会、对人民政府的那种真诚的爱戴；以及自己是新社会主人的那种自豪感、自信感、自重感，这一切都使我十分震动！例如：苏嫂是北影厂的家属工，她曾说自己在旧社会里抬不起头来，还要把头发梳得光光的。新中国成立后，她和丈夫一起为北影宿舍看门，打扫卫生，她为自己的劳动受到人们的尊敬而高兴，但是，她也十分遗憾地说："我不满意为什只发给他（她丈夫）厂徽，而不发给我？！……"她说到这里时眼睛发出奕奕的光亮，她的情绪深深打动着我。这是新社会劳动妇女的自信自重！我好像捕捉到了一种感觉。当时，我是北影工会副主席，春节前在动员职工家属时，我突然感到面前这些人就是我们大杂院内的王大妈、丁四嫂……我不能再像和演员们交谈那样说话，而是要和她们心碰心地平等地交谈，同时，不由得把自己观察到的动作、举止表现出来，一下子我觉得自己就是程娘子，我找到了角色的自我感觉。在以后的排练中找到了角色的动作和行为逻辑。由于角色准备得比较充分，在我生下孩子之后，不满二十四天就进了摄影棚。在和其他演员的交流中，互相激起了真实的即兴（下意识）反应，较好地完成了角色的任务。我做到了把自己的素质和角色的素质融为一体，能把导演所希望的贤惠贴体丈夫的气质表现出来。记得著名舞台导演焦菊隐同志对娘子的评价是："娘子解放前的性格不够稳定，但和地痞流氓斗争很好，新社会的生活也演得很饱满。"（大意）冼群导演领导的剧组在排演拍摄的交流中都充满了和谐的研讨气氛，北京人艺的演员也毫不自傲。总是谦虚而深入地研讨、合作，令人十分留恋、难忘。

至于新中国成立一周年的献礼片更是北影人的辉煌日子。当时北影共有四个创作集体，那是张水华、崔嵬、凌子风、成荫四位著名导演挂帅的创作集体。我正好在一部集体献礼片《林家铺子》中扮演了一个戏不多的"张寡妇"。当时我还在实验话剧院工作，短短的工作期里，我学习到许多重要的艺术真理。因为张寡妇的儿子被混乱的人群踩死，她疯狂地寻找与喊叫，这是一个跟拉移、升的长镜头，当时我觉得一个镜头怎么能完成张寡妇失子的悲痛？！导演被我说动了，为我补拍了两个长长的找儿子的镜头，我也感情饱满、泪流满面，现场的人也被感动，可是最后没有要这两个镜头，我心中很想不通。但是当我看了完成片以后，才懂得了那两个镜头真是多余的，它远离了《林家铺子》的主要命运，应该舍弃。而导演却巧妙地运用了张寡妇哭喊的声音。"我的孩子！我的孩子！"一直把那个长镜头的声音延续到林老板带着女儿，从后门逃出，乘坐小船远去，留下水面上的涟漪，仍听到张寡妇凄厉的声音！水华充分运用了电影声画的语言，凝炼而富有魅力，体现了剧作夏衍、导演张水华、摄影钱江等人隽永的艺术风格

　　同年一集体还准备由水华拍摄回忆录《我的一家》作为献礼片。后来，由于献礼片过多，《我的一家》就让了路，一直到1961年这部影片才完成。这部影片的主创人员有导演张水华、摄影钱江、美工池宁（已故）、录音蔡军（已故）、制片史平，真是精兵强将，他们严格要求，激情饱满，精益求精。为了布景的真实，池宁同志可以两三次地修改甚至重搭；为了声音的真实、清晰、自然，蔡军同志毫不留情地坚持重拍重录（现场录音）；钱江同志的摄影更是精致、美好而流畅，人们称赞他拍摄的画面犹如名家油画；导演更是皱着眉头一遍、两遍、多遍地排练、交流，不达到艺术的要求，绝不停工。水华是出了名的"水磨工"（这是敬爱的周总理赠送他的美称）。记得《我的一家》经水华、夏衍改编后定名为《革命家庭》，其中第三场戏，是十六岁结婚的周莲婚后看到丈夫（孙道临饰演）从外边归来手中拿着东西的场景（其中是一双小孩子鞋，寓意周莲已孕）。一对小夫妻为此追逐嬉戏，然后周莲跑进石榴树后小屋，镜头推向石榴果子。而我和孙道临当时都已是年及四十的体态，很难拍出轻盈、美好的感觉，大家看了样片都不满意。我当时萌生出一个建议："我记得小时，看父亲教母亲识方块字，很有时代感。可以用方块字代替石榴果子，先是梅青教周莲，然后又是方块字在周莲手中教子……"水华听了十分高兴。这个建议也唤起了他少年时代的回忆，他说自己的姐姐、姑姑新婚后也是向丈夫学习方块字，如果被人发现，则是十分忸怩、羞怯……这样，我们重拍了这场戏。那就是婚后梅清教周莲识字，拉着周的手，周十分羞怯地去认字，镜头推向方块字的特写，然后又从方块字特写拉出来，看到周莲怀抱幼子，在教两个孩子认字，既交代了年代的跨越，又避开了我和孙笨拙的体态，画面美好，有时代感，人物关系清楚。后来，著名剧作家曹禺同志对我说："我真没想到八路军出身的演员，也能演出那种忸怩

的样子！"当然这是夸奖我了。

再说周莲出嫁那场戏，她在向孩子们讲家史的旁白是："那年我十六岁，干娘要我出嫁……"画面从老太太近景迭化出 16 岁的周莲，前边说过，我已近 40 岁了，第一次样片当然没有过关。此时，全厂有好几位摄影师、美工师、化妆师都来了！可能是厂长请大家想办法吧！他们面对着我，仔细端详、观察，怎样才能拍出十六七岁的少女模样呢？琢磨着，议论着，他们从脸上的色彩、头上的发型、身上的服饰……为我设计着，终于在集体的努力下，加上我自己在表演上的控制，拍摄成功了。我常对人说，这个 16 岁的镜头真不是表演出来的，而是集体设计拍摄出来的。后边许多重场戏也都是在导演和主创人员的努力下，反复斟酌修改而拍下、剪辑而成的。这个创作集体的严肃认真和创造性劳动，永远留在我的心中。

更荣幸的是 1962—1964 年，我参加了小说《红岩》的改编与筹备工作，并扮演其中的江雪琴这一角色。那个年代是"左"的思潮再次干扰的年代。我们自己的思想也在紧跟"革命"，第一稿中江姐只有两场戏（不敢多写人情味的戏），小说《红岩》原是由欧阳红樱和我发现的，当时我想学导演，正好江姐的戏也不多，所以我还担任了副导演的工作。江姐和其他的烈士虽然都已为新中国的诞生付出了自己的青春和生命。但是同他们一起生活、斗争幸存的战友们，仍是我们深入生活的主要对象，水华、责任编辑宋曰勋和我收集了几十万字的记录材料，其中包括了江姐一家感人的素材，我们如实地向第二稿的改编者夏衍同志汇报。他听后，望着我和宋曰勋（水华当时未赶到）问："你们为什么不写江姐！她的身世经历多么感人！她有丈夫、儿子，而且丈夫牺牲了……老百姓是关心她的命运的！"我和宋曰勋瞪着惊异的目光，无话可答。夏衍摇摇头，不再问我们了。并告诉我们不要再打扰他，他要动笔了。由于夏衍同志在白色恐怖下的斗争经验极其丰富，江姐、许云峰等在重庆地下党斗争的真实材料很完整，剧本很快就写成了。张水华同志拿起本子一看，马上拍板决定拍摄。这是 1963 年冬在广东新会（我们在那里进行第二稿改编）的决策。接着按照导演水华和厂长的决定，我们组织了强大的演员阵容。（由于江姐也是主角之一，我不再担任副导演了。）赵丹、张平、胡朋、蔡松龄等老演员都参加了，由于这部影片是英雄的革命群像，就是狱中的每位难友都要严格挑选有经验的老演员饰演，像赵子岳、姚白黎、黄素颖、李冉冉、李建国等都参加了，大家也都以饱满的革命感情和真诚的思想信念来扮演这个革命的群体，江姐的战友详细地给我讲述了许多江姐的革命经历崇高的人品以及坦然的献身精神，我没有理由不去演好她，其实我不是演，而只是再现她的生活。因为她的事迹，使我获得了几代人对我的厚爱，1995年我到了她的家乡，看到那里只剩下残坦断壁，我哭了！我只是再现了她就获得了那么多的荣誉；而她只留下了唯一的儿子，自己什么也没有了！但是，我相信她不是为了自己，她是为了祖国，为了人民留下了最富有的革命精神！她那美丽的家乡和祖国的富强就是她留给后人的礼物！我心中誓言自己永不玷污她！当然，由于各种局限，影片中的江姐形象尚留有许多遗憾，那可能是我的功力不足和思想上的偏颇造成的！

这部影片受到广大人民群众的喜爱，却遭到了江青的恶毒诅咒，几乎还没有出厂就遭到扼杀，幸好有敬爱的周总理为了烈士的鲜血，为了艺术的尊严做了公正的决断，使影片《烈火中永生》和广大人民群众相见了（可参看水华和我合写的《一场特殊的战斗》）。尽管十年动乱中，它仍遭到厄运，但历史是人民所写，是人民所裁决！十年动乱的日子，就是那凄风苦雨的岁月，我们每个人都不应该忘记，留着以后去做反思吧！我只写了北影在风晴日丽岁月中的片段，还有许许多多美好的片段，就不一一道来了。这个可爱的家园为人民留下了许多美好的影片，也为我留下了许多美好的回忆！

**本文发表于《电影创作》1998年第6期**

# 汪洋同志与田方及我

## ——深情的怀念

### （1999）

　　1950 年春，由于田方的关系，我调到北京电影制片厂的演员科。汪洋同志是田方的邻居，所以我和汪洋夫妇成为朋友。当时，田方是北影厂的厂长，而我却一点儿也不知道。在他逝世后，为他拍摄《忆田方》录像时，翻看田方的履历表时我才知道的，因为田方当年 5 月就调到电影局工作了。所以，我只知道汪洋同志是厂长。印象最深的是 1951 年抗美援朝，演员科让我和李百万同志任正副队长，去朝鲜志愿军深入生活和慰问放映。出发前，厂长汪洋同志给了我一个不可动摇的任务："于蓝，一个同志也不能牺牲，全部要活着回来！"我心里想，这样绝对的命令，我怎么才能保证?！既是战争，就难免有牺牲。可是，我当然不希望有人牺牲。但我也不敢保证。我不说话，只是瞪着眼睛望着他，用眼神告给他，我会努力去做！我带着他下达的沉重任务和他对同志们的爱出发了。在深入朝鲜的部队中，我们经历了许多危险时刻。我首先就记住他的嘱托，这期间只翻过一次汽车，两个同志跌伤，总算没有辜负他的嘱托。在朝鲜的战火中，从朝鲜人民和志愿军的指战员中，我们得到了许多宝贵的财富，那就是国际主义精神、爱国主义精神和勇于奉献的精神，这些生活，使我们不论是做人还是为艺，都是取之不竭用之不尽的宝贵财富。所以一提起北影厂，我就忘不了这位笑声高、嗓门大、有魄力的老厂长，就是他火一样的热情，命令和指挥着我们到人民斗争、生活的前线去吸吮创作的源泉。

　　后来，几经工作调迁，田方搬到宝禅寺，汪洋住到哪儿，我几乎忘记了。但是，我不能忘记的是：十年"文革"中，田方同志于 1974 年逝世了，他这样早地离开我和孩子们，是我没有任何精神准备的。我们的处境凄苦孤伶，汪洋同志和田方一样是刚刚从"牛、鬼、蛇、神"和"走资派"的罪名下释放回厂，仍在监督使用。可以说这位老厂长一点"权"也没有了，他也显得那么无力。可是，他却以一个老共产党员、老厂长、老大哥的心胸把我和孩子们接到他爱人林韦同志的住处。此时，我才知道他被抄家后，一直栖居在林韦的住所。那里是北京军区文工团的宿舍，在西山附近，还有胡朋、车毅、刘佳等好几位老同志。温暖的同志情和革命的友情，把我从凄楚的心境中拉了出来，再加上阳光、空气、大自然抚慰了我伤痛的心身。

后来，我不幸又患了乳腺癌，汪洋老厂长不仅去探望我，而且在我做手术的时候，他一直坐在医院，等候开刀和化验的结果。他好像贮满了永不忘却的同志情，代替田方守护着我。我也感到老厂长对我的厚爱。他在我从事革命文艺工作五十周年时曾深情地说："北影熠熠闪光的金字招牌中，也有于蓝的汗水。"当然，他对田方的贡献，更说过这样肯定的话。当我们拍摄《忆田方》录像带时，汪洋同志回忆与田方合作的往事，激动不已，他双目中闪烁着泪花，声音颤抖起来，他说："1957 年下放回来，北影厂划归北京市委领导，市委宣传部部长陈克寒把我和田方找去，告诉我：田方已从电影局调回北影厂，不任副局长了。汪洋担任厂长，田方任副厂长。我听后，十分不安，我说：'那怎么可以?！当然应该是田方任厂长，我任副厂长，我们会合作得很好！'陈克寒说：'不，就这样决定了！'我还要力争，而田方却坚定地劝阻我：'就这样，服从党的决定！'"事后，田方多少年都以副厂长的身份与他合作，十分默契。他对田方能上能下的风范感念不忘！看到汪洋同志的情怀，也打动了我，多么难得的一对合作伙伴！

粉碎"四人帮"后，汪洋同志自然回厂，又担任起厂长的职务。新时期北影厂创作的影片再度繁荣起来，这些影片都有他的辛勤汗水，是他领导北影厂的创作人员为电影事业做出的新贡献。此时，我却被调到儿童电影制片厂任首任厂长。儿影厂的诞生和生产的影片，都得到他和其他几位副厂长的关怀与支持，从投资到生产都给予无微不至的关怀。当我们有任何困难，都去请教他，他会把着手教你怎样解决。为了支持儿童电影事业，他曾无私地和我签订了"备忘录"：自儿影厂成立后，北影厂投资所拍摄的几部儿童片，在儿影厂能独立拍摄时这些影片全部拨给儿影厂，从产权到一切影片资料均属中国儿童电影制片厂所有。他退休后两年前，还再一次为我们写了证明材

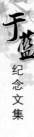

料。这样无私无畏的老厂长，胸怀博大，怎能令人不敬爱他！

他走了，很多同志伤心地说："我们和厂的联系，好像也走了⋯⋯"这是悲痛的怀念！汪洋老厂长的精神会依然屹立在北影厂！北影厂的事业是他率领所有参加过北影厂工作的全体同志共同创造的！他的精神和形象会永远屹立在那里！

安息吧！汪洋同志，你将永远屹立在北影厂和我们每个人的心中。

本文发表于《新文化史料》1999 年第 2 期

# 我们演员永远是从零开始（2003）

我们中国的演员的确不逊色于国际上的明星！我自己也这样感觉，我看现在大家的表演是这样的，我不是说我们的过去，说老实话，我们过去还真的不成。所以我也非常自豪我们有那么多很优秀的演员，饰演了那么多很真实的有血有肉的银幕形象，能够留在观众们和我的心间，像李雪健、宋春丽等，他们创造了很多很生动的荧幕形象，让我们信任他们，让我们能够跟他们沟通，共呼吸。我感觉很高兴！现在是 WTO 时代了，我确实感觉到现实是多极化的。我们不好对一个演员进行一个评价，看他自己的发展。我们生活的现实是丰富的，但也是复杂的、挑战的，是好的也是严峻的。我相信，路是自己走的，我衷心希望，大家珍爱自己，自己走过的、做过的要珍爱，再走向未来。我刚当演员的时候，我的启蒙老师告诉我不能光喜欢演戏，还要"死"在舞台上，我以后这一生永远都在琢磨这句话。确实，多少革命的前辈用自己的艺术事业，终身投入到这个舞台上！我觉得，只要大家珍爱自己，追求为人民服务，为社会服务，热爱并忠于自己的工作和事业，执着地追求自己的工作，我相信会烈火中永生，会永远地活在人民的心目中，会是个优秀的演员。有个演员说得好："我们演员永远是从零开始。"希望大家永远从零开始，走好自己这条光彩的路。我希望我们得过奖的人不要觉得自己了不起，实际上很多人都不比我们差，他们没有那个机遇，比如说你没有好的本子、没有好的导演，一个人就可以把这个戏挑好，那是不可能的，这是一个综合的艺术。机遇是很重要的，不能感觉自己很了不起，得了什么奖项，正是由于这样的思想，我们那时没有得过什么奖，但是得奖对演员来讲是一种激励。

新中国成立初期咱们没有各种奖项，有很多优秀的演员没有机会得过什么奖，这次几个同志得了荣誉奖，这是很好的举措，有些演员并没有演主角，当时也没有得什么奖。比如：姚向黎那时候，她还是小姑娘，演过《无形的战线》《民主青年进行曲》，确实演得很好，又演了《新儿女英雄传》，后来又拍了很多优秀的片子，都是非常优秀的，但是后来因为她去搞话剧了，去教书了，谁也不知道她了，我就希望补给他们这些在新中国成立初期有过贡献的人一个奖，让他们感觉到，我们还想着他们，还记着他们，如姚向黎、安琪、杨静、王蓓等。我已经写过一封给学会秘书处的信了，希望得到他们的同意。

　　　　本文是于蓝在 2003 年第九届电影表演艺术学会奖颁奖大会上的发言

# 永远铭记袁牧之同志（2009）

我在中学时代看过袁牧之写的《桃李劫》《风云儿女》，知道他是一位优秀演员。他还编写过《生死同心》和《马路天使》，我没有看过。

没有想到 1938 年我投身革命，到了延安，就听说延安有个电影团。这个延安电影团也是袁牧之参加组建的。我在延安还看到了他编导的大型纪录片《延安与八路军》。延安的观众看了反响热烈而兴奋。

听说 1940 年袁牧之加入了中国共产党，也是这一年他赴苏联考察。1946 年春，他回国组建东北电影制片厂，任厂长。非常有幸，1946 年冬，我因田方关系从东北文工一团调到了东北电影制片厂，他当时就是厂长。副厂长是吴印咸、张新实，秘书长田方。袁牧之十分重视思想工作，发动"三化立功"运动，初步制定"七片生产"计划，就是故事片、新闻纪录片、科学教育片、美术片、翻译片以及幻灯片和照片。在影片生产上已经比较有计划、有保证地生产了。他特别提出"为战争""为工农兵服务"的要求。这两个口号给我的印象十分深刻！

特别是在炮火中袁牧之想到了人才培养的迫切性，一连举办了四期训练班，培养了六百多名学生到各专业岗位。白大方跟我也都参加了这项工作，他为开展电影事业做了人才培养的战略部署。而对于创作干部则要求他（她）们深入生活 （到工农兵中去）。当时还要求我们老同事和老"满映"的同志们一同下去。日后，这些人就是影坛的耀眼明星，像于洋、凌元、于彦夫等著名艺术家。

袁牧之同志和陈波儿同志还大力培养不懂电影的老文艺工作者到实际工作中学着干，很快就培养出一批编导人才，像王震之、林农、袁乃晨、伊林、谢铁骊、成荫等。他使中国电影在兴山（今鹤岗市）为走向全中国做好了战略部署。日后中国电影的成就都包含了牧之同志和波儿同志的心血和汗水。想起过去的艰苦岁月，我们永远铭记着他们。

　　袁牧之和陈波儿同志对我也是悉心培养。当我参加了两届训练班的工作后，他就说，你现在应该去搞表演了。《白衣战士》的拍摄全是第一次参加电影工作的人，只有马守清同志拍过短片，我们（编剧、导演、演员都是第一次）特别是我，感到自己没有"开麦啦"经验非常苦恼，他和陈波儿却给我写信说："于蓝，你表演的道路是对的！"给我继续从事电影表演的力量！幸好没辜负他们的期望，我逐渐热爱上了电影的镜头，才算及格了。

　　袁牧之还关心工作中的女同志，利用了"满映"日本同志的育儿知识开办了"东影"保育院。许多"东影"老同志的儿女都在那个摇篮里长大成长，现在也都是国家的栋梁！

**本文发表于《当代电影》2009 年第 7 期**

# 火热的中国共产党人

九十老人欣想往事，无限激动。

回顾中国电影史，我们前辈拍摄的第一部长篇电影故事片，竟然是《孤儿救祖记》，我想这是他们对儿童发自内心的关注与同情，并把社会变革的期望寄托给未来。而在抗日战争和解放战争时期拍摄的《迷途的羔羊》和《三毛流浪记》等影片，"左翼"文化先驱们也都是以孤儿的悲惨生活来抨击社会的黑暗与腐败！深切地关注着国家与祖国的前途与命运。当人民共和国诞生之后，直到改革开放前夕，虽也经历了"四人帮"统治的时代，但是由于党和社会的关注与电影工作者的努力，更是产生了许多优秀的儿童影片！像《鸡毛信》《祖国的花朵》《红孩子》《马兰花》《小兵张嘎》《宝葫芦的秘密》《闪闪的红星》等。这些影片深受孩子们的喜爱，并影响着一代代儿童少年的成长。

1979 年党的"三中"全会召开，改革开放的历史时期到来，春风劲吹、大地重生。在祖国遭遇"四人帮"破坏、百废待兴的时刻，党中央高度重视儿童的教育与成长！人民大众广泛呼唤：要救救孩子！这时文化部响应中央号召，决定建立一个专门为儿童生产影片的电影制片厂，这样在 1981 年的 6 月 1 日，北京儿童电影制片厂诞生了 (1987 年改为中国儿童电影制片厂)。那时就有这么一批人听到了党和人民的呼唤，毫不犹豫地就接受了这个任务。这些人都是火热的共产党人 (当然也有非党的同志参加，但是他们也是按照共产党人的要求去做的)，这些人全身心地投入到这个事业中来！其实他们当时还不太明白这个事业的"界定"，但是他们在干中学，学中干，学着盖房子、学着报户口、学着找投资——有人很聪明地找到了办法，先借贷后还账，比如跟器材公司、光学公司、胶片厂等单位先借器材、灯光、胶片等拍起影片。拍好影片卖了影片还了账，还有剩余的资本，这就成了儿童电影制片厂生产的全部资金。在这个过程里，这一群人学会了一切本领。再加上广电部、文化部、国家教委、全国妇联、团中央五个部委的支持与帮助，中国的第一个

儿童电影制片厂终于建成了！

以这个儿童电影厂的建成为基础，还团结了一批热爱儿童电影事业、并乐于奉献的同志们，组成一支优秀的儿童电影创作队伍和理论队伍。他们不仅深入生活而且还走出国门向世界学习，因而当时很快地拍摄了大量的优秀儿童影片，并且在儿童电影理论上也有所建树。这样在改革开放的时期就形成了儿童电影的繁荣景象！这又为以后的儿童电影发展奠定了一个扎实的基础。

现在，我衷心地为这些火热的共产党人欢呼，向他们致敬！

**本文是 2011 年于蓝在"光荣与梦想——新时期中国儿童电影开拓精神座谈会"上的发言**

# 于蓝访谈

# 痛苦多于欢乐

## ——"六一"节前访于蓝
## （1986）

### 朱小鸥

今年六月一日，是北京儿童电影制片厂成立五周年。五年的时间不能算长，对儿影厂来说却是充满坎坷、艰苦奋进的五年。可以说，在这条从无到有的前进路上，每一步都印有于蓝同志那吃力的脚印，浸着她含辛茹苦的心血。"六一"前，我赶到北影大院儿影的小平房里，拜望了于蓝同志。

儿影厂新建的乳白色大楼矗立在阳光中，于蓝同志满头银丝，面容苍白，她刚从政协会议上"溜号"回厂处理了一堆等待着她的大小事务。我突然感到不忍打搅她，她太劳累了。可任务在身，就先拣点高兴的事说吧！

**记者**：于蓝同志，我今天是专来向您贺喜的。

**于蓝**：我有什么喜？

**记者**：双喜临门：一是"六一"儿童节快到了……

**于蓝**：（笑）我过儿童节？

**记者**：您是娃娃头呵——中国儿童少年电影学会会长，北京儿童电影制片厂厂长。孩子们过节看到您给他们送去的好电影，他们快活，您也高兴。

**于蓝**：快别说了，一到"六一"，我心里就愧得慌，拿不出好片子给孩子们贺节。儿童片那么少，简直少得可怜。你知道去年全国拍摄故事片 86 部（按结算版权算），其中儿童片才 3 部，占故事片总数的 3.5%；发行拷贝加在一起才 121 个，占总发行量的 1.4%。全国 3 亿儿童，瞪着小眼等着好电影看，一年 3 部儿童片怎么能满足他们的要求？而且，就这么几部片子，许多孩子还看不到。（说着，于蓝同志从手提包的笔记本里拿出两张报纸的复印件给我）你看，这是陕西省合阳县农村小学生的来信："童牛"，我们农村

的孩子在呼唤你。他们村里每个月要放映四至五场电影，但去年一年却一部儿童片也没有放，大都是爱情、武打片。他们从报上才知道还有一个专为儿童少年电影设置的"童牛奖"，还有得奖的儿童片。这是沈阳市的小学生写的，他们在大城市同样看不到儿童片。一天他们想看电影，去买票，电影院只有《八百罗汉》。他们买了票又退了。

我是儿童电影的头头，却不能给孩子们送去丰富多彩的儿童片。我愧对三亿儿童。越到节日，我越痛苦。但儿影厂厂小力薄，难孚众望。

记者：不能动员各大故事片厂拍点儿童片吗？哪怕一个厂拍一部。

于蓝：他们也有难处。儿童片票价低，卖座不好，不赚钱。其实，像上影、长影几个大厂也拍一点。（我不禁想起前一天正好碰见一位颇有胆识气魄的电影厂厂长，他也感叹儿童片数量既少，质量又不高。当我动员他拍一点儿童片时，他很坦率地说，拍儿童片不赚钱。我不是不关心儿童，但厂里有几千张嘴等着我，赚不回钱就发不了工资。看来问题不光在厂长们身上。）

记者：您亲手创建的儿童电影制片厂成立五周年了，拍了不少儿童片，还有好几部片子在国内外获奖，像《苗苗》《四个小伙作伴》《小刺猬奏鸣曲》《十四五岁》等；新建的厂房也即将峻工。这是一喜吧！

于蓝：这倒也高兴，不过这还得感谢三中全会后中央对儿童电影的关怀。有了儿影厂，儿童电影总算有了一块根据地，每年起码得拍那么几部电影。再加上我们和你们影协一起筹备成立了中国儿童少年电影学会，设立了"童牛奖"，这样，儿童电影就开始有了向心力，不再是散兵游勇；儿童电影理论也开始有人关心、有人研究了。像你们老秦，每年儿影厂的电影他都认真分析，这样就能帮助创作者提高。但现在研究儿童电影的人还太少，我希望有更多的人来耕耘这块荒地。

今年六月，我们准备召开儿童电影创作研讨会，希望关心儿童电影的专家能结合我们近年来的儿童电影创作的具体情况进行分析。我们太渴望理论家的帮助指导了。

记者：儿影厂自己的创作队伍怎么样？

于蓝：水平有高有低。但只要能安心为儿童拍片，潜下心来认真研究，总会一步步提高的。我最怕的是不安心，只把拍儿童片当作练手，练好了就走。这样就很难提高质量。其实儿童电影还是大有可为的，我们也愿为关心儿童片的导演们提供进修的条件，也欢迎外厂导演来儿影厂拍片。现在我们已请了长影的于彦夫、张圆来拍片，还准备请陆小雅。只要能为儿童拍出好片子，我愿尽一切努力。

我希望，为了孩子，大家都做些贡献吧！我的口号就是"五湖四海为儿童"，只有大家都来关心儿童片，儿童片才能繁荣。

**记者**：谢谢于蓝同志，希望明年"六一"再见时，你正为儿童电影的丰收而笑逐颜开。

**于蓝**：（粲然一笑）但愿如此。

本文发表于《电影艺术》1986年第6期

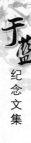

# 于蓝追忆水华导演（1999）

朱小鸥

## 从张寡妇谈起

**记者**：据说你的儿子田壮壮认为在你扮演的角色中，他最喜欢《林家铺子》中的张寡妇。他的理由是什么？你自己怎样看？

**于蓝**：壮壮是这么跟我说过，原因我没细问。在《林家铺子》中扮演张寡妇，是我和水华在银幕上的第一次合作，戏不多，感受却不少。

水华拍戏最重人物，拍《林家铺子》他第一个定的是谢添演林老板，第二个就是张寡妇，由舒绣文扮演。其他角色再慢慢物色。可见他很重视这个角色。可在开拍之前舒绣文心脏病犯了，不能演了。一天晚上，水华给我来电话，让我帮忙救个急，顶替舒绣文演张寡妇，还说戏不多，就几句话。我答应了，可心里直打鼓。

**记者**：只打鼓，没不高兴？

**于蓝**：没不高兴。打鼓是因为匆忙上阵。摄制组已经深入生活回来，而我既无法补上这一课，又不是南方人，怕演不好。可是水华既然挑了我，说明他认为我能演好。水华选演员挑剔是出了名的，没有把握他不会定。后来我听说，为了定我顶舒绣文，水华要走了我在中央戏剧学院表训班学习的全部笔记，从而了解到我在表训班经受了系统的表演科学训练，结合我以前的表演，认为是个什么角色都可演，从不考虑个人形象的演员。认为我身上有张寡妇的潜质，我虽然不是南方人，但长期在根据地，有劳动人民的生活积累和情绪记忆。

**记者**：记得张寡妇在片中总共只有几句话，一个长镜头，对你应不困难。

　　**于蓝**：戏虽不多，却是不可或缺的一条重要线索。《林家铺子》是一幅反映社会生活的大画卷，是从一侧面折射出一个时代。当时经济危机四伏，有人破产有人走向绝路，其中每个人物都是一条叙事线索，共同构成丰厚的社会网络。贯串影片的主线虽是林家铺子，但戏的高潮和尾声连在张寡妇身上。水华认为张寡妇是一个值得塑造的形象。我在扮演时也很激动，尽管一个镜头，我却是充满激情地一口气演下来。

　　**记者**：听说当年赵丹也对这个镜头很佩服。

　　**于蓝**：阿丹是说过。他说他佩服我能在一个镜头里把戏掀向高潮。说起这段戏还是很有意思的。我至今记忆犹深：开始是全景，群众发现被骗，蜂拥挤向林家铺子前，警察开枪镇压；中近景，阿毛在我肩上吓得大哭起来，中景，张寡妇仍在人群中挤着；全景，张寡妇抱着孩子惊慌地跑着叫："孩子……"唯恐失控的人群挤坏孩子。这时人群中有妇娘挡住人群叫："孩子，当心孩子，别踩着孩子。"近景，人脚在跑，中近景，张寡妇从地上挣扎起来叫："我的孩子，我的孩子……"突然发现了什么，一声惊叫，扑倒在地。特写，人脚踩着阿毛的帽子在跑。全景，人们扶起张寡妇，张寡妇凄惨地叫着："阿毛，阿毛，我的孩子——"

　　戏拍完了，可我总觉得意犹未尽。一个社会最底层的寡妇，她生命的全部意义就在儿子身上，钱丢了，儿子没了，她怎肯就此罢休？我认为一个镜头未必能将张寡妇此时此地的心态、感情表现充分。水华听了我的建议，加拍了一场戏，张寡妇找儿子。我调动自己的情绪记忆，全心投入，镜头跟着我，由全景到中景，一正一反地表演寡母寻子的情绪，我勿需事先设计动作，一切顺着人物的内心感觉走。当时摄影场地很多人，大家都感动得掉眼泪了，我自己也很满意，我演得很有激情。

　　到片子剪完了，一看样片，加拍的一场戏全剪了，一点影子都没留。我心里不太舒服，可又提不出什么意见，觉得影片很好。看完样片我没说什么，只是心里琢磨，找儿子那场戏拍得顶饱满的嘛，为什么全剪掉呢？

　　**记者**：我的印象里水华动剪刀挺狠的，好像他说过，导演脑子里要有剪刀，剪刀要灵敏、狠，尾巴多一点都必须剪。影片开头，小船摇桨进镇，经过沿河两岸，走着，出镜，剪这个镜头之所以成为中国电影史上的经典，除了构思的新颖、奇妙、内涵丰富外，也得益于镜头的洗练、简洁、分寸得当。

于蓝：那当然，后来我慢慢琢磨明白了，从局部看，从张寡妇个人看，加拍的戏是饱满的，而从整体看，张寡妇找儿子一节就显得拖沓了。张寡妇的情绪上去了，整个戏都塌下来了。过后，我体会到这场戏所以剪掉是局部与整体、激情与分寸的需要。

现在水华用声音和画面来延伸了张寡妇的情绪。人们把她扶起来，她凄惨地叫着："阿毛，阿毛，我的孩子，我的孩子——"张寡妇被人群拥着远去。这时镜头转向林老板愁闷地坐在船舱里沉思。画外音却响起张寡妇呼唤孩子的悠长、悲凉的声音。船在雾雨中向远处划去。这样，既延续了我觉得未尽的感情，又寓意着悲剧还在继续。这使我懂得了个别和总体、激情和分寸把握的重要。

在水华的作品里，他特别强调：不要把话说尽、事做绝，而要言已尽而意未尽，声已绝而音犹在耳，才能回味无穷，让观众体味到画面外那深远的余韵。因此他对《林家铺子》的结尾还是不满意。他认为自己当时受"左"的思潮影响，没有按原文学剧本的结尾拍。原文学剧本结尾在"林老板父女出逃的船后留下的一条涟漪的水路"上。这样首尾连贯，戏从小船进入小镇开始，终于小船离开小镇，留下一片延续思绪的涟漪。他认为正是自己"左"，才未拍涟漪。

水华就是这样，一天拍一个镜头，第二天一想，还不满意，重来。《林家铺子》就拍了一年。

## 慢工出细活

记者：水华拍戏是出名地慢，听说在 1958 年"大跃进"时期还受到不公正的责备，认为他拍片慢，不符合"大跃进"的要求。你怎么看他的慢？

于蓝：水华的慢是他对艺术的精雕细刻，是慢工出细活，这一点周总理在 1961 年的故事片创作会议上就肯定了。总理说："人说水华进度慢，慢工出细活嘛。""水磨工，我赞成。"总理认为提高质量是一件细致的工作，不能要求太急，成功的作品不是人人都能创造出来的，也不是天天都有的。艺无止境在艺术上精益求精，是水华的毕生追求。《林家铺子》中有一节林老板与伙计们一起吃年夜饭的过场戏。水华认为不能一般地拍吃饭，要表现此情此景下吃饭人的精神状态。他从采访中得到大量生活依据,对演员们说:"年夜饭不好吃,饭后老板得说几句话。如果说'年景不好,生意艰难',那就是要开人了。"他要求每个演员在吃饭时都要找到自己特定的心理状态和情绪。他小到一个小道具都不马虎。《林家铺子》中要用只小猫,赵元为找猫就深有体会,水华要求小猫的毛要有光泽,脸要圆的。大家找来许多小猫,他都不满意,最后还是在梅兰芳和夏衍的猫中选中了梅兰芳的猫。

**记者**:没想到一只小猫还惊动了中国两位艺术大师。

**于蓝**:拍《烈火中永生》,为了准确地刻画烈士们的精神,水华不知读了多少原著,笔记不知写了多少本,单是采访就跑了许多地方,先请两位原作介绍书中每个人物的原型和重庆地下党斗争的情况,组织被破坏的前前后后,被捕后狱中的斗争;然后又想尽办法寻找仍健在的有关人员采访,从北京到重庆再到贵阳,从革命者到在押犯,都要问到。先后找到江姐的好友何理立,许云峰的原型车耀先的女儿,华子良的原型韩子栋,小萝卜头的姐姐。徐鹏飞的原型徐远举……详细体会他们的事迹和他们的成长历程;了解剖析敌人崩溃时的心理轨迹。拍摄前的准备工作可谓一丝不苟。

**记者**:与水华合作过的人说,跟水华拍戏,常是头一天拍一个镜头大家都很满意,第二天进棚一想,不行,重来!听说《林家铺子》中小镇环境的拍摄十分讲究,片中人物走过的街巷、小河、石桥、墙根,斜阳照到街头巷尾的光影,哪里亮哪里暗,他都有生活依据。

**于蓝**:水华是个观察事物很用心的人,非常注意在生活中学习。我们一起出去采景,他看得很细,环境、色彩、光线,机位放在哪儿镜头从哪儿切入……有时正面走着怎么也选不中意,回头一看,行了。《林家铺子》中水华费心思最多的是明秀的处理……

**记者**:为什么会是明秀?又不是一个主要的、性格复杂的角色。

**于蓝**:戏开头是明秀放学回家,水华想通过明秀一路的见闻引出时代背景、环境、人物身份、山雨欲来风满楼的群众抗日情绪……现在这样处理,依我看,这些目的都达到了:学校下课铃响了,林明秀穿着假毛葛旗袍与同学小李走进镜头,一个男同学叫小李,通知她晚上开会讨论抵制日货,后边有两个女同学在指指点点议论她穿的是日货,进而指责她家卖的都是日货。镜头跟着明秀穿小街、过小桥、沿途的夕阳水光、墙角被风刮破的抵制日货

的标语，桥头一群学生在讲演，远处，林家铺子在望。镜头简洁而又顺理成章地把该交代的都交代了。

**记者**：我在一篇文章中看到水华对自己这个开头很不满意，认为这是廉价的构想，您知道他具体指的是什么吗？

**于蓝**：他谈到几次，认为画面的内涵不够丰厚，太单薄。他想如果在下课铃响，林明秀和同学们到操场时，化入一幅漫画，水华说他年轻时看过一幅漫画印象很深刻：一个身着和服、脚蹬日本木屐的日本人，面目狰狞，一手拿刀，刀上滴着血，背上背着一个大包袱，包袱上写着东三省。经历过那个年代的人，一看漫画就明白是什么年代了，并且能产生联想，就可以免去用旁白介绍时代背景了。另外，在明秀回家路上多表现一些社会生活面，就可将小镇将近年关的气氛烘托得更丰富些，每个画面包含的内容会更多，展现不同人物的生活层面会更广阔，更有助于揭示原著通过一个商人家庭反映一个时代的缩影的原意。

总之，水华非常敬佩夏公，非常喜欢茅盾的小说和夏衍的改编。他说《林家铺子》的历史背景非常难写，可小说娓娓道来，一步步掘向社会深层，在三座大山的压迫下，社会危机四伏，有人破产、有人走向绝路。人物都很传神，既有历史价值，也有美学价值，是传世之作。剧本的描写是以高度现实主义的手法，刻画典型环境中的典型性格，一丝不苟，准确而细致，虽然是平铺直叙，却展示社会生活的多个富有特色的侧面。从文学形象转化为电影形象也用不着做什么大改动。因此他说拍《林家铺子》时很松弛，不感到吃力，因为原著和剧本给影片提供了坚实的基础。

可就是这样，他仍然不满意，总说如果有机会重拍他要怎样拍。最有意思的是《林家铺子》拍完几年后，我们在北戴河讨论《烈火中永生》的提纲，工作很紧张。一天赵元发现水华躺在走廊的椅子上，正闭目皱眉地在想什么，一问，才知道他在想《林家铺子》，一时成为笑谈。其实艺术是条不断的河，水华一生都在琢磨、探寻。

**记者**：水华说过如重拍他想怎么改动吗？

**于蓝**：没有细说，只是偶尔零星谈到，如刚才谈到的林明秀归家、结尾应结到小船划过的水痕涟漪，还有开始小船进画，蔡楚生给他提出的船行速度太一致，没有体现出摇橹的节奏。他还想用飞机航拍整个小镇的俯瞰镜头。

## 水华与夏衍的合作

**记者**：从张寡妇起，水华接连三部戏都用你，而且三部戏都是夏衍编剧，水华导，你演，三部戏都影响很大，获得成功。我认为这也是中国电影史上值得研究的合作现象，能谈谈这方面的感受吗？

**于蓝**：我没有单从这个角度考虑过，只是觉得和他们合作得很愉快，摄制组里有一种氛围，很亲切，大家都在围着戏转，很少考虑个人的东西，让人很快就进入角色。水华很尊重我，相信我对角色的把握，拍张寡妇最后那场戏，一口气下来，他根本不打断。跟他一起拍戏，我能很好发挥，我从心里信任他对角色的要求和把握。我想这中间有一种长期合作的默契吧。我和水华最早合作是在延安。印象最深的是拍大型秧歌剧《周子山》。那是水华和王大化根据土匪头子朱永山叛变革命，骚扰人民，后来被我们的保安队逮捕的事实编写的剧本。水华和王大化不光深入生活搜集资料，还到监狱里与朱永山谈话，可是戏拍来拍去总发干。后来水华在米脂县发现当地除奸委员申红友有斗争经验，就毅然把他请来导戏。结果他从自己参加十地革命的丰富斗争的经历中，挖出许多丰富而生动的细节，使整个戏面貌一新，如我演地下党员马洪志的妻子，在深夜迎接红军小队长来传达任务一场戏时，叩门声一响，我马上就去开门，申红友马上叫住我："你这样去开门不危险吗？你知道来的是谁？白色恐怖下你们不防，不设暗号？你们深更半夜点着油灯就不怕别人发现？"于是他让演红军小队长的刘炽，把身上的旧军衣换成破棉袄，按设计的暗号敲门；而让王大化拿一只盛米的斗挡着油灯，我警惕地听清暗号才开门。于是戏活起来了，一台戏经过申红友一指点，变得非常富有生活气息和地方色彩。从此，水华一直坚持毛主席指出的，生活是艺术创作的唯一源泉的原则，以生活为根，广泛地吸收民族艺术的精髓。我也从这次排练中明白不能做无根的浮萍，要做一个好演员，正规的训练很重要，但长期扎根生活，向群众学习所养成的根本素质是必不可少的，是外在的技巧所不能弥补的。演《林家铺子》我虽未赶上深入生活，但水华认为我身上有劳动人民的素质，有在延安和扮演《翠岗红旗》中向五儿的生活积累。

对夏衍，我由衷地敬佩，他是我们新中国电影的奠基者，是电影剧作的

大手笔。我常说我是一个幸运者，能在他执笔改编的三部戏里扮演角色。我能演出角色实际是得力于夏公的剧作，夏公刻画人物的功力，力透银幕。夏公善于刻画典型环境中的典型性格，《林家铺子》就是从江南小镇一家小百货店年关倒闭，林老板在艰难中倾力挣扎的故事为核心，牵引出1931年前后复杂的社会环境，在这种环境中破产的农村，凋弊的民族经济，相互倾轧的小业主，逃亡的难民以及最底层的孤儿寡妇，形形色色的小人物，个个身上有戏，人人代表着一个方面，共同构成一个社会侧面。做到时代特点和社会氛围既丰富多彩又扎实精到，人物群像着墨不多却性格鲜明。水华也很佩服夏公，他认为《林》戏改编简洁，但细腻、清晰，看上去平易无奇，而内涵丰富又凝练，气韵自然，溢于言表。平铺直叙，凡人凡事，浅显随意，似乎毫无构思，实则胸中自有城府，阅后方视高手、大手笔！于平易中见功力、才华。陈白尘同志说过水华明快、简洁的风格是最适合于夏衍的剧本的，《林家铺子》是最好的证明。可见两位艺术大家在艺术追求、美学见解上的投契，而我，只是在他们整体构思中去领会完成一个角色。

**记者：** 您太自谦了。我记得你们的合作不仅是编、导、演各司其职，而是从选剧本开始，到影片完成，涵盖了整个创作过程。好像《革命家庭》和《烈火中永生》的原作都是你推荐给水华的。

**于蓝：** 可以说是这样。1959年看到陶承同志的《我的一家》，很喜欢。我认为这适合水华，他就喜欢人物丰满的作品，从拍《土地》以后，他一直坚持一条，拍有鲜明人物形象的作品，他喜欢通过人物的刻画去反映生活，反映时代面貌。《我》就是通过一个家庭的遭遇从侧面反映革命运动的起伏跌宕，人物间感情关系描写得细腻真切，家庭变化结构完整。我给水华打电话，向他推荐这本书，并毛遂自荐愿意演母亲一角，水华看后也很满意，决定请夏衍改编。为了深入了解那个时代和陶承一家的生活，我和陶承一起生活了很长时间，并把了解到的许多资料转告夏公和水华，夏公认为这又是一个可塑造的形象，同意改编剧本，改出来应不单是陶承一家了，它融进了那个时代许多革命者的经历，如母亲入狱母子在狱中告别。但在拍戏时，由于扮演梅清的孙道临和我年纪都比较大了，都是近四十岁的人了，有的戏拍来较别扭。如新婚燕尔，梅清夫妻绕着花树追逐嬉戏。戏很美，可是我们两人追跑起来都缺乏那种青春气，不自然。于是我建议改为梅清教妻子认字块，记得我小时父亲就把着手教过我母亲认字，水华又补充他小时看见他姐姐新婚时的羞涩，认为用在这里既表现新婚的心态，也符合梅清的身份，更能体现母亲后来变化的起点，夏公认可，于是这场戏就改成现在这样。我觉得我们那时思想很简单，没想那么多，只要戏能拍好，夏公也不嫌我们改了他的戏。

**记者**：那是因为修改方案不违背人物性格发展的逻辑，也符合夏公的艺术风格。

**于蓝**：《烈火中永生》波折就更多。当时我生病住院，在病床上读到《中国青年报》中连载的《红岩》，我很感动，每天读给医院的人听，大家都很喜欢，认为应该拍电影，这时欧阳红樱打电话给我，建议合作拍片。恰逢水华也很喜欢，打电话给我让我把《红岩》让给他拍，我当然赞成，我认为他会拍得比我好，水华邀我在戏中演江姐，当时罗广斌等作者改编的剧本主要是群戏，江姐的戏不多，水华还有些歉意，我不计较剧本改了几稿，但戏仍然干巴，人物多，可谁都不是主演。于是水华再请夏衍，后来夏衍来到新会，听了我们的汇报，看了资料说："为什么不集中写江姐和许云峰？许云峰身上有川东地下党领导的铮铮铁骨，江姐的戏多有色彩！丈夫被杀，眼见头悬城墙，她还有孩子，受尽磨难仍坚持革命。"于是夏衍集中笔力刻画了这两个人物。在拍摄时，夏公一再提醒我，不要演得剑拔弩张，说江姐不是刘胡兰，要演得外表文静端庄，内心坚强，具有东方女性的特点。

但影片出来后受到江青的严厉指责，说许云峰气质不对、江姐缺乏英气等等。这时主管电影的荒煤同志已调往四川，夏衍同志已受到批判，靠边站，我们都很苦闷。后来是周恩来同志看了影片给予了肯定。从今天看来，夏衍的改编是成功的，至今江姐、许云峰仍感动着观众。

**记者**：是不是可以这样说，你们合作中的成功不仅是艺术追求的相同，更有为人的基本原则的一致。

**于蓝**：最主要的还是两位大师的艺术造诣和人格魅力，我只是尽力在银幕上体现，没有江姐的感人事迹，没有夏公和水华的心血，和整个摄制组的合作，哪有光彩的银幕形象？每当观众夸我饰演的江姐影响了他们的一生时，我就很内疚，我知道我个人的能力，只能兢兢业业地继承他们的遗愿，走他们的路。

## 水华电影中的演员

**记者**：许多演员都怕水华的慢、磨，水华自己也表示过由于自己简单地懂得日常生活中的行动规律和演员进入角色的过程，并简单认为这样就可达到真实的表演，没有理解到演员需要通过复杂的、多层次的假定，而且往往是从单层假定入手，逐渐深入到多层次的假定来掌握角色，因此在排戏过程中单纯要求演员调动想象力，希望能帮助演员一次性地通过复杂假定达到真实的动作和对话，往往把演员弄得疲惫而又苦恼，你与水华合作中有过这样的经历吗？

**于蓝**：有过，但我从踏上舞台开始就与水华合作有关，可以说我演戏是他手把手教出来的。我是一个单纯而又笨拙的演员，他从未责怪过我，总是耐心地给我说戏，诱发我对角色的理解和感觉，我也总是认真地去领会，体味他对角色的分析，对演员的要求，我们配合得习惯，排练几次就通过。

他的确存在这个问题，我给他提过意见，要珍惜演员的激情，有时反复磨，次数多了，情绪反而受影响。排练时演员表演能达到百分之八十就可以了，可他非要完全满意才行，对缺乏表演经验的年轻演员，有时可以一个下午只拍一个动作。对艺术精益求精可以说已贯穿在水华的整个生命中，对别人严，对自己更严。

**记者**：你认为水华选演员最看重的是什么？

**于蓝**：素质！素质和生活积累。他认为一个演员必须要有生活积累，生活阅历愈丰富，人生经历愈跌宕，感受愈深切。而由生活经历、文化教养、人格魅力所构成的素质，不是短期内导演能帮助演员改变的。

第一次拍电影《白毛女》选喜儿，当时找了好多"喜儿"，选到最后还剩两个：一位是田华，另一位是北京某剧院的女演员，比田华漂亮，戏也不错。水华推敲难定，晚上到我家找田方商量说那位女演员银幕形象好，但缺少农村气息。田华身上有喜儿憨厚、淳朴的乡下姑娘的气质，田方和我都同意他的看法，认为选田华合适，而摄制组许多同志都同意那位女演员，包括摄影师在内，可是水华还是选了田华。

拍《烈火中永生》，我和欧阳红樱原来想请另一立男演员演许云峰，水华不认可，后来有人提出田方。田方在延安与水华合作过，无论为戏为人与水华都很相投，哪知水华还是不同意。他说许云峰是白区的地下党，身上举手投足都有白区工作的感觉，田方早期虽在上海，但到延安多年，经过根据地斗争的锻炼，早已"延安化"了。最后我提出赵丹，他欣然接受，认为赵丹既有上海从事革命文艺的经历，又有在新疆监狱斗争的生活积累。他心中根本不考虑个人亲疏，没有老区、新解放区的界限。田方也很支持。

记者：水华选人的原则可贵，田方的胸怀也让人钦佩，这种不考虑个人，只从电影艺术的需要考虑的气度可以说是保证艺术质量的前提。在今天尤其值得提倡。

于蓝：是的，我一直留恋我们那个创作集体，当我写信给赵丹，说水华邀请他来演许云峰时，赵丹回信说："我多么向往能与水华同志和你们一起合作呀。我来，我一定来。"后来赵丹果然在水华营造的和谐氛围里与不断探索的创造精神下塑造了观众喜爱的许云峰形象。

水华总是把和演员共同探索、塑造形象放在创作的首要位置。他用他深厚的艺术素养熏陶了多少优秀演员。可以说，没有水华就没有我的今天，他是我的导演、老师、挚友、兄长，我是在他的艺术感染中不知不觉地成长的。

## 关于儿童电影

记者：如果不是"文化大革命"十年浩劫，你们的合作定会创作出更多的优秀影片。

于蓝：实际上这种合作并没有中断，而是在另一个领域延伸了。

"文革"中我在干校劳动时从房顶摔到地上，面部神经受损，不能再演戏。1981年党中央召开工作会议，文化部党组决定成立儿童电影制片厂，委派我负责建厂并担任儿童电影制片厂首任厂长。我如履薄冰，唯恐拍不出好作品奉献给小观众。我又想起水华，聘请水华、朱今明等人任儿影厂艺术顾问。水华任顾问的认真劲儿不亚于他自己拍片。从儿影生产第一部片子开始直到他去世，共看了五十多部儿童故事片的样片和完成片，并深入剧本投拍前的修改工作。记得拍摄写鲁迅少年时代的《风雨故园》时，年轻导演徐耿在修改剧本时遇到了困难，水华就以自己幼时在家里碰到的变故，封建大家族的尔虞我诈在他幼小心灵中造成的压抑和自己内心反抗的实例，帮助徐耿

把握少年鲁迅的形象。那些形象的实例使徐耿更生动地体味了当时鲁迅的生活环境，丰富了他的想象，燃起了他的创作激情，使剧本改得更好。他对艺术的精益求精的态度也便徐耿在拍摄中精雕细刻。影片完成后受到电影界同行及绍兴各界和少年观众的赞赏，还获得了全国几项大奖。

在马秉煜拍《少年彭德怀》时，水华一个镜头一个镜头地帮助马秉煜捋，并把意见录下音来送到外景地拍摄现场给他听。水华还多次嘱咐："搞艺术，特别是电影艺术，一定要狠，要咬住牙，要像榨油机一样不停地榨自己。"马儿牢牢记住他的话，就是以这样的态度去拍摄的，后来《少年彭德怀》获得了当年"金鸡奖"最佳儿童片奖、政府奖、童牛奖和葡萄牙菲格拉达福兹国际电影节最佳影片奖。

霍庄同志写的儿童剧本《魔鬼发卡》在北影艺委会讨论时，水华激动地说：读了剧本一个突出的感受便是兴奋。这个剧本我只读了两遍，我看的时候，一直在笑……我已经很久没有这样兴奋了，包围我们儿童的不好的东西太多了。有一次，我孙子不知从哪儿弄来一本画报，我拿过来一看，竟是一本内容很低级甚至是淫秽的东西，可见这种包围之深……这个剧本是引导孩子们向上的。小霍你做了一件大好事，我，作为一个老电影工作者，一个老人，或者就是我张水华吧，谢谢你！"

**记者**：其实真该感谢水华。我记得 1986 年儿影在北京回龙观召开的全国儿童电影剧本评奖会上，参评的剧本一大堆，我们都看得头晕脑胀，水华同志却看得非常仔细，还做详细笔记，尤其印象深的是他对《白栅栏》的发言。

**于蓝**：那时我的观念还有些保守，记得剧本是写少年青春萌动的细腻感情，剧本写得不错，但对时代背景的驾驭又显得不够，给不给奖？大家争执不下，我也一时拿不定主意。这时水华说："这样的作品如果不给予鼓励，以后就不会有人写了。"水华真说准了。这次我们在福州长乐评奖会上看的《草房子》就是这个作家写的。

**记者**：《草房子》和《白栅栏》在艺术风格、人物刻画上是一脉相承而又有发展有新意的。作者曹文轩可能还不知道当年有这么一位不认识的长者曾这么关心、护佑过他呢？

**于蓝**：的确，水华就是这样无所求地、细心地爱护年轻的电影工作者，心甘情愿地用自己的心血浇灌儿童电影这片绿洲。

作为一个艺术家、一个老共产党员，水华谦虚、谨慎、无私、高尚。因为他多年没有拍片，没有片酬，每月工资有限，在他最后的几年里，生活是相当艰苦的，有时连买鸡蛋也要计算开支。他身为北影艺委会主任，为厂里看了大量剧本，厂里决定每月随工资给他增加一千元，他坚决不收，全部交了党费。他在病重的日子里，几乎不能说话的时候，还在一片小纸上写下："我要拍片。"水华把一生献给了新中国的电影事业。他的为人为艺永远是我们的榜样。

（作者注：当我整理这篇访问记时，水华老师那慈祥、圣洁的面容始终萦回在我脑际，我被他的精神陶冶着、净化着，听不见屋外浮躁的喧嚣，心变得平和了。水华老师走了，但他留给我们的精神应该是悠长、深远的。）

本文发表于《电影艺术》1999 年第 4 期

于蓝访谈

# 于蓝：为了电影、为了孩子（2011）

李　蕾

　　5月23日，在人民大会堂举行的儿童电影《守护童年》的首映式上。记者见到了90岁高龄的于蓝老师。虽然满头银发，腿脚有些不便，走路需要搀扶，却依然精神矍铄，和蔼可亲。曾经担任北京儿童电影制片厂第一任厂长的她，至今仍在为儿童电影事业奔走呼号，把一颗爱之心献给祖国的花朵，赢得了全场热烈的掌声。她却谦虚地说："我什么事情也没做，大家却给我这么高的荣誉。在六一儿童节即将来临之际又恰逢纪念中国儿童电影诞生89周年和北京儿童电影制片厂成立30周年之际，我向所有致力于儿童电影创作的同志们致以衷心的感谢和崇高的敬意！"

　　于蓝和儿童电影有一段不解之缘。1981年3月，中央工作会议号召全党全社会都要关心青少年的成长。不久，又决定成立北京儿童电影制片厂，并委任于蓝当厂长。于蓝那时身患乳腺癌，刚做完手术不久，身体还在慢慢恢复，接到委任却毅然领命，投入到紧张繁忙的工作当中。她回忆起当年的情景："我还记得得知这个消息是在六一前夕，刚好是我过60岁生日的时候。按照现在的规定，60岁应该退休了，但党和人民需要我去哪里，我就去哪里，没有半点犹豫。"

　　就这样，于蓝担负起了组建儿童电影制片厂的重任。但白手起家，谈何容易。为了招兵买马，为了解决拍片的经费不足和器材短缺，为了解决基建过程中的难题，于蓝四处奔走，一刻也不停歇。她右手无名指比别的指头短一截，就是那时的一次事故造成的。说起这事，于蓝总是轻描淡写："儿影厂刚成立时特别困难，临时搭建的工棚，冬天没有暖气，门是用几根弹簧绷住的。也是我粗心大意，开门时'啪'的一声手被门打了，再一看发现一截手指挂在门的铁把手上。当时大夫说手指可以接上但需要住院，做多次手术。

可刚建厂，那么多事等着我做，哪有时间啊！我想反正我又不弹钢琴，手指头不要了，缝上伤口就回来工作了。"

一晃 30 年过去了，正是在像于蓝这样的电影工作者的辛勤劳动下，当年如小树苗般的儿童电影一路茁壮成长。于蓝说，我还记得儿影厂建成 15 周年时的一些数据，拍摄 65 部儿童片，其中 37 部影片获得金鸡奖、童牛奖等 120 多个奖项。又过了 15 年，我欣慰地看到，儿童电影现在取得了更好的成绩，其中不乏如《守护童年》这样的精品力作。儿童是我们的未来和希望，我们儿童电影工作者们担负着多么光荣而艰巨的任务！为了满足儿童的求知欲，刺激他们丰富的想象力，把他们培养成为情操高尚的接班人，我们必须倾注自己所有的心力。希望通过大家的努力，让儿童电影的未来充满阳光，赢得更多孩子们的喜爱！

本文发表于《光明日报》2011 年 5 月 24 日第 009 版

—于蓝访谈—

# 于蓝：从来没有怕过生活的难（2018）

孙佳音

初秋的北京，阳光洒在老旧的地板上。一位九十七岁的老太太坐在和煦的阳光里，一件红色衬衫、一条呢子长裤，搭配一双黑色皮鞋，一头白发，平和地笑着。如果不是窗台上那些"沉甸甸"的奖杯；如果不是墙上她和周恩来总理亲切握手的黑白照片；如果不是角落里一幅"凛然江姐真英雄，烈火铁窗得永生"的小楷……很难想象这间十来平方米客厅的主人，是新中国电影艺术家、事业家于蓝。新中国成立前，她演过很多舞台剧；新中国成立后，她又演了很多电影。问她更喜欢哪种艺术形式？于蓝说："我还是看剧本。"那什么是好剧本？她说："真实的，就是好的。"

## 一路走到延安

**《检察风云》**：还记得 1938 年，走路去延安，那一千多里路的艰辛吗？

**于蓝**：其实很多事情，现在都记不真切了。但我记得，我是 1938 年 7 月，从"于佩文"改为"于蓝"的。蓝，万里无云蓝天的蓝。记得我和赵路从天津出发，到北平，然后跋山涉水，穿过敌人占领区的缝隙，渡过波浪滔天的黄河，一路走到了延安。记得自己看到宝塔山的那一天，是 1938 年 10 月 24 日。

**《检察风云》**：到了延安，就直接投身革命了吗？

**于蓝**：是啊。第二天一早，我就拿到一张纸，要填上姓名、年龄、籍贯和简历。拿起这表格，首先映入眼帘的是两边各一行醒目的铅印字，一边是"中华民族优秀儿女"，另一边是"对革命无限忠诚"。一下子我的眼眶就热了。尽管走了一千多里路，尽管受了一些苦，但被视为中华民族的优秀儿女，让人内心充满了骄傲。我决心迎着一切艰苦，不辱没这"优秀儿女"的称号。后来这八十年，我也一直为此努力。

《检察风云》：是不是很快就入了党？

于蓝：对，在那个火热的、充满理想的年代，不到半年，我就和其他十几个年轻人一起光荣地加入了中国共产党。当时，党还处在秘密状态，在山上的一个窑洞，油灯闪闪，映着墙上的鲜红党旗，旗的下面是用毛笔写的入党誓词。那一天是 1939 年 2 月 17 日，我永远地记住了那个夜晚，记住了自己举起过的右手和攥紧的拳头。

《检察风云》：您去延安前，就想当一名演员，为革命鼓与呼吗？

于蓝：还真不是。旧社会因为幼年丧母，我是一个多愁善感的女孩子。来延安后，我成了一个充满热情、活泼的女青年，当时，我很希望能够学习理工科，将来当一名工程师，修桥筑路报效祖国。不过延安没有这样的学校，1940 年春天"鲁艺"来挑女演员，我便报名了。那时候自己对"艺术"二字毫无理解，只是愿意看戏、看电影，看得十分入迷。以前看电影的时候，我常常幻想着，假如世上能有一座穿着蓝布旗袍和学生装的电影厂，没有金钱、世俗的污染，那我就会投身于它，当时认为这是梦幻而已，但有一天我真的穿着布衣和草鞋走进了这艺术殿堂。鲁艺的教室，是延安附近唯一一座未被轰炸的教堂，20 世纪 80 年代和 90 年代，我两次回到延安，每次都去了鲁艺旧址，看见它至今安然无恙。现在想起来，那段充满着抗日青年乐观主义、浪漫精神的岁月，仍历历在目。

## 从舞台到电影

《检察风云》：1946 年长春电影厂筹建，您又成了新中国第一代电影演员，从舞台到电影，这个转变容易吗？

于蓝：这真是一条漫长的、成长的道路。刚开始的时候，在"开麦拉"面前的滋味实在不好受，摄影师一会儿喊："于蓝，你的脖子太细了。"一会儿又叫："你的肩膀太薄了，你的眼白太大了。"我真是无所适从。第一次发现自己身上有那么多缺点。不过，我没有动摇，决心去尝试、去努力。

《检察风云》：1954 年，您三十三岁时，重新报名、考试，而后在中央戏

剧学院跟着苏联专家库里涅夫从头学表演，是不是很需要勇气？

于蓝：是啊。那时候已经是两个孩子的妈了，但说表演，还是一个学生。要上学，还得经过严格的考试，而不是单位推荐。田方很支持我学习，他送我一个厚厚的笔记本，上面写着"做一个好学生"。真是从"ABC"开始学起的，我还记得那些课程是：注意力集中、肌肉松弛、想象、改变舞台态度、动作地点的改变、无实物练习……在学习中，苏联专家不断地告诉我们要观察生活。

## 永远的"江姐"

**《检察风云》**："江姐"是您表演生涯中，最真、最美的角色吗？

于蓝：我想是的。1961 年冬天，我在医院检查身体，从《中国青年报》上读到了小说《红岩》部分章节的连载，就忍不住要读给病友听。1962 年冬，我和导演水华前往重庆，广泛地接触了在那个时代里进行斗争并幸存下来的共产党人，许多共产党人的事迹，比小说、比原型人物的诉说，更打动人。回北京后，我们整理出来的资料足有二十万字。这些资料，我视为珍宝，一直藏在家中。正是这些真实的故事，让我触摸到了烈士们的言谈笑貌和铁骨铮铮，使得我走进了"江姐"这个角色。

**《检察风云》**：后来的创作顺利吗？

于蓝：剧本打磨了很久。到了1963 年夏天，我们整出的第三稿仍不够理想，不能投入拍摄。没办法了，经过水华和汪洋（时任北影厂厂长）的努力，说服了夏衍，答应帮助我们完成《红岩》的拍摄文学本。于是，那年冬天，我们去广东新会拜访夏衍。他听了三天汇报后忽然问了一句："你们为什么不写江姐？"第三稿的剧本，江姐只有两场戏。我记得夏衍说："江姐的经历多么感人，她有丈夫、有孩子，而丈夫牺牲了，她又被捕了，老百姓会关心她的命运的。"

一周后，夏衍拿出了第四稿剧本，《烈火中永生》就开拍了。有人评述夏衍同志的剧本特点，是通过人物的命运来塑造人物，把党性原则融化在艺术规律之中。他确实是电影艺术的先驱者，真正的行家里手，把我们引上了成功之路。

《检察风云》：您对您自己的表演满意吗？

于蓝：其实夏衍对江姐这个角色还有特别的贡献，他改编后特地叮嘱："于蓝，你演江姐，千万不要演成刘胡兰式的女英雄，也不是赵一曼。"于是，我演起来，江姐就是江姐，是一个有血有肉的温柔的女性，是一个在复杂环境下，都能有条不紊去处理、去解决、去面对问题的"平凡"的城市妇女。

这"有条不紊"最典型的呈现，或许就是江姐就义前的平静。应该怎样去塑造这段共产党人的生离死别？江姐和许云峰共赴刑场时候，他们同时也各自用对共产主义理想必胜的目光来告别同志们。我自己也很满意这场戏，每当壮烈的《国际歌》旋律响起，不管什么时候再看，我仍觉得激动、入戏。

《检察风云》：您觉得您跟江姐像吗？

于蓝：我们是同时代人，怀揣着同样的理想——为实现共产主义而奋斗，并为此奉献了青春和热血。她牺牲了，我是个幸存者。但我们个性上有相像的地方， 我也从来没有怕过生活的难。

《检察风云》：那么经典的一个角色，对您来说，创作上还有遗憾吗？

于蓝：其实还是有的。比如和双枪老太婆会面那场戏，我还应该演得更好一些。该是在这位妈妈的劝慰下，江姐哭了起来，但最后，她忍住泪水对妈妈说："我不能带着眼泪干革命。"这样，就比一直控制不哭出来的拘谨克制，会更真实，更好些。

## 六十岁当厂长

《检察风云》：但后来，您为何演戏演得少了？

于蓝：1972 年落实政策后，我得到第一批回厂的待遇，但拍摄电影《侦察兵》的时候，我发现在干校摔伤后，自己面颊有个伤疤，已不能自如地控制表情，所以就只能遗憾地告别银幕了。既然不能再当演员，我就决心去学习导演，没有什么困难是不能克服的。

1981 年，当时的文化部党组根据中央工作会议的精神，决定成立"儿童电影制片厂"，任命我为厂长，一干就是二十年。那些日子，我们先后拍出了《红象》《少年彭德怀》《鸽子迷奇遇》《哦！香雪》《豆蔻年华》《我的九月》《好爸爸、坏爸爸》等儿童电影，我很欣慰，这些电影温暖和陪伴了一代

代孩子的成长。其实，厂里有我们这样的老同志，还有很多带着爱和热情的年轻人。比如从电影学院来实习的张艺谋、冯小宁、张建亚、谢小晶、田壮壮，后来他们都是极有成就的第五代导演，但我想他们是在儿童电影这块绿洲上，步入电影事业的美好时光的。

本文发表于《检查风云》2018年第24期

# 众说于蓝

# 鹤发童心的于蓝大姐

范崇嬿

四十年前，我在全国妇联书记处工作时，一次儿童工作座谈会上我与于蓝同志相识，大家都尊称她为于蓝大姐。其实，我们早在银幕上相识，她扮演的共产党员江姐，是我崇拜的英雄。如今，坐在面前的永远的"江姐"，是从革命圣地延安走来的新中国著名的电影表演艺术家，我心中真是充满对她的敬意。我静静地听她娓娓讲述："虽然中国儿童电影制片厂已成立了，但是要满足全国三亿多少年儿童渴望看到更多、更好、更适合孩子们看的影片还差得很远。为促进编剧、导演、演员及电影工作者和其他电影制片厂能积极为孩子们创作更精彩、更优秀的儿童影片，我们倡议设立'童牛奖'。"全体与会者报以热烈的掌声。我很振奋地表示支持这个倡议。经中国儿童少年基金会秘书长办公会议讨论，报康克清会长批准，儿童电影最高奖"童牛奖"被拨款支持，得以设立。1985 年正是牛年，这个代表初生牛犊不怕虎的"童牛奖"诞生了。近四十年里，有六十多部优秀儿童影片获此殊荣。还有许多影片获得国际奖项。许多编剧、导演、演员、儿童演员也获此奖励。

但是，票房价值追求使儿童电影的公益性受到冲击。这么多好的儿童影片无法进入电影市场。孩子们看不到这些获奖电影。为了使更多的孩子们看到好电影，于蓝大姐不顾年事已高，不辞辛苦地东奔西跑，最后与教育部达成共识，使优秀儿童影片走进校园。

晚年于蓝大姐坐在轮椅上，仍不改初衷。一张口就是怎么样为孩子们创作好电影，怎样让所有的孩子们，特别是乡下的孩子们也能分享、欣赏到好电影。

2015 年重阳节，中国儿童电影学会举办敬老活动。当于蓝大姐微笑地坐在轮椅上来到会场，全场与会者起立并报以热烈的掌声。她缓缓地站起来走到大家面前亲切地说："谢谢老伙伴们，老姐妹们，谢谢儿童电影事业的同行们、朋友们多年来对中国儿童电影事业的无怨无悔地支持。让我们为了给孩子们更好的、更多的儿童电影继续努力吧！"说着她紧紧地握着我的手并拥抱我说："童牛奖忘不了您呀！"接着她又紧握邓颖超大姐秘书赵炜的手用力摇着说："谢谢您对儿童电事业最有力的支持！"我们都说："于蓝大姐，最该谢的是您啊！您是中国儿童电影事业的开拓者，我们永远记得您对中国儿童电影事业的卓越贡献。"她谦虚地指着身旁一群满头银发满面红光的电影界高龄老人们说："不要记住我，要记住他们，我的儿童电影事业中一辈子共同打拼的伙伴们。"

2012年金秋10月，在北京鸟巢举办了第五届"和平的旗帜"世界儿童呼唤和平活动。来自世界60多个国家的儿童与中国56个民族的儿童代表正在高唱《和平宣言之歌》紫砂壶名家邵顺生将自己制作并刻上"保卫和平，呵护儿童"的紫砂壶捐给联合国儿童基金会代表，并倡议举办"百位名人画紫砂壶公益活动"来支持世界儿童们呼唤和平。于蓝大姐首先表示支持。当我们走进她朴素的居室，她坐着轮椅上拿起毛笔，端详着紫砂壶，仔细地在紫砂壶上画一束兰花，又画一枝梅花，微笑地说："我从来没在紫砂壶上画画，为了孩子，让我干什么都不会拒绝，因为我爱他们。"

这就是鹤发童心的于蓝大姐。我心中永远的榜样。

*2016年9月范崇嬿回忆录《歌梦》节选*

# 影坛一朵圣洁的玉兰

## ——纪念于蓝大姐百年华诞

### 李前宽

　　著名电影表演艺术家、中国儿童电影事业家于蓝德高望重，大家尊称她为大姐。她端庄大气、秀外慧中，有经得住端详的美丽。她长年融入生活，与人民有着深厚的情感，她塑造的形象生动真切、慈祥质朴、长留人间。

　　2018年3月9日，我们去中日友好医院看望于蓝老师，她正在病榻睡眠，我们伫立床前凝视。护士说这些日子她头脑时而清晰时而模糊。此刻，她睡梦中绯红恬静的脸庞，仿佛正与孩子们一起欣赏儿童电影；仿佛在渣滓洞同狱友一起缝制红旗，迎接新中国的曙光；又好似在上海白色恐怖中，掩护同志们越过封锁线……她在银幕里，她在现实中，光影艺术中的英雄与现实生活中的她已经融为一体，她与英雄化为一个大写的于蓝，她是中国影坛一朵圣洁的玉兰，纯美而富魅力。我们是看着于蓝老师电影成长的，她的银幕形象影响了一代又一代观众。

　　青少年时，我在大连简陋的东明电影院里，看到长影《白衣战士》那个令人感动的战地护士，而后又看到《翠岗红旗》中的妈妈，到后来《革命家庭》中的母亲、《烈火中永生》中的江姐，这些都令我在崇敬中受到思想的洗礼。我成了电影队伍中的一员，有许多机会见到于蓝老师，和崇拜的英雄在一起，我心中升起莫大的荣幸和欣慰。再后来有机会跟于蓝老师一起参加诸多电影界的公益活动，亲身感受到她的崇高和发自肺腑的真诚。

　　2000年，我担任中国电影基金会会长期间，组织了"万映计划"，即在我国贫困山区万所学校推动"爱国主义电影"放映活动，于蓝老师总是满怀热情地积极参与，在她影响下，电影界众多老、中、青演员踊跃参与。我们携影片深入贵州深山区，把放映大棚搭建在小学校的操场，山里的孩子第

一次看到大银幕激动万分，孩子们把红灿灿的红领巾给于蓝奶奶系上，孩子们的欢声笑语唤出她童心活力，她柔弱的身躯发出火一般激情话语，让孩子们兴奋不已。在河南郑州万人广场上，头顶烈日面对广大师生，满头银发的于蓝老师以老一辈电影艺术家温馨的话语，鼓励孩子们"好好学习，天天向上"，将来成为国家栋梁之材。每次深入山区贫困村落，不论条件多差，她从不提任何特殊要求，严以律己，宽以待人，为人师表。

还是17岁花季年龄的她，从东北日寇铁蹄下，逃离苦海辗转来到北平，在抗日武装协助下，从北京平西府走进太行山，奔赴革命圣地延安，从此锁定了她毕生奋斗的革命目标。在延安电影团、在鲁艺，她炼就了一个战士的革命意志。在延河畔，她与既是大演员又是领导的田方同志相识，又相伴至抗战胜利，奉党中央之命，她随延安电影团，长途跋涉来到东北接收"满映"。当蒋介石撕毁停战协议，燃起辽沈战役烽火，她参与已被接管过来的"东影"的战略大撤退，来到黑龙江兴山建立东北电影制片厂。在战争硝烟中协助舒群、袁牧之、陈波儿和田方同志完成了新中国7个第一部电影的壮丽篇章，她是新中国电影摇篮建设的参与者。田方同志是东北电影制片厂的秘书长，于蓝老师是东影培训班的支部书记，一批又一批的新中国电影人从这里走出去，奔赴全国各个战场，将镜头聚焦在为革命胜利冲锋陷阵的战士身上，有的电影人端着摄影机献身在炮火中。她融于激情燃烧的岁月，确立了新中国电影工作者的奋斗方向——为工农兵服务的现实主义创作风骨。他们既是迎着炮火前进的战士，又是迎接黎明创作的电影人，为人民留下的带血的胶片，成为共和国宝贵的国家档案。

新中国电影摇篮在战火硝烟中拍摄了7个第一部：第一部纪录片《民主东北》、第一部科教片《防止鼠疫》、第一部木偶片《皇帝梦》、第一部短片《留下他打老蒋》、第一部工业题材电影《桥》、第一部翻译片《普通一兵》、第一部动画片《瓮中捉鳖》。于蓝老师主演的影片《白衣战士》也是这个时期拍摄的。

在新中国成立前夕，于蓝荣幸地在北京参加了第1届全国文代会和首届全国电影工作者联谊会。

新中国成立后经于蓝推荐，把陶承的《我的一家》拍成了电影《革命家庭》。于蓝在其中扮演了母亲，周恩来总理高度赞赏：她扮演了一个令人信服的革命母亲形象。

她在电影《烈火中永生》中扮演了江姐形象，赢得了亿万观众的喜欢。她切身感悟了一个共产党人的自觉，把江姐在敌人面前的宁死不屈的艺术形象不同寻常地真实深刻地展现出来，令人折服。

生活中的于蓝质朴无华，谦和亲切，没有一点大明星架子，赢得业界的敬意，个人魅力非比寻常。

电影界的大型演出，作为总导演，我设计了一个节目，即请影坛诸多德高望重的老艺术家，演唱电影《风云儿女》插曲《义勇军进行曲》，中国电影百年"世纪之梦"大型演出在北展首次亮相，参加者有：于蓝、秦怡、田华、王晓棠、于洋、杨诤、葛存壮、张良、杨再葆、许还山、陶玉玲、王铁成、刘世龙等。个个既是表演艺术家，又都是有想法的"导演"，他们五花八门各显神通，令人捧腹。由我统一规定，于蓝和秦怡两位大姐带头在左右侧面相对登台亮相，节目演到高潮处，全场站起来长时间鼓掌，向激情四射的老艺术家演唱国歌致敬，这几乎成了中国影坛大型演出的保留节目。

于蓝大姐九十大寿，我和桂云为她画了幅《国色天香》牡丹图。到她北影宿舍，太普通的房舍，简朴到令人难以置信，她正在用桶水泡脚，这是她长年坚持的习惯。大姐见画十分高兴，于蓝老师就是文艺百花园中一枝芬芳独秀的国色天香。

我患癌后一直在台湾地区医治，2016 年正值我要赴台时，突接央视《向经典致敬》栏目来电：要为于蓝老师做一期节目，于蓝老师点名前宽担任嘉宾。我二话没说立即答应，能为于蓝老师专题节目做嘉宾是我的荣幸。因场地安排有变往后延了一个月，又因于蓝老师身体不便再延，还因做专题的导演也患病又延期，拖至 10 月 30 日，于是赴台医病只能不断地一延再延。做节目那天，于蓝老师和我都是坐轮椅到现场，我的腿与腰脊癌细胞均已扩散，疼痛不已，登台前服了止痛药。桂云请陶玉玲大姐扶着我登场，我坐在嘉宾席上，不时地按摩疼痛的腿，乐乐呵呵地完成了嘉宾任务。节目结束，央视导演说在节目流程关键节点上，李导点评于蓝老师都很到位，把握得很好。于蓝老师满意地、紧紧地握着我的手表示谢意。

于蓝老师对电影事业有金子般的赤子情怀，不论在战争岁月还是和平年代，她始终一以贯之地把自己视为人民的演员，临到六十岁退休年龄，组织

上让她挑起建立中国儿童电影事业的重担，在一无所有的情况下，她义无反顾地投入"白手起家"的中国儿童电影制片厂的筹建。有人问她："你都这一把年龄了，一不愁吃，二不愁穿的，图个啥？"她笑道："我除了是个演员外，还是中国共产党的党员呀。"这淡淡的一句话，道出了她心中浓浓的潜意识：是党员就不讲条件，国家需要加强儿童电影建设，我就得干。

在最初创业艰难的日子里，于蓝老师真是老当益壮，迎难而上。在那危险的筒子房，与大家一起劳动时竟然砸断一根手指。她四处奔波组建队伍，化缘投资拍片。每完成一部儿童片，于蓝兴奋得脸上像一朵花。

于蓝老师生命近百年的华彩人生，成就了她在新中国电影画廊里闪亮的画卷。2021年是于蓝百年诞辰，也恰逢中国共产党一百周年庆典之际，她的诞生日与伟大的党同年。从社会主义革命建设到新时期的改革开放，她由大明星、大艺术家到中国儿童电影事业的创业者，八十多年的革命历程，始终以昂扬的激情践行着革命文艺战士的职责和使命。

她是中国电影一本厚重的大书，是中国电影百花园里一朵圣洁的玉兰。

# 于蓝：引领我走上电影道路的人

魏德夫人

　　怎么都想不到，四十年前在北京，我与于蓝女士的一次萍水相逢，竟然开启了我的人生转型——从一位职业外交官夫人、母亲，到建立自己的电影事业，通过中奥电影进行两国文化交流的使者。

　　那是 1981 年 3 月，我收到一份不寻常的邀请函，参加在人民大会堂举办的纪念三八国际劳动妇女节活动，据说中国最有影响力的女士都将出席。我的丈夫魏德先生作为新任奥地利驻华大使于 1980 年 8 月开始履职，我与三个女儿与他一同前往北京。作为大使夫人，我平时的角色多是陪同丈夫参加外事活动，从未单独接到过邀请。去之前，汉语老师嘱我要留心记住这些女士的面貌特征，之后他再来告诉我谁是谁。

　　人民大会堂很宏伟，我早就见过它的外观。第一次进入，还是被这座高大建筑所吸引。我的国家奥地利有奥匈帝国留下的一些宏大建筑，其装潢设计与此很不相同。会场布置得简朴而讲究，每张圆桌配有十二个座位，我被安排在了主桌，是座中唯一的外国友人。身边的翻译把我介绍给同桌女士。那时我掌握的中文词语仅限于"你好""谢谢""是"之类，是邓颖超大姐首先向我打招呼，她友好地问我是不是习惯了在中国的生活，我回答："是的"。第二个问题便出自对面的于蓝女士："您有孩子吗？""有，三个女儿，两个是双胞胎。"于蓝的神态开朗、敞亮，只听她热情地说："带女儿来看电影吧，看儿童片！那样学语言容易多了，还有机会和中国人直接交流。"

　　就是这个建议，让我走向电影。第一次去电影院买票不大顺利，因为售票员从未遇到过拿外汇券购买电影票的外国人，不知怎么应对。那时，中国刚刚改革开放，外国人很少，他们也不会进电影院看中国电影。而这，反而激发了我看电影的兴趣。除了看电影，我也愿意观察和感受电影放映厅里中

国观众的反应。我发现，他们的观影热情和情绪反应比奥地利观众要来得热烈和活跃。起初我们不大习惯，过了一段时间，愈发感到看电影真是了解中国社会和文化的一个好的途径。

两个月后，于蓝创建的儿童电影制片厂（儿影）在这年的六一儿童节正式成立。儿影厂厂址在北京电影制片厂厂区里。于蓝女士特意邀请我去参观。她和她的同事热情地向我介绍电影厂的情况和她的打算，带我在厂区内和一些搭起的外景地参观。这是我平生第一次参观电影厂，进入梦工厂的内部。是于蓝女士，给我打开了这扇门，以她特有的魅力，将电影植入我的心里。

1983 年的三八节我再次参加人民大会堂的宴会，与于蓝女士同桌。这时，我们之间已经不需要翻译，可以直接交流了。于蓝女士讲起话来特别吸引人，既有演员背景带来的生动活泼，也有与生俱来的真诚友好，还有人生

历练所得的智慧和高度。她告诉我为什么要做儿童电影，是想寓教于乐，给孩子以人类文明基本价值为尺度的教育，希望打开孩子们的眼界，去求知，去追问，不愚昧盲从；让孩子们通过电影认识世界，如环保问题、贫困问题等，还有反对暴力。所有这些，都给我留下了深刻的印象。记得她还讲到她的儿子田壮壮在云南拍片看到的情景。偏远农村的孩子要至河对岸上学，当地没有桥，孩子们每天抓着绳子滑过河去。于蓝心疼这些孩子。她就是一位有着深切社会关怀的人，想力所能及地通过电影反映现实，让所有的孩子能有平等地受教育、娱乐的机会。

不知不觉中电影在我心里长大。渐渐地，我不再满足仅仅做一个置身事外的观影人，而是有了投身电影的冲动。除了关注中国的儿童电影，我开始在奥地利使馆为中国电影局官员、导演、学生、电影研究者等专业人士放映奥地利影片。中国电影人开始了解这个一向被视作音乐之国的奥地利，竟然也是有众多经典电影的国家！与此同时，我从于蓝女士那里也学会了怎么样

告诉奥地利电影导演拍儿童片的价值。从 80 年代中期以后每年中匹的儿童电影节上都会有我推荐的奥地利儿童片。

在中国生活了六年半，1987 年我丈夫受命担任奥地利驻欧盟大使，我们搬到比利时。虽然离开了中国，我还是有幸每年受邀参加中国的电影节，包括于蓝女士的儿童电影节。1991 年，我在维也纳组织了有史以来德语地区有最多影片参加的中国电影回顾展，其得以举办皆得益于于蓝女士的支持和帮助。

1994 年于蓝女士来维也纳参加联合国举办的 CIFEJ（国际儿童和青年电影中心）年会。她在发言中说："我们必须培养儿童成为开放的、有责任感的人，未来是属于他们的，要由他们来担负社会责任，应对社会问题。"于蓝那精力充沛的形象，悦耳的声音，有说服力的表达，一直在我耳畔回响。其时，我正在比利时，专程飞回维也纳，只为了见于蓝，在我的祖国接待她，略尽"地主之谊"。那年 3 月，在于蓝和同事们的努力下，我们在奥地利几座城市举办了中国儿童电影周：选了八部片子轮流放映，每场有德语现场配音。1999 年又举办了一次展演。中国电影代表团带来 11 部儿童和动画影片来奥地利，随团来访的有导演、编剧、演员等，可惜时任中国儿童电影制片厂的名誉主席于蓝女士没能同行。再往后，1996 年、2001 年，还是依靠于蓝女士和她的同事的帮助，我在奥地利又举行过几次儿童电影周。

丈夫退休后，我们依然关注中国的方方面面，依然希望为增进中奥交流做出贡献。我终于遇到了这样一个机会，那是源于奥地利瓦格纳夫人的中国人生故事给我带来的感动，它使我萌生了这样的念头，要把她的故事拍成电影，而且是中奥合拍。可是谈何容易！首先是谁来写剧本。促成此事的源头又要追溯到于蓝女士那里。她曾在 1996 年向我介绍了一对在儿童电影界有突出表现的编剧制片夫妇——王兴东和王浙滨。恰好他们两位有与匹外合拍电影的意愿，并对瓦格纳夫人的故事有兴趣。于是，合作启动了。编剧王浙滨和瓦格纳夫人在一起一个月的时间里，边听夫人讲述，边构思撰写剧本。我在奥地利也找到了制片方。终于电影要开机了！当我们前往安徽拍摄时，我特意在北京停留，看望于蓝女士。她为我们的合拍片而高兴。于我，能够促成中奥两国电影人合拍奥地利人在中国的故事片《芬妮的微笑》，好像是对于蓝女士——这位引领我进入电影花园的一个回报，或说是学生给老师交上

的一个作业。

2015 年北京电影学院教授吴冠平和我的女儿伊莎贝拉曾陪我去于蓝家中拜访。那时，于蓝女士已九十四岁高龄，身体不似早年强健，但是依旧精神矍铄，热情不减。我们聊得开心，留下开怀大笑的合影。

与于蓝女士的最后一次碰面是 2017 年 11 月在广州的国际儿童电影节。作为德高望重的领导和前辈，她在开幕式上致辞。有人为她准备了稿子，她说不用，还是她的风格，自由奔放有个性的于蓝，作即兴发言，声音如故，给我们留下使命：不要放弃，继续努力！

在我与于蓝女士相识相交的三十余年里，我们见面的次数并不很多，但是每一次都给我留下深刻的印象，每一次都有很多收获。她对我本人，以及我举办的电影活动的帮助，并不一定直接显现在表面上，而是以她在中国电影界的崇高地位和影响力，从中联络、运筹，帮助化解困难，从而取得一次又一次成功。她是一个有大胸怀，做大事业，站得高的人，只要是促进文化交流与繁荣的事业，都会无私地伸出援手。

回望自己一路走来开创性地举办的一个个中奥电影展和诸多合作事项，真是感慨万千！可以说，我的后半生的事业人生源于于蓝女士。是她，让我借助电影，进入中国人的精神世界；对她的感激和怀念，我用语言是表达不尽的。

# 写在于蓝诞辰 100 周年

郭建华

　　我十九岁开始给农民放电影，最喜欢的就是于蓝的《烈火中永生》《革命家庭》。当年一放就是一二百场。2000 年，我当选全国文化系统先进工作者来北京接受表彰，于蓝亲自到人民大会堂接我，握着我的手鼓励我说："荣誉是一个金饭碗，只有勤奋的工作和对人民的责任才能把这个空碗装满！"她常说："要深入生活、深入农村、深入老百姓。"

　　今天是于蓝诞辰百年，她的一生是把艺术理想深深融入党和人民的一生，是把荣誉转化成为党和人民服务的的一生，于蓝是人民的表演艺术家，银幕上，她兢兢业业，塑造了江姐等一系列深入人心的经典形象；银幕下，她白手起家、创建了中国儿童电影制片厂。她是永远的江姐，是大银幕上报春绽放的红梅花，于蓝在"烈火中永生"！

# 忆于蓝同志

## ——在于蓝同志诞辰一百周年纪念会上的发言

窦春起

　　今天是 6 月 3 日，是著名革命文艺家、电影事业家于蓝同志诞辰一百周年的纪念日。熟悉她的全国电影观众，特别是与她曾经一起工作多年的老同事们，都会深切地怀念她。

　　我认识于蓝同志是在 20 世纪 80 年代初。那时，她是北京儿童电影制片厂厂长，我在中央新闻纪录电影制片厂担任副厂长。有时在电影局开会相遇，我会与这位老前辈打个招呼，但从未交谈过。

　　直到 1991 年初，当时广电部领导考虑将我调到童影厂担任副厂长、党委书记以后，我才开始与于蓝同志有了接触。这年 2 月 9 日，在中国文联举办的春节团拜会上，于蓝同志见到我热情地说："欢迎你到儿影厂工作。"我明白，她已经得到了我工作调动的消息。

　　5 月 18 日，广电部党组下达了对我的职务任免文件，但由于新影厂的工作需要交接，我还不能立即到童影厂报到。5 月 30 日。我代表新影厂应邀参加了童影厂厂庆十周年大会，这是我第一次走进童影厂的大门。6 月 5 日，我在新影厂标放主持了老厂长钱筱璋同志的追思会。（筱璋同志是 5 月 24 日去世的）作为钱筱璋同志的老战友，于蓝同志前来参加追思会。他见到我说，希望尽快交代完工作，到童影厂上班。6 月 7 日，广电部人事司司长张伟中送我到童影厂报到，在全厂中层干部会上宣读了文件并对我做了介绍。这样，我便正式开始在童影厂工作，也开始了与于蓝同志共事的经历，直到她 1998 年 7 月离休。

　　我对蓝同志的进一步了解，是在为她筹备举办"庆贺于蓝同志从事革命文艺活动 50 周年"纪念会的过程中。我到童影厂不久，厂长陈锦俶交给我一个任务：负责筹备于蓝同志从艺 50 周年纪念会。这一年于蓝同志 70 岁。

在活动筹备过程中，我们将于蓝同志出演的 6 部故事片在资料馆的协助下转成录像带，请新影厂的书法家苏平写了"德艺双馨"的条幅。这些都将在纪念会上送给她。请柬上于蓝同志的头像是著名画家李琦的作品。

纪念会于 1991 年 10 月 24 日在全国政协礼堂举行。杨成武、韩光、赵毅敏、刘白羽等老同志，广电部部长艾知生等前来祝贺。时任中央政治局常委宋平送来亲笔贺信。纪念会气氛十分热烈。

会上有 11 位同志发言（还有 3 位书面发言）。其中，给我印象最深的还是于蓝同志的发言。她深情地讲述了她终生道路的三个"航标"。

第一个"航标"，是因为不愿做亡国奴，要参加抗日，所以选择了革命的道路，奔向延安。她说："是祖国的命运，祖国的历史，把我推向了党的怀抱。"在革命斗争的实践中，在宝塔山下，她成长为一名共产党员。

第二个"航标"，于蓝同志说："在艺术创作的实践中，延安文艺座谈会上毛主席的讲话使我获得指引。"她说："1942 年座谈会上，我太小不能参加，但是会后毛主席亲自来到鲁艺为我们讲话。我就坐在他的膝前地下，看到他身穿补衣，深入浅出地号召我们：'走出小鲁艺，投身到大鲁艺中去。'这次讲话是我终生不能忘记的教诲……我找到了'群众的火热斗争生活是取之不尽用之不竭的源泉'这条真理。这条真理使我迈进艺术殿堂的大门！"

第三个"航标"，于蓝同志说："我参加过'土改'，1946 年在牡丹江奎山屯，我亲眼看到压在农民头上的大山，那些情景历历在目……没有土地改革，农民只能是猪狗不如地存在着。当他们获得土地之后，他们才真正是大地的主人，才获得做人的权利……土改使我产生对人民感情的基础，我忘不了他们，大家可以看到他们翻身后和我的留影，他们是我生活和创作的动力。"

于蓝同志的发言，清晰地表述了她参加革命、转变思想、不断成长的过程。使我不但了解了她的革命经历，也更理解了她坚定的革命信念是如何形成的。理解她塑造的舞台和银幕形象为什么那样真实而鲜活，甚至银幕形象能够影响几代电影观众。

因为懂得和体验了劳动人民的疾苦，才能有向五儿、程娘子和张寡妇这样劳动人民的人物形象。因为有革命斗争的经历和信念，才能有庄毅、周莲

和江竹筠这样革命者的人物形象。著名剧作家于敏曾经问于蓝同志："你能演好这些角色最重要的是什么？"她回答说："是我爱他们，他们是我创作的动力。"热爱人民、热爱生活，这是于蓝同志的宝贵品德。坚定的革命信仰和对生活的深刻体验，是老一辈革命文艺家的特质，这是当今年轻的艺术家们很难企及的境界，却是需要认真磨炼和应该具备的。

同样，抱着对革命坚定的信念和对事业的执着追求，于蓝同志带领大家在上级有关部门的支持下，于 1981 年 6 月 1 日创立了北京儿童电影制片厂。建厂初期，童影厂十分艰苦，没有厂房、没有设备，同时资金缺乏。于蓝同志多方奔走，解决困难。团结厂内外的创作人员集中力量创作生产儿童影片，在建厂当年就筹备投产了影片。业务用房于 1984 年 11 月破土动工，两年后建成了 1 万平方米的崭新的童影厂。到 1987 年基本上度过了初创时期的艰难。于蓝同志为此倾注了极大的精力和心血。

1991 年 5 月我来到童影厂，在于蓝、宋崇、陈锦俶等同志先后的主持下，童影厂的创作生产已经进入规模状态。同时，在于蓝同志的努力下，创办了中国儿童少年电影学会，设立了"童牛奖"。在中国儿童电影制片厂加入了国际儿童影视中心以后，作为该中心的中国理事，她促成了中国国际儿童电影节的申办。童影厂摄制了一大批优秀的儿童影片。于蓝同志是新时期中国儿童电影事业的开拓者，为儿童电影事业的繁荣发展作出了突出贡献。

当年，我到童影厂工作时，因为以前长期接触的是新闻纪录片，对儿童电影很不熟悉。于蓝同志向我介绍中国和世界儿童电影的有关情况，对我尽快熟悉儿童电影的创作生产规律，尽快熟悉童影厂给予了很大的帮助。有时和她一起参加活动，我被她对孩子们的热情所感染。

于蓝同志有丰富的儿童电影艺术创作管理经验。作为艺术指导，她尽职尽责，认真参与影片投产的论证，对儿童电影剧本的判断有独到的见解。除了参加艺委会的讨论，还经常给有关同志或导演写书面意见。于蓝同志多次写信给我，提供她对剧本或分镜头本的意见，这些书面意见我至今还保存着。每次看到她那熟悉的字迹，我都会想起当年我们一起工作时的情景。

今天，我们在这里纪念于蓝同志诞辰 100 周年，也使我想起 25 年前的1996 年 5 月 31 日，正是在今天大家所在的这间放映室，我们召开了"中国儿童电影制片厂 15 周年厂庆座谈会"。那天，来参加座谈会的有孙家正部长、赵实副部长、各有关单位的领导和童影厂的同事们。于蓝同志和大家一起回顾了童影厂走过的路程。这路程行走得虽然不易却成绩卓著，于蓝同志功不可没。

岁月如流，斯人已逝。我想，今天我们纪念于蓝同志的最好方式就是持续和发展她为之奋斗了 40 多年的儿童电影事业。中国儿童电影制片厂已经走过了整整 40 年的历程。我们理应坚守初衷，继续拍好儿童电影。在中国电影大发展的进程中，在大力加强儿童影视教育的环境下，保证一定数量，提高影片质量。继续发挥作为儿童电影创作生产专业厂的示范作用，以此来告慰于蓝同志。

# 在于蓝精神激励下,
# 为孩子们生产最好的电影奶粉

## ——纪念中国少年儿童电影百年

王兴东[①]

小时候在露天看电影,直看到最后出字幕"完",银幕现白,仍不舍离去,像孩子吸吮着奶瓶,期待着最后还有几滴奶汁。

电影是童年认识世界的窗口。人生最初的美好认知,源于电影的故事,我做电影也是电影哺育的结果。

我虽已年过70岁,对儿童电影感情依旧。前不久,见到一位40多岁的音乐人向我表白:他8岁时姑姑带他去看电影,也是第一次看电影,看了《狼犬历险记》。现在还记得那两条狗的命运,故事惊险悬疑,情节曲折,至今难忘,把诚实的主题装入电影的奶瓶,都喝下去了,记忆太深了。现在,他还让自己的孩子,在网上查看这部电影,极力向孩子表白,这是爸爸小时候看的第一部电影。

---

① 王兴东,第九届、十届、十一届、十二届全国政协委员,中国电影文学学会会长,中国电影家协会第九届副主席。

作为电影故事的主人，我看到当年播撒的童话和寓言的种子，在一片心灵的土地上开花结果了，喜悦自知。

## 一、在生活田野里吸取养料，在电影创作中挤出牛奶

我的第一部儿童电影是《飞来的仙鹤》，那是 1980 年，当我走进东北的嫩江草原，在齐齐哈尔的扎龙看到人工饲养仙鹤，见到养鹤的 11 岁小女孩徐秀娟，跟着父亲徐铁林和母亲黄瑶珍饲养仙鹤。我采访了他们养鹤的故事，创作了《飞来的仙鹤》剧本（后来，这个小女孩从黑龙江到江苏盐城养鹤，1997 年 7 月她为了救一只丹顶鹤溺亡了，一部电视剧中的一支歌《丹顶鹤的故事》就是唱她的）。我发现了丹顶鹤是候鸟，冬去春来，就以鸟归旧巢、人恋故土的主题，将丹顶鹤和孩子故事写成剧本，由陈家林导演，杨通主演，张伟欣饰演生母，孙才华饰养母，白羽红顶的仙鹤第一次飞上中国银幕。为创作这个剧本我两次去嫩江草原，了解丹顶鹤和人工饲养的细节。这部电影在 1983 年上海锦江饭店全国电影创作会议上放映，引起震动，广受好评。影片出国参展，在法国阿朗松国际儿童电影节获过奖。那时文化部管电影，也获得文化部的优秀影片奖，就是这次在颁奖大会期间，于蓝老师主动找到我，希望我多写儿童电影剧本，我非常感动，少时《烈火中永生》的

左起：王兴东、达式常、童自荣、王浙滨、刘广宁、严婷婷、于蓝、吴印咸、田成仁、陈汝斌、王铁城

众说于蓝

江姐形象成为我的精神偶像，她鼓励我写儿童电影，特别是在颁奖期间还请来吴印咸大师给我们照相，记录了我们和于蓝老师的约定，确定我创作儿童电影的路标。

于蓝老师像旗帜一样召唤我们，在她的指导和影响下，我连续写了7部儿童电影剧本，《狼犬历险记》《鸽子迷的奇遇》《没有爸爸的村庄》《我只流三次泪》《少年战俘》《来吧，用脚说话》《法官妈妈》等影片。

记得1985年于彦夫、张圆导演听说我在辽宁抚顺第二毛纺厂采访一个"男妈妈"，未婚青年男工窦春林收养一个女弃婴的故事。于彦夫、张圆夫妇帮我们出点子，我和浙滨用十二天完成《鸽子迷的奇遇》，没想到两天后就从北京传来消息。于蓝同志召开儿童电影厂的厂务会，剧本审查通过了，让我们和两位导演去云南采外景去。这是我从事剧本创作中，通过最快的一部电影。后来，于蓝带着这部电影参加印度第五届国际儿童电影节，获得最高奖金章奖。

我们去云南，当时边防自卫反击战打响了，于蓝老师交给我一个任务：写一个边防军人和孩子的故事。我带上中国儿童电影制片厂的介绍信，直接深入云南老山的参战部队，见到了许多前线的伤员，采访了参战人员的后方家属和孩子，对战争的理解更深切了。离战场近了，对参战军人的后代也更有情感了。

《我只流三次泪》剧本初稿拿出，于蓝不满意，她不是像当下所谓的"制片商"一脚把你踢开，另起炉灶。而是把我和王浙滨带到了《林家铺子》大导演水华家里。水华导演在耐心地听了我们去前线的采访和自己的感受。最后，他一锤敲定，锁住父子情来写，凡是与之无关的都删掉。水华期望我们把生活采集到的细节，有效地用到剧本中去，人物就出来了。这就是于蓝老师，爱惜人才，珍惜题材，为了提高剧本质量，引领我们走近了大师水华，传授艺术真谛。如何处理生活中采撷的素材？首先要确定主题，找到焦点，决定取舍，电影不能庞杂无际，不能写流水账式的作文，抓住核心事件，锁定人物关系。经水华指点，聚集在父子情上，连妈妈这条线也删除了。

还是为了修改这个剧本，我们住在长影十一宿舍六楼，有人早晨8点多钟敲门，开门一看。我惊诧了，是于蓝和陈锦俶从北京到长春来了，患过乳腺癌且年近七十岁的人，爬九十八阶楼梯到编剧家门口了！于蓝是全国政协委员、影协副主席，对我这样年轻的编剧如此关心，亲临寒舍，怎能不让我激情满怀地写好这个剧本？这就是于蓝精神，她对党的事业负责，对国家未来负责，对艺术创作负责，由此她对同志谦和平等、对年轻人关爱，对原创高度重视，一切皆为创作好电影给孩子们观看！

于蓝老师对我们多次说过，中国孩子不能总吃外国的奶，看美国的电影，日本的动漫，我们自己要做出好电影，要把孩子们吸引过来，从小看中国的电影，给孩子们补钙，增强爱祖国的情怀。

于蓝老师选择琪琴高娃做导演，这位蒙古族女导演特别用心，几次跟我们交流剧本，她还到云南前线感受生活，拍摄中特别精心细致，缩小情节部分，扩大情绪段落，小主角的三次眼泪都流到观众的心坎上了，表演得真实可爱而令人心生同情。电影获得了广电部的政府奖、第三届童牛奖的最佳影片奖和优秀编剧奖。写到此，我非常惋惜琪琴高娃导演，五十一岁得乳腺癌去世了，这位寡言少语、默默耕耘、拍摄了多部优质儿童电影的导演英年早逝。我写了三十多部电影，她是我遇到最让剧本增质、最有才华的导演。即使当今，只要网上看过《我只流三次泪》的电影，无不落泪，触动心弦。电影搭建心灵沟通的桥梁，无论是成人还是孩子，都为之感动。这里倾注了于蓝老师、水华先生及琪琴高娃导演的爱心，注入了不怕时间检验的真情实感。

我们经历新时期的胶片时代，从剧本创作到导演制作，所有艺术家都怀有童心，费尽苦心，融入诚心，像牛一样在生活中啃食草料，在电影创作中挤出牛奶，让孩子们饮用最香美、健康的精神养料。

于蓝老师从艺始于延安，始终向我们贯彻延安文艺座谈会讲话的精神，即毛泽东所倡导的："人民生活中本来存在着文学艺术原料的矿藏，这是自然形态的东西，是粗糙的东西，但也是最生动、最丰富、最基本的东西。在这一点上说，它们使一切文学艺术相形见绌，它们是一切文学艺术的取之不尽、用之不竭的唯一源泉。"

我写《法官妈妈》时到北京海淀法院深入生活，参加少年法庭的旁听，与法官妈妈尚秀云一同去走访少年犯家属和学校，特别是多次去少年管教所，看到那些曾是母亲降生的小天使如今成为铁窗少年。有些孩子曾被影视网络剧中的武打凶杀、暴力色情所影响，缺乏自控能力而自食苦果。我们搞电影不能不强调电影投放市场的社会效果和社会责任。尚秀云法官虽然审判了他们，并没有放弃对他们的教育，那些服刑的孩子们，仍然热心地叫她"法官妈妈"。教育，感化，挽救，体现了我国司法改革的理念。这个剧本历时三年完成，穆德远导演，陈思成主演少年犯，电影获得百花奖和政府奖。

孩子们的好奇心最大最大，耐心最小最小。因此给孩子们写电影，除了儿童情趣，必须是情节紧张，悬念不断，抓住他们的好奇心，否则他们看不下去的。记得儿童电影理家秦裕

权先生说："上边（银幕）动了，下边（孩子）就静了，上边静了（没有动作），下边就动了（孩子乱动了）。"这些经验都给我写孩子电影提供了创作指南，给孩子们写剧本，必须创作激烈的人物动作，没有动作就没有儿童电影。《狼犬历险记》所以受孩子们喜欢，除了两条狼犬，还有惊险的卧底侦探、惊险的打斗，主人公和狼犬始终在危机之中，一刻不松懈地抓住孩子们的眼球。

于蓝老师高度重视儿童电影剧本的原创，儿童电影厂每年召开一次电影创作研究会，其中还为我和王浙滨召开一次专门的儿童电影剧本研讨会。为了提高儿童电影创作质量，创建一批理论队伍，专门研究儿童电影创作问题。有一次，在电影创作会上于蓝老师让我介绍写儿童电影的体会，我想不

到，于蓝老师亲自把我的录音整理成文稿，有三万多字！我受宠若惊，感动异常，足可见于蓝老师不是一般地重视剧本创作，她知道没有电影剧作的安徒生，就没有电影美妙的童话，没有一批从事儿童电影剧本创作的专业剧作家，就不可能有源源不绝的好故事、好形象。

## 二、电影就像尼尔斯骑着文学之鹅才能旅行

李安导演的《少年派的奇幻漂流》电影，让全世界的少年儿童记住了少年派与老虎的动人故事。寓言的色彩和童话般的风格，美妙的视觉和创新的手段，对少年派的人物刻画和对老虎拟人的呈现，征服了孩子和家长。

李安因此片第二次拿下奥斯卡最佳导演奖，洁白的银幕如同明镜，透视了李安的童心，"童心者，绝假纯真，若失却童心，便失却真心；失却真心，便失却真人。"李安选择一部表现孩子的文学故事，甩掉轻视孩子题材是小儿科的有色眼镜，放弃用大腕明星来支撑电影，以前所未有的勇气，追求富有童心、童趣、童话式的叙事，以赤子之心对电影语言进行大胆的突破性创造，而不是随人之后的模仿和邯郸学步的尾随。

《少年派的奇幻漂流》创造了五亿多美金的票房，烛照了导演真正应该做什么样的影片？他用实践证明：1. 真正的电影不在题材大小，不在有无大牌明星，不在裸露和暴力镜头多寡，而全在导演者有无童心。2. 小说文学原创提供一个好的故事，用寓言和童话般的想象力，站在文学的肩膀上制作有思想的影片。3. 讲一个前所未有的传奇故事，电影总是拥抱特别的少见过的戏剧关系，孩子和老虎同置于汪洋大海之中，紧紧揽住观众的目光追索。影片成功地证明，真诚之外无真品，童心丢失无大师。

任何伟人都有自己难忘的童年，世界上成为大师级的电影艺术家都为孩

子们拍过电影。如：斯皮尔伯格导演的《外星人》，蔡楚生导演的《迷途的羔羊》，崔嵬导演的《小兵张嘎》，谢晋导演的《啊，摇篮》，李俊导演的《闪闪的红星》，张艺谋导演的《一个不能少》。

我又想到于蓝老师，在她影响下中国创办国际儿童电影节，旨在中国的儿童电影能走出去，参与国际儿童电影的交流。中国是不缺文学资源的国家，关键是缺少开发丰富资源的专业儿童电影的剧作家，缺少李安那样能够将儿童题材推向国际的电影导演。"天下之至文，未有不出于童心焉者也。"关键是有没有一颗绝假而纯真的童心。如果我们仅是为赢得国家资助以儿童电影小成本当练手平台，为填补少儿电影指标而创作，凡不是出于童心而创作，都无法掩盖其作品的虚假情意，儿童电影可以说是电影从业者真诚态度的试金石。

从好莱坞的《哈利·波特》到李安导演的《少年派的奇幻漂流》明确地证实："拍孩子的电影，即能创造大市场，也能造就大师。"

李安在领取《少年派》奥斯卡最佳导演奖时，他在台上首先感谢扬·马特尔提供了这么好的故事，这不是风度，这是知识，一个有知识的人，才懂得尊重原创者的知识产权。他知道任何一部电影最重要的是原创文学故事，体现了作者的发现权和发明权。没有文学的发现，就没有电影的一切呈现！

我们知道，发现比呈现更重要，前所未有的发现才有最新奇的发明，只有到生活的原野里，才能发现罕见的题材，非凡的情节，新奇的人物。文艺创作方法有一百条、一千条，但最根本、最关键、最牢靠的办法是扎根人民、扎根生活。因为，我在嫩江草原上发现了人工饲养丹顶鹤，发明了孩子与仙鹤的故事，1982 年"人与仙鹤共舞"第一次再现于中国银幕。我认为，好的电影无法摆脱这样的实践：编剧是发现，导演是再现，演员是体现，摄影是呈现，制片者实现，放映是展现，展现的就是文学最初的发现。我认为，从法理和版权关系解释，文学的发现而发展成故事，拥有原创版权，电影必须购买这个原创的故事（包括原创剧本）的版权，备案立项，这是一切电影出生的户籍，编剧和作家是原始创意者，是电影的著作权的上位授权人。没有英国女作家罗琳笔下的《哈利·波特》形象，就不可能创造了 8 部电影，赢得了近 80 亿美金票房，分别由 5 位导演完成，没有导演夸口《哈利·波特》电影是某某导演作品。文学原创决定了影片的生命，是文学滋养着电影！那么同样，电影就是童话里的尼尔斯，必须骑着文学之鹅才能飞翔，没有文学翅膀电影是飞不到银幕上的。

发现题材，发明形象，发掘思想，发展故事，跟踪形象，做活形象。哈利·波特形象让我们看到了儿童电影成功的轨迹，"做活一个形象，养育一个市场，讲好一个故事，影响一代孩子。"事实证明，儿童电影是最可以做到形象延伸化、市场系列化。讲一个好看的电影故事实在是太难了，创造一个可爱的形象需要剧作家付出极大的真诚。应该说，喜羊羊和灰太狼的形象，从电视走进影院，也为我们提供了很多值得研究的经验。

电影是孩子们的文化奶粉，就不能回避社会的责任问题。在全国人大通过的《预防未成年犯罪法》第32条中规定："广播、电影、电视、戏剧节目，不得有渲染暴力、色情、赌博、恐怖活动等危害未成年人身心健康的内容。"这是高悬我们头上的法律，在中国电影没有分级时，电影创作要严格遵循这条法律。

中国是世界上拥有最大数量少年儿童群体的国家，国家高度重视和发展儿童电影的创作，电影分级制度不是我们的发明，不是我们想不想分级的问题，如同汽车的发展必然出现交通规则的红绿灯一样，伴随着电影生产的发展，我曾在全国两会多次提出为保护少年儿童的身心健康，应该采用电影分级制度，这个建议网上都可以看到的，国家也在调研之中。

中国儿童电影百年纪念之际，深深地缅怀于蓝老师，她从延安一路走来，把为人民服务，深入生活的接力棒传递给我们这一代编剧。"走入生活、贴近人民，是艺术创作的基本态度；以高于生活的标准来提炼生活，是艺术创作的基本能力。"习近平总书记的讲话明确地要求我们"文艺工作者既要有这样的态度，也要有这样的能力"。

爱是能够传染的，爱是能够传播的，爱也是能够传承的。我在于蓝老师的影响下、指导下，积极

地参与到中国儿童电影创作中，让孩子们充满爱心，爱党爱国，爱父母爱同学，爱动物爱大自然。现在于蓝老师离开了我们，她所创造的于蓝精神依然鼓舞我们，她不顾年高多病，为了儿童电影的发展奔走呼吁，给国家的总理写信，向部长们求助，争取各界的支援，呼唤社会的关注。她以坦荡无私的胸怀，不情愿看到中国的孩子总吃外国的奶，费尽苦心，推动国产儿童电影走进校园，创办国际儿童电影节，创建儿童电影学会，创立"童牛奖"，中国儿童电影这块未经侵染的精神绿洲，在商业大潮中没有被淹没，没有被击垮，顽强地发展到新时代，并让世界看到了中国人远见卓识的美育战略。把握今天，铺垫未来，向孩子们负责就是向中国未来负责，创造优秀的儿童电影，为中国孩子们喝奶补钙。于蓝精神的旗帜，将高远飘扬。

# 写给于蓝妈妈的信

## ——还想陪您吃顿冬至的饺子

江 平

亲爱的于蓝妈妈：

冬至吉祥！

今天，是您走后的第一个冬至，往年此刻，我总是跟您一块儿过节——天刚擦黑，我们就开始下饺子，煮汤圆。您常说：江平啊，冬至好比过大年。春节，你要回南方看你爸妈；冬至，咱俩热腾腾地吃上一顿，就算是过年啦。

咱娘俩有缘。您是第一任中国儿童电影制片厂厂长，演员兼导演；我是第六任童影厂厂长，导演兼演员。好多个冬至，咱都在一块过的，对不？

2008 年冬至，天寒地冻。我在北影厂"荣国府"拍儿童片《寻找成龙》。傍晚，您来了。您的膝盖一直不好，一瘸一拐的。您嚷嚷着："听说你在前院导戏，我就赶紧去买了饺子，是老管——管宗祥他们家开的饺子铺，皮儿薄馅儿大。我寻思：今天冬至，得给同志们吃点热乎的……"

您嘴里哈着热气，从羽绒大衣里掏出一个塑料兜，内有两只大饭盒，饭盒上裹着毛巾，最外边还套着袖套。打开一看，嗬！热饺子！

"同志们，快歇一下，一人哪怕先吃一个，垫垫肚子。一会儿啊，老管他儿媳妇儿，梁静，还会送来呢！"您又嚷嚷。

我伸手去抓饺子，被您拍了一下手背："去！洗手！"

我才不听您的话呢，直接用黑乎乎的"爪子"抓了一个饺子塞进嘴里，那香啊！

您慈祥地笑了。

我却吃不下去了，鼻子一酸，眼泪差点下来。那年，您八十七岁了。

您问我："还有群众角色没？"

我脱口而出："有个农村奶奶！"

您一跺脚："我来吧！"

实拍头一天，您忽然病了，发烧，我立刻请了陶玉玲老师代替。没想到，次日清晨，您居然来了，而且还让保姆从菜场借了卖菜大妈的旧外套和绒线围巾，早把自己打扮成乡下老太太了。没辙，一共六句台词，您俩一分为二，你一言我一语，丝丝入扣，句句入戏。拍毕，想塞个红包，您一扭头："拍儿童电影也要钱？我成什么人了！"

推拉之际，我忽然发现，您的手上只有九根半手指头！

和您一起来的第二任童影厂厂长陈锦俶老师，讲了另外一个冬至的故事——您六十岁那年，受命挂帅一穷二白的儿童电影制片厂，起初，在旧车棚里临时办公。一日，您挑灯夜战，同事劝您休息，您这才想起是冬至节，招呼大家伙赶紧回家。没想到四下漆黑，关门时，您的一根手指被夹在里面，着急忙慌拉开冰冷的大铁门时，您的半截手指头挂在上面，血流如注！火急火燎到医院，听说可做断肢再植，但要休息一两个月时，您急了："要这么久！明天我还有一部儿童电影要开机呢！"说着，把断指直接扔进垃圾桶里，然后找了瓶碘酒，把伤口伸了进去，回家！

陈厂长讲的故事，把我们都听傻了，您却不以为意："老提这干吗呀？人家江姐，十个手指头都被敌人戳烂了，宁死不屈，我没了半根手指头，不算啥。"

您的儿子新新和壮壮都是孝子，他俩一个住得远，一个拍戏忙，中秋、过年，他们陪您，而每逢冬至，基本上就是我和您，后来还有保姆小谢，我们一块儿过的。

几年前，我调中影股份担任总经理了，也是冬至，我去您家里。坐锅，烧水，您乐呵呵地问："这饺子你包的？"

我答："食堂里的。"

您眼里掠过一丝担忧的神情："这饺子、汤圆，还有酱肘子……都是食堂的？"

我边忙边点头。

您犹豫了一小会儿，对我说："付钱了没？我给你。你现在也是领导了，公家的饺子，还有这些吃的，拿到我这儿来过节，传出去，对你不好……"

我明白您为什么刚才"晴转多云"了！我赶紧告诉您："这是我刷的自己的饭卡……"

第二天一早，您又来电话："江平同志，别嫌我烦，我就想提醒一下，要是食堂的卡没刷，今儿一定补上！咱娘儿俩，跟自家人似的，就有什么说什么了……"

您耳背，我也大声地回答："您就放一百个心吧，昨天早刷过了！"

我能感觉到，您在电话那一端，笑得很开心，很宽心。

亲爱的于蓝妈妈，又到冬至了，您在天上还好吗？我多么想再听到您那爽朗的笑声啊！

# 经霜枫叶分外红

石晓华①

　　于蓝老师带领的中国儿童电影制片厂是一支坚强的团队，建厂三十年中经过了那么多的磨难，从上无片瓦到建起办公楼、设备齐全的厂房；从只有于蓝老师一个人发展到包括自主创至化、服、道一套完整的电影制作队伍；从没有经验到拍出一部部国内外获奖影片，他们艰苦创业的精神应在中国电影史上留下浓重的一笔，功不可没。从内心里来讲，我真的非常崇敬这批老同志。我还要特别讲一下我亲身经历的三件事，从中看到于蓝老师对中国儿童电影事业的开拓和创建付出的心血和无私奉献的精神。

　　前面很多同志的发言中讲述了这批老同志对儿童电影事业的开拓和创建。我还要讲一下，中国儿童电影能够走到今天，取得如此辉煌的成绩，与儿童电影的理论探讨、摸索是分不开的。而儿童电影的理论研究工作也是在于蓝同志的重视和关怀下成长起来的。我们知道儿童电影如果没有儿童电影理论的引导，它不可能取得今天这么辉煌的成就。

　　我记得大概是80年代初，好像还是在一个冬天的时候，在一个很破旧的会议室里，第一届全国儿童电影理论研讨会召开了。于蓝老师过去不是专职的政工干部，但她知道，干革命没有电影理论的指导不行。同样，儿童电影创作没有理论指导，就不会有丰硕的实践成功。所以当童影厂拍出儿童影片后，她立即着手抓理论探讨。在那次研讨会上，我记得，大家对儿童电影的创作有非常强烈的争论，为什么？因为当时儿童电影虽然拍了几部，但是什么叫儿童电影，大家脑子里不是很清楚，这个概念引起了不同的争论。我记得当时有一部峨眉电影厂的片子叫《为什么生我》，肯定现在好多同志都没看过这个戏，它的故事内容是：一个叫松松的小孩聪明可爱，因父母离异，

---

　　① 石晓华，上海电影制片厂导演、中国儿童少年电影学会原副会长。

跟父亲生活，他父亲是个火车司机，工作忙，常常不在家。每天陪伴松松的是只大白鹅，老师了解松松的家庭情况后感到这不利于松松的健康成长，决定找家长谈话动员他们复婚，松松和同学也想帮父母破镜重圆，买了电影票分别送去，可是事与愿违……就为这部戏它到底是不是儿童电影，进行了强烈的争论。会上有的同志说它是儿童电影，有的说不是儿童电影，为什么？因为影片中反映的是社会问题，是大人的问题，大人为什么要生我？大人之间的感情纠葛影响了儿童，矛盾的主题是大伙为什么把它划归到儿童片。这些观点有一定的道理。但在中国儿童电影起步的初期，在那个特定的历史条件下，第一届儿童电影理论研讨会上，出于对儿童电影事业的关心和尊重，出于对现实状况的考虑，当时大家有一个初步的不成文的规定，只要是对儿童发展有益的，对儿童身心成长有益的，我们就广泛地认为它是儿童电影。这样的话，就可鼓励更多的人来关心儿童，来关心儿童电影事业，所以我觉得开头的时候，就是童影厂在起步的时候，它没有把儿童电影这个门开得很小，而是门开得很大，只要对儿童事业有益的影片，我们都要给予肯定。所以这么一来，包括后来的童牛奖，不单单局限在所谓的纯儿童影片，只要是对儿童成长有利的，我们都承认。这一条不成文的理论界定，对后来儿童电影事业的蓬勃发展起了非常大的推动作用，它功不可没。

　　我再讲一件小事情。我觉得于蓝老师当童影厂的厂长，从她的资历、各个方面来讲都是百里挑一、众望所归的。但是于蓝老师到了这个岗位以后，以她惊人的毅力在短时间内建立起中国儿童电影制片厂并拍出了影片，完成创业后，她首先考虑的是为童影厂培养接班人的问题。这一点可能大家都不知道，80年代初，我拍了一部儿童电影《泉水叮咚》，是我的处女作，也不是很成功的作品。但于蓝老师已经开始把目光转到我这儿来了，她经过多方面的了解以后，有一次她跟我谈，她说石晓华，你能不能到童影厂来当厂长？当时把我吓了一大跳，我一时都不知道怎么回答她。于蓝老师接着说："你可以在艺术方面把把关，另外你的爱人是上影厂文学部的主任，他可以从文学这方面为童影厂把把关，你们能来最合适。"我听她说的很有道理，看得出她是真心而非说着玩的。我当时没有过多地考虑就回绝了她。于蓝老师问我为什么。我告诉她，因为我的父亲从来就不许他的子女去当官，所以我对蓝老师说我不可能去童影厂当领导。说过这事后我也没把它放在心上，听

过就算了。哪知于蓝老师没有气馁，为了做通我们的工作，她甚至跑到我们家里跟我父母亲去谈。后来我父母亲就对我讲，这件事你再慎重考虑一下吧，于蓝同志都上门来说了。因为有父亲不许我们当官的规定，所以我也没有做官的思想准备。既然父亲这么说了，我只好对我爱人讲了这事，两人认真地商量了许久，反复衡量，我们确实不是做官的料，就很不好意思地婉拒了于蓝老师。

从这一点上我们可以看出于蓝老师对中国儿童电影事业绝对不是从自身利益考虑，她是从事业发展的长远考虑，培养接班人。80年代于蓝老师在自己亲手创建的童影厂领导岗位做得好好的，又正好是年轻力壮的时候（"文化大革命"以后，十几年的时间浪费过去了，大家都习惯将年龄减去十岁），于蓝老师应该说是五十岁，正是壮年的时候，但是她不是考虑如何坐牢这个领导位子，而是从长远考虑接班人的问题。所以这一点我是非常敬佩她的，她，才是毫无利己之心的大写的人！

后来陈锦俶老师跟我说，她说你能不能到我们童影厂来帮我们拍部戏，我说行，我欠你们情，我说我应该来。那时候陈锦俶老师好像剧本都已经准备好了。我就去找领导商量，把我借给童影厂拍部戏。但我每次去跟我们厂领导商量，不是以这个理由就是以那个理由不同意。后来我的一个朋友也耐不住了，就去问为什么不放石晓华去童影厂？反正现在厂里也没任务给他。那位领导跟我朋友的私交还可以，就跟他说了一句"我不能用自己的巴掌打自己"。我那个朋友听后半天没听明白，后来领导就向他解释说：不能把我们的好导演放出去给别的厂拍戏，他们拍了好片子，我们怎么办？

其实我也知道各个厂出于自己本位的考虑，绝对不会把自己厂那些骨干借给童影厂来拍戏，所以童影厂初期的影片的主创人员，大多都是什么学院毕业的学生，或者是从其他专业转过来做导演，原因就是大厂的本位思想。从这一点就可以看出，童影厂当时起步之难！一个厂要没有这电影专业人才，它怎么弄出好东西？童影厂在起步的时候，她想召集这些专业人才，哪怕是借来的，都遇到这么多的困难。所以可想而知，童影厂后来能拍出那么多好片子，那些得奖片，有多么多么地不容易。

更感动我的事，是2007年在宁波举办第九届中国国际儿童电影节时一件突发之事。关于办电影节的艰辛，形象一点说，那是于蓝老师和陈锦俶老师捧着饭碗到处"化缘"。宁波方面被这两位老前辈的精神感动，终于答应办这个电影节了，而且都说好了中央关工委某位领导同志来参加开幕式。前期准备工作进行得都非常好，陈锦俶老师和于蓝老师都已经提前到宁波。就是六一前两天，突因变故，不能到宁波来参加儿童电影节的开幕式，接到这个消息，电影节组委会一下子乱了。宁波市政府也急了，马上就跟陈锦俶说，这怎么行？领导不来，我们怎么跟企业家交代？陈锦俶也急了，于蓝老师更是着急了，设身处地为主办方想，是很为难。于蓝老师当时身在宁波，只好到处打电话，请一些重要的知名人士能来宁波补补台、救救场。但是由于这是突然发生的事情，很多领导同志都事先有了安排，都不能来宁波参加开幕式。最后陈锦俶老师打了个电话给我，说石晓华你有没有什么办法能请到某某。她说于蓝老师给这位同志打电话请他帮忙。于蓝老师话都说到这个份上：我给你跪下行不行。哎哟，一听到这，我真是眼泪都掉下来了。于蓝老师是这么一个德高望重的老同志，为了儿童事业，她要给我们现在后辈当领导的人下跪……这个事我听了心里头真的非常酸楚。我马上跟陈锦俶老师说："你别急，我尽我的能力。"我虽然人在上海，远离各部委，人微言轻，但有于蓝老师这句话，我就觉得我一定要把这个事给她们办成。没有办法了，就去找我们的领导，于蓝老师能跪下，我们也可以跪下。就这样子，我和谢总（鲍鑫）两人又亲自到领导家里去说明诉求，当然后来那位同志也确实有别的事没有来。当时在外地出差的中宣部副部长龚沁瀚同志得知这一情况后，答应五月三十一日工作结束，连夜赶末班飞机赴宁波，六月一日开幕式一结束他再赶回出差地。

这事虽然过去了，但于蓝老师那句"我给你跪下行不行"永远铭刻在我心上。这句话体现了于蓝老师对童影厂、对儿童事业的献身精神，是她的精神和人格魅力感动了我们这一批人，紧紧团结在她周围，为中国儿童事业尽自己一点微薄之力。于蓝老师为了儿童事业，心中没有"我"，她把自己的一切抛至身外，全身心地扑到儿童事业上。她名副其实的是中国儿童心中的老奶奶。

于蓝老师带领的中国儿童电影工作者，他们三十多年来的心血没有白费，今天我看到江阴第十一届中国国际儿童电影节盛况空前，从来参加电影节的外宾人数，从参展影片的质量，都比前几届大大地提高了，这就是希望所在。我觉得尽管岁月逝去，老前辈们的童心未泯，你们的梦想，就像蜡烛，燃烧自己，照亮了儿童电影事业的前进方向。也鼓励了后来者，克服困难，创造儿童电影事业更辉煌的新篇章。谢谢你们，因为有了你们不懈的奉献，儿童电影事业才有今天，这是我内心的话，谢谢你们！

# 怀念于蓝老师：我的偶像，电影界的楷模 [①]

陶玉玲

于蓝老师是我非常崇敬的从延安时期过来的革命老前辈、老艺术家。

我在十四岁时投考了华东军政大学，陈毅校长给我们上的第一堂课就是"为人民服务"，这个思想也指导了我一辈子。我们学习会议精神时，于蓝老师就是亲临现场的人。在鲁艺这个神圣的地方，我觉得她非常优秀，非常羡慕和敬佩她。

当时有很多专家和名人都投奔解放军，比如后来上海戏剧学院的副院长，中国著名的教育家吴仞之先生也在华东军政大学的文艺系担任副主任，他给我们讲《在延安文艺座谈会上的讲话》。我还有幸和吴仞之先生学习了表演，他对我们来说是引进门的恩师。当时我们就在讲演员的自我修养，学英语的小品，自己坐在那里无实物练习。后来训练两个人的小品，再之后是排片段，完全是一套戏剧学院培养演员的正规的训练。毕业后我的机会又比较好，被分配到华东军区解放军艺术剧院，当时这个剧院也集中了很多老革命。

之后，我成为了南京军区前线话剧团的一名话剧演员，那时我对北京的演员还是很崇拜的，我也没到过北京，我们剧团都是下部队，到前线。解放东山岛的时候，我们在厦门慰问演出，军区一个命令我们就马上上岛去慰问战士，四个卡车带上道具、灯光、布景、背包，再拉上演职人员，剧团完全是一种战地服务的性质。在这样的情况下，于蓝老师作为电影明星，会让我觉得有点遥不可及。1961年的时候曾经评选过二十二大电影明星，于蓝老师当之无愧地位列其中，我记得每个厂大概有四个人入选，上影厂秦怡、白杨、赵丹、孙道临，北影厂有于洋、谢芳、陈强，八一厂的田华、王心刚、王晓棠，还有长影厂的金迪，等等。当时有照片，是一个人像旁边有他们演

---

① 本文由陶玉玲口述，梁清子、任小佳整理。

的戏的片名，我都把他们每一套照片都买了。他们二十二位大明星都是我崇拜的偶像，觉得他们都很了不起，都是我学习的榜样。那会儿我始终认为，我就是前线话剧团的一个小演员，是一个基层的文艺工作者，不可能见到，更不可能认识这些大明星，对他们始终是怀有一种羡慕和崇拜的情感，我没想到我会去演电影。

当时看于蓝老师，觉得她是从延安过来的革命老前辈。我从新中国成立前才参加工作，但于蓝老师十七岁的时候就到延安投身革命工作，塑造了许多优秀的角色，我觉得她太了不起了。我从一个演员的角度来看她，觉得她的艺术造诣特别深。看了她在《烈火中永生》中饰演的江姐，演得那么好，我感觉她就像活着的江姐似的。我还记得她表演出江姐那个神情，多么地坚定勇敢，上刑场那段戏真的是很从容、很沉稳，就像江姐在面前一样。还有《革命家庭》中她演的母亲周莲，多么勤劳、善良、质朴，对党的事业又很忠诚，而且这个角色的时间跨度很大，于蓝老师的处理也非常好。真是让我崇拜得不得了。我看她演的江姐和周莲，我暗自想我大概是演不出这样的角色的。于蓝老师是从那个时代过来的，是从革命工作中过来的，她有体会也很会表演，因为我没有这样的生活，肯定演出来也不像。从艺术上讲，她真的是我们的楷模和榜样，是当之无愧的电影表演艺术家，我要好好向她学习。

后来没想到八一厂在给《柳堡的故事》找演员的时候找到了我，这是新中国第一位女导演王苹的作品。他们找到我的时候我正在舟山群岛给战士们演话剧，我认为自己对电影表演很不熟悉，之前接受的都是话剧的训练，甚至见他们第一面因为麦粒肿，我的眼睛都是肿的。但是他们觉得我和"二妹子"气质挺符合，就决定让我演这个角色。我就想：我居然也能演电影了？我也能进入电影圈了？而且这个片子上映之后反响还不错。国庆十周年，陈播厂长就叫我到北京来，周恩来总理先接见电影界，这样我就看见了电影界的几位名人。在当时的北京饭店，当时第一次见到总理，总理说："你二妹子演得很好啊，不要骄傲。"这是我第一次见到周恩来总理，那个时候突然觉得演一部电影影响这么大。但我演完就又回到前线话剧团了，继续去部队。后来陆陆续续演了几部电影，我始终充满对于蓝老师的崇敬，我觉得我演电影就是向他们学习，向于蓝老师学习。

2009 年我和于蓝老师一起客串了江平指导的电影《寻找成龙》，我俩在里面是微不足道的龙套戏份。但是文艺界有一句话，"没有小角色，只有小演员"，只要是个角色，他就是个人物，只要出现就要去好好地刻画他，都要很认真地去创作，不论是主角、配角、龙套。于蓝老师那么大的艺术家，对待哪怕是龙套角色也都毫不含糊。那场戏是让我和于蓝老师两个人向张一山问到一个小区的路怎么走。这个行为就是说明我们两个都是不识字的，根本就没文化的，不然不会需要拿着字条去问路。后来我和于蓝老师商量，她想她的角色要表现没文化，她干脆去找了个袖套，然后穿了个像列宁装的旧衣服，从外形上一下就很贴合角色。我想我怎么办，我就去菜市场五块钱买了顶毛线帽子往头上一戴，扎个围裙。通过我们这一打扮，还挺像不认识字的会拿着纸条四处问路的人。于蓝老师演过那么多优秀的经典作品，现在来跑龙套都那么精益求精。角色没有大小，也没有规定大明星就不能跑龙套，在龙套演员里也要把角色饰演好，把人物塑造好。于蓝老师真的是非常值得我们学习的榜样。

于蓝老师一直对革命满怀忠诚，始终在做更大的贡献。

她本来是演员，后来奉命去创办儿童电影制片厂，成为儿童电影制片厂厂长。儿童是我们的接班人，是国家未来的希望，于蓝老师就全心全意地投入儿童培育之上。那个时候的于蓝老师已经六十岁了。他们在创办之初根本没有办公室，是在一个铁皮房子里创办，我去亲眼见过那个小房子。有一天他们正在开会，天气很冷，风很大，把他们的铁皮房子刮开了，在她去关门的时候，她的一截手指一下子被铁皮打断了。当时流着血，大家就说赶快去医院，还能把手指头接上，但是于蓝老师听说整个治疗过程会耽误大量的工作时间，直接扔掉了断指，简单处理之后继续投入工作了。在那样艰苦的条件下，为了创办儿童电影制片厂，她真的是不怕牺牲不怕流血，我后来和于蓝老师说："你就是活着的江姐！"

此外，她不但把儿童电影厂搞好，她还搞了国际儿童电影节。当时参加国际儿童电影节也邀请了我，在青岛。于蓝老师，包括后来接班的苗苗，他们有活动都会叫着我，我也是北京关心青少年协会副会长，我们都很关心儿童成长，关心儿童电影发展。

于蓝老师不仅艺术上是我们的前辈，是我们的榜样，另外在组织领导上也是我们的前辈和榜样。她绝对是一个非常好的领导，非常负责的领导。

　　于蓝老师对这些老同志的感情特别深，有一次她打电话给我说："小陶，胡朋和胡可是不是也住在你们那个院子？我想去看看他们，你跟他们讲一讲，然后你到门口接我一下。"反正她叫我干什么我就去，帮她联系好胡朋和胡可，老战友见面是太高兴了，这种战友情实在是让人感动。但是现在三个人都走了，让人很惋惜，我非常怀念这些老一辈的艺术家，他们为中国的电影和文艺作出了重大贡献。

　　今年是建党一百周年，于蓝老师很可惜在百岁生日之前离开了我们。但我想我要继承于蓝老师的遗志好好地活着，还有田华、王晓棠、王心刚等我们这些人要接过她的接力棒，好好地传承下去，希望能完成他们没有完成的理想和志愿，很好地贯彻和完成好延安文艺座谈会上的讲话，坚持"二为"方针，好好地为观众服务，好好地到人民中去，好好地再为中国的电影事业尽一份力。

　　老一代革命家的革命精神我们要代代相传，老一辈电影艺术家为中国电影奋斗终身的情怀我们要始终铭记，向于蓝老师学习、致敬！

# 顽强！拼搏！

## ——于蓝老师印象

王好为[①]

《白衣战士》《翠岗红旗》《龙须沟》《林家铺子》是我上小学、中学、大学看过的电影。我还有幸看过中央实验话剧院演出的话剧《同甘共苦》。那些不同的人物，于蓝老师都刻画得鲜明生动。我这个文艺青年对她很佩服，也有些纳罕，怎么不同的导演都选中了她？得知她来自延安鲁艺，我除了肃然起敬，同时也明白了，这些都是她的拿手好戏。那几位导演慧眼识人，她是最佳人选。白杨、王丹凤那些名家是不善于甚至是不适宜扮演这些角色的。于蓝老师是喝延河水成长起来的，是在毛泽东文艺思想直接哺育下，在为工农兵服务的大舞台上历练出来的。她与所扮演的人物血脉相通。真挚、朴实的表演，源于她坚毅、高尚的品格，源于她自青年时代起铸就的革命者的灵魂。在中国二十二大影星中，她自有独特的风采。

1962 年，我从北京电影学院导演系毕业分配到北影。看了《烈火中永生》，对于蓝老师的表演更是钦佩有加，但一直无缘相识。我整天跟着凌子风导演忙活，对于蓝老师还只能闻名而不得谋面。

直到"文化大革命"，1970 年初，我们同为"五七"战士生活在一起。当时北影厂除了挑选出的拍摄革命样板戏《智取威虎山》《红色娘子军》的人员外，全体职工被精兵简政下放五七干校，在当时的京郊大兴县黄村，原来的天堂河劳改农场。导演室、文学部的人员混编为第四连。住在大片稻田中的两排老旧小平房中。于蓝老师自从拍《烈火中永生》后，转行导演，也在四连。

干校不是避风港，要继续进行"文化大革命"。首先是清理阶级队伍。对

---

① 王好为，北京电影制片厂导演。

新中国成立后混入职工队伍的敌、特、叛和现行"5·16分子"内查外调。我们这些"革命"群众除了跟随"文革"运动的步伐学习政治、时事外，不时地被安排去声援专案组，对不老实的敌对分子"打态度"。怎么打？无非是高呼革命口号，反复讲明坦白从宽、抗拒从严的政策，厉声令其交代罪行。究竟是什么罪行，我们当然不知道。他们本人也未必知道，又不敢顽抗，只说想不起来了。群众就追问："是想不起来了吗？"继之又是一阵革命的吼声。这些无解问题追问的结果总是不了了之。在这种场合，于蓝老师从未表现出激情，只是敷衍而已。她经历过多次政治运动，对这种幼稚的斗争方法大概很不以为然。

除了阶级斗争，劳动是干校的必修课。无论革命动力还是革命对象，在劳动面前人人平等。我们主要从事农业生产，种水稻。从育苗、插秧、拔草、施肥、灌水到收割、脱粒，全流程操作。

5月1日开始插秧，稻田水还很凉，大家却干得热火朝天。男同志在田埂上推独轮车送秧，抛秧。大多数人弯腰插秧，还展开比赛，评出插秧能手。可是好景不长，几天后，插秧的人累得腰酸腿疼，走路都拖着腿拉着胯，腰痛得连上床都是爬上去的。我们年轻人尚且如此，连里那些年近或年过半百的老同志更是吃不消。有人睡梦中都直哼哼。可是于蓝老师从不叫苦。难道她不累吗？我反复想，来自延安的老同志很多，为什么于蓝老师能出类拔萃？除了才能和机遇，她有百折不回的毅力。具有这种坚毅的性格，才能在人生道路上迈过一道道关坎，取得成功。种庄稼如此，演戏、创作也如此。

到了夏天，在稻田拔草，这活更辛苦。稻叶稻芒容易划破手臂，只好穿长袖衣服，系上扣。无法对付的是烈日曝晒，田水蒸腾，脸上汗流如注，蜇得眼睛疼。一天下来不知出了多少身汗，衬衣都泛出了汗碱，自己都闻到身上的汗馊味。下工后，赶快钻进用芦席围起的女浴棚，提一小桶水冲凉。就盼着天快黑，能倒头就睡。让我吃惊的是，白天这么累，于蓝老师还"挑灯夜战"。当时，全连三个女宿舍都是用木板搭的大通铺，并排睡十几个人。于蓝老师紧挨在我左边。每晚9点熄灯以后，她还在被子里打开手电看书。当然是有助于思想改造的书。真是铁打的，累不垮！我真服了。她这一辈子干了别人几辈子才能干完的事。这样的人生怎能不成功、不出彩呢？

为了解决住宿拥挤问题，干校决定四连盖两排新房。成立了四连的基建排，任命于蓝老师当排长。这项任命，在我们心中引起一阵阵兴奋。这似乎释放出一些"松动"的信号。

于蓝老师虽然在文艺黑线统治下，主演了几部"毒草影片"，如《林家铺子》《革命家庭》《烈火中永生》，丈夫田方是北影艺术副厂长，走资派，还被隔离审查，尚未"解放"。但她自己历史毫无瑕疵，无懈可击。社会声望一贯很高，又埋头苦干，在群众中颇有威信。起用她，是落实干部政策的象征。再说盖房又不是搞专案，不涉及核心机密。

盖房需要砖。军宣队号召大家到几里地外的砖厂运砖。胶轮大板车、推稻秧的独轮手推车、个人的自行车统统上阵，蚂蚁搬家似的干了几天。我印象最深的是于蓝老师，作为基建排长，当然不能落后于人。她拿一条长裤，把裤腿口用绳系死，两腿分装四块砖。再把裤腰煞牢。砖裤像套包子一样挎在脖子上，两手托住裤脚。就这么一步步从砖厂走回建房工地。几天下来，走了多少趟啊！这四块砖可不轻，我骑二六轻便自行车才驮六块砖。后沉，把不住车把，一路晃晃悠悠扭秧歌似的骑回来。于蓝老师和几位老同志这样干，我是又感动又心疼。

盖房，于蓝老师可以说是一窍不通。我当时在种菜班，但很注意观察她如何领导基建排。排里的骨干是五七战士中来自北影制景车间的木工、瓦工、漆工师傅，再配备一些身强力壮的编导人员。每天于蓝老师喊着口令，集合

队伍，带到建筑工地，有条不紊地干起来。在关键的打地基、立房架、砌墙砖、做房顶、码屋瓦、安门窗等技术含量高的环节，充分依靠那几位师傅，干得又快又好。他们也带出了几个心灵手巧的徒弟。其他人，包括于蓝老师自己，给师傅们打下手，干一些简单的力气活。这就是于蓝老师外行领导内行的工作方法。充分信任、依靠专业人士，尊重知识技能，放手调动群众的

积极性，发现、培养专业接班人。自己甘当小学生，虚心向内行求教，不怕苦、不怕累、玩命干。这方法，我想适用于一切行业。哪怕自己是专业的权威，秉持这种方法去领导也是有效的。

房子很快就要建起来了，突然有一天，于蓝老师从建房的屋顶摔下来，赶快送到医院急救。幸好，生命无大碍。但面部肌肉神经受损，影响细微的面部表情。从此她只能告别深深挚爱的电影表演艺术，无法用自己的心血和才华塑造出更多的银幕形象。这是她的不幸，更是电影观众无可挽回的损失。

"文革"结束后，我们回到北影编导室。于蓝老师和我都是党支部委员。一次会上，有人提出某位老演员转行到导演室，想安排她做我的副导演。我一听就急了，说这位同志年龄比我大，水平比我高，艺术经历比我丰富，当我的副导演，关系很难处，工作上也不好意思要求她。在场的几位支委劝我不必谦虚，不必顾虑，接受下来。僵持不下时，大家望着一直没有发言的于蓝老师。她表示同意我的说法，并提出安排这位同志跟一位有经验的老导演学习，这样更合适。此言一出，一锤定音。我实在觉得于蓝老师是一位深谙心理学的聪明领导。

1981年，我导演的影片《潜网》完成后，北影艺委会审查。大家一致给予好评。于蓝老师对影片充分肯定后指出："项堃演的教授，住宅太豪华。我国教授达不到这样的居住水平，不可信。直到看见张国民演的陈志平家，上海弄堂里的陋室，才感到真实，有生活气息。"是啊，我们为表现门不当户不对的贫富差距，拍摄时特意选了上海一个小资本家的花园洋房当教授家。这是从概念出发而背离了生活真实的深刻教训。多亏了于蓝老师的批评，使我警醒。此后拍的《夕照街》等影片，从环境、服饰到一切方面，都时刻提醒自己，一定要从生活出发去追求艺术真实，坚决摒弃概念化的虚假！

1981年，于蓝老师挂帅组建中国儿童电影制片厂，她的艺术事业再度辉煌。

1989年我有幸在于蓝老师领导下拍摄了散文诗风格的影片《哦，香雪》，了却了几年来的心愿。1984年，作家铁凝就把《哦，香雪》的文学剧本交给我。我年年请求北影投产，却屡遭拒绝，理由是情节太平淡，投资回报无法保证。万般无奈之下，我把希望转向童影。在童影文学厂长梁晓声、文学部主任张之路、资深编辑林阿绵的大力推动下，于蓝老师、陈锦俶厂长竟然认了它。令立即上马，年内完成。这真是喜出望外！继而使我兴奋的是童影给了我们完全的创作自由。首先，摄制组成员由我们从北影、童影任意挑选，只要有利于合作默契，有利于发挥各职能部门的创作才能。于蓝老师对故事片的创作、生产是行家里手。她懂得制片厂的领导尊重、爱护、激发创作人员积极性是极端重要的。在选演员、选外景、分镜头、拍摄、后期制作中绝不横加干涉，而是放手让我们去干。但是在思想倾向、艺术风格以及摄制工艺流程的每个环节上又都认真掌控。"管"与"不管"之间的"度"，验证着领导艺术的优劣高下。她是一位出色的领导者、一位电影事业家。

有一次重要的谈话，我至今难忘。开拍前，于蓝老师、陈锦俶厂长在办公室与我长谈。了解我们对《哦，香雪》的艺术构想。我做了完整的阐述。未来的影片有别于传统故事片，具有诗化风格，空灵而深邃。它从生活的常态而不是戏剧性的瞬间表现农耕文明和工业文明的撞击与融合。表现自然的瑰丽、雄浑，表现山村少女的纯洁、坚韧和向往。影片的魅力在于真实的生活氛围，盎然的情趣，传神的细节，性格之间的映照对比，声画造成的诗的意蕴。它的魅力在于这一切都像生活一样自然，一样朴素，在于它的拙，它的真，它的不俗……

于蓝老师赞赏、鼓励我们把构思落实到每一个镜头上。期望《哦，香雪》对儿童片的风格样式有所拓展。以诗意的笔调展现我们民族性格中的善良、淳朴、奋进，以美好的情愫去陶冶少年儿童观众的心灵。

在于蓝老师亲切领导下，我们努力去做了。

中国儿童电影制片厂在新中国电影史上存在的时间并不长，规模也不大，但成绩斐然。拍出了多部艺术精品，绽放在中外影坛上，绽放在无数青少年观众心里。培养出一支完整的有实力的电影创作队伍，其中的多位佼佼者，成为中国电影行列中不同门类的领军人物。童影出作品，出人才，于蓝老师是头功！

几年前在广州举办的中国国际儿童电影节上，于蓝老师拿着讲稿激情洋溢地发言。身边的童影朋友神秘地向我透露："这是她自己写的。别人起草的稿子她不用。她自己写，自己用电脑一个字一个字打出来的。"我听了毫不惊异。漫说耄耋之年学会电脑打字这等小事，任何方面她都绝不落伍，紧跟着时代前进。这就是她！这就是永不掉队，永不言败，一辈子勇往直前的于蓝老师！

　　于蓝老师身体多病，"文革"前就做过大手术，"文革"后又几次与病魔搏斗，摘除多处器官。她的病情放在一般人身上，早就躺倒休息了。但她太不一般，不仅没有疗养保命，还不停地玩命干！为祖国的孩子们奉献最好的精神食粮，滋养他们的心灵，拓宽他们的眼界，树立他们的雄心，这就是于蓝老师心中最神圣的使命！

　　她一生都是为崇高的目的而活着，无论在顺境还是逆境中，顽强拼搏，做最好的自己！

# 永生的江姐

## ——怀念于蓝老师

**王君正**

　　到我这个年龄，时间可以说是飞逝而去。不知不觉间，于蓝老师离开我们已经整整一年了。回顾与她几十年的交集，她不仅是我电影事业上的老前辈，也是我情感上的长辈。特别是于蓝老师和我的父母一辈在延安一同战斗成长，他们曾经的峥嵘岁月、少年芳华，共同见证与经历的许许多多，都似乎是一种共同的血脉传承，让他们有一种相同的精神气质。所以我每每见到于蓝老师，就会有一种亲切感，一种如同父母一般的情感和敬意会油然而生。她的去世，是我们电影界的一大损失，同时也使我觉得又失去了一位亲人。

　　于蓝老师扮演过《烈火中永生》中的江姐，银幕上，面对敌人的威逼利诱，江姐大义凛然、宁死不屈的形象大家都耳熟能详。但凡是生活中熟悉于蓝老师的人都知道，于蓝老师不仅扮演了江姐，她自己本人就是现实生活中活生生的江姐。

　　在于蓝老师将近百年的人生中，她身体上接受的大小手术共有几十处。就我所知，她因为罹患癌症，先后切去了左右乳房、子宫，腰椎和膝盖都曾做过手术。为了创建儿童电影制片厂，住在条件艰苦的木板房中，她的一根手指被板房的破门夹掉。"文革"在五七干校劳动改造时，她已经是年过半百的人，为了不被刁难、挑刺，从房顶摔下来，导致半边脸受伤，日常虽然不是很明显，但是大银幕上就很受影响，所以她也渐渐从台前转入幕后。她是刚强、坚韧、自律、有才华的共产党员代表，她生活中就是江姐。

　　为了支持儿童电影事业，她曾经参加拍摄过一个儿童片《二十五个孩子和一个爹》，当时摄制组要给她两万块酬金，很多人不知道，这是她作为一

个演员一生中拿到的唯一一笔演员酬金。因为在她作为大明星如日中天的时候，大家同工同酬，没有酬金一说。于蓝老师不肯接受这笔酬金，摄制组又非要给不可。最后她把这两万块钱全部捐给了吉林长白孤儿院。

我的老伴马秉煜和于蓝老师也有一份特殊的感情。他和于蓝老师的老伴田方同志情同父子。俩人"文革"时曾在炊事班一同劳动，无话不谈。后来工作虽然分开了，但每个周末他们俩人都会相约见面。田方总是带一包烟前来。我女儿当时最喜欢的人就是田方爷爷。后来田方同志去世，老马视于蓝老师为亲人，每逢见到都是大老远就喊老娘。

老马自己独立拍摄的第一部电影《少年彭德怀》，也是于蓝老师点将让他拍的。后来影片有不错的反响，也获了一些奖项，没有给于蓝老师丢脸。

1973年，于蓝、水华、马秉煜和一位总政编剧一起，到中国南海体验生活，到了万山群岛、担杆列岛等地。其中有一座靠近外海的小岛叫蚊尾洲，那里条件艰苦、环境险恶，敌对分子曾频繁在那里活动。可能因为地形的原因，当时的运输方式也比较原始，守岛部队派出的登陆艇不能直接靠岸，需要用舢板把人带到岸边，看准落脚处，抓住舢板被海浪托起的瞬间，纵身向岸上跳跃。

于蓝老师当时已经年过半百，老马还很年轻，他自己都心里发怵，所以为水华和于蓝两位老同志，尤其是为于蓝老师捏一把汗。没想到于蓝老师胆大心细，冷静勇敢，这点风浪根本没放在眼里，上岛和离岛的刹那间跳跃都准确无误，征服了在场的所有人，也让老马感佩不已。

我有一年曾经和于蓝老师一起去印度参加电影节，到一个特别奢华的古堡参加一个活动，也是坐船进去，因为我天生胆小，不敢从船上往下跳，也是于蓝同志的垂范作用，让我鼓起勇气完成行程。

于蓝老师对人生和事业，都有钢铁般的信念，她用自己的一生践行了自己的理想。她虽然离开了我们，但是她真正共产党人的形象将永远留在我们心中。

# 于蓝老师

## ——我航行在影视之洋的领航人

卢　刚

今年 6 月 1 日是我服务的中国儿童电影制片厂建厂 40 周年，6 月 3 日是中国儿童电影制片厂首任厂长、中国儿童少年电影学会首任会长、著名电影艺术家于蓝老师百年诞辰纪念日。

1981 年 6 月 1 日在党中央的亲切关怀下，中国儿童电影制片厂的前身——北京儿童电影制片厂成立了。当年我告别奋战了 8 年的八一电影制片厂，怀着对儿童片的浓厚兴趣，来到新生的童影厂，在于蓝厂长的麾下当了一名马前卒，开始了艰苦的创业历程。

北京儿童电影制片厂是在北京电影制片厂内部建立的，童影成立之初属于北影的一个部门。北影领导将北影主楼二层会议室的 3 间房划给童影临时办公。第一批向于蓝厂长报到的有来自北影的宋曰勋（后任文学部主任）、文馨萍（后任办公室主任）、张桂兰（著名配音演员，后任导演室主任）、王澍（著名演员及俄语翻译），来自新影的摄影师陈锦俶（后任摄影师、导演、副厂长、厂长），来自科影的罗小玲导演等人和我。在于蓝厂长的带领下拟订建厂方针和计划，开始筹建工作。

1982 年北影领导为了解决童影没有厂房的问题，在北影传达室后边，沿着院墙和一排杨树中间盖了一溜活动板房。这里既没有暖气和自来水也没有厕所，夏天炎热，冬天奇冷。已经 60 岁的于蓝在干校盖房时曾从高处跌落，被地上的硬木棍从嘴穿到面颊，不仅门牙摔掉，面颊也严重受损，1978 年还被查出患有乳腺癌，但她说："如果人民需要、党需要，让我做什么都可以。"她用延安的革命精神带领我们开始了艰苦的创业历程。

## 为童影厂掘得第一桶金

1982 年初，在全国妇联和康克清大姐的关怀下，中国儿童福利基金会和中国儿童工作协调委员会向童影厂赠款 10 万元。于蓝老师和大家商量后决定用这宝贵的 10 万元起家，带领我们独立拍儿童片。当时的情况，拍一部故事片一般需要 60 万元左右的资金，10 万元拍片无异于天方夜谭。于蓝老师征求大家意见以后决定拍两部低成本的短片，合为一部长片。我建议将王路遥的《军事机密》和《到海滨去》两个故事合并为一部 40 分钟的短片，得到于蓝老师的支持。王路遥按照大家的意见修改后更名为《马加和凌飞》，由汪宜婉和我联合导演，陈锦俶摄影。此片与短故事片《敞开的窗户》共同投资 10 万元。

于蓝厂长凭借她巨大的社会影响力，带领我们捧着童影这个"金饭碗"开始向社会各界化缘。功夫不负苦心人，爱子真情感天下！为了 3.6 亿儿童看到新的儿童片，甘肃光学仪器厂折价售给我们摄影机；长春光学仪器厂和北京 608 厂赠送了变焦距镜头和定焦镜头；保定胶片厂无偿提供"代代红"胶片供我们拍摄；工程兵 88711 部队支援了发电车；总后管理局支援了卡车；北京儿童活动中心、北京火车站和北医三院等单位都为我们免费提供了拍摄场地。

为了既节约成本又确保质量，全组同志使出了浑身解数。汪宜婉在拍摄时摔伤了腿，眼角出血，仍带病坚持工作，一丝不苟。我除担任导演外还兼职扮演凌飞的父亲，不但不取分文，还自备了服装道具。陈锦俶带领摄影组自己打造木箱安放器材和胶片。有一次在长安街上拍一个全俯镜头，按常规应当使用升降车或高台，但这两样器材我们都没有。陈锦俶带领助手毅然爬到我们工作用的大轿车顶上，架起了摄影机。轿车顶是弧形，又没有护栏，站上去嘎嘎作响。我都害怕不敢上，可久经纪录片磨炼的陈锦俶却如履平地，顺利完成了拍摄任务。

在社会各界的大力帮助下，摄制组克服重重困难，终于摄制成功，被中国电影发行放映公司以 70 万元收购，为童影厂掘到了第一桶金。《马加和凌飞》与《敞开的窗户》于 1982 年六一儿童节顺利在全国公映，受到孩子们的欢迎和喜爱。师生座谈会上一致认为影片紧凑、清新、有生活气息，以平凡

小事歌颂了心灵美，树立了80年代少年朝气蓬勃、积极进取的形象。

## 让溪水流入心田

1982年12月在于蓝老师的领导下，童影召开首届儿童剧本座谈会。文学部主任宋曰勋向我推荐四川省邻水县文化馆张源忠创作的剧本《小溪》，该剧描写生活在四川山区的爷孙两代，由隔阂矛盾到相互理解的心路历程，手法自然朴实，有浓郁的生活气息。

于蓝厂长（左）和汪宜婉导演（中）、卢刚导演（右）探讨《马加和凌飞》剧本。

《小溪》剧本是张源中根据他当知青的亲身经历创作的。我看后认为很有生活气息，基础不错，便请示厂长于蓝，经她同意，赶赴邻水帮张源中修改剧本、搬上银幕。张源中此前曾写过4个剧本，每次投稿后都石沉大海。这次接到我的回信后非常激动，独自跑到山顶反复看了多遍并用力掐自己，生怕不是真的。我到邻水后一面体验生活一面帮他改剧本。受到邻水县委县政府领导的热烈欢迎和大力支持。采访中，我发现漫山的柑橘在绿叶的映衬下黄中透红，非常入画，便考虑将剧中爷爷的劳动定为采摘柑橘"五月红"。后来了解到下半年拍摄时"五月红"已经收获完毕了，只好将剧中爷爷的劳动改为不受季节限制的伐竹、编竹。

1983年2月，国务院批准童影脱离北影，独立建厂。于蓝厂长决定投拍《小溪》，由我导演。这是我首次独立担任一部长故事片的导演。我决心不辜负于蓝老师的信任与厚爱。率领摄制组奔赴四川省邻水县，开始了紧张有序的拍摄。

于蓝老师对剧本的修改、表演和镜头的处理极为关心，看了分镜头剧本和样片后，花了大量心血，给我写了5封信，谈她对分镜头剧本和样片的意见。最长的一封信达14页，约3500字。至今我还珍藏着。她强调"不希望老一套和不疼不痒的处理方法，希望再突破一下。""要使观众感到可笑，笑中有泪"。

众说于蓝

于蓝老师是著名电影表演艺术家，对表演的要求格外严格。她在信中谈得最多的就是表演。她反复强调，演员表演要发自内心，避免过火表演，避免舞台化表演，避免硬表演。孩子的表演要自然真实，避免成人化。并在一些镜头上写出提示。

信末她给我提了三点要求：

一、要细心认真地引导好演员的表演；

二、要把握好镜头的节凑感，要明快，避免拖沓；

三、要把握好人物关系。爷孙、母子、父子、夫妇、同志、伙伴的关系都要准确无误。

于蓝老师认真细致的工作作风深深感染了我。在拍摄中我带领摄制组精益求精，认真完成好每一个镜头。

四川阴雨多，素有"蜀犬吠日"之说。我们拍摄的四个月中竟有三十多天有雨，无法拍摄，使进度大受影响。为了抢时间，只好把一些晴天戏改为阴天戏。必需的晴天戏，就在阴天用打灯拍小镜头，晴天抢拍大镜头。那时天气预报水平不高，阴晴变化难以捉摸。我们的拍摄计划只好是"阴一套，阳一套，不阴不阳又一套"。

一天晚上突降暴雨，把我们驻地淹了。放在一楼的照明、剪接、摄影等器材顿时泡在水中。全组同志一起动手，连夜将器材抢运到二楼宿舍里，仔细擦洗并用照明灯烘烤，整整忙了一个通宵。

祸不单行，由于工作繁忙加上水土不服，许多人都病倒了。小斗的扮演者刘朝晖感冒发烧；爷爷的扮演者王枫得了肺炎；连小斗的爱犬小雪也病倒了！摄影师刘惠中得了肠胃炎，不得不打吊针休息。摄影技师邬建业替他掌机，头一天搬运机器时就碰破了鼻子！刘朝晖打开水不慎将两个暖瓶打碎，开水将小明子的扮演者张志勇的屁股严重烫伤，无法站立了！全组处于半停产状态。于蓝厂长十分关心，发来慰问电，并拨款给每个人都注射了丙种球蛋白，以提高免疫力，还派人从北京带来了方便面。大家备感温暖。我们奋战在四川省邻水县的山沟沟，并转战重庆北碚等地，奋战了一百一十多天，终于在寒冬到来之前停机大吉！

因《小溪》片名撞车，后期我更名为《清亮的小溪》。影片完成后，由北影艺委会审片。著名电影艺术家谢添夸奖影片"很有诗意"！著名表演艺术家陈强说他观影时落泪了。著名摄影师朱今明称赞说："戏好，感人！"在当时电影节目匮乏的情况下，《清亮的小溪》在电影院线公映一年后又在中央电视台连续播放了四年，取得了良好的社会效益与经济效益。

1982 年 12 月，首届儿童剧本座谈会。中坐者为孙敬修、于蓝，二排右一陈锦俶、右二宋曰勋、左一《清亮的小溪》编剧张源中。后排中为卢刚。

## 飞上银幕的小英雄

1984 年我研究国内外一些儿童片的成功经验，结合自己的思考，写了一篇探讨儿童片特性的文章《站在儿童角度，沟通儿童心灵》发表在《电影艺术》1985 年第一期上。我认为，儿童片必须注重情节性、动作性、趣味性和知识性，这样才能适应小观众好奇、好动、好冒险、好思索的心理需求。这篇文章得到了于蓝老师的首肯。当年，我就把这种理论思考化为实践，创作了故事片剧本《飞飞从影记》，描写一个平凡的孩子飞飞克服重重困难登上银幕，扮演抗日小英雄小龙的非凡经历。经过半年努力，写成剧本，得到于蓝厂长和宋曰勋、张之路等同事的一致肯定。但投产障碍重重，一再拖延。珠影厂看上了我的剧本，邀请我去合作。我买好了火车票正要前往广州，却被

于蓝老师留下。1985 年 7 月 17 日于蓝厂长终于同意投产。我赶紧带领摄制组开始选外景、选演员、准备化服道等筹备工作。8 月 20 日奔赴内蒙古开拍时已是秋季，转场到岳阳拍摄时已进入冬季。

影片描写飞飞为拍电影吃了很多苦，而主演卡力在实际拍摄中吃的苦更多。影片开头导演追飞飞，飞飞跳进河水的戏本应在夏天拍摄，但我们拍这场戏时已经进入冬季，天下大雪了，水温很低。为了抢拍，天一放晴我们就扫去积雪，让卡力脱去大衣，换上短裤。我一声令下，他便毫不犹豫地跳进刺骨的河水里游向对岸，上岸后还按照戏里的要求做出顽皮的鬼脸。

11 月 6 日于蓝厂长给我写信，对摄制工作给予鼓励。她写道："看了样片，感到这批比较好。看来拍摄和孩子表演都有很大进步。望再接再厉，取得更好的成绩！我们家中知道你们遇到的困难，尽量帮助解决。"她特意指派张青山副厂长赶到岳阳，解决我们遇到的经济困难和摄制困难，使摄制工作得以顺利进行。

影片完成后于蓝厂长专门找我，对没有及时下达生产命令，延误了最佳拍摄季节，给摄制工作造成困难之事向我道歉。体现了共产党人宽广的胸怀和自我批评的精神，令我十分感动。

1986 年《飞飞从影记》公映后，好评如潮。时任文化部副部长、主管电影的丁峤同志赞扬说："《飞飞从影记》孩子喜欢看，大人也喜欢看！"《人民日报》发表了著名电影评论家秦裕权的文章赞扬该片"老少咸宜""使孩子们快乐，有助于启迪孩子们的心灵。"《工人日报》评论说："这是继《小兵张嘎》之后我国又一部成功的儿童故事片。"《文汇报》将该片评为年度全国十佳影片之一。儿童电影学会组织十一部当年选送的儿童故事片送往大庆、大港和胜利三大油田，请十万名孩子投票评选"油娃奖"，《飞飞从影记》始终位列前三甲。

## 小骑兵的母子深情

1987 年初，童影由位于北影的活动板房迁入由国家投资兴建的崭新的厂区。新厂区位于北京市海淀区西土城路 2 号，建有七层主楼和两层副楼。主楼内设办公室、会议室、放映间、服装道具库、资料库等。副楼建有录音棚和摄影照明器材库等。另外还建有一座可容纳八百名观众的儿童电影院。1987年3月，北京儿童电影制片厂更名为中国儿童电影制片厂，同年5月8日，于蓝老师请邓颖超同志为新厂题写了厂标。

1988年我奉宋崇厂长之命导演战争故事片《小骑兵历险记》。影片描写铁匠的儿子连福骑着心爱的小红马参加中国人民解放军骑兵部队，和侦察股王股长结下深厚的母子情，王股长为救连福，英勇牺牲。连福经过战火的考验，终于成长为一名革命战士。我带领摄制组奋战在锡林郭勒大草原和张家口的山林村镇，摄制过程有苦有乐，令人难忘。

《小骑兵历险记》投拍时，于蓝老师已经卸任厂长，改任艺术指导。但她仍然十分挂念我们的拍摄质量。9月9日她看了样片给我来信，亲切地说："辛苦了！知你们工作条件艰苦，怀着十分惦念不安的心情，向你们全组同志问候！"

"这次样片总体上感到还可以。特别是小演员很朴素自然，我军战士气质也可以，指导员谷英泰气质也过得去。摄影的构图气氛也使人信得过。这是一个良好的开端。"

她特别关注王股长的发型，认为头发过长，造型现代，影响军风纪，不真实。告诫我们："王股长是全剧最美好的人物形象之一，一定要有自己生命的特色。不要有媚气，要朴实能干，爱同志爱孩子，是一个活的战争时代的女性，绝不是现代女性。"

她还提醒我们："敌人形象千万不要模式化、脸谱化。特别是敌团长。"

她尤其注重创新，要求我"凡是其他电影用过的细节和语言，请绝对删去！"

我们在拍摄中，牢记于蓝老师的嘱托，严把质量关，提高创新意识，较好地完成了任务。《小骑兵历险记》上映大获成功，创下了当年儿童片售出拷贝数量的最高纪录。

### 持续的关心与帮扶

于蓝老师退居二线后对童影的生产和创作一如既往地关心，尽心尽力地帮扶。

　　1989 年我编写了五集电视剧本《龙太郎西游记》，描写中日儿童友好交往。隔年，日本广播电视协会来华访问。于蓝老师运用她的国际影响力，向日本友人推荐我的剧本，争取合作。后因种种原因未果。

1990 年于蓝、陈锦俶、张之路、卢刚与日本影人合影。

　　1990 年我编剧导演了电视剧《小法官的证词》。大胆塑造了一个在情与法的天平上，勇敢讲出真话的的孩子——白明。作为模拟法庭小法官的白明扮演着主持正义和公正的形象，但当法律的大网向他父亲张开时，他又本能地去维护父亲，面对真实的法庭一度做了伪证。在模拟法庭的自我教育下，在法官、检察官、老师、同学的帮助启发下，在因公牺牲的老工人的感召下，在父母的鼓励下，白明终于战胜自私和怯懦，勇敢地走上法庭讲出了真情。他的勇敢不但没有伤害父亲，反而解脱了父亲。结局出人意料——事实证明真正的罪犯不是白明的父亲，而是白明的学友关小燕的父亲关厂长。作为模拟法庭检察官的关小燕该如何面对这场情与法的考验呢？我留下余地让观众去思考。

　　这是我头一次拍电视剧，于蓝老师给予了热情鼓励和支持，并和继任厂长陈锦俶一道陪同中华全国妇女联合会主席陈慕华、中宣部文艺处处长曹勃亚、国务院妇女儿童工作协调委员会儿童组负责人李启明、中央电视台影视部主任林毅一同出席了首映式。

　　陈慕华在首映式上讲话，热烈祝贺电视剧摄制成功，并感谢全体创作人员。曹勃亚发文称赞该剧："真实地塑造了一个自觉学法懂法的少年形象，为我们提供了进行法制教育的生动教材。"林毅称赞该剧："不但写了模拟法庭和真实法庭，还写了看不见的道德法庭。非常有现实意义！"要求联合署名，当即付给童影厂4万元播出费，并安排1991年春节大年初一这个最重要的黄金时段在中央电视台播出。李启明高兴地说："这是献给孩子们最好的节日礼物！"

1994年8月，为了纪念孙中山先生诞辰130周年，我到孙中山的故乡广东省中山市翠亨村采访，创作了电影文学剧本《孙文少年行》。剧本完成后获得于蓝老师及各方好评，1995年元月童影厂艺委会一致通过，厂长窦春起找我谈话决定上马。当时童影投产一部儿童片只给80万，考虑到《孙文少年行》拍摄难度大，厂长答应给我凑够130万，后来只凑到110万。这部影片除了要再现清朝时孙中山家乡的历史风貌，还要再现孙中山到檀香山求学的生活环境。我和制片主任做了一个初步预算，按正常开支应投资280万，最低也应筹集到180万才能开机。厂领导爱莫能助，不足部分要我自行筹集。

我是一个书生气十足的人，不得不使出浑身解数四处求援，半年过去了，却无果而终。厂领导督促我上马。我不忍心自己生的孩子因为无钱供养而体弱多病，便不顾朋友们的劝阻，提出哪位导演能找到欠缺的资金，就请哪位导演拍吧！于是厂领导找到萧锋。他读了我的剧本十分喜爱，自己筹集了30万元资金，加上厂里投入的110万资金就投拍了。萧锋是位很有才华的年轻导演，拍得尽心尽力，但由于资金短缺，不得不把一些耗资大的戏割爱了，这使我心疼不已。但在另一些方面萧锋对剧本也有所发挥和提高。

于蓝老师评价道：卢刚"在1996年第三期《电影创作》上发表的《孙文少年行》就是一部比较出色的电影文学剧本，并已由中国儿童电影制片厂拍摄成彩色故事片，1996年获得了1995年度的电影华表奖、1996年第五届精神文明建设五个一工程奖、1996年第16届金鸡奖最佳儿童片奖和1997年第七届'童牛奖'的评委奖。这部影片的成功和卢刚同志的剧作是分不开的。他提供了可拍摄的文学基础，特别是剧本刻画了中山先生少年时代的心灵路程，既是一个充满爱心的孩子，又具有探索追求的胆量和智慧，这一切又真实地展现在清朝末年特有的历史风貌中。我个人认为是一个有水平、有品位、可供拍摄的好本子"。

1995 年我完成了《孙文少年行》的电影创作后，开始把目光瞄向了鲁迅先生的生平业绩，用电视剧的形式为鲁迅先生立传。1997 年中央电视台影视部决定与浙江电视台及绍兴有线电视台联合摄制电视连续剧《鲁迅与许广平》，由我和绍兴市文联副主席杜文和联合编剧。上部《呐喊与彷徨》由我执笔，下部《横眉与俯首》由杜文和执笔。我和杜文和充分吸取各方意见，反复磨砺，三易其稿，终于在 1998 年底完成了 24 集电视连续剧《鲁迅与许广平》的创作。

1996 年《孙文少年行》荣获金鸡奖，结束了两届金鸡奖最佳儿童片空缺的历史。编剧卢刚（中）和导演萧锋（左）、孙文扮演者佘善波（右）领奖后合影。

于蓝老师曾在 60 年代为扮演电影《鲁迅传》中的许广平做了大量准备工作。她对此剧极为关注，看了我写的剧本后评价说："掌握的历史资料极为翔实（超过了当年我们剧组所掌握的材料），故而才能写出如此生动真实的人物关系。以鲁迅、许广平的恋爱故事为主线塑造了一个活生生的伟大的文学家、思想家和革命家的鲁迅形象，并真实大胆地展现了一些鲁迅鲜为人知的故事，使思想性、艺术性均达到一定的高度，自然也具有观赏性。如果作者不是认真研读鲁迅的作品是难以达到这个水平的。"

于蓝老师给了我极大的鼓励，提高了我创作的自信。

《鲁迅与许广平》剧 2000 年在中央电视台、浙江电视台及绍兴有线电视台同时播出，取得较好的社会效益。

1997 年中国儿童电影制片厂与中国少年报社、共青团福建省委联合摄制了电视剧《少年林则徐》和《少年郑成功》，我担任导演。林则徐和郑成功都是福建人。拍摄这两位民族英雄的少年历程自然要到福建去。

经过一番紧张的筹备后，我们在临时改造为郑成功府邸的福州开化寺拍摄现场举行了简朴的开拍式。时任童影厂艺术指导的于蓝老师和厂长窦春起一同飞赴福州，陪同福建省副省长潘心城、副书记何少川一同出席了开拍式。于蓝老师还发表了热情洋溢的讲话,对摄制组给予了巨大的支持和鼓励。

会前副省长潘心城对我开玩笑说:"你是我们福建的名人哪!"我一愣,"我怎么成了福建的名人?"他笑道:"芦柑哪!"我笑道:"好吃啊!"并诉苦道:"到了福建,老在大街上听人喊我的名字:卢刚!卢刚……我连忙答应却无人理睬。原来他们是在叫卖芦柑!"逗得于蓝等人哈哈大笑。

1997 年我导演了故事片《实习生》第一次让职高生成了银幕的主人公。剧中的职高生正值青春花季,他们在宾馆的实习生活紧张充实,丰富多彩,有欢悦,有苦恼,有求索,有彷徨,有得意,有失意,有误会,有冲突,故事的基本走向是正

于蓝在电视剧《少年林则徐》和《少年郑成功》开拍仪式上讲话。

剧,但从中可以发掘出许多喜剧因素。因此,我将影片的风格定位为青春轻喜剧。

男主角林奇我大胆起用了尚在北京戏校学习的任重扮演。他初涉银幕,一开始大家还担心他不能胜任这么重的角色,但任重机敏又勤奋。我稍作启发,他就能很快入戏,人物把握得恰到好处,既真实又生动,达到了我的要求。于蓝老师对任重极为关心,当面给予热情的鼓励。

《实习生》拍完后的第二年任重就顺利地考入上海戏剧学院表演系,毕业后在影视和舞台上塑造了众多令人难忘的角色,曾主演过《汉武大帝》《中国制造》《婚姻保卫战》《家的 N 次方》《AA 制生活》《北京青年》《将婚姻进行到底》《那年花开月正圆》等优秀电视剧,多次被评为最具人气男演员和最受欢迎男演员,成为一线明星。

今年我的影视文集《银海行舟》在中影集团领导的关怀下,由中国电影出版社出版发行了。这是我行驶在影视之洋的航海日志。《银海行舟》的代序是于蓝老师 1999 年为我评为国家一级导演写的推荐函。她写道:"卢刚同志是一位勤奋好学、刻苦钻研的电影编导,同时又是一位熟悉与热爱儿童电影

的电影工作者。他不仅能导演出儿童喜爱的影片，同时也能写出儿童与成人都喜爱的电影文学剧本。""卢刚确实是一位脚踏实地好学、肯于钻研的电影编导，并具有丰富的实践经验。他拍摄的儿童片，均有较好的社会效益，深受儿童观众喜爱。在经济效益方面也是出售拷贝最多的，符合三性（思想性、艺术性、观赏性）统一的原则。"

2010 年卢刚向恩师于蓝祝贺 90 寿辰。她的每一根银发都见证着对少年儿童慈母般的关爱。

于蓝老师是我崇敬的著名电影艺术家，是中国儿童电影制片厂和中国儿童少年电影学会的创始人，也是我航行在影视之洋的领航人。她的亲笔撰文作为我影视文集的代序，是我的荣幸，更是对我的鼓励和鞭策！

# 您只教了我一件事

## ——怀念于蓝老师

### 徐　耿

"这是一条单纯、美丽、温暖的河流，很庆幸我是其中一滴。"

这是我在一个儿童电影节发的朋友圈，不用说，这条河流就是儿童电影了，而引导我涉入这条美丽又漫长的河流的，正是您——于蓝老师。

从小便认识您，但只是在银幕上，《烈火中永生》的江姐，几乎激励了整整一代人。

后来，当我真的见到您时，您刚刚筚路蓝缕地创办了中国儿童电影制片厂，我则刚刚为儿影厂写了一部电影文学剧本《豆蔻年华》。那时我刚刚拍完一部叫《柳亚子》的短篇电视剧，因为所谓大写意的叙述风格有些前卫，大叫其好者甚众，不以为然者也不少。后来，有人告诉我，您专门看了《柳亚子》，您说，这个年轻人行，让他自己拍吧。就这样，我有机会参与导演了我的第一部故事片。

影片出来后，社会反响不错，据说发了 200 多个拷贝，在那个年代，大概相当于如今票房过亿的意思，而且得了这奖那奖，一时风头颇健。于是，又有了为儿影厂拍第二部、第三部电影的机会，创作之路有些顺风顺水，自己也自信满满。

我的第三部电影，叫《风雨故园》，讲的是鲁迅童年的故事。那时候，真是下了功夫铆足了劲，一心要把这个童年电影拍得不同凡响。片子出来后，的确也颇受专家学者好评，甚至打破了儿童影片不参加金鸡奖单项奖评比的惯例，一举收获最佳导演等 7 项提名荣誉。那时我正在电影学院高级导演班进修，一天碰到谢飞老师，他说："怎么回事？于蓝有篇文章在批评你。"我赶紧找来新出的《中国电影通讯》，一看，果有其事，而且言辞还挺严肃，虽

已过去多年，但原话我依然记得很清楚，概括之，即作为年轻创作者，我不够尊重观众。回忆一下，原委应该是在记者采访时，我的言辞有过于自负、过于强调个人创作才华而忽视观众需求的倾向。当时，我并不服气，认为一代人自有一代人的创作观念；同时还有些委屈，您老人家尽可以当面教诲，何必白纸黑字大动干戈。

此事在我心里很快涟漪散尽，我继续在电影这条路上走下去，少年儿童题材的电影也继续拍着，后来又拍了写女中学生的《红发卡》，反响也不错，童牛奖也得了评委奖，但与大奖无缘。有评委私下问我："你是不是得罪了老太太，她怎么那么反对你的影片得大奖？"我说不会吧，片子拍完还特意请她看了，她还再三再四地询问学校老师同学的反映，事后也专门整理了一份座谈纪要给她，以证明来自中小学师生的反应是积极良好的。

此事也风清云淡地过去了，我偶尔也会想，看来老太太对我多少是有点意见的。

20世纪末，我有机会把曹文轩的小说《草房子》拍成电影，整个历程一波三折，历尽各种艰难，好在剧组在太湖中的孤岛上与世隔绝，我和制片主任严密封锁消息，力求全员创作情绪稳定，总算风平浪静地完成了前期拍摄。当时看一次样片要坐船开车跑七八十千米，记得每次看完样片时，大家都很激动，说一部好作品又要呼之欲出了。

结果却是，千呼万唤出不来。

由于一些可以理解的原因与时代的局限，《草房子》的审查极其艰难，有些修改意见，作为创作者甚至是无法接受的，当时真有些走投无路的感觉。绝望中，我在北京洗印厂的放映间极小范围地放了两场，当时心态既不甘又无奈。我甚至想，也许这就是《草房子》仅有的、最后的放映了。

第一场，郑洞天老师和朱小鸥老师来了，郑老师还带着他的几个研究生，我亲耳听见郑老师对学生说，这是今年最重要的电影之一。

第二场，于蓝老师和少儿电影学会几位老师来了，看完后她没多说什么很快就走了，但我看得出，她是被感动了的。

后来，我听说老太太当晚和有关主管领导打了一个多小时的电话，话题便是《草房子》。再后来，当我在上海弄堂里无目的地乱逛时，全然不知上影厂正受托到处找我，通知我当晚到新落成的上海大剧院观看话剧，而且要求着正装。那话剧的名字我已经不记得了，因为那天晚上有太多的情感震荡。

是晚，我身边坐在的便是当时的主管领导，观剧在亲切友好的气氛中进行。散场后，众人正欲寒暄告别，于蓝老师突然提议要吃夜宵，众人自当欣然响应，聚众而去。其实，那顿夜宵，老太太只吃了一两根鸡毛菜……当时，我心里五味杂陈，老太太实在用心良苦，她是希望我能更多一点时间跟主管领导交流沟通自己的创作初衷。

而后，在充分地沟通与理解后，我们认真地对影片进行了必要的修改。风，终于吹到《草房子》的帆上了，此后影片一路顺风，在国内几乎斩获了各主要电影奖项，在国际青少年影展上也连连收获。最重要的是，国内外观众的口碑都颇好，我参加了多次小观众见面会、座谈会，耳朵里充满了赞扬声。当然，我还保持着一个习惯，把来自小观众的反馈整理成文字材料寄给老太太。

说话间，又是几年过去了，《草房子》已经变成一部老电影了，大约2004 年，中国国际儿童电影节在横店举行，展映的影片中也有《草房子》。

那天，老太太突然对我说，下午你跟我去看《草房子》。

那天，我们和数百位中小学生观众一起看了电影，一起重温了影片带来的喜怒哀乐。放映结束，老太太又拉着我参加了小观众的座谈会。

那天，我和老太太认真地听着一位位小观众侃侃而谈，有不少孩子对影片的理解，远远超出了我作为创作者的构想与初衷，我在心里又一次感叹：电影的最终完成，果然是在观众那里。

其间，我偷偷看了看老太太，她微笑地听着孩子们发言，但我看得出，她放心了。

以后，我又拍了电影《破冰》，写的是一个基层教练和一群速滑孩子的故事。老太太听说不错，专门要了光盘去看，随后又给我打来电话，说光盘有问题，看了一半就卡住了，于是我立刻拿着新光盘直奔黄亭子。

再以后，我又拍了电影《破门》，写的是一个体育老师和一群乡村孩子的故事，做后期时，我特别想在片头打上字幕——本片谨献给敬爱的于蓝老师，又怕太过矫情，加之片头已有关于纪念 5·12 大地震十周年的字幕，便作罢了，但我还是叮嘱少儿电影学会的朋友，一定要送给于蓝老师看看。

遗憾的是，至今我也不知道老太太到底看了没有。她对我的新作业是否

满意？那未兑现的片头献辞也成了我心中永远的遗憾。

　　转眼我已在电影这条路上走了三十多年，屈指算来也拍了二十部电影，其中有少年儿童题材的电影就有七八部，我一直试图去学会老太太教我的东西，那就是：心里要有观众。

　　这期间，还有个小插曲，前些年的某个场合，老太太碰到我，劈头就是一句："你那个电视剧《小兵张嘎》拍得不好。"我开玩笑地解释："可收视率很高啊！您不是老说我心里没观众嘛！"当时她无奈地说："这倒也是。"

　　其实，我也是无奈的，还有些许彷徨。如今，高票房与收视率已然成了成败论英雄的唯一试金石，但高票房显然并不意味着必定是好影片，抓住观众的钱包与抓住观众的心绝对不是一回事，这谁都明白。

　　问题是明白了该怎么去做。当鱼与熊掌不可兼得的时候，该做什么选择？这个说了好多年，已经说到无聊的话题，其实并没有过时。那么，还是用自己的脚，走自己的路吧，只要自己觉得对得起良心，对得起投资，也对得起时代，大概也就对得起观众了。就这么往下走吧。

　　老太太，我是不是还是没学会您教我的那件事？

# 永远的怀念

张震钦

今年是中国共产党建党一百周年。也是我们敬爱的于蓝老师诞辰一百周年的日子。此时此刻，举办"追思 致敬 继承——纪念于蓝同志诞辰一百周年"纪念会 ，传承于蓝精神，向一个老共产党人致敬！我觉得是一件特别有意义的事情。

我认识于蓝，是从认识江姐开始的。那是 20 世纪 60 年代。十四五岁的我，在军营的大操场上看到了电影《烈火中永生》。江姐，一个为了新中国的解放事业不惜抛头颅、洒热血，大义凛然走向刑场的大无畏革命者的光辉形象，深深地印刻在了一个少年人的心里。

非常幸运的是，十多年后，大学毕业的我，又有幸走进了朱辛庄北京电影学院的编剧进修班。毕业的那一年，正逢北京儿童电影制片厂成立不久，记得，我战战兢兢地拿着自己创作的第一个电影剧本《小兵和大兵》，走进了北影厂大门边的一排小平房。没想到的是，剧本得到了儿影厂宋曰勋老师的接纳，在他的扶持下，几经修改，就在儿影厂的一间小平房里我第一次见到了于蓝老师。于蓝老师非常热情地邀我坐下，她显然对剧本的创作情况已经非常了解，谈话亲切却也直率。她指出了剧本的优点：题材新颖，有生活气息，还有一些喜剧特色；但也提出明确的问题：反映部队生活对小兵们的锻炼与成长不够，特别是大兵对小兵的成长感染、教育不够，需要加强这方面的故事情节与人物塑造。在儿影厂当时经济条件那么困难的情况下，于蓝老师决定要我和导演袁月华到解放军某部侦察连去深入生活。那是我第一次面对面感受于蓝老师：她是慈祥的，却又是严肃的，在创作问题上她一丝不苟。她强调儿童电影的娱乐性必须融于教育之中，追求剧本的喜剧性，不能忘掉教育性，这一点她说要坚定不移。种种原因，主要是自己的创作功力问

题,《小兵和大兵》(后来改名《穿校官服的小兵》),摄制完成效果并不理想,在北影看影片的时候,我躲进厕所不禁偷偷流下了眼泪。于蓝老师看到了,反而对我说,不要灰心,吸取教训,以后创作的路还很长。后来,在儿影厂编辑郭玲玲的扶植和帮助下,我又连续创作了《白山英雄汉》《天堂鸟》等几个儿童电影剧本。《天堂鸟》参加了1996年学会举办的第二届儿童电影剧本大赛,获得三等奖,《白山英雄汉》也由儿影摄制并获得第五届童牛奖故事片鼓励奖。以后还参加了儿影长篇电视连续剧《盐丁》剧本的改编。为了改编好盐丁这部作品,于蓝老师还亲自带着赵元老师和我到启功大师家,听他讲王府里的那些事儿。还有一次,我正在办公室,就接到于蓝老师的电话,谈电影创作中发现的一些问题,我十分感动。

在新时期,于蓝老师带领的儿影厂是全国儿童电影创作的标志性旗帜,很多时候儿影厂承载着新时期中国儿童电影创作的导向性方向和示范性作用。因此,关注中国儿童电影必须深入中国儿童电影制片厂。所以,作为后辈学人我也曾多次作为志愿者参加过儿影和学会举办的各种创作和学术活动,特别是国际儿童电影节的各种工作。

快到六十岁的那一年,有一天,于蓝老师找我谈话,她希望我能全身心地参与到中国儿童少年电影学会的工作中来。我说,我马上就六十岁了。于蓝老师笑了。她说,你六十岁?我马上就九十岁了!你比我小三十岁

呢,在我面前,你还是个孩子!面对我的犹豫和忐忑,于蓝老师面色严肃。她说,儿童电影工作,特别是在目前,的确是很艰难,但却不复杂,只要你能做到三点:1.有热情,2.肯奉献,3.能团结人,就能不说做得多好,也可以作出自己的一点贡献!此后的十年,我走进了中国儿童少年电影学会,作为一个后辈学子,有机会更近距离地接触了于蓝老师,我深深体会到,于蓝老师的三点教诲,是对我这样一个普通儿童电影志愿者的最基本的要求,而她对中国儿童电影事业的奉献和担当,是用革命理想和革命信仰熔铸的!

她的精神世界更崇高！更高尚！

下面，我从三次与于蓝老师的近距离接触，谈谈我对于蓝精神世界的感悟。

2008年，中国电影资料馆、电影艺术中心接受了一个重大的国家课题研究项目——《中国电影人口述历史》，于蓝老师位列第一批重要的被采访人名单之中。我接受了这个任务。事先，我还有些顾虑。因为于蓝老师的自传《苦乐无边读人生》《我的家人》等一些书籍已经出版，各种书刊上也不断有采访于蓝老师的文章，并且在我到于蓝老师家预访时，她老人家腰上正裹着钢板躺在床上。于蓝老师还能接受我的访谈吗？另外，关于她的一生，于蓝老师在自传中已经谈得很详细了，还能有什么新的内容和话题可以深入吗？然而，当听我讲述了中国电影人口述历史项目课题初衷与意义后，她老人家欣然接受，并不顾身体的病痛于2008年9月18日至10月17日，断断续续中，与我交流了3个半天，每次2个半小时甚至有时3个小时左右。让我感动的是，每次她都是做了极其认真的准备，在我给她准备的三大页预问问题提纲上，她的笔记写得密密麻麻。回顾从延安走来的一生，她充满激情，谈到她的表演艺术事业和后半生的中国儿童电影事业，她无限热爱。她的谈话坦率而真挚，并不回避自己革命征途中曾经的幼稚与挫折，也不规避在各个历史阶段、特别是"文革"和后半生儿童电影事业创建和发展过程中的艰难与矛盾；在我提问的关于儿童电影的建制问题、人才问题、队伍问题、创作观念问题，以及改革和人与事的其他种种问题时，她都率性而坦然回答。她愿意将自己的回顾永存历史，让后人研究。

这一次面对面的交流，让我切身地感悟到了于蓝老师身上具有的一种特质：那就是，一种共产党人的理想和信仰所倾注的革命意志和精神力量。这让我想起1991年，在庆祝于蓝老师从事革命文艺50周年纪念活动上，刘白羽、郭维、舒强、汪洋等老一辈

革命前辈和艺术家在谈到于蓝老师时，所特别强调的："她从事的不是其他什么无关宏旨的艺术，而是革命的艺术。而这革命的艺术推动着五十年既艰巨

又辉煌的历史，在社会主义创造与建设的轨道上，朝着庄严的神圣的未来前进。这就是于蓝！"也正如我后来在凤凰卫视看到的，田壮壮导演在接受凤凰卫视杨澜访谈时说的："妈妈首先是一位革命者，其次才是一位艺术家！"①在我对于蓝老师的整个访谈中，谈到延安，谈到抗大，谈到鲁艺，谈到马克思主义和毛泽东文艺思想的洗礼，于蓝老师的眼神中总是会散发出一种幸福之光！这种澎湃于她心中的激情和力量会感染到你，让你顿悟，她身上的这种革命理想、信仰和为实现理想所熔铸的精神意志是永远不会改变的！这是于蓝的精神之根！所以，她说接受组建儿童电影制片厂的任务："这就是一个共产党员的天职，只要党需要我就不会拒绝。"②也所以，在发展中国儿童电影事业这个征途上，她不惧困难，不畏艰苦，什么也挡不住她；她意志坚定，勇往直前！对中国儿童电影事业的担当，是她选择的历史自觉，是责任与使命！而这种责任与使命始终融入她的生命之中，直到最后一刻仍然不停息！

第二次近距离接触于蓝老师，是在2011年。那年，正在筹备第十一届中国国际儿童电影节。为纪念中国共产党建党九十周年，为了弘扬新时期儿童电影的开拓精神，也为祝贺于蓝老师九十华诞，学会讨论决定在第十一届国际儿童电影节的儿童论坛中增设一个座谈单元，同时编辑一本《光荣与梦想》的画册，记述新时期儿童电影开拓者的足迹，鼓励新一代儿童电影工作者，努力拼搏，锐意创新，再创儿童电影的新高潮。当我接受任务，去于蓝老师家寻找资料和征求意见时，于蓝老师却拉着我的手，再三对我说：儿童电影制片厂的成立和所有取得的一些成绩，都是众多人共同奋斗的结果，是儿影厂每一个人的真心投入与奉献，还有社会上许多热心人士的支持，绝不是我一个人的功劳！这一点你们要坚决把握。她还说，没有大家的团结一致、艰苦奋斗、迎难而上，就没有儿童电影取得的那一点点成绩。为了能够展现更多儿影人当年的精神面貌，于蓝老师将自己家里能找到的照片和画册都搬了出来，在小客厅摊了一地，特别嘱咐要挑选全厂更多职工的照片。为了更好、更完整地回顾80年代儿童电影的发展历程，于蓝老师还特地打电话叫我，跟她一起到当时文馨萍大姐住的北京郊区养老院，一起回顾儿影的

---

① 凤凰卫视杨澜访谈录栏目。

② 《于蓝访谈录》，《当代电影》2009第4期，第90页。

建厂历史，核对更多细节、资料、图片，整整忙了一天，中午也没有休息。要知道，那时候她已经是一位九十高龄的老人了啊！在她和文大姐聊历史的时候，她再次对我和文大姐说，不要忘记了当年每一个同志的历史贡献！后来，编辑成册时，我请她为画册写一篇序言，没过两天，她就打电话告诉我写好了。我拿来一看，真是心头一热！她老人家亲笔写下的题目就叫《火热的共产党人》！她说："那时就有这么一批人听到了党和人民的呼唤，毫不犹豫地就接受了这个任务。这些人都是火热的共产党人！（当然也有非党的同志参加，但是他们也是按照共产党人的要求去工作的），现在，我衷心地为这些火热的共产党人欢呼，向他们致敬！"这一次接触，我又深深感悟到了于蓝老师的高尚的思想境界和宽阔的胸怀。

和于蓝老师近距离接触的第三个感悟是，她身体力行、善于团结人的精神。于蓝老师非常具有人格魅力，她能把方方面面的人都团结在自己周围，而这一切都是为了孩子，为了她心中的那份神圣而恢宏的事业。

一年隆冬，中国电影资料馆、中国电影艺术研究中心，召开"中国电影人口述历史"项目的有关会议。研究室的一位同志打电话来，希望我出面请于蓝老师参加会议。那年冬天寒流突袭，天气很冷，还有小雪。我觉得于蓝老师年纪大了，况且这个会也不直接与儿童电影相关，于蓝老师万一感冒了或者有个闪失，我们就对不起她老人家了。于是我就婉拒了这个请求。然而后来我才知道，于蓝老师还是冒着寒流去参会了。我再见到于蓝老师的时候，她对我说：为什么我要去呢？人家电影资料馆过去没少支持过我们，我们以后可能也还要有需要人家支持的地方，只要我还能动，就尽量去参加。我现在能够做的，也就只能是这么一点点贡献了！

于蓝老师的话，让我很惭愧，也真是从心里对这位前辈更加敬重！更加敬佩！

在于蓝老师晚年，以一己之力努力为儿童电影事业鼓与呼的事例还很多。大家都谈到她九十六岁高龄，坐着轮椅还两次远赴广州，给中国国际儿童电影节以助力；凡是有儿童电影新片完成，她都到场支持，甚至在病榻上还写信给中央和有关部门领导，关注中国儿童电影的发展。这些都让人感动。我亲历的一件事，是一次她打电话给我，说有一个电影剧本请我帮助看看。后来郑晓春同志将剧本转交给我。我一看，是中央戏剧学院一位在校

学生的习作。剧本里于蓝老师还加了一张纸条，写着下周三他来。于蓝老师已经仔细阅读了剧本，她是要我再看看，说，多几个人的意见给那个学生参考。我后来对她说，您以后有这样的剧本不用自己看了，给我们就行。可她老人家说：有这个热情写儿童电影剧本，就不简单。别看现在是个学生，说不定将来就是颗种子！

这就是于蓝老师，这就是她对儿童电影和儿童电影人的满满的爱！

我最后一次见到于蓝老师是在中日友好医院的病房里。我捧着一束鲜花和郑晓春一起走进病房，那时候于蓝老师还能坐起，她坚持走下病床和我们坐在一起。虽然，她的话语已经不太清晰了，但是从她的眼神里，我依然感受到了，她的那颗热爱儿童电影事业的心！

于蓝老师走了，但是于蓝精神永在！她永远是中国儿童电影队伍前那面飘扬的旗帜！

于蓝老师永远在我们心中！

# 纪念于蓝女士

**罗克·德迈尔**[①]

于蓝女士给我留下了很多美好的回忆，在过去的 25 年里，我在很多地方与她有过会面：在北京的儿童电影制片厂和餐馆里；在淄博和宁波举办的儿童电影节上；在欧洲的 CIFEJ 会议上；在我位于蒙特利尔的工作室里，但最令人难忘的是在上海，她慷慨地为我制作的 7 部儿童电影筹办回顾展。我的电影回顾展在各大洲的许多城市都曾举办过，但其中最令人印象深刻、最成功的是在上海举办的那次。

于蓝女士是一个非常善良、和蔼、温暖的人，与她一起相处，一起讨论电影、孩子、人际关系，皆能感受到……每每忆起她，脑海中总会浮现出她的笑容，她的活力，她的温文尔雅。有一次，在我北京之行的最后一晚，她和她的几个同事为我饯行，餐后她递给我一袋自家花园种的水果，是 12 个柿子，这是我从未品尝过的一种水果。我在飞往雅加达的飞机上吃了 3 个，在机场等下一趟航班时又吃了 3 个，剩下的在印度金奈吃完了。实在太好吃了，熟得恰到好处，从那以后，无论我在哪里看到柿子，我都会买一些，一边品尝一边忆起于蓝女士……然而，没有一个比她给我的好吃。

还记得，她来我的工作室时正在放映我制作的最后一部电影（《清洁公司》1992）。她非常喜欢那部电影，所以当她走出放映室的时候，给了我一个大大的拥抱！

在淄博和宁波，我看到她在每天最后一场电影放映后的晚宴上，从一张桌子到另一张桌子地招待，与她的外国客人聊天。

在上海回顾展的开幕式上与她同台，是一段难忘的经历。她以一种独特的方式与人交谈，使他们时而大笑、时而感动、时而好奇、时而鼓掌，如此

---

① 罗克·德迈尔，加拿大儿童电影制片人。

轻松。那天晚上当我回到酒店房间时，我发现我的浴缸里全是花！这是来自于蓝女士的礼物。

我感到无比荣幸，可以拥有她这样一个真正的朋友。我，一个生于小村庄农场里的法裔加拿大人的孩子；而她，一个来自中国的最著名的女演员之一，享有社会各界的赞誉和尊敬。我想，这种友谊很好地诠释了人性的伟大。

我将永远怀念于蓝女士。

注：遇见于蓝女士的时候，我很庆幸有周小娟的陪伴，她能很好地翻译出我和于蓝说出的每一个字。在过去的 10 年里，我也是通过小娟了解到了于蓝女士的健康状况和晚年活动。

# 云自随风去，依旧念蓝天

## ——我看见与感受到的于蓝

黄　军

一说于蓝，便是江姐。其实，江姐是江姐，于蓝是于蓝。

再是血肉丰满的艺术形象，总是被提纯了的。在电影时空里规定情境中艺术再现的形象，远不如数十度春秋于自然生活深处体现中的生命来得生动与完整。于蓝比她所饰演的角色，血肉更加丰满。

创立中国儿童电影制片厂，只是于蓝奉献给少年儿童的第一朵鲜花。接下来是一花开五叶，结果自然成。为这一花五叶，她把六十岁以后的青春都奉献了。

花的鲜艳，往往掩饰了栽花者达观之下的种种难以言喻的怆然。

于蓝离开了我们，我们怀念她。她之于怀念者，犹如远空那一轮绚丽温暖的夕阳，隐入无限幽深的旷宇，余晖依然在人们的心坎照耀。

每个怀念者都有自己看见的于蓝，笔者亦然。

### 初见于蓝是江姐

第一次看见于蓝，是 20 世纪的 1977 年 10 月 7 日，从银幕上看见她，她是江姐。那一晚，看着江姐与许云峰视死如归从容就义，高呼完革命口号，反动派的枪声响过，高耸入云的青松空自傲然挺立，让我这个年仅 19 岁的军人夜不能寐，打着手电，含泪写下两千多字的日记，还起了个标题：《乱世多人杰》，日记本一直留到现在。那时，在我们的心目中，于蓝就是江姐，江姐就是于蓝那个样子。留在心里的，没有演员的概念，只有英雄的形象。笔者和其他战友们那时也没有听说过二十二大明星这种事，甚至没有接

触过明星这个词。我们这一代人清楚记得，1976年10月，荒芜萧瑟的艺术沃土迎来万物复苏的春天，许许多多被尘封的优秀文艺作品，特别是电影作品破窗而出，宛若鲜花重新盛开。于是，我们接着就在《革命家庭》和《翠岗红旗》里再次见到"江姐"。"台上演英雄，台下当英雄"，是那一时代艺术家们的追求与崇高所在，观众把演员与其所饰演的英雄合而为一，并非无智式混淆，而是时代的色泽。这种"混淆"其实是与时代的音节与旋律合拍相融的，亦是观众对饰演英雄的演员自然而然的期待与崇敬。这也是电影的魅力与艺术形象的感召力所在吧。众所周知，在以后漫长的岁月里，见过蓝的人，更愿意把她看成红梅傲雪的革命者江姐，而不只是二十二大明星之一的演员于蓝。

## 再见江姐是于蓝

1984年秋冬的一天，笔者终于见到了真人"江姐"于蓝。我们同在北京三里河马路牙子上排队买油饼（笔者那时在国家计划委员会投资局工作，常在办公楼对面马路牙子的小摊上买早点）。她正好排在我前面，还听见她发出了和银幕上的江姐不一样的声音："这钱够吗？"

然后她就提着油饼回家了，我继续买油饼，匆匆三秒钟。她转过身的一刹那，我真想问她声好，但又没胆儿，万一被她瞪一眼："你谁呀？！"小年轻的心灵便受到打击。扭头看见的是她远去的背影。

## 又见于蓝是于蓝

第二次见到真人的她，是1990年冬，中国儿童电影制片厂（简称"童影"或"童影厂"）召开儿童电影研讨会。我因为前一年刚好拍完一部儿童电影（笔者后来"弃政从艺"考北京电影学院研究生了），有幸被于蓝老师点名受邀带作品参会。我既非童影厂人，亦非有成就者，只是一名电影学院刚出炉赴江西电影制片厂工作的青年导演。接到邀请函，自然感到一种意外的荣幸。显然，于蓝的情怀与格局是深远广阔的。儿童电影在她心里，是作为体现社会主义制度优越性与新中国特色的育人之百年大事，固非童影一厂，亦非于蓝一人之事业。她放眼全局，岂止童影！对作品与人才的发现与抚育，是完全超越了一城一池之本位主义局限的。那一周，我近距离看见和真真切切地感受到真人"江姐"的风采与于蓝的亲切。儿童电影研讨会，参会者当然都不再是儿童。我亦过而立之年，却在参会者年龄排序中"屈居"队尾，很多已然是爷爷奶奶。但老中青们在于蓝"一切为了孩子"的精神感召和她如沐春风般仪态的熏染之下，聚在一起、一团和气地共叙儿童影事，自始至终洋溢着真诚、纯净与童真气氛。那是我参加过最轻松愉悦，亦充满诗情与激情的电影创作研讨会。记得梁晓声时不时在发言者的话语进行中精准而恰到好处地低吟浅唱般地说一声："此处似乎应该有掌声……"，旋即掌声雷动、笑声如潮。此时我总能看见"江姐"那亲切而又开心的于蓝式微笑。这种微笑，在她的银幕上我是没有见到的。当时我就想，这是于蓝，而不是江姐。虽然都是活生生的，但于蓝，是万里晴空或风调雨顺下为数以亿计的中国少年儿童播种和奉献精神食粮的慈爱妈妈，看见孩子们高兴，她便高兴；江姐，则是于暗无天日或血雨腥风中赴汤蹈火为民族的解放事业英勇奋战和献身的革命者，纵是微笑，多是胜利而坚强的微笑。

意想不到的是，在潺潺流水般的小夜曲进行当中，会突如其来蹦入一个大鼓和大钹重重发出的音节来，小夜曲即刻休止，整个会场瞬间寂静，鸦雀无声。这突如其来的严重的"不和谐"音节，不是来自别处，是来自于蓝那"江姐式"的勃然大怒。一分钟前，某电影杂志的主编，是一位业界熟悉的学术型淑女，长期关注儿童电影，也和大家一样被于蓝的精神所感召。她在发言中说："……于蓝老师带领几位资深老太太（当时被业界戏称为中国儿童电影的'五朵金花'）为了童影厂，为了儿童电影，'上窜下跳'，风里来雨里去，含辛茹苦，汗水泪水一起流。因此有人还说，中国的儿童电影事业是于蓝老师这群老太太们用眼泪换来，是哭出来的……"于蓝老师突然拍案而起，大声冲整个会场喝道："什么哭出来的？！是干出来的！我们的儿童电影事业是在邓大姐、康大姐的亲切关怀下，我们一批有爱心的同志们共同干出来的！……"在我认识和接触于蓝老师三十年的经历中，如此激动的反应和话语方式，是绝无仅有的，我想在坐的同仁们亦有同感，所以集体一时错愕，整个会场寂静无声。我正担心女主编面对如此情境之惊变，会否失措，或仓皇逃去。我刚这么想着，于蓝老师的表情已云开雾散，以亲切的微笑对女主

编说:"对不起啊,我过于激动了,把您要说的后半句话抢先说了,请您接着发言!……"还向女主编做了一个双手合十又另加一个"请"的手势。现场一颗颗悬着的心即刻颗颗软软地落地。会后该主编对我说:"于蓝老师说得一点不错,我接着就要说我不同意他们说的什么'哭出来的'这种话。"以我对该女士的了解,她又正好坐我另一边,我看她的表情、口气和当时的语调,接下来是要转话锋的,却未及换口气,即被于蓝老师的一声断喝断住了。我相信她说的是真的,这个情景却令我久久不能平静。禁不住推想:"江姐"于蓝的事业是神圣而崇高的,党和政府及新老各辈领导人也是支持的,童影厂才能顺利挂牌成立,但接下来的工作千头万绪,诸多的实际问题和困难需要克服。不难想象,她们碰过多少次壁,受过多少回委屈,跑酸了多少次腿,流了多少汗,含过多少泪。

会议结束前,于蓝老师对我说:"小黄,我看你那片子拍得还是挺纯净、挺真诚的,明天想请你带着片子回童影厂,放一场给我们没有参会的同志看一看,交流交流,可以吗?"那种亲切与真诚,使你觉得自己即使是一颗冥顽不化、极不懂事的石头子也会被瞬间融化的。

在厂里标准放映厅,她又陪着大家看了一遍,让大家发表意见,童影厂的同志心怀善意,大都是鼓励性的话语,但也有人直截了当地摇头道:"我不喜欢!我看了很难受!非常难过!"于蓝老师一直微笑听着说完,然后轻声对我说:"小黄,童影厂看片子,大家都是畅所欲言,各抒己见,所有观点都是充分交流的,你不要介意不同意见……"其对一个初出茅庐的年轻人的激励与呵护近乎小心翼翼。讨论结束以后,她和代理厂长陈锦俶一起把我留在审片室又作个别交流。然后说:"小黄,我和陈厂长想请你明年给我们拍一部片子,也想问问你,愿不愿意加入我们童影厂,专门为孩子们拍片。"

由于和于蓝老师这个机缘,五年后,在童影厂发展最好的时期,我正式成为童影的一员。那时的厂长是窦春起,他也是对童影厂有贡献的人,这是后话。

## 于蓝不只是江姐

作为经过艺术加工的银幕形象,江姐是被提纯了的。再血肉丰满的艺术形象，其立体的点点滴滴之呈现和灵与肉之真切、脉搏跳动之丰富，亦无法与现实中活生生的血肉之躯相比。起码，一部电影的时空，在规定情境中的艺术再现，无法与数十度春秋于自然情境中的生活体现来得生动与完整。所以，人们把于蓝看成江姐，其实是不完整的想象与期待。虽然这并不辱没于蓝，却并非真实完整的于蓝。要了解更加真实完整的于蓝，需要于现实状态中自然而然地看见、亲近与感受到她。

现实中的于蓝，不是与敌斗争的女英雄，而是美育事业的开拓者。为使民族的未来事业之尽快完美实现，与现实中的种种不完美以及所遇重重困难、阻力作出不懈的努力，其殚精竭虑与呕心沥血之情状，非仅令人赞叹，有时亦让人心痛。

普通观众对于蓝的了解，除了江姐，就是 22 大名星之一。成立中国儿童电影制片厂并为首任厂长一事儿，业界知道多一些，至于她如何为儿童电影呕心沥血，成为中国儿童电影的一面旗帜、一座丰碑，恐怕只有和她一起奋斗的老中青几代关心少年儿童健康成长的爱心人士、志同道合者、儿童电影人、童影人、中影人更有切身的感受与体会。于蓝的美，于蓝的爱，于蓝对社会的贡献和所取得的杰出成就，不啻于新中国的电影事业。演英雄江姐、演革命家庭的妈妈等，当然很成功，但 22 大明星（正式名称应该是"新中国人民演员"）每一位明星的演出都很成功。在这 22 大璀璨明星群里，她的演出生涯并非最长，60 岁以后，她就放下了自己驾轻就熟的演艺生涯，从幕前转到幕后，含辛茹苦地为全国的孩子们服务了！她以一腔热血领着同样一腔热血的志同道合者，肩负使命，筚路蓝缕，为开创中国新时期的儿童电影事业——亦是前人没有干过的充满阳光与美善的事业。从零开始，勤耕细作，将一块尚未开垦的处女地，开拓成一片希望的田野。这一艰苦而华丽的转身，使她拥有了不一样的人生。她不再在星海闪烁，也未变成离群的孤雁，她是一只注定要在热血中涅槃的凤凰，排空驭气，迎着朝阳奋飞。冉冉升起的红日无疑会给其增添一抹更加耀眼绚丽的光芒。所以在 22 颗明星中，于蓝这颗星，其闪烁的光芒显得更加夺目。

创立中国儿童电影制片厂，只是于蓝开创新中国儿童电影事业的起点，而不是全部。

1981 年创立中国儿童电影制片厂是于蓝为我国的孩子们栽下的第一枝

花，为使之繁花似锦、团结更多的栽花人，把儿童电影上升到理论与学术的高度，又于1984年在童影厂发起成立"中国儿童少年电影学会"（简称"学会"）；紧接着，为了推动优秀电影进校园，让孩子们早日看到优秀的国产儿童电影和其他爱国主义电影，同年又创立了"中华爱子影视教育促进会"；1985年又专为孩子们设立了一个专业电影奖——中国电影童牛奖（简称"童牛奖"），1989年为了与国际交流与合作，让中国的孩子了解世界，也让世界儿童了解中国，创立"中国国际儿童电影节"。可谓"一花开五叶"，"结果自然成"。用一句时髦的话说，22大明星之一的"江姐"于蓝以童影为起点，完成了"儿童电影的创作生产—理论探索与学术交流—优秀儿童电影进校园，直达孩子们的眼睛与心灵—让孩子们和儿童电影专家一起对为他们拍的电影进行评判和表彰—国际交流，让中国儿童电影走出去"一整套中国儿童电影的系统工程。

一花五叶的绽放，多姿多彩，令人赏心悦目，装点了中国电影以及人民共和国晴朗祥和的天空（童影厂出品的影片数量以及这些影片在国内外所取得的成就与获取的各种荣誉，各种媒介皆有介绍，在此不再罗列）。孩子们的微笑与健康，即是国家与民族未来的繁荣富强。所以于蓝不止一次面带微笑地说，不要小看我们做儿童电影这件事情，这是一个有关祖国未来的事业。

某种意义上，于蓝成就了中国的儿童电影，中国的儿童电影也成就了于蓝。由于她对这个事业总是充满了刻不容缓的紧迫感和义无反顾，时间在她的精神闪烁之下，似乎也不由自主地放缓了一往无前的脚步，好让她为全国的孩子们多做些事情。

## 于蓝不是演员

1991年秋冬的一天，于蓝老师站在童影宿舍楼前，笑着对我说："大家都认为我只是演江姐、革命家庭里的妈妈这些革命者形象，其实，我还演了许多舞台剧，演的大多是泼妇、荡妇、坏女人这类反面角色的。"我清楚记得自己当时一脸惊诧地看着她："于蓝老师，我想象不出来！"她接着说，演员固定在某一类角色的饰演上当然也可以，但能通过自己对角色的分析、对表演艺术的理解，再深入生活，饰演出不同类型甚至完全相反的角色也是需要的。

"坏女人"和"江姐"的确不适合在现实人物长廊的橱窗上搁一块儿的，但作为表演者艺术形象的创作成果，则适合收入同一展柜。

可以成功饰演三观完全相抵的角色，这是表演者的一个至高境界。

于蓝老师参演的舞台剧笔者没看过，而她饰演的银幕形象，虽然看过，也不很完整。除《烈火中永生》《革命家庭》《翠岗红旗》《林家铺子》几部经典电影在四十年前看过外，她晚年的表演作品，只是一些客串，比如《寻找成龙》《那些女人》和《建军大业》的宣传短片。

一个银幕形象，一名普通观众仅仅看过一遍，历四十年时光也抹不掉其中的许多细节，除剧本的塑造之功，必有表演的过人之处。

先看一下，四十年以后，笔者记住的几个细节：

1.《烈火中永生》

a. 项堃扮演的"中美合作所"头头气急败坏地对十指钉上竹签还不招的江姐说："你信不信，我可以把你全身的衣服都剥下来！"江姐的眼神与面部表情。

b. 江姐回到山城，抬头一望，丈夫的头颅悬挂在墙头，周围布满了敌人的暗哨。江姐的眼神与表情。

2.《革命家庭》

于蓝饰演妈妈周莲。十六岁时，一个红盖头盖到头上，周莲仰头，红光投射到她的脸和瞳仁里。

3.《翠岗红旗》（记得是黑白片）

a. 于蓝饰演妈妈，挑着担子走在拾级而上的乡村小巷里。

b. 妈妈在田间踏水车灌溉；一边踏水车一边与同伴谈笑风生。

c. 最后，一家三口面向太阳升起的东方的造型（这个画面只是我印象深刻的一个造型，不作表演分析）。

笔者就以上几个细节，根据自己的理解，作一简析：

1-a：

敌人话音一落，江姐的眼神，无法用任何语言来阐述这眼神映射出的内涵与意义，但深深震撼了观众。如果敌人说，你不招，我就砍下你的头，相信江姐会以"共产党人怕死吗？"的眼神或表情对之，或轻蔑，或横眉，或冷笑。而敌人如此无耻下作的一句话，那一瞬，的确让这位女共产党员产生了

面对人性泯灭与残害的"本能"反应，文明戏或概念化的表演无踪无影。那一瞬，让观众揪心：她该怎么办？

虽说共产党死都不怕，但……

1-b：

一个江姐的主观镜头，被放置在铁笼子里丈夫的头颅，反打过来江姐的反应：那千般难忍亦须忍的眼神与表情，只有观众通过摄影机近景镜头才可看见，规定情境中的敌人看不见，战友也看不见，她自己也看不见，却使唯一能看见的观众被她从眼神里透露出来的内心力量与意志以及的巨大悲痛深深震撼。

2. 红头盖披下来，于蓝的表情与眼神，那一刻，尽显苦尽甘来的甜美与羞涩，不落痕迹。

3-a、3-b：

笔者少时在山村生活了近十年，担过十年的各种担子，发现银幕上的于蓝挑担子绝对地道，甚至"骗"过了我，一时以为她就是江西宁都人。

江西赣南乡间的水车，不是一般人能上去踏的，比学自行车还难。笔者小时候常常觉得好玩，多少次跑上去踏着玩，结果脚踝被踩着的"踏脚"击打得青紫红肿，痛不欲生。从影片里看着"江姐"双手轻扶车架，一边望着田野远方谈笑风生，一边双脚踏着水车，池塘里的清水自下而上汩汩灌入稻田，恍惚间以为她就是我家邻居大嫂呢！镜头并未让她有一丝的投机取巧，全镜，从头到脚都包在一个画面里，（并不像当今一些明星不会骑马，上半身在表演高超的骑马术，下半身却骑在助理身上）。要达到如此熟练程度，非集中训练半月不可，这即是于蓝所说的"深入地多下生活"吧！

以笔者个人理解，于蓝的表演，属于标准成熟的体现派。每一个银幕形象，每一个叙事片段，第一个瞬间，都会"在规定情境之下"呈现出"热情的真实与情感的逼真"状态。于蓝未必受过斯坦尼体系的训练，但与斯氏的概括不谋而合，说明戏剧与电影表演具有既定的客观规律，而这规律，并不会自然而然地降临到一个演员身上并让其在进行角色创造时发生作用，而需要如她所说"对角色的分析、对表演艺术的理解，再深入地多下生活！"

演什么像什么，是一个朴素的表演理念，也是一种境界。几十年来，人们一直把于蓝看成江姐，甚至在看她饰演别的影片时，也产生"江姐又演这个片子了"的错觉。这就是把角色"演活了"。

如前所述，"演英雄，做英雄"是那个时代观众对演员的期待与崇敬，亦是演员的追求与崇高。然而，演戏与生活，演员与角色，毕竟不可混淆。演员是自然人的职业，角色是艺术塑造的典型，不可同日而语。"演戏如生活"与"生活如演戏"是高低两极的境界。倘若一个职业演员把戏剧规定情境之下的表演带入生活，那是一件可怕与可笑的事情。

就笔者看到于蓝饰演的角色，除去产生江姐所扮演的错觉外，从未有过那是于蓝的错觉。而银幕之下的于蓝，则无半点角色的痕迹，既无江姐式的英雄气慨，亦无马寡妇式悲苦低微。更无一丝正面人物出场的腔调与把式。她就是一位具有平常心，说话和气，语调平缓，面带微笑，辛勤工作的爱心妈妈，而非演员。

## 于蓝与时间竞跑

1997 年，这位中国儿童电影制片厂的开创者和首任厂长，已从行政领导岗位上离开了 12 年，但无论是童影厂还是她本人，依然感觉她还在儿童电影一线孜孜不倦地坚守，依然和童影厂的艺术创作和整个儿童电影发展现状休戚相关，她从未离开过儿童电影。

这一年，为把影视教育纳入素质教育中，成为哺育一代新人的良好教材，作为全国中小学影视教育协调委员会（简称"协委会"）的副主任的于蓝（主任是国家教委原副主任柳斌），提出要在电影频道创办一个"青少年周末影院"，这个倡议得到了中央领导亲自批示："运用优秀影视片加强对孩子和青年进行素质教育肯定是有效办法。"电影频道《青少年影院》栏目即于 1998 年 1 月 18 日开播。国家教委办公厅还为此向全国教育部门发了《关于做好组织收看《青少年影院》栏目的通知。

这使于蓝感到莫大的欣慰。

笔者不止一次亲耳听于蓝说："时间真是过得太快，真想挽留挽留……"马上她又接着笑道："可时间怎么能挽留呢？唉，真想活得长一点，总觉得还有许许多多的事情没做完，可生命总是有限的，希望能活到 100 岁吧！……"

"希望能活到 100 岁"这句话，她在多个与儿童电影有关的场合表达过，

其使命感和紧迫感溢于言表，更洋溢在她生命不息、奋斗不止的工作状态中。

她是一个善解人意的人，深知不在其位、不谋其政是一种美德。她从不过问单位的行政事务，仅对影片的创作与宣传以及怎么让更多的孩子们看得见，尽"有求必应"之力。童影厂职工宿舍楼的地下室，阴暗潮湿，她带领朱小鸥、卓晴君、陈锦俶、王君正等"五朵金花"（也叫"儿童电影老太太"）还有一两位实习的小女生们，终日在那里为"童牛奖"，为"中国国际儿童电影节"，为向全国中小学生推荐影片，为孩子们能在学校免费看电影等千头万绪的事情，烛光背影，汗流浃背地操持忙碌。学会没什么钱，80多岁的于蓝少不了要到各处"化缘"甚至受了不少委屈。

图什么？她说，孩子们的微笑。

为了这个微笑，已是耄耋之年的于蓝，时不我待地挥洒着智慧与热血，但凡可以行动，她便会不辞辛劳地参加儿童电影的各种活动。无论天南地北，无论坐飞机还是乘火车，舟车劳顿，老太太皆不在话下，只为儿童电影"鼓"与"呼"。

笔者从自己的工作日记中找出来并不完整的一些具体片断，从2000年到2018年，于蓝数次向中央领导、电影业主管部门呼吁。

2017年9月9日坐着轮椅出席了在八一学校举行的《放风女队》首映礼，并坚持在观众席上与孩子看完全片。2017年12月21日坐轮椅出席中影集团举行的落实中宣部领导指示，成立中儿童儿童电影制片厂"儿童影视作品研发中心"的揭牌仪式并致词。2018年10月2日，在积水潭医院病床上审定以她个人名义联合中国儿童少年电影学会和童影厂给上级部门写信并签字，希望充分利用现有政策支持推广儿童电影进校园工程，以落实教育部和中宣部《关于加强中小学影视教育的指导意见》。2018年12月26日，在中日友好医院给主管部门写信，恳请保留"中国国际儿童电影节"。这一次，距她在医院深度昏迷还有一年，离她逝世还有一年半。2019年9月20日笔者领着在职的童影厂全体年轻同志去医院看望她，她很高兴，我们和她合影时，老人家虽有挥之不去的倦容，但依然含着慈爱与亲切的微笑。这微笑，永远镌刻在童影后辈的心中，犹如千百万少年儿童的笑脸镌刻在她心中一样，永如春花烂漫的开放。

她越过了99岁。

长寿之人很多，而一直为崇高事业奋斗到生命终点的长寿者，则是一座令人敬仰的生命丰碑。所以她被授予"新中国最美奋斗者"。

## 于蓝是否有隐忧

于蓝逝世第二天，几家媒体，似乎统一了口径，都在问生活中的于蓝是怎么样的？她是否也会有痛楚或者忧愁的瞬间？住院以后精神状态怎样？我说，生活状态中的于蓝，只有她的家人最知道，我们看见的都是工作状态中的于蓝。她住进医院后，我们每次去探望，她的小儿子田壮壮都在侍奉，或许你们可以去采访他。

至于她是否也会有痛楚、忧愁的瞬间，我说我无法窥见她的内心，她的小儿子都比我大好几岁，作为晚辈，不能乱说。

媒体一问，倒勾起我许多的联想。

银幕上的江姐没有痛楚只有勇敢，没有委屈只有坚强，但银幕下的"江姐"于蓝，其整个后半生为儿童电影操心，为千百万孩子们的健康成长而殚精竭虑。在某些时候，某些境况之下，其内心是否涌起过某些不为人知的波澜呢？我们只需略为寻着她进入21世纪，逐步步入耄耋之年的青春足迹，由外及里，似可窥见或觉察到一些难以言喻的怆然。人们无法看见风的具象，却可看见因风而动的树叶。

## 令人难忘的几件事

### （一）

接触过于蓝的人都知道，她除了乐观、豁达和亲切，最惊人处，便是她清晰的思维和与时俱进的观念。一般说来人到古稀，大多难免观念陈旧，反应忽而迟钝，思维时常恍惚。于蓝已到期颐之年，或许因为她内心充满着对少年儿童连绵不断的爱，平常间也总是自然而然地洋溢着温暖的微笑，使她总是充满着激情与活力。2017年11月15日晚，第十三届中国国际儿童电影节在广州开幕，九十六岁高龄的她站在这个儿童电影盛会的观众席上，手持话筒，以清晰的思路和豁亮的声音发表了情真意切的致辞。无论现场还是视

频前的观众，都为之动容，深受鼓舞。网络上很多人留言："看起来儿童电影可以使人青春永驻，返老还童啊！"

（二）

2006年1月31日，这天是大年初三。

于蓝老师此前好几个月，都在牵挂一件事，这件事很让她老人家牵肠挂肚。中国儿童少年电影学会的主要领导由于个人原因提请辞职，她又十分信任这位执意去职的领导。该领导也的确未辱使命，在她的任上，以其雷厉风行的作风和诸多行之有效的办法，开创了学会工作的新局面，点燃了多个亮点，各项工作如火如荼。因此老太太十分不舍，想尽各种办法要挽留她。2006年元旦过后，老太太就跟我"密谋"过两次，说一定得把她请过来，晓之以理动之以情，劝她回来把学会带得更好。她说："要不这样，小黄，我看你跟她关系也挺融洽，我还知道你常常和她爱人（也是一位导演出身的电影厂领导）一起聚餐聊天什么的。这不正好过年吗，就以你个人的名义请他夫妻俩聚聚，到时候我也来，这样就好说话了。我约过她好几回，她知道我要劝她，她就不来……"我说："好，立马打电话。"

这一约，还就约定了！明天，大年初四晚，在紧挨童影厂四号楼西侧的二层楼小饭馆小聚。离于蓝老师住的楼门不过二十来米。

用心良苦的老太太听了真是很高兴哪！突然间又觉得自己像是江姐在搞地下工作。我们这一老一小的，当时就心领神会，皆觉有些搞笑地笑了起来。笑完了，老太太还拍了一下我的肩膀说："小黄，这饭餐钱得我出！"

我说哪能呢！

第二天一早，于蓝老师就打电话来问："小黄，没变化吧？"

我说没变化。

老太太连连说："好！好！……"

下午，我先去看好包间，点好菜，也准备了一瓶好酒，两包好茶。

离约定的时间还有一个小时左右，那边突然打来电话，说临时有急事儿，不来了！

我相信是我们的"阴谋"被识破了！我急得像热锅上的蚂蚁。或许老太太亦有预感，我正思量着该如何向她交差呢，她电话就来了："小黄，没变化吧？"

我狼狈不堪，又不能不报告："于蓝老师，对不起，我没把事情办好，有变化！刚刚来电话，说临时有急事儿……"

老太太什么风雨没见过？电话里传来的依然是她亲切的笑声和话语："那人家有急事儿就改个时间，也赶紧去跟餐馆打声招呼，表示抱歉……"

可是，我给餐馆打电话，餐馆很为难："把菜料都配好了，主菜都下锅了，大过年的，您不来，客人大都走亲戚了，谁还来吃啊！"

我想，这个时间，于蓝老师一人住在童影宿舍楼，就为了谈事儿才没回儿孙家去的，这个时间真是很尴尬，那饭菜也不好意思退，既不能浪费，也不能就我们老少俩跑去吃那一大桌饭菜呀！

给她打包送去？

一念之间，我便拨通了她电话："于蓝老师，那您晚上怎么吃饭呢？"

她宽慰道："你不要担心我，我这就给壮壮他们打电话……"

我赶紧说："于蓝老师，您看这样好不好？我爸是抗美援朝的老兵（我特别点明这点，是怕她不放心我老爹的来路，万一是'三种人'啥的呢？其实我也想多了），看过好多遍《英雄儿女》，《烈火中永生》也看过好几遍，很崇拜您和田方老师呢！他正好从老家来看我和他孙子，要不我们全家就到那儿请您吃饭吧！我爸也追星呢！……"

善解人意的于蓝就高兴地答应了。于是，我们祖孙三代请于蓝老师在那小餐馆吃了一顿饭。

我那从不追星的七十多岁的抗美援朝老爹和十九岁的高三小子趁机和于蓝老师合了好几张影。做成相框，带回老家，一直很炫耀地将其摆在柜子上。

若说和于蓝老师在一起不谈工作，仅拉家常，这是绝无仅有的一次。只是拉的家常，也全是抗美援朝那些事儿，我和读高三的儿子基本插不上嘴。

最终，于蓝老师此一心愿未能实现。幸亏，继任者是同样不辱使命的侯克明会长，使于蓝有了一种"才失良相，即得良医"的安慰。

（三）

接下来的两件事情叙述起来就有些感伤了！

2016年6月3日，于蓝老师九十五岁生日，傍晚，我和苗苗副会长一起去给她送花。坐下后，她老人家就问我新片筹备进展情况。她耐心听完后，轻叹一口气，说我得再给领导写封信！

她特地找来童影厂的信笺和水笔，坐在老旧桌前，开始一笔一画地写。

清楚记得那天天气很闷热，老太太的年龄和身体既不允许开电风扇，更不可以开空调吹冷气。年龄大了写字又慢，心情又急切，常常写错、落字，她就不停地撕了重写，汗水从后颈开始渗出，我和苗苗在一旁轮流扇扇子和用手机拍照、录视频。

由于通风性的问题，造成屋里温度不均衡，她又从一间屋子换到另一间屋子。我们俩从相机上看着她伏案艰难写字的样子，既感慨又不忍，苗苗几次偷偷地流下了眼泪。

近两页的文字终于写完，自己又拿起来边读边检查，或隐或现，或大或小地念出声来。念到最后，声音恳切而谦恭："……您的部下：于蓝　2016年6月3日"。

该领导比自己的小儿子还小好几岁呢！

以后每每想起此情此景，总是要忍住不让眼泪流出来。

（四）

如前所述，2017年9月9日上午，于蓝老师最后一次坐着轮椅出席童影厂出品的新片首映礼。在后台发生了一个细节：于蓝老师该准备上台致辞了，我先到后台贵宾休息室要把她推出来候场。贵宾室里面坐满了北影、童影的老同志，于洋、王好为导演等也都在。我一进到贵宾室门口，就往于蓝老师坐的位置看去，那时她已经换了一个位置，我一眼没找着她，她先爽朗地高声叫了我一声："小黄！来来来……"这表明她老人家虽然坐着轮椅，但耳明目聪。我进去和各位老前辈致谢后，便推着于蓝老师走向舞台一边。走着走着，她突然抬头看着我，微笑着问："你叫什么名字来着？"

我脑子"嗡"的一声，有点蒙，反应过来后立即低头告诉她老人家我叫什么，她即刻笑了："哦，对，你是黄军，你看我这脑子……"说着还用手拍了一下我的胳膊轻声笑了起来。

但我内心已涌起一阵感伤：哦，于蓝老师毕竟九十六岁多了，还是老了……

这次，没能把泪水忍住……

于蓝老师离开了我们。我们都知道，事业上，她最惦念的，还是儿童电影，她的灵魂与精神还在，因此，儿童电影的旗帜不倒。

# 我人生道路上的伯乐——于蓝老师

宋 崇

三十五年前，我一个年轻的导演，能成为中国儿童电影厂的厂长，从一个导演成长为电影事业家和电影企业家，要感谢于蓝老师对我的发现、推荐和大力扶植，她改变了我人生的轨迹，她是我人生道路上的伯乐。

我是看着于蓝老师的电影成长的，《翠岗红旗》获得蒙特利尔电影节最佳女演员奖，《革命家庭》中的革命妈妈，《烈火中永生》中的烈士江姐让我永生难忘，于蓝老师是我敬仰的老一辈革命艺术家，著名的电影表演艺术家。

可是于蓝老师和我从未谋面，她是如何找到我的？于蓝老师在一次回答记者提问时，谈及这个问题，"文革"后拨乱反正，20世纪80年代初，由中央几位领导积极倡导，决定成立北京儿童电影制片厂，专业拍摄儿童电影，为四亿少年儿童服务，进行国际儿童电影交流并指派于蓝老师担任儿童电影厂的厂长，于蓝老师挑起了这副重担，开始筹备建厂的艰苦创业。

而此时，于蓝老师已过了退休年龄，加上因几次大手术，深感体力不支，决心选择一位热爱孩子，热爱儿童电影事业，有责任感和奉献精神，懂电影业务、有领导能力、年富力强的人，来做接班人。她首先从拍摄过儿童电影的编导中挑选。于蓝老师说，一次她征求少年儿童小观众的意见。

她问："孩子们看过《泉水叮咚》吗？"

孩子们回答："看过了。"

她又问："你们看过《闪光的彩球》吗？"

孩子们兴奋地跳起、欢呼："看过啦，看过啦！"

于蓝老师心想：这个导演一定是个懂得儿童心理，熟悉少儿生活的导演才这么受孩子的欢迎！于是宋崇这个名字进入她的视野，她到上海找电影界的老姐妹秦怡、张瑞芳老师等处打听了解我的情况，我和张瑞芳老师情同母子，上海召开第四届党代会，我俩被推选为上海电影界的党代表，这些大姐也说了我不少好话。

当时上海市也在选拔"四化"干部，即：革命化、知识化、专业化、年轻化。革命化方面，1965 年 11 月，我一不怕苦，二不怕死，登上"海上猛虎艇"参加的"崇武海战"，荣立战功，火线入党。"文革"中因反"四人帮"被迫害，关押两年七个月，平反后，参加剧组拍摄，多次担任导演和临时支部书记，我参加的剧组，不是被评为先进党支部，就是评为先进摄制组。在知识化方面，大专毕业。在专业化方面，当时我已拍了《好事多磨》《闪光的彩球》《快乐的单身汉》多部艺术和思想性俱佳的影片。在年轻化方面，当时我不到四十五岁，担任上影厂第二制作室主任，上海青年联合会副主席，表现出相当的领导和社会活动能力。

在我参加全国文代会时，于蓝老师亲自到我们住的宾馆里找到我长谈，动员我。她谈了中央对儿童电影厂的任务和职责，谈了四亿儿童对精神食粮的殷殷期盼，谈到办厂创业的艰辛。我被她的真诚而感动，中国文人，历来"士为知己者死"！知遇之恩，当为涌泉相报。当时我就答应参加他们的团队，共同奋斗创业。

为了谨慎起见，于蓝老师让我先到厂里看看，了解真实情况，再最后决定。1986 年夏天，我去北京儿童电影厂考察，心情一下子紧绷起来，和上影厂百年老厂相比真是天壤之别，不可同日而语。当时儿影厂被北影

厂人称为"儿子厂"，就在北影厂南围墙边上，搭了几间板房，还不如社办工

厂，要钱没钱，要人没人，要设备没设备。但是，于蓝老师他们学习大庆铁人精神，"有条件要上，没有条件创造条件也要上。"于蓝老师和几位老太太为建厂四处奔波，可谓"跑断腿，磨破嘴，眼泪加汗水"。白手起家，艰难地办厂。条件是差，但于蓝老师他们的创业精神，"一切为了孩子"的一片爱心和奉献精神，深深打动了我，同时我也感觉到了责任的重大，越是艰苦越向前，"做官不是当老爷，做官是为了更好地做事！"当儿影厂厂长只能是更好地做事！我决心向于蓝老师学习，为儿童电影事业而奋斗！

上影厂的"严父"——厂长徐桑楚和"慈母"——丁一，都舍不得放人，于蓝老师就电影局、广电部上上下下做说服工作，终于下了调令！

就这样，1987年我到儿影走马上任。对一个家庭来说，举家从上海搬迁到北京，是极复杂又琐碎的事，户口、住房、家属的调动、工作安排，孩子转校、插班读书等，于蓝老师都亲力亲为，一一加以妥善解决。我爱人是上海人，上海人特别故土难离，不习惯北方生活，于蓝老师亲切地劝说，又帮助落实新单位、新工作。常言道安居乐业，于蓝老师无微不至的关爱，让我无了后顾之忧！

在于蓝老师和全厂同志的共同努力下，儿影厂创造了卓越成绩。广电部又调我去北影厂任厂长兼党委书记。调动前，中央电影局时任领导找我谈话，最后反复交代在没公布任命前要"保密"，不得告诉任何人。所以我的调离，让于蓝老师感到十分突然和意外，很是伤了于蓝老师的心。一是她好不容易培养了个接班人，被领导挖走了；二是我事先没有透露一点消息，为此我也十分内疚，深感辜负了于蓝老师的厚爱和期盼。

如今，于蓝老师仙逝。

我从一个青年导演成长为电影事业家和电影企业家。一路成长，我忘不了我的伯乐——于蓝老师。我再次感恩，对于蓝老师表示衷心感谢！

# 于蓝——生命中唯有爱

王浙滨

　　作为一个演员，她在银幕上，塑造了一个个可亲可敬、可信可爱的革命母亲形象，让一代一代观众将她视为伟大的革命母亲化身。

　　作为一个母亲，她倾注了自己全部的爱，她创立的中国儿童电影事业已跨跃国界，带着她那深厚而博大的母爱在世界各地延伸传承。

　　作为一个女性，她经历了战乱的年代，流亡的生活，疾病的折磨，亲人的逝去。但在花甲之年，以顽强的生命力创造了一个个奇迹。

　　当我望着她那苍苍白发和岁月毫不留情在她脸上刻下的深深痕迹，我发现她是所有电影明星中最不喜欢掩饰自己面容的。当她晚年坐着轮椅每每出现在我们的剧本讨论会和影片首映式上，我内心总是充满无法言说的感激、愧疚与不忍。当我们全家得到田壮壮同意最后一次到医院去看望她的时候，她躺在病床上，那永远坚强的眼神第一次变得那么虚弱无助……我不相信这位与中国共产党"同龄"、影响我一生的于蓝老师会在这个世界上逝去，因为她的爱早已融入我的内心深处，永远在沐浴着我。

## 延水河边的小姑娘——银幕上的革命母亲

　　于蓝老师在为我们拍摄的电影《黄克功案件》书集的序言中写道："当我1938 年 17 岁来到延安的时候，就听到了'黄克功案件'这个故事。但我们这些奔赴延安来的青年没有任何害怕和恐惧。因为在延安人人平等，毛泽东也常穿着带补丁的裤子出现在我们面前。那时我像一只无忧无虑的小鸟，每天欢笑蹦跳。在延安时期的生活虽然艰苦，却是我一生中最幸福的生活。"

　　于蓝老师在自传中也用很长的篇幅描述了她在延安时期，在抗大、在鲁艺的学习生活和艺术实践。她不是靠漂亮脸蛋而是在艺术前辈的指导下才对艺术逐渐领悟走向舞台。她从小失去母亲经历了寄人篱下的流亡生活才会对革命大家庭充满珍爱。她来到延安看到的第一句话就是："中华民族优秀儿女，对革命无限忠诚。"那一刻她毫不犹豫做出决定，投入共产党的怀抱，从此坚定了她一生的信念。

有人说，于蓝是那个红色摇篮中的宠儿。而我说，那是她的品格、意志、信念、追求，让她从一个天真烂漫的少女成长为一个坚定的无产阶级的革命战士。

于蓝老师的所有电影作品中只有她的处女作《白衣战士》我没有看过。但我看到有评论家说，她塑造的革命女战士形象是以后中国电影涌现出的"红色娘子军"系列形象的发端之一。

在于蓝老师以后的所有电影作品中，她塑造的形象都与"母亲"这个角色密不可分。

于蓝老师拍摄的第二部影片《翠岗红旗》，她饰演的向五儿是一个农村妇女，为了支持丈夫参加红军，隐姓埋名，远走他乡，忍辱负重。于蓝将这位在影片中跨度十五年坚韧不拔的母亲形象刻画得细致入微。

1952 年于蓝老师拍摄的《龙须沟》和 1959 年拍摄的《林家铺子》都是她电影表演史上的重要影片。虽然在这两部影片里她饰演的都是配角，但程娘子和张寡妇饱受旧社会苦难的母亲形象给观众留下了深深的烙印，也显示出于蓝老师的电影表演艺术日趋成熟。

1960 年，于蓝拍摄了影片《革命家庭》是她电影表演艺术的代表作，也是她塑造得最成功的革命母亲形象。我第一次看这部影片时还是一个小学生，可我已经被她塑造的母亲深深吸引，终生难忘。至今，在我心目中，世界上最完美的母亲形象仍然是周莲。

1965 年，影片《烈火中的永生》震撼了全中国的观众，于蓝塑造的江姐既是革命战士也是革命母亲，是当时中国银幕上最光彩照人的形象。这部充满革命英雄主义的影片，曾经感染了几代观众。于蓝塑造出了江姐的柔情与刚烈，坚定与沉着，平凡与伟大。数十年过去了，我曾不止一次目睹观众见到于蓝时的热烈场面。孩子们称她于蓝奶奶，人民群众仍然称她"江姐"。在观众心里，于蓝就是他们永远爱戴的"江姐"。

于蓝是幸运的，作为一个演员，她得到了一个又一个独具魅力的革命母亲的角色，并以她独特朴实的表演风格体现在银幕上。

于蓝是不幸的，正在她表演艺术日臻成熟的时候，"文化大革命"中的一场灾难，使她过早地终止了她无比执着热爱的表演艺术。

## 花甲之年接受挑战——中国儿童电影的一座丰碑

我结识于蓝老师是在1982年，我和王兴东编剧的电影《飞来的仙鹤》获文化部优秀影片奖，那时的我们初出茅庐，到北京领奖时见到仰慕已久的于蓝老师。于蓝那么平易近人，见到我们就说，她喜爱《飞来的仙鹤》，她的童年是在哈尔滨度过的，这部电影不仅充满北国风情还充满儿童影片的寓言性。她还带着我们拜访了很多艺术家前辈。第一次与于蓝老师深入交谈是创作电影剧本《鸽子迷的奇遇》，导演于彦夫、张圆夫妇把我们带到了中国儿童电影制片厂。于蓝老师刚刚看完了我和兴东创作的电影剧本《鸽子迷的奇遇》，她兴奋地请我们在餐厅里吃饭，让我坐在她身边，不断地给我夹菜。至今我还记得她郑重说过的一句话：儿童电影制片厂太需要致力于儿童电影事业的剧作家了，我希望我们的合作从今天开始。那是1985年的秋天，中国儿童电影制片厂刚刚走过了第四个年头。

四年前，党中央书记处召开工作会议，号召全社会都来关心少年儿童的健康成长。文化部根据这次会议精神，建议成立一个为少年儿童服务的"中国儿童电影制片厂"，并把这项重任交给了于蓝，任命于蓝为中国儿童电影制片厂厂长。当时于蓝已经六十周岁，刚刚做完癌症切除手术便接受了这项重任。许多朋友都劝她不要接受，于蓝也思索了很久。她的生命已经进入了晚年，这个世界留给她的时间不会太多了，她现在的生活不需要轰轰烈烈，需要的是脚踏实地为党为人民做几件事情，儿童电影制片厂正是她完成自己最后夙愿的一块大有作为的天地。于蓝义无反顾地接受了任命，中国终于有了一家为少年儿童生产电影的制片厂。没有资金，没有厂房，没有创作队伍，于蓝这个光杆司令面临着的将是多么困难的挑战啊！可她没有犹豫，日夜思索，各方咨询，快速决断。她就像一个年轻人，朝气蓬勃，意气风发，"而今迈步从头越"。

在中国儿童电影制片厂年仅一岁半的时候，就拍出了《应声阿哥》《红象》等四部影片。当孩子们在银幕上第一次看到"中国儿童电影制片厂"的厂标时，鼓掌欢跳。坐在孩子们中间，望着孩子们一张张笑脸，于蓝是欣慰的。可她没有更多时间品尝这种欣慰，她要为儿童电影制片厂的生产和发展筹措资金，建设厂房，她要在尽短的时间内培养和建立一支儿童电影创作队伍。

有人说，于蓝的成功主要在于她电影演员的知名度。而我说，于蓝老师的成功主要在于她有一颗炽热的心，那是一颗能将一切燃烧和熔化的心。

1986年的秋天，我们正在为儿童电影制片厂写作第二个剧本《我只流三次泪》。听说于蓝老师那几天要来长春，我们期待着与她会面并倾听她对剧本的意见。一个星期天的早晨，我们全家还在酣睡着，突然听到一阵敲门声，我急忙穿着睡衣爬起来打开门，万万没有想到，站在我家楼门口的竟然是于蓝老师和当时的儿童电影制片厂副厂长陈锦俶。我万分窘迫地说："于蓝老师，您应该事先来个电话，我们去接您。"于蓝笑着得意地说："我就是想这样，把你们一家堵在被窝里。"

如今，我们已经创作了三十几部电影剧本了，还没有遇到哪一位厂长能像她那样爬上六楼九十八级台阶，到我们家里来交流剧本意见。那一天，我的心始终是热的，眼睛几次是湿的。谈起剧本来，于蓝老师可是一点情面都不留，每一个人物的设计，每一处情节的发展，每一个细节的处理，于蓝老师都谈得细致入微。回到北京，她又亲自把我们带到大导演水华家里，请水华导演亲自为剧本把脉。影片艺术顾问水华一锤定音给剧本定了基调：去掉剧本中的所有枝蔓，故事主线就是表现战争中的父子情。孩子一路去战场寻找爸爸的过程，就是孩子在苦难中成长的过程，最后孩子看到牺牲的烈士，知道不需要再找爸爸了。

于蓝老师在她《苦乐无边读人生》的自传中，详细叙述了她与我们的结识、信任与友谊，以及《鸽子迷的奇遇》《我只流三次泪》这两部电影的诞生过程。

于蓝的这一片赤诚之心不仅打动了我们，也打动了一切投身儿童电影事业的人。于蓝为在儿童电影制片厂导演过影片的四位外厂导演每人分一套住房，这个决定曾引起一些人的非议，但于蓝坚持这样做了。为团结更多的儿童电影工作者繁荣儿童电影事业，她创建了"中国儿童少年电影学会"，设

立了每两年评选一次的童牛奖，创建了延续至今的国际儿童电影节。第五代电影代表人物张艺谋、冯小宁、田壮壮、侯咏、吕乐、尹力、张建亚、谢小晶等，他们的电影处女作都是在儿童电影制片厂拍摄的。

中国儿童电影制片厂成立至今，已经拍摄了百部电影，这不能不说是于蓝为中国儿童电影建起的一座丰碑。也许每一部影片的字幕中，包括我们为儿童电影制片厂前后创作的五部电影，都无法找到"于蓝"的名字，但深深镌刻着于蓝融入的那份爱。

## 要死在舞台上——古稀之年创造奇迹

我久久地思索着：于蓝的生命中，什么是她最强的动力？第一是喜欢挑战，第二是喜欢给予。这是我从她身上得到最真实的感受。

于蓝第一次走上舞台的时候，她的启蒙老师熊塞声曾对她说："这是崇高的事业，要毕生为之奋斗，要死在舞台上！"舞台不是战场，为什么要死在舞台上呢？她当时没有懂得这句话的含义，却一生记住了这句话。在漫长的人生道路上，她终于懂得了，人生无论遇到怎样的艰难，都要去战斗，直到生命结束，这是一个人最宝贵的品格。

无论是在舞台上还是在摄影棚里，于蓝都将自己的全部情感融化到角色中。她说过，生命的方式只有两种：一种是腐烂，一种是燃烧。于蓝外表娴静文雅，在她内心却蕴藏着灼热的火，燃烧着自己，也燃烧着别人。

在"文革"中，面对着不公正的待遇，她既不咆哮也不颓唐。每次批斗回来，躺在铺板上，悄悄地吞进一片安定，然后掏出一块手绢往脸上一盖，强制自己闭上眼睛休息，养精蓄锐准备应对下次的斗争。

在干校劳动中，她抢着干重活，不慎从房梁上摔了下来，流着鲜血昏倒在泥土里。经过抢救和治疗，当人们再看到她的时候，她的模样变了，眼睛斜肿着，右边脸部的肌肉已经完全僵死。这对一个演员来说，是多么致命的打击啊！同志们难过地哭了，可于蓝是那么平静，她含着微笑对大家说："不要紧。"

"文化大革命"中，她先后失去了两位亲人，一位是她的哥哥，那是她的革命引路人；一位是她的丈夫田方，那是她相依几十年的战斗伙伴。她承受着一般人难以承受的打击，但她没有被痛苦压垮，她在灾难中又重新站立了起来。

"文革"后期，她导演了影片《萨里玛珂》，那是表现甘肃裕固族马背小学的故事。她为影片付出了难以想象的艰辛。此后，她又做了三次大手术。作为一个女人，她身体的有些部位已经残缺了，可作为一个战士，她坚强的意志一天也没有停止地战斗在自己的岗位上。

在于蓝的努力下，1986年，中国儿童少年影视中心加入了国际儿童少年影视中心。为了扩大中国儿童电影在世界的影响，1991年6月，国际儿童少年影视中心第35届年会在北京召开，于蓝成功地组织了这次会议，接待了来自17个国家37位从事儿童电影事业的组织者。国际儿童少年影视中心主席瑞娜塔和许多国家的会议代表都为北京会议组织得如此圆满成功而向于蓝表示感谢。于蓝也是在这次会议上当选了新的国际执委。这次会议恰是在于蓝七十寿辰时召开的，外国友人在这位古稀之年老人脸上，看到的永远是微笑。因此他们得出一个共同的结论：中国是一个微笑的国家。

我更近距离与于蓝老师朝夕相处是在1995年，筹备北京第四次世界妇女代表大会上的"妇女与影视"论坛。这是中国在本次大会上承办的44个论坛中唯一与电影有关的论坛。中国影视界有影响的女导演、女编剧、女演员、女电影事业家20余人在于蓝老师的凝聚下，参与这个论坛。我是女编剧的唯一代表，为纪录片撰写解说词的任务自然落在我的头上。我跟着于蓝老师在电影资料馆里找资料，在机房里剪辑，修改解说词。我从内心钦佩这位73岁老人那忘我而充沛的精力及永不消失的激情。论坛临近的日子也是我们筹备越紧张的日子，我们印制了很多传单，上面用中英文写着"欢迎参加我们的《妇女与影视》论坛"，下面是论坛时间和地点。我感觉自己就像电影《青春之歌》中的林道静一样，每天背着重重的一包传单，在各个会场里到处张贴和散发。即使在那次有各国总统夫人隆重出席的克林顿·希拉里演

讲的会场上，我也丝毫不惧地站在门口散发传单，生怕于蓝老师带领我们筹备半年之久的论坛被冷落。在怀柔世界妇女大会的那些日子，于蓝老师更是为论坛每一个细节的落实，工作至深夜。

我们的"妇女与影视"论坛终于如期召开了，那个能容纳数百人并配有五种语言同声传译的会场里，竟然座无虚席。许多迟到者只好站在过道里。论坛开始，于蓝老师便做主旨演讲。演讲分三部分：第一部分，在黑暗中为求生存而斗争的妇女；第二部分，在战争岁月中求解放的妇女；第三部分，在建设中求平等、发展与和平的妇女。这三部分内容中的女性形象都是在中国电影中的女性形象中剪辑出来的。于蓝老师怀着真挚情感的演讲，亲切、自然、简洁、生动。那是我一生中看到于蓝老师无数次精彩演讲中最精彩的一次，演讲结束时全场掌声雷动，久久不息。我们参加论坛的中国女电影工作者，眼睛也都湿润着，感到无比骄傲与满足。

于蓝老师是幸福的。她将毕生精力给予了千百万观众，给予了全中国、全世界的妇女与儿童，给予了新中国儿童电影事业。而她得到的，是她一生也享用不完的深厚的爱。

写到此，已经是凌晨了。我在台灯下再次翻开于蓝老师的自传《苦乐无边读人生》，扶摸着扉页上于蓝老师的亲笔签字："王兴东、王浙滨两位作家：为纪念我们的友谊特以此书赠送！于蓝2002年10月于北京。"

我的眼泪此刻止不住喷涌而出。亲爱的于蓝老师，仿佛没有离开这个世界，仿佛没有走远，仿佛就坐在我身边，真挚而亲切地讲述着她心中的甘苦与欢乐……

# 回忆于蓝

## ——孙立军访谈录

孙立军

## 前言——改变创作生涯的一次颁奖

记得那是在我毕业留校后不久的一个晚上，大概是八九点钟，我正在用收音机收听金鸡奖的颁奖典礼，于蓝老师作为颁奖嘉宾打开了最佳美术片奖项的信封，说道："金鸡奖最佳美术片——空缺，欸，怎么老空缺啊？"这句话给我留下了非常深刻的印象。当时中国动画受限于技术条件，全国上下有能力拍摄美术片的基本只有上海美术电影制片厂，只要上海美术电影制片厂不拍，就基本没有新作品的产出，各个奖项的美术片部分也只能空缺。于蓝老师的这句话激发了我创作动画电影的想法，我用了六年时间，最终制作出了个人第一部动画长篇电影《小兵张嘎》，获得了第 26 届中国电影金鸡奖最佳美术片的提名。我邀请了于蓝老师为片中的奶奶配音，以此来纪念她多年前的一句简单的话语改变了我的创作生涯，由此我们之间也产生了深厚的友谊，她于我而言亦师亦友。后来在中国儿童少年电影学会的会议上我和于蓝老师也常常相遇，我们交谈甚欢，时至今日，她的表演艺术与思想也依旧影响着我。

## 访谈部分

提问：于蓝老师扎根于生活的艺术创作风格、毕生为电影事业奉献的精神在人们心中留下了深刻的印象，同样作为电影创作者，请问您如何看待于蓝老师？

在我看来，于蓝老师既是一名表演艺术家，是一名优秀的共产党员，也是一位杰出的领导者。在她的一生中，作为艺术家，她塑造了大众喜爱的英雄人物以及独具特色的个人角色，她的作品具有教育人、感化人的特质，她的艺术风格扎根于大地，服务于人民。现实中的她也从未摆过明星的架子，直爽的性格给人们留下了深刻的印象。作为共产党员，她建立了中国第一个儿童电影制片厂，拍摄了许多为儿童服务的优秀作品，促进了儿童电影这一特殊类型的影视作品在中国的发展与成长，贯彻艺术为人民服务的精神，将毕生精力奉献于儿童电影创作事业。作为领导者，她还是一位伯乐，在她的指导与提携下，许多年轻人成为了优秀的电影艺术家，抑或是热衷于儿童公益事业的志愿者。今天我们回忆起于蓝老师，也是为了让后人知晓电影人肩负的责任，特别是当下，我们需要呼吁更多的人学习于蓝老师这样为人民服务的精神。

**提问：在拍摄儿童片难以盈利的境况下，于蓝老师依旧坚持儿童片的制作，您认为儿童电影在电影艺术中具有怎样的意义呢？**

儿童电影是在世界各国都备受重视的电影种类，在中国也应是如此。儿童是祖国的花朵、民族的未来，我们每一个人都是由孩子成长而来，在孩子从小到大的成长过程中，其人生观、世界观会受到周边艺术作品潜移默化的影响。儿童电影作为一种受众特殊的、雅俗共赏的大众艺术，一部好的儿童作品对孩子未来的成长，乃至其一生，都有着深远的影响。就我个人而言，能够成为动画电影创作者以及动画教育工作者，都和我小时候周围的画作、电影、老师有着重要的关系。世界上有各类儿童电影节，如迪拜国际儿童电影节、纽约国际儿童电影节、乌克兰国际儿童电影节等，中国也有自己的中国国际儿童电影节，这些电影节都是在为儿童电影事业服务，鼓励电影人创作更多优秀的儿童类作品，由此可见儿童电影在电影艺术中具有无法替代的重要的教育意义。但此时忆起于蓝老师，不免内心有些伤感，因为目前国内的儿童电影尚没有能够在票房上取得耀目成绩的作品，甚至提及儿童电影，给人的印象便是少票房，甚至是零票房。这样的市场现状导致想要参与儿童电影拍摄制作的人越来越少，这也是我们不断呼吁老一辈电影艺术家的创作精神的原因之一，亦如回忆于蓝老师一样，我们希望年轻人能够对儿童电影的意义产生清醒、理智的认知，唤起心中对电影最本质的热爱，成为支撑这一重要的电影类型发展下去的重要新生力量。

**提问：想请您谈谈儿童片的未来发展潜能。**

我们近 20 年的电影商业化路程，其实是一直跟随好莱坞的商业模式进行的，而商业院线主流的观众是 18—35 岁，儿童电影的主力观众则是 18 岁之前的青少年及儿童，从商业角度来讲，儿童电影在受众方面对比主流商业电影确实存在限制。而我们在实践中做的改善还不够，儿童片在未来发展势必会遇到很大的困难，但我相信，随着国家制定的电影多样化发展的相关政策逐渐由粗放向精细化转变后，会有更多的创作者加入进来，也会有更多优秀儿童电影被生产出来。且伴随着经济发展，影视传媒越发便利地普及到大众生活之中，年轻一代家长教育观念的更新转变，儿童相关艺术作品也具有更加广阔的发展空间，如出版界中，为儿童服务的绘本和儿童读物一直在持续发展中，其样式、内容越发多样。因此儿童电影发展虽然面临困难，但同时也具备很强的发展潜能，我们需要好好规划符合中国特色的儿童电影扶持发展政策，通过减免税等手法为艺术家创造良好的创作环境，特别是那些弘扬中国优秀传统文化、将艺术融入电影的创作团队以及年轻的创作团队。我们还可以鼓励条件成熟的地区建立儿童电影创作基地，在培养电影创作人才的艺术院校设立儿童电影孵化项目，使中国影视、互联网、自媒体数种不同载体形成联动，丰富儿童电影作品的艺术形式，这样才能使儿童电影得到充分的发展，形成与其艺术价值成正比的规模与质量。

**提问：动画片中有许多归属于儿童片的作品，请问动画儿童片对比实拍儿童片，有什么不同及特点呢？**

世界上第一部彩色动画电影是《白雪公主》，这部电影上映后，便为未来动画电影长片奠定了一个标准的模式，其创作者迪士尼在其诸多作品中逐步建立了老少咸宜的合家欢模式，许多作品成为了为儿童服务的重要典范。动画片由于其夸张、幽默、色彩亮丽等特点，相比实拍电影能够给观众，尤其是儿童群体，带来更加直接、简明的刺激，因此它也成为了儿童最喜爱的一种电影形式。大部分动画片在创作过程中都会考虑儿童的喜好，如美国迪士尼、梦工厂等具有世界范围影响力的大型动画公司，无论制作技术如何更新，其创作宗旨依旧是经典的合家欢模式。在中国，上海美术电影制片厂曾经制作的大部分动画作品也是为儿童服务的，可以说动画片是儿童电影中很重要的一部分。虽然随着商业化及作品多样化的发展，后来也出现了面向成

众说于蓝

人的动画片，但动画片这一艺术形式，时至今日，其主要受众依旧是儿童，因此动画的创作更应牢记其使命，为丰富儿童的艺术生活而创作独具匠心的作品，而不是一味地为了争取高票房而采取博人眼球的表现形式。

　　**提问：您认为一部优秀的儿童作品应该具备什么样的品质？**

　　优秀的儿童作品具备的特点是非常鲜明的。首先，在主题上，应当有乐观的主题旋律，能够带领消费者进入积极向上的氛围，给消费者留下深刻的、赏心悦目的难忘印象。在制作工艺技术上，应当融合运用前沿的制作技术，让画面在质量上达到更高层次，尤其是科幻、魔幻类型的作品，能够为观众奉上一场视觉盛宴。当然作为儿童片，在提升画面技术的同时，还要慎重考虑儿童观众的视觉接受度、作品视听方面的冲击力度以及观赏时的心理感受等诸多问题。此外，"视"与"听"的完美统一也是优秀作品不可缺少的品质，许多儿童作品被记住的原因往往并非故事内容，而是其歌曲，如《冰雪奇缘》中朗朗上口的主题曲 *Let It Go* 深受广大儿童观众喜爱，因此作品在音乐、声音的处理方面也需要创作者去花心思、下功夫研究。最后，一部优秀的作品如要成为经典传承下去，则需要开发作品后续的衍生产业，如主题公园、玩具、服装等产业链，让其能够深入人们的现实生活之中，如《小猪佩奇》系列动画不仅在内容上寓教于乐，丰富的衍生品也遍布日常生活的方方面面。将作品的主题、技术、视听、衍生产业等这些要素汇聚起来，便会形成一部作品的口碑，口碑对于判断一部作品优秀与否至关重要，但同时我们也要记住不能为了口碑而透支观众的期待，造成过度营销，"物美价廉"是影视艺术作品在当下市场环境中应当追求的品质。

　　**提问：于蓝老师在战火年代中展现了艺术的价值，现今虽然是和平年代，但在信息科技高速发展，不同文化交错的复杂形势下，您认为当下应该如何展现艺术价值呢？**

　　于蓝老师的作品很多表现了战火时期的英雄角色，比如江姐，她在大是大非面前塑造了爱憎分明的鲜明角色特征，给一代观众留下难以磨灭的印象。而在现实生活中，于蓝老师也是这样爱憎分明的性格，我们纪念她，便是纪念其做人方面的品质。虽然我们现在正在大力发展经济，处于逐步从大国到强国迈进的重要阶段，但艺术作品服务于人民这一根本宗旨是不变的。毛泽东主席在延安文艺座谈会时的讲话，到现今习近平总书记在纪念延安文艺座谈会的讲话中，都提出艺术始终要为人民服务这一目标。在当下复杂的文化形势下，真正的艺术价值并不在票房数字上，当我们一味追求流量和市场，就很可能因此忽略一部分群体，如中国广大普通中低收入家庭的孩子，他们有的无法走进影院，无法上网。能够让各个阶层都能看到更多的优秀作品，得到应有的艺术文化熏陶，才是当下儿童电影应当展现的艺术价值。我们作为创作者，要学习于蓝老师根植大地的精神，在国家不断向前发展迈进的过程中，在创作电影作品时也要从不同方面去努力。首先，我们要创作具有中国特色的儿童电影作品，创作出能够代表中国最高水平的高峰之作，突破中国电影艺术"有高原缺高峰"的状态。其次，要为广大儿童、家长创作赏心悦目的艺术作品，并将中国社会主义价值观寓于其中，生产出能够带来精神愉悦感、促进儿童健康成长的暖心制作。此外，我们还要始终面向全体民众，既要看到一线城市孩子的需求，也要看到三四线城市甚至偏远农村地区孩子的精神文化需求，这才是我们创作的真正目的，是创作儿童电影需要展现的真正价值，同时也是纪念于蓝老师的真正意义。

众说于蓝

# 追寻星空中那一颗璀璨的星

## ——于蓝老师与《中国优秀少儿影片校园典藏集》

谢鲍鑫

在我的记忆中，于蓝老师是一位热情、睿智、对事业执着的大姐。她不仅是广大观众十分喜爱的电影表演艺术家，而且是一位为中国儿童少年电影的发展和传播做出了卓越贡献的电影事业家。时逢纪念著名电影艺术家于蓝同志诞辰一百周年之际，我不由回忆起一件在老师支持下做成的往事，那一幕幕恍如昨天，如同电影画面一般闪现在眼前……

我曾挂名担任过中国儿童少年电影学会副会长一职（时任上海永乐股份有限公司党委书记、总经理）。1997 年中国儿童少年学会在上海市委、市政府及社会各界的支持下，共同成功举办了"第七届中国电影童

中国关心下一代工作委员会顾问于蓝在会上发言

牛奖"。举办期间我作为组委会常务副秘书长，有幸同于蓝老师研究和举办"童牛奖"的各项活动外，还多次聆听于蓝老师对如何通过影视教育这一直观生动的方式，让青少年儿童在感受电影艺术魅力的同时，树立正确的世界观、人生观和价值观的教诲。于蓝老师在话语中流露出的对电影事业浓浓的挚爱，对少年儿童健康茁壮成长的关爱和希望，常常让我对她肃然起敬。也让我暗下决心，不能忘记于蓝老师的嘱托，为儿童少年电影的传播和发展多做一些有意义的事。

在此后的一段时期中，永乐股份上海电影发行公司在上海市委、市府和市委宣传部以及市教委的支持下，多次举办了"上海市中小学学生电影节"，用心、用情、积极认真地发行、放映了一批优秀儿童少年电影，使上海的儿童少年电影发行放映工作始终走在全国行业的前列。

2004年初，我经过反复的考虑，萌发一个念想，即通过我及公司接触到的各方面资源，出版一部从新中国成立之初到2004年期间，曾在国内外荣获并得到少年儿童喜爱的优秀少儿电影，用DVD形式结集出版一个《中国优秀少儿影片校园典藏集》，以此来解决很多学校的学生，特别是老少边地区看不到优秀少儿电影的问题。但要做成和做好这件事困难其实不少，首先要解决影片的版权购买，同时要解决好发行渠道，还要解决好在浩如烟海的国产少儿电影中，选出一部分代表我国各个历史时期，曾在国内外获奖的优秀影片的问题。当我向于蓝老师汇报这一构想时，于蓝老师十分高兴，表示完全同意和支持。在我向于蓝老师讲到会碰到一些困难时，于蓝老师说，她会和"学会"全力帮助、配合和协调。此时，于蓝老师除担任中国儿童少年电影协会名誉会长外，还兼任"中华爱子影视教育促进会"名誉会长等职。在于蓝老师的精心布置下，由中国关心下一代工作委员会和中华爱子影视促进会担任监制单位，由于蓝老师和中国关心下一代委员会执行主任王照华担任总监制，由上海永乐股份有限公司下属的上海电影音像出版社及上海新石器文化传播公司作为出版发行方的《中国优秀少儿影片校园典藏集》出版工作迅速得以启动。

在《典藏集》出版的筹备过程中，我与于蓝老师保持着经常的联系，每每我遇到不能解决的困难，我都会向于蓝老师求助，她总是不厌其烦地倾听、协助想办法。我也数度赴京向于蓝老师和"学会"当面汇报《典藏集》的推进情况。由于该项目时间跨度长，影片数量多而难于取舍，牵涉的电影版权方多，项目推进遇到了不少阻力，于蓝大姐亲自出面与有关出版方协商。她对影片的遴选、数量的确定，甚至于外包装的设计、装帧等都提供了不少有价值的意见，保证了项目按计划推进。她还多次表示，《典藏集》的出版是功在当代、利在千秋的有较高社会价值的事，要把它做成精品，为全国中小学校开展思想道德建设提供一套权威的影视教材。她还十分关心《典藏集》制作进度，希望能把它作为一份献礼，在纪念中国电影诞辰一百周年的前夕

献上。在各方的帮助、支持下，尤其是在于蓝老师的亲自指导下和中国儿童少年电影学会的支持下，一套凝聚了老一辈革命家对中国青少年的关心、关爱和真心的《中国优秀少儿影片校园典藏集》如期出版。

2014年12月23日，由中国关心下一代工作委员会主办的《典藏集》出版发行座谈会在全国政协礼堂接见厅隆重举行。中国关心下一代工作委员会执行主任王照华、部分副主任、顾问于蓝、国家有关部委负责人、著名电影艺术家田华、学校学生代表、社会各界代表等出席了座谈会。座谈会上于蓝大姐充满深情地说："在中国关心下一代工作委员会的关爱下，支持了中华爱子影视教育促进会和电影艺术家的呼吁，作为重点工程，终于在今天为孩子们献出了这份厚重的礼物——《中国优秀少儿影片校园典藏集》。中国儿童电影是我国自'五四'新文化运动以来就已关注儿童命运的文化事业，中华人民共和国成立至今，更得到党和人民与全社会的关怀，到今年，53年来拍摄与完成了302部儿童片。改革开放以来更有了更大的发展，短短25年共拍摄了250部儿童片，其中获过奖的影片超过三分之一，约有100部以上。我们有那么多的优秀儿童片，这次只能选取其中的一部分，将三个历史时期分上、中、下三集作为一部《校园典藏集》出版。我相信这部《典藏集》的出版，会受到学校、学生和家长的欢迎，因为这些影片是通过人物形象和人物的命运，反映了人物的成长过程，具有极强的艺术魅力，能真实而生动地感染看片人，这会在孩子们的心灵深处，留下终身难忘的印记，这将是他们建立正确的人生观、世界观的起步！我想这是我们贯彻党和国家有关精神送给青少年最富有活力的好礼物。"

座谈会后，我向于蓝老师再次表示敬意和谢意，感谢她在项目的立项、选题、制作、出版发行整条链上给予的全方位的深入细致的关心支持和帮助，参与和推动了《典藏集》作为精品制作的如期面世。于蓝老师说，中国关工委围绕党和政府不同时期的中心工作，积极协助和配合党和政府等有关部门为少年儿童的健康成长办实事、做好事，这是义不容辞的责任，也是体现党和政府以及老一辈对青少年儿童的健康成长的关心，这是我的责任，也是应该做的。她又叮嘱我，要把《典藏集》的发行工作做好，要重点关注老少边穷地区及缺少教育资源的落后地区，把好事做好、做实、做透。发行要面向全国各省（自治区）的教育系统，重点发行到老少边穷地区。

2005 年初《典藏集》的发行工作正式启动。遵照于蓝老师的叮嘱，在"学会""关工委""爱子教育促进会"的大力支持下，《典藏集》共发行了 120 多万张（片），覆盖了浙江、广西、四川、山东、河南、陕西，最远到西藏自治区等 20 多个省份的学校及农家书屋，把这些优秀的少儿电影片送到了学校和课堂，为广大的特别是老少边穷地区的中小学生送去了丰富的精神食粮，受到了教育部门和学生们的欢迎。《典藏集》的发行还受到了社会各界及众多媒体的广泛好评，包括中央电视台《新闻联播》《焦点访谈》栏目，《人民日报》《光明日报》都做了报道。这部凝聚了于蓝老师等老一辈艺术家、革命家心血的出版物《典藏集》还被评为国家优秀出版物三等奖。

回忆往事，历历在目。几十年来，中国电影事业取得了令人瞩目的成绩，灿烂星海。仰望星空，寻觅着那一颗璀璨的星星，她是那么地耀眼……

仅以此文深情纪念于蓝老师诞辰 100 周年。

# 忆于蓝阿姨二三事

王宗平　吴秀琪

惊闻于蓝阿姨去世，万分悲痛，我
们两年前过世的妈妈可以与她曾经朝夕
相处的老领导、好姐姐在天堂相会了。

我母亲文馨萍是跟于蓝阿姨一起筹
建中国儿童电影制片厂的元老，我妈主
要负责办公室和基建，她们一起为儿童
电影制片厂的事务奔波，建儿影厂的大
楼，建职工宿舍，创办儿童电影学会，

办历届童牛奖……她们一起搭档工作了
几十年，她们的友谊可以追溯到"文革"
期间的五七干校，那时她们住在一个宿
舍，一起种水稻、养鸭子。她们双双离退休后，互相关心对方的健康，时常
在一起聊天。

## 送别老友

2017 年 10 月底我妈患病去世了，考虑到我妈的朋友多是八九十岁的老
人，为了不让这些老人为此悲痛难过而伤身，就没告诉单位和她的朋友。

过了两天于蓝阿姨知道了，打来电话说她特别特别难过，问安葬在哪
里，一定要为我妈送别，我们告诉她尊重我妈的遗愿骨灰准备海撒，于蓝阿
姨又问什么时候海撒，到时她一定要去。因为北京市骨灰海撒的人比较多，
排到第二年 5 月以后，这期间于蓝阿姨多次来电话询问海撒的时间。这可愁

死我们了，海撒要一大早从位于西苑的海撒办公室坐车去天津海港，再坐船去海上撒骨灰，我们实在不忍心让当年已经97周岁的老人奔波几百公里。眼看海撒的日期要到了，我们把实情告诉了海撒办公室，问问有没有办法妥善解决，海撒办公室的同志特别通情达理，他们也不同意老人参加海撒，但破例单独约了时间让我们陪于蓝阿姨在海撒办公室的大堂送别了我妈的骨灰。那天97岁高龄的于蓝阿姨，头脑特别清楚，她带去一束非常漂亮的鲜花，手捧献花站在我妈的骨灰前哽咽地说："老文，感谢你！没有你做我的助手就没有童影厂……"我们知道只有于蓝阿姨才是童影建设的功臣，我妈只是做了分内的工作，对我妈来说这个评价太高，这当中充分体现了于蓝阿姨谦逊、高尚的为人风格。

## 学电脑

90年代初，我们因工作都会些电脑，一天于蓝阿姨让我帮她打印她写的回忆录，她写一段我打一段，文中写了她的小时候，她的家庭，内容丰富，于蓝老师对我说："你是第一个读者，你爱看，我就愿意写下去。"打印好后我存到磁盘上交给她（那时还是3英寸磁盘呢）。后来于蓝阿姨说要跟我学电脑学打字，这太厉害了吧！那时电脑并没有像现在这么普及，很多家庭还没有电脑，年轻人也不见得都会用电脑。那时我打汉字用的是"自然码"输入法，为的是打字快一些，于蓝阿姨也跟我学"自然码"，她从拼音开始认真学习打字、排版、开机启动、存盘打印，碰到问题就打电话问我，电话说不清，我就上门指导，凭借顽强的毅力，这位70多岁的老人学会用电脑了，太让我佩服了！于蓝老师后来出的几本书基本都是自己一个字一个字打的。

## 最后的探望

原来我们家跟于蓝阿姨家住一个单元门，后来她搬了新居，离得也不远，因此可以经常看到阿姨，近几年最常看到她的身影是在宿舍附近的小月河畔，一开始是她推着空轮椅散步，后来是坐在轮椅上由保姆推着散步，我们知道阿姨的体力已经大不如前了，但是阿姨的精神还是非常好，再后来听

说阿姨因摔跤住院了，于是我们于 2018
年 9 月的一天去积水潭医院看望于蓝阿
姨，虽然因身体不便，阿姨只能躺在床
上，但精神依然很好，思路清晰，语言
清楚，我们以为只要静养，阿姨不久就
会恢复健康。又过了些日子，听说于蓝
阿姨转院了，为防止感染不能探视，再
加上我们自己家的琐事挺多，不知不觉
到了 2019 年，年底又遇上了新冠疫情，
我们被封在养老院不能出来，没想到那
一次探视竟然是最后一次见于蓝阿姨，
心中充满了无限的遗憾。

于蓝阿姨不仅仅是中国电影和中国儿童电影的先驱者和功臣，她也是我
们这些平凡普通的晚辈心中非常有分量的人，她的为人处世、工作态度影响
了我们的人生，她是值得我们一辈子尊敬爱戴的人。

敬爱的于蓝阿姨，您虽然离开了我们，但您的音容笑貌永远铭记在我们
心中。

# 领导　阿姨　朋友

## ——于蓝阿姨在童影的日子

郭玲玲

　　1981 年，在于蓝阿姨的努力下，中宣部决定成立北京儿童电影制片厂（后来改成中国儿童电影制片厂）。"六一"节那天挂牌。从此，中国有了自己的儿童电影制片厂。

　　挂牌那天，北影厂门口敲锣打鼓特别热闹。我骑自行车给家里换煤气时路过门口，看了半天。

　　自从 1980 年调回北京，很久我都没找到合适的工作。每天和发小往来于北师大和人民大学中文系，偷偷跑到人家的教室里听课，一听就是大半年。

　　得知童影厂招兵买马的事，我写了一篇电影《喜盈门》的评论短文，战战兢兢送了上去。因为当时对电影一窍不通，有自知之明的我要求不是很高，能让我学习电影剪辑，或者做宣发工作，只要不让我做会计，做什么我都愿意，绝对没有二话！

　　没想到于蓝阿姨看了我那篇文章后，把我招进了童影厂，分到编辑室做责任编辑。于是我成为童影厂除了三个领导之外，第一个正式职工。

　　世界上有些事是你绝对想不到的，可它们就是发生了。就这样，我和我仰慕敬佩的于蓝阿姨共处了四十多年。

　　为了让儿童电影的创作跟上时代，跟上世界水平，于蓝阿姨从资料馆搞来很多国内外儿童电影，其中绝大部分我们都没有看过。

　　每逢观摩影片，于蓝阿姨就把北师大儿童文学研究所的老师和电影家协会研究儿童电影的理论家、评论家请来一起观看一起讨论。记录的任务落在我头上。那时没有录音机，我边听边记，过后赶快整理，从来没有耽误过。我的每次记录，于蓝阿姨都亲自过目，好的就表扬，不好就批评，一点儿不

留情面。她那么忙，可这些小事她都认真对待一丝不苟。她的认真，使我更认真！说实话，以往我一直都是稀里糊涂没什么想法和追求的人。和于蓝阿姨一起工作后，我变认真了，懂得负责任了。

过了一段时间，于蓝阿姨和我说："你工作得不错。想过没有，除了这些事务性的工作，你还准备做什么？"我没回答，因为我不知道怎么回答。于蓝阿姨笑了，说："别忘了，你不属于办公室，你是编辑室的人，要多看剧本，多学习！"

于是，我白天做办公室的事，晚上回家照顾孩子睡了以后，就看剧本，可就是看不进去，越着急越不行。那天见到于蓝阿姨，我坦白地告诉她："我能力太差了，恐怕做不了编辑。"她笑着和我说："你不是能力差，是没经验。那些外稿大都是业余作者，剧本质量不高，看不进去也是正常的。自信点儿，不要小看自己。"于蓝阿姨的鼓励，让我轻松了许多。

一次我们给北师大附小的孩子们放映电影《小兵张嘎》，接着开了座谈会。总结会上于蓝阿姨说："电影之所以能把观众紧紧吸引，必须有好看的故事，同时人物的性格必须鲜明独特。两者同样重要，缺一不可！"

故事！有个性的人物！

我把这几个字写得大大的，贴在写字台前面的墙上。

平时工作的时候，于蓝阿姨也会经常给我们学习创作的机会。每逢观摩电影，影协的评论家和北影的导演都会参加，他们非常专业地对影片进行细致评述。我感到新鲜的同时又感到迷茫和困惑。我越来越清楚，没有系统学电影理论是我致命的缺陷！

就在我万分纠结的时候，我在北影招待所遇到了田壮壮。我和壮壮说了我的困惑和不足。壮壮告诉我："电影学院文学系正在招生。只要电影厂推荐就可以上学。"

我马上找到于蓝阿姨，告诉她电影学院文学系招生的事。她痛快地说："你打个报告吧！"我很快就写好了报告，去了儿影一条街——那是我们厂简陋的办公室所在地。我把报告交给于蓝阿姨。她说："别给我，给老宋！"老宋是宋曰勋，是我们编辑室主任，儿影厂三个领导之一。

我把报告交给宋曰勋。我说："电影学院文学系在招生，我想去学习。"宋曰勋收了我的报告，放在了一边。就在这时于蓝阿姨走了进来，她说："老宋，电影学院文学系招生，郭玲玲想去学习。"宋曰勋拿起我的报告说："这是她的报告。"

第二天，宋曰勋告诉我说："电影学院那个班，你去吧！"

后来于蓝阿姨找到我，说："你去学习的事已经定了。去吧，好好学，一定拿出成绩来，不要让人说闲话。"

我顿时松了一口气，但是压力随之迎面扑了过来。我心想，于蓝阿姨帮了我这么大的忙，绝对不能给她丢脸，如果那样，我就太不是东西了！

回家后，马上找出好几本以前已经看过的关于电影的书籍。创作的、理论的，还有一些经典的电影剧本。我决定在开学之前把这几本书再好好看看。说到做到，没事的时候我就看书，记笔记，做卡片。

一个星期后，又一个好消息传来：中国电影家协会和北京几所大学要共同举办高校电影讲座。我的心又动了，特别想在电影学院开学前去高校电影学习班听课。

我不能再去麻烦于蓝阿姨了，她已经让我去电影学院，再得寸进尺脸皮就太厚了，况且我也说不出口。一向胆小的我和北影厂好友默默一起找到了负责高校学习班的陈剑雨老师。

陈剑雨在影协工作，是著名的电影评论家，同时还写剧本，电影《红高粱》的剧本就是他写的。当时我和默默都不认识陈剑雨，甚至连面都没见过。表面看，我们厚着脸皮软磨硬泡，其实心里害怕得要命。为了达到听课的目的，我们相互鼓气。就这样，我们得到了陈剑雨老师的认可。我俩再接再厉，又找到资料馆负责放电影的老杨，最后观摩电影的问题也解决了。

我高兴地把这些经历告诉了蓝阿姨，她笑了半天。接着，她找到文馨平老师，告诉她我去高校学习班听课的事。但有一条：一旦儿影厂有需要我做的事，我必须回来！于蓝阿姨又说："你学完后，把学习班讲的那些，给编辑室的同志们讲讲。"我明白于蓝阿姨的用意，痛快地答应了。

高校电影学习班的学习，让我第一次系统地了解了电影。懵懵懂懂的我，开始对电影有了感觉。

学习班结束后的一天下午，我拿着厚厚的笔记本，详细地给大伙讲了半天。那天，于蓝阿姨也在场。会议结束后，她拍了拍我的肩膀说："继续努力，你没问题！"

　　于蓝阿姨简单的一句话，让我的心踏实了。

　　那年9月，我把儿子放在父母那里，住进北京电影学院所在地朱辛庄。我们班的同学来自全国各个电影制片厂。他们有的已经写过剧本，而且已经被拍摄。有的甚至一边听课一边写剧本。我从来没写过剧本，对电影的认识连初级阶段都谈不上。我所做的就是老老实实听课，认认真真记笔记。大家讨论的时候，我一言不发，因为不知道说什么。我感觉和大家比我就像个小学生。

　　周末从电影学院回来，告诉了于蓝阿姨我的感受。她不客气地说："你那么多烂想法都从哪儿来的？告诉你，你越觉得自己不行，就越不行！不和你说了，自己悟去吧！"说完，她准备做自己的事了，可我站着不走。她问我："你还有什么问题？"我憋了半天说了一句："什么叫'悟'啊？"她大声喊起来："你真气死我了！回家自己想去！"

　　我正准备往家走的时候，于蓝阿姨叫了我，说，"你生气了？"我说："哪能呢？我正琢磨'悟'是什么意思呢？"于蓝阿姨笑了，说："别瞎琢磨了，慢慢就会明白了。还有，不要在意你那些同学是不是写过剧本，日子长着呢，只要努力，我敢说以后你不会比他们差！"我怯生生地说："真的吗？"于蓝阿姨提高了嗓门："你的问题就是不自信！这样不行！你给我听着，不自信的人永远成不了气候！"

　　那一夜，我失眠了。于蓝阿姨说得太对了，不自信是我的致命伤，如果不改变，我就完蛋了。这个毛病我必须要改！虽然难，但没什么好说的，事在人为！

　　从此，同学一起讨论电影的时候，我壮着胆子发言，有不同的想法就逼自己说。渐渐地，在于蓝阿姨的鞭策下，我的胆子越来越大，思维也越来越活跃，表达能力也比过去强了很多，最主要的是还学会了争辩。

　　过去童影厂讨论剧本的时候，遇到不同的意见我不敢说。现在不同了，只要有不同意见，我就说出来，说错了不怕，但必须要说。

　　每次我和同事争论的时候，我都发现于蓝阿姨看着我笑，有时她还要和我争辩一会儿。开始，她的嗓门比我大，渐渐地，我的嗓门变大了，调门也提高了。

　　一天我回儿影厂办事，看外稿的同事给了我一个剧本。这个剧本的编剧是两个年轻人，他们曾把剧本送给过北影、上影、长影、珠影、峨影……但所有电影厂都退稿了。

剧本叫《父亲和他的狗儿们》。故事发生在江西萍乡，有真人原型为基础。剧本主要内容是：一个没有责任感的父亲犯罪进了监狱，和三个儿子相依为命的母亲因病去世了。父亲被释放后，发现自己的大儿子已经走到犯罪的边缘。痛定思痛，他后悔自己过去的行为，决定做个好父亲，但是他已经得不到儿子们的信任了。

我一口气看完了剧本。虽然感到剧本不成熟，但有故事、有人物、有变化、有成长。为什么那么多电影厂都退稿了呢？我想，他们一定有自己的道理，那就是剧本故事和人物没有写好，好像流水账，所以不吸引人。但我还是觉得这个剧本有基础、有真情，是一个没有写好的好剧本。

我找到于蓝阿姨和老宋，希望做这个剧本的责任编辑——这是我第一次主动要求做责任编辑。领导商量后答应了我的请求。之后，于蓝阿姨找到我，鼓励我打好这第一个战役。她认真听了我对剧本的分析，说："还是那句老话，人物鲜明的个性和生动感人的故事是电影的关键！"

我当即给作者写了信，提到剧本的修改意见：人物性格必须鲜明，重新组织人物关系；必须注重细节，讲好故事。作者很快就给我回了信，表示一切听从厂里的安排和决定。

作者来到了北京，我把他安排住进北影招待所，开始对剧本进行修改。作者住了很久，改了两稿还是不行，编辑室没有通过。老宋找到我，让我退稿。说实话，我舍不得。我感觉这是好东西，只是没有写好。有个同志说，没写好怎么会是好东西呢？难道那些电影厂的编辑都不如你？

我知道我初来乍到没什么经验，但我还是相信，这就是好东西，我相信我的直觉。我找到于蓝阿姨，我说我想试着自己动笔修改一稿，希望她能答应。于蓝阿姨说："第一，你必须得到作者的允许。第二，不许挂名，不许分稿费。"最后她让我做好失败的准备。我说："稿费和挂名的事我从来没想过。至于是否成功，也没想那么多。我有多大的能力我自己知道，我就是想试试。"于蓝阿姨笑着答应让我试试。她又说："就算我不答应你也会偷着改。我没猜错吧？"我笑了，于蓝阿姨也笑了。在于蓝阿姨的笑容里，我感到了她对我鼓励和信任。

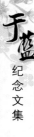
　　回家后，给作者打了电话，得到同意后，趁着热乎劲儿我开始修改剧本。我已经对这个剧本有感觉了，我可以把我插队中的很多生活细节加进去。最主要的，在电影学院学习了这么长时间，我也想看看自己是不是这块料。

　　剧本终于改好了，但还是没有通过。原因是艺委会有领导认为这剧本的主角是父亲，不是儿童，所以不属于儿童剧本范畴。少数服从多数。于蓝阿姨和我说，那就退稿吧！

　　我没有退稿，自己偷偷又修改了两次，然后放了起来。作者可能也觉得没什么希望了，没再找我，我也没有理他。

　　忘记过了多久。一天，北影厂摄影师关庆武找到我，问我手头有没有剧本，内蒙古厂现在有一笔钱，可以自主拍电影。我当即和他讲述了《狗儿们》的故事。他说："有点儿意思，拿给我看看。"我很快把剧本给了关庆武，他和北影厂导演张郁强看了都感觉有拍摄基础。内蒙古厂领导也以最快的速度做了拍摄的批示，决定马上申报电影局。我说："现在不行，我必须告诉于蓝阿姨，要得到她的同意。"

　　于蓝阿姨很快找了老宋和艺委会的同志开了会。一些领导还是坚持认为这不是儿童片，还是决定退稿。那天，我心里非常不是滋味。我想不明白，描写父子情的电影怎么就不是儿童片呢？我是童影厂的人，付出了心血的作品，当然希望童影厂拍摄。于蓝阿姨遗憾地找到我，说："给内蒙古厂吧！虽然我们不能拍，但你剧本改得不错。说明你在电影学院没有白学，继续努力吧！"

　　剧本《父亲和他的狗儿们》后来改为《月光下的小屋》。电影完成后，出乎意料地获得了业内广泛的好评，不光囊括了政府奖、金鸡奖等儿童片大奖，在国外儿童电影节也得了好几个奖。还在印度儿童电影节荣获了那一年的优秀影片金象奖和评委会大奖，三个小演员获得了优秀演员奖，现场还升了国旗，奏了国歌。那次印度电影节，《月光下小屋》的导演张郁强没有到场，在场的只有上影厂导演吴贻弓。接着，此电影又参加了美国、法国等许多国家的儿童电影节，均获得优秀影片奖。

　　上影厂导演石晓华来北京开会见到了于蓝阿姨，谈到吴贻弓导演参加印度电影节的情况。那天于蓝阿姨把我也叫去了。石晓华导演奇怪《月光下小屋》这么好的剧本为什么童影厂没有拍。我当时看了看于蓝阿姨，什么都没说。于蓝阿姨把责任全部揽在自己身上，坦率地说是自己的失误，因为一味纠缠在儿童片的概念上，失去了机会。后来我听石晓华导演说，于蓝阿姨曾和老宋说了《月光下小屋》判断失误的事。还提出，我们当领导的应该在大会上做个检查。老宋认为没必要，失误是每个电影厂常有的事。

过后，于蓝单独和我谈了这事，把丢失《月光下小屋》的责任全部揽在了自己身上。同时她说到了我对电影的感觉，我的进步，还特别说到了我的坚持。同时还笑着说我现在有了"悟性"。想起当年我的幼稚，我们都笑了起来。

虽然于蓝阿姨把这事的责任揽在自己身上，但我明白，《月光下小屋》的成功，离不开于蓝阿姨的鼓励和支持。这件事的另一个收获，是我目睹了于蓝阿姨做人做事的坦荡和光明磊落。如此有成就、有名望的老艺术家，能够坦率承认自己工作中的过失，就是了不起，就值得我和众人佩服！

这件事之后，于蓝阿姨经常拿剧本给我看，听我的意见。我也会坦率地把自己的想法和盘托出，甚至提出相反的意见。有时我们还会争论，双方都据理力争，丝毫不让步。经过多年的接触，我了解于蓝阿姨，她喜欢说真话，也希望我说真话。她不喜欢奉承，甚至讨厌那些拍马屁的人！

还记得一件事。导演刘苗苗的剧本《杂嘴子》在艺委会讨论的时候没有通过。有人告诉我说，因为于蓝阿姨不同意。当时我不是《杂嘴子》的责任编辑，但觉得《杂嘴子》是个好剧本。晚饭后我找到梁晓声，一起去了于蓝阿姨家。我们为剧本争论了很久，谁也不想让步。梁晓声一看天太晚了，担心影响于蓝阿姨休息，决定第二天再接着说。就在我们决定离开的时候，于蓝阿姨说："你们俩真认为《杂嘴子》是好剧本？"我们说："是！"我还说："肯定能在国际上得奖！"梁晓声在一边帮腔："我相信玲玲的判断。"于蓝阿姨看了看我和梁晓声，想了一下说："行，听你们的，那就拍吧！"看着我高兴的样子，她说："这个剧本的责任编辑不是你吧？"我说："不是。苗苗是我朋友，我就是帮忙。放心，我不上名，不要钱！"于蓝阿姨笑了："你表现不错！"

就像我们预测的那样，《杂嘴子》果然在国际儿童电影界上荣获了大奖。

就在我对责任编辑工作驾轻就熟的时候，一天于蓝阿姨把我叫到办公室，问我："你想过当导演吗？"我说："没有。我当不了导演，就想当个好编辑！"于蓝阿姨笑了，说："你应该写写剧本，儿童片缺少专业编剧。"

在于蓝阿姨的鼓励下，我在编剧这条路上一走就三十多年。每当我的剧本，或是我编剧的影片得了奖，于蓝阿姨都向我表示祝贺。我说："是您和

童影厂培养了我，否则我不会有今天。"她总是说："别那么说，你自己努力了！"

其实我和于蓝阿姨说的都是真心话。"文革"结束调回北京的时候，一无是处的我不知道未来的路该如何走。在我事业起步最艰难的时候，她相信我，鼓励我，鞭策我，让我从不自信的状态中挣扎出来，成就了焕然一新的自己。

2018年，我的剧本《送海亮回家》第二次荣获了"夏衍杯"。事后我到中日友好医院告诉于蓝阿姨这个消息。她问："你写的是儿童片吗？"我说："是。"她紧紧拉着我的手露出了笑容。老人家病重到这个程度，心里装的还是儿童电影，让我感到由衷敬佩！

2019年底，我和同事郑晓春再次去中日友好医院看于蓝阿姨。那天她的状况不是很好，右手紧紧拉着床把，努力地坐了起来和我们说话。告别的时候我说："过春节我们还来看您！"于蓝阿姨朝我们笑了笑。没想到，那是我们最后一次见面。因为新冠肺炎疫情的原因，我们无法再去医院看望于蓝阿姨了。

于蓝阿姨的一生是非常了不起的一生。她创作出众多令人难忘的银幕形象，是我国最优秀电影演员。但她没有因此满足，六十岁，很多人都退休抱孙子了，于蓝阿姨却开始了新的创业，一手建立了北京儿童电影制片厂，并为之倾注了全部的、博大的母爱。为了儿童电影事业，她四处奔波，从来不顾全什么面子，时时处处都在呼吁上级领导和全社会对儿童电影的支持。有时候她头一天还在国外开会，第二天就坐在厂会议室讨论剧本了。我问她："您睡觉了吗？"她说："上飞机我先吃一片安眠药。睡醒了，飞机就落地了。"

在于蓝阿姨的领导下，童影厂拍摄的电影连续好几年在各个国际儿童电影节上荣获大奖，令中国儿童电影在世界儿童电影中站到了最高处；在她的努力下，国际儿童电影协会成立了；在她的组织倡议下，国际儿童电影节的盛会年年都在举办，令世界各地的儿童电影工作者欢聚一堂。这些都是与于蓝阿姨辛勤耕耘分不开的！

为了中国儿童电影，年近百岁的于蓝阿姨奔波了半辈子，儿童电影在她心目中就是自己的孩子！

坚强的、了不起的于蓝阿姨真正做到了——让世界充满爱！

# 百年于蓝

顾松秋

2020年6月27日，敬爱的电影表演艺术家于蓝同志逝世，享年九十九岁。

于蓝生于1921年6月3日，今年我们正迎来伟大的中国共产党建党一百周年，恰逢于蓝同志诞辰百年纪念，她与党同龄，也是党百年光辉历程的见证者与亲历者。

但凡五十岁以上的朋友，对老电影都会有着割舍不下的特殊情结，过去国家物资匮乏时，没有更多的娱乐活动，看电影总成为伙伴们最热衷的一桩事情。

小时候喜欢看战争电影，对片中英雄人物特别崇拜，就会去了解他的扮演者是谁。从而，对这位演员也会产生特别的好感。即便许多年过去了，那些演员的名字就像刻在脑子里似的，总是久久不能忘记。60年代，于蓝在电影《烈火中永生》中扮演的江姐给无数观众留下深刻印象，成为几代人抹不去的记忆。

1961年7月1日，建党四十周年之际，在周恩来总理倡导下，文化部评选新中国"二十二大电影明星"，于蓝是其中之一。1981年6月1日，于蓝受命组建中国儿童电影制片厂，并任厂长。为新中国儿童电影事业做出巨大贡献。

于蓝写道：感谢人民的厚爱
（2013年11月30日）

因为始终不能忘却的那份老电影情怀，2013年11月，在朋友的帮助下，我获得了于蓝老师的地址，把自己过去看革命电影的一些感受恭恭敬敬地向于蓝老师作了汇报，同时，寄去了两张明信卡片，请她题词签名，并且如愿以偿地获得了回复。

虽然，这只是我众多老电影艺术家签名中的其中一张，但这是特别喜爱的一张，于老的字非常有个性，行草硬笔书法，刚柔相济十分流畅，排列工整。上款、落款都恰如其分，整张明信片给人特别美观舒适的感觉。它不仅是一件值得珍藏的签名纪念品，也是一件难得的观赏艺术品。

于蓝与孩子们在一起

她在信封背面写有这样一行字：信封是我自己只装一件，忘记第二件，然后拆开又装进去的！又及。

我脑子里不断闪现着老人家在小心翼翼拆开信封再封装的那个画面，特别亲切与真实。近十年来，我一直妥善保存着这个带有于老字迹的信封，因为一同珍藏的还有那个令我特别感动的记忆。她不顾年迈，认真负责地对待一位普通影迷，这正是老一辈艺术家的崇高思想品格。

于蓝在延安时留影

对名与利，于蓝始终保持着老一辈艺术家朴素的平常心。这里辑录几段她在世时常说的话：

"你们也别叫我艺术家，更不要叫我大明星。我就是一个文艺工作者，干了一辈子的文艺工作。"

"我没有作出什么贡献，演员就是最占便宜。我们那么多人在摄制组里，起码有上百人，人家首先想到的就是江姐。你是不是就比别人贡献更大？一点也不是。别人同样贡献并不见得比你小，只不过他担任的那个职务。"

"我演江姐这个人物，主要是烈士本身的事迹感动人、教育人，并不是我这个演员多了不起。"

# 我眼中的著名电影艺术家于蓝

王海滨①

才到原中央电视台电影频道工作的那一段时间，清晨或者黄昏，经常会在那附近看到一个倒背着手慢慢散步的老太太。她一头银发纹丝不乱，着装简单平常、干净整洁，从上到下没有任何首饰；她年轻时候的身材应该属于中等偏上，现在有些驼背了，步履也很迟缓，有时候还会坐在轮椅里；她的嘴角紧抿，目光悠远，神态普通而安详。

走在大街上，没有谁会注意到这位老人。

有一天，我从她身边经过，忽然听到有人称呼她于蓝老师，我惊讶得不能自已。原来，这位普通的老太太居然就是于蓝？！

心目中的于蓝是红衣蓝衫、大义凛然的"江姐"（电影《烈火中永生》中形象）、是坚强的革命母亲周莲（电影《革命家庭》中形象）、是孤苦无依的张寡妇（电影《林家铺子》中的形象）、是令人瞩目的新中国"二十二大明星"之一，这个人居然天天就生活在我的身边。

真的是岁月无情催人老。

后来，我因为工作关系和于蓝老师熟悉以后，曾陪同她在一个黄昏慢慢走出家门，走过电影频道，走过电影学院，走到北京电影制片厂北门，整个路途并不是很长，于蓝老师细细关注着沿途的每一个行人、每一处景观，并在我的询问下，详细讲述北影厂的变迁。我知道这片地方留存了老人半生的岁月、终生的回忆，从 1951 年她调入北京电影制片厂至今，半个多世纪过去了，这片土地上有她的青春、有她的心血也有她的悲欢离合。

当然，老人散步并不是为了回忆，最主要的是为了健康。

老人说，身体是革命的本钱。身体不好了，不但做不出工作，还要给国

① 王海滨，纪录片导演，北京作家协会会员。

家添麻烦。她可不希望那样。她一定要力所能及地把身体锻炼好，给国家少添一些麻烦。

老人说这些话的时候神情很认真，没有丝毫的做作和矫情，看得出是肺腑之言。17岁就参加革命的她，对国家、对革命有着常人所不能及的理解和领悟。

除去锻炼，老人也很注意饮食，一向严谨的老太太从不接受别人的任何礼物，但是如果你说什么什么东西含钙高，有助于补钙，老太太一定很感兴趣。老太太深知老人缺钙，她愿意吃任何可以增加钙质的东西。不过她不喜欢吃钙片，她愿意食补。

于蓝老师锻炼身体是为了工作。那时候，于蓝老师虽然已经86岁了，但每天上午10点还会戴上老花镜，准时坐在那张老式办公桌前翻阅一下报纸，看一看有关文件，或者打几个电话，询问一下她一手创办起来的中国儿童电影制片厂和北影厂的有关情况。2018年，97岁的于蓝老师还出演了为纪念抗战73周年而拍摄的《那些女人》，虽然戏份不多，但是能再次站在水银灯下，她很满足，这成为她近几年最开心的一件事情："还能演戏，真的太好了。很想再演下去……"

有一年夏天，因为做一期安琪（北京电影制片厂老演员、著名导演叶大鹰的母亲）的节目，于蓝老师再次接受我的采访。那天，采访进行得非常顺利，一气呵成，大约20分钟时间，但是等到采访结束了，意外的事情却发生了——于蓝老师站不起来了。

看到我们有些惊惶，于蓝老师非常坦然地笑着说："没事的，没事的，刚才坐的时候稍微扭了一下腰，怕影响你们拍摄，所以我没有说，顺一会儿就好了，没事的，没事的。"

老人家完全可以喊停，然后活动一下手脚，或者换一个姿势，再重新开机。但是，于蓝老师没有这样做，她不想因为个人的原因影响整个拍摄进度，于是，老人家居然满脸微笑地面对我的镜头忍痛坐了20多分钟！

这就是于蓝老师无比高尚的情操！这就是老一辈电影艺术家言说不尽的情怀！

即便现在，提起这件小事，我的内心仍然对老人充满敬意。

近两年中国电影节日繁多，邀请老人家参加的庆祝活动特别多，老人家一般都婉拒，迫不得已要出席的话，老太太会认真地做准备发言稿，坐在电脑前逐字逐句地先打出来，然后默诵一遍，顺一下。老人家说上了岁数了脑子不好使，你上了台，万一想不起词来了，会影响人家，千万不能因为自己的原因影响别人的工作进度。

老人说话的时候，刚刚从元大都公园锻炼回来，站在小月河的红色木质小桥上，面带微笑气定神闲，远望着西沉的斜阳，沐浴了一身霞光。

## 勤俭的生活

于蓝老师的家紧挨着北京电影学院，房间可以这样总结：空间狭小，陈设简单，环境整洁。家中没有任何昂贵的电器，最为时尚的是一台清华同方的老式台式电脑，还是孩子们淘汰下来的。老人家为了锻炼手指、灵活脑子，八十岁高龄的时候学会了用电脑，没事的时候就用来玩游戏或者打打稿件。

客厅迎面的墙中间工工整整地挂着老人和周恩来总理的合影以及和邓颖超的合影。

两居中的一间常年收拾得一尘不染，里面有书橱书桌和一张单人床，床上常年蒙盖着一块一尘不染的白布，桌子上的笔墨纸砚摆放如初，墙上挂着于蓝老师的爱人、原北京电影子片厂第一任厂长田方（电影《英雄儿女》中王政委的扮演者）的黑白照片。照片中的田方棱角分明，英气逼人。每天下午，当夕阳的余晖会照射进来的时候，于蓝老师都会走进这间卧室，四处轻轻擦拭一番。于蓝老师与田方在战争年代缔结良缘，经历了火与血的洗礼和考验。"文革"中，田方受到很大的冲击，患病之后因为没有得到及时治疗而过早离开人世。多年来，于蓝一直对田方的去世心存遗憾，老人说如果田方能够多活两年，就能够看到"四人帮"被粉碎，就能够看到改革开放的繁荣景象，那样他就能安祥地走了。

于蓝老师每个周末都会被儿女们接到他们家中度过，其余时间，老人都是自己住在自己家里。

与当今那些年轻的影视明星们相比，于蓝老师在物质上并不富有，甚至有些清贫。

第一次到于蓝老师家做客的时候，很是惊诧于老人家中的简陋，在老

众说于蓝

人为我端来一杯韩国大麦茶后，我还有点将信将疑，但随着日后和老人的交往，老人那种勤俭节约，时时想着国家、想着他人的情怀彻彻底底地感染了我。

在我成立工作室的时候，中央六套《流金岁月》栏目的主持人潘军、二套的《生活》栏目的主持人熊雄等几个好友相约一起吃饭，在我们文学系主任刘一兵的提议下，我把于蓝老师也请了来。老人席间话不多，吃得一直很快，我们给她夹菜，她都要问清是什么，想吃就让我们夹过去，吃得很干净，不想吃就很直接地说不要；期间吃一个海螺的时候，却费了一番周折，倒不是海螺肉难吃，而是老人吃得相当仔细，最后借助一个牙签才把海螺里的残渣剩肉吃干净，吃完后，老人把海螺壳摆放到面前，轻声说：这东西特别昂贵，一个这东西值偏远农村一家人几天的口粮钱，浪费了真是太可惜了。

每逢中国电影诞生纪念日，庆祝活动特别多，于蓝老师应邀出席的几个颁奖晚会和庆典活动都穿了那件灰色西式套装，这身衣服她已经穿了五六年。近年来，几乎所有的公众活动场所，于蓝老师都是穿着它——儿女们已经习惯了不给她添置衣物，因为老人一贯是一件衣服穿得实在不能穿了才换新的。

于蓝老师从不带任何首饰——不习惯，老人说。

我写就这篇小文的时候，想拿给于蓝老师看，才得知她去参加中国妇联组织的援助西部春蕾大会去了。

关注中国的少儿电影、关注孩子们的精神食粮，这是于蓝老师倾注了几十年心血的事业。于蓝60岁出任中国儿童电影制片厂厂长，一干就是20年。人们赞誉她"为了少年儿童，身上有一团燃不尽的火焰"。退居二线后，作为全国中小学生影视教育协调委员会名誉主任，她一直关注着少年儿童"在快乐中成长"。在历届"童牛奖"的颁奖活动中，在"中国国际儿童电影节"和世界性的儿童电影的观摩和交流中，都少不了她忙碌的身影。几年前，多年不演戏的于蓝老师出演了电影《25个孩子一个爸》，得到了平生最高的酬劳：2万元。拿到劳务的她直接去了银行，把钱捐给了吉林省白山市孤儿院。

而今，97岁的她，还在路上。

## 为电影艺术而生

有一天，陪着于蓝老师在小月河边散步，于蓝老师说自己最喜欢的事儿就是演戏。

于蓝老师演过的电影不到 10 部，但是每一部都给人留下深刻的印象。当年，是她读了陶承的回忆录《我的一家》，心有所动，建议将其搬上银幕。在影片中她主演的由家庭妇女变为坚强的革命母亲周莲的银幕形象，感动了一代人。由于她在《革命家庭》中的非凡演技，于 1961 年荣获了"莫斯科国际电影节"的"最佳女演员"奖。1965 年，她在一次出差途中，读到了小说《红岩》，立刻就被小说中的人物深深打动，觉得是个好作品，回到北京就把这部小说推荐给了夏衍，夏衍由此改编成电影《烈火中永生》中，她扮演了女英烈江竹筠。影片中，于蓝塑造的形象朴实、干练，有勇有谋，正义凛然，不脸谱化，为了国家、为了革命威武不屈英勇献身，成为中国影坛共产党人塑造最为成功的一个典型。江姐离开我们已经很多年，是于蓝扮演的形象使人们认识了这位革命烈士，可以说在很多人的心目中于蓝与江姐已经很难分开，于蓝老师在剧中的旗袍、围巾成了江姐永远的人物造型。这个感人形象不仅使她成为新中国"二十二大明星"之一，也使江姐成为新中国电影画廊中的经典，深深地烙在一代又一代观众的心中。

2005 年，电影频道在浙江安吉举办一场庆祝中国电影诞生 100 周年的大型晚会，于蓝老师应邀参加，我们一起坐飞机同行，坐在老人身边，问到老人是怎么塑造电影角色的。

于蓝老师说，首先要喜爱这个角色，打心底里喜欢。在此后的接触中我知道，在于蓝老师的心中，江姐是她永远的偶像，也是一生的标杆。"这些革命同志为了国家牺牲得那么早，没有享受到现在这种幸福生活，我享受到了太多了，还有什么不满足的呢？"这是于蓝老师多次说的一句话。

其次，要去体验人物内心、体验人物的真实生活。老人再次强调，以前演戏都是要去体验生活的。她说扮演江姐的时候，不但熟读小说《红岩》，而且还亲自到重庆生活了两个多月，不但找到了江姐生前的战友和许多烈士遗孤，了解到了很多第一手资料，还实地去一些老百姓家中生活，找感觉。

说到塑造《林家铺子》中那个可怜无助的张寡妇，于蓝老师说当年在东北，曾亲眼看到一位穷困的母亲在眼睁睁看到自己的孩子被车撞死后立刻变疯，那母亲发出的哭号和疯狂的举动深深地印在了她的脑海里，所以，在演戏的过程中，她就把自己想象成了那个母亲，完全进入了状态："作为一个演员，体验生活是必不可少的一门功课，因为生活太丰富了，你不可能全部都能接触到、认识到，当你要塑造某个人物的时候，必须去这个人物的生活、工作环境中去全面透彻地了解一下，而且，不能走过场、摆花架子，要真的去体验、去感受，这样，无论你能不能塑造好形象，你已经是一个合格的演员了，当然，只要你用心去体验生活了，也就一定能在银幕上塑造出精彩的形象了……现在的演员好像做不到这一点了……"

于蓝老师说完就把目光投向窗外的云海。

我想老人这些话应该是说给当下所有演员的。

我的第一个剧本写完后，怀着揣揣不安的心情上门请于蓝老师指点，她欣然戴上老花镜仔细阅读，读罢，眼圈有些湿润，说，不错，有生活。随后，老人中肯地提出了几点建议。在我修改后，她又欣然拿出信纸，提笔给原中国电影集团总公司策划部主任史东明（电影《十面埋伏》等策划）写了推荐信，然后仔细折叠好，装进一个信封，署上名，让我拿给史东明。

我仅仅是一名刚刚走出电影学院的无名小卒啊，却能得到如此的厚待，感动不已。那封信我一直保存多年，后来在搬家过程中不小心遗失，成为我一大遗憾。

"我喜欢看到你们年轻人有闯劲，社会属于你们年轻人的，电影更属于你们年轻人，我只能做这些，不算什么。"

于蓝老师一脸微笑。

# 因于蓝老师的《和壮壮在福冈》一文所想起的

叶言材

2020 年 2 月上旬，正当新冠肺炎疫情在武汉等地猖獗之时，我曾听到过有关于蓝老师故去的传闻，但不久又看到了为于蓝老师祝贺百岁（虚岁）寿辰的报道，经探听得知于蓝老师又顽强地复苏了生命，甚感欣慰！

可是，2020 年 6 月 27 日，令人敬爱的于蓝老师真的走了！

于蓝老师走后，中日两国的网络媒体都对于蓝老师的逝世进行了报道，其中一则《于蓝：和壮壮在福冈》吸引了我，这是 1997 年 3 月于蓝老师发表在《文艺报》上的一篇文章。于蓝老师在文章中讲述了数月前来福冈时的情景，并且提到了我："在福冈的日子太短了，又万万没想到会遇到已在日本落户的原童影厂的小青年叶言材，相见时极为兴奋。在短暂的时间里，他大大地尽了地主之谊，利用放映《盗马贼》的时间，带我参观了两个博物馆和一个历史遗址……"阅读了这篇文章，勾起了我对诸多往事的回忆。

与于蓝老师的结缘，要从我大学毕业后寻找工作单位说起。1983 年 8 月我从南开大学中文系毕业，可是由于种种原因，工作单位一直未能确定。12 月上旬，我去当时的文化部电影局联系接收单位时，给我推荐了两个下属单位：一个是《大众电影》杂志社，一个是北京电影制片厂文学部。我先去《大众电影》面谈，已经有些动心，又去了北影厂大院，不知是我没问清楚，还是北影厂门卫人员没听清楚，鬼使神差，误打误撞，进入了北影厂院内东侧的一片被称为"临建"的区域，找到一个挂着"编导室"牌子的地方，见到了编导室主任宋曰勋老师，谈话中才发现这里不是"北影"，而是刚从北影独立出来不久的"北京儿童电影制片厂"。我正在打算离开时，于蓝老师正巧进来，我怔住了！她不正是我从小就熟悉和崇敬的电影《革命家庭》里的妈妈和《烈火中永生》的江姐吗？！现在就站在我面前……

于蓝老师听我说明了情况后，和蔼可亲地对我说："中国的小孩子们需要精神食粮——儿童片，但是中国的儿童片少之又少……我的建议得到了中央领导的支持，所以组建了这个专门为小孩子们提供精神食粮的北京儿童电影制片厂，现在全世界只有苏联一家专业的儿童片厂——'莫斯科儿童电影制片厂'，我们这是全世界第二家……你来我们这里吧，咱们一起为中国的儿童电影事业做一些贡献，好不好？"

于蓝老师的光辉和她的这番话，令我浑身热血沸腾，欣然同意了，很快办完各种手续，走进了这个对我来说全新的世界。因为我自小接触的只是一个白纸上印有黑字的文学世界，而这次走进的是一个完全不熟悉的动态画面世界——电影圈。从此，我进入了刚刚组建两年左右、工作环境极为简陋的北京儿童电影制片厂。

12 月下旬报到后，我被安排到"编导室"，这个部门由编辑组和导演组组成，我在编辑组做"外稿编辑"，每天坐班审阅外面邮寄来的剧本稿件，也就是对极少数的看上去还行的稿件提出具体修改意见，或者给绝大多数不行的稿件办理退稿，但也须逐条写清退稿理由。厂里的同事不少是电影圈的子弟，从小对电影耳濡目染，很有电影意识与灵气；少得可怜的几个分配来的大学生，也差不多都是北京电影学院毕业的，还有一位是中央戏剧学院戏文系毕业的，只有我一个人是毕业于综合大学的完完全全的"门外汉"！

电影厂的"约稿编辑"和参与影片创作的各部门人员都不用坐班，所以厂里总是空空荡荡的，甚是冷清。幸好跟我同一办公室的还有两个人：一个是王澍老师，就是在《小兵张嘎》中饰演胖翻译官的那位老师，他俄语非常棒，可以一个人将一部电影从头到尾同步口译出来；另一个是担任资料员的小伙子，自学俄语，他的父亲是北京外国语大学的俄语老师，好像与王澍老师是朋友。那时我有经常跟王澍老师聊天儿的机会，学到了不少知识。有时导演组负责人张桂兰老师来厂里，也会关心一下我的工作。张桂兰老师是著名配音演员，擅长给儿童配音，参演过电影《红日》，她还邀我去看过日剧《阿信》的配音录制现场，那时她正在给"小阿信"配音。

后来，于蓝老师经常安排我出席一些全国性的电影会议，又让我替她代笔写一些文章，包括《向"候补队员"祝贺》和可以算得上是新中国第一部儿童电影简史的《儿童电影三十五年巡礼》，而且把每次发表文章的稿费也都如数给了我，还常让我代表她去访问一些单位……　自此就有一些报刊直接向我约稿或邀我参加一些影片的研讨会，开始在影评界有了一点点小名声。1985 年 10 月，我离开"儿影"来了日本。我在电影界虽然只有大约一年半多一点儿的时间，但是影响

1984 年担任儿影厂厂长时期的于蓝。右一鼓掌者为笔者（图片来源网络）

了我整个后半生！这一切都是缘于于蓝老师的个人魅力和第一次偶遇时的那番话。

　　1985 年 4 月，刚刚创立的中国儿童少年电影学会，受广电部、教育部、文化部、全国妇联、共青团中央的委托，在北京创办了中国儿童少年电影"童牛奖"。我在首届"童牛奖"组委会里担任"宣传组"的组长，负责评选期间每天发布活动的消息与简报，还与影协的陈剑雨老师（曾改编和创作过《红高粱》《带辘轳的摇篮》等优秀作品）一起为获奖影片撰写"颁奖词"。在首届"童牛奖"上获奖作品有：

　　　　优秀儿童少年故事片奖：《小刺猬奏鸣曲》（儿影，导演琪琴高娃）

　　　　　　　　　　　　　　《十四五岁》（儿影，赵元导演）

　　　　　　　　　　　　　　《童年的朋友》（上影，导演黄蜀芹）

　　　　优秀儿童少年戏曲片奖：《岳云》（儿影，导演刘斌）

　　　　优秀儿童少年美术片奖：《黑猫警长》（美影，导演戴铁郎）

　　　　优秀儿童少年科教片奖：《昆虫世界——自卫》（北京科影，导演邓葆宸）

　　　　优秀儿童少年纪录片奖：《超级明星伟伟》（新影，导演凌嘉凌）

　　　　优秀儿童少年译制片奖：《四年三班的旗帜》（长影，导演肖南）

　　　　优秀儿童少年故事片导演奖：李亚林（《为什么生我》导演）

优秀儿童少年表演奖：姬晨牧（《为什么生我》中饰松松）

郝意波（《被抛弃的人》中饰小元）

优秀戏曲片：《岳云》集体表演奖

优秀儿童少年故事片摄影奖：夏力行（《童年的朋友》摄影）

优秀儿童少年故事片音乐奖：杨矛（《童年的朋友》作曲）

优秀儿童少年故事片化妆奖：白桂君（《"下次开船"港游记》化妆）

授予儿童少年电影剧作家姚云特别奖

为北京电影制片厂对儿童电影事业的支持授予荣誉奖

授予童话片《"下次开船"港游记》鼓励奖

（按：现在网上记载《鸽子迷奇遇》（儿影，于彦夫、张圆导演）获得了首届"童牛奖"的优秀故事片奖，可是在我保存的记录中没有查到）

1985 年 10 月，我来日本的九州大学留学，硕士课程毕业后就在北九州大学任教至今。

1988 年春，我第一次回国，那时"儿影"已经搬入了新厂区，就是现在的 CCTV "电影频道"，名称好像也已改为了"中国儿童电影制片厂"，简称为"童影"，于蓝老师已退休，不再担任厂长，改由宋崇老师任厂长，梁晓声老师任文学副厂长。于蓝老师还特别邀请和安排我给全厂职工讲述在日本的见闻与感想。

1996 年 11 月 9 日，我听说福冈市综合图书馆举办"中国电影回顾展"，而且主办方邀请来了于蓝老师和她的小儿子田壮壮导演参加这次活动，就赶去了会场。当天下午放映的是《林家铺子》，首先是于蓝老师与观众们见面，她向观众们介绍了影片的概况——原著是茅盾的作品，由中国电影的老前辈夏衍改编，由著名导演水华执导，等等。还介绍说：这部影片通过"林家铺子"这么一个小小的店铺，反映了 20 世纪 30 年代中国在遭受日本军国主义入侵后的动荡与苦难，并将其比喻为"正像从大海中的一滴水，就可尝到大海的苦涩……"。

影片放映后，于蓝老师和田壮壮导演再次与观众见面，有的观众向于蓝老师询问影片的拍摄地点和参加拍摄的感受，于蓝老师都耐心地一一作答。见面会结束后，我才上前跟于蓝老师和田壮壮导演打招呼，于蓝老师先是意外，后是惊喜，一边拥抱我，一边用手抚摸我的面颊，兴奋地问道："这不是小叶吗？你怎么也在这里？"

我和田壮壮导演也已几年不见，1991年初秋，他与姜文、何平、马晓晴前来参加电影节，那时展映了由他执导由姜文主演的《大太监李莲英》、何平导演的《双旗镇刀客》，以及马晓晴主演的《北京，你早》，活动结束的那天晚上，我们大家在一起欢聚了一个通宵。送他们回酒店的路上，姜文跟我透露他正在筹拍一部有关"文革"时期生活的电影，就是后来的《阳光灿烂的日子》。1992年初，我回到北京，和时任电影局《电影通讯》副主编的阎晓明先生一起去了何平导演家做客，他向我咨询日本"夕张国际电影节"的情况，并说该电影节邀请他和他的《双栖镇刀客》出席活动，他本人有些犹豫，不太想去。我告诉他："夕张国际电影节"在北海道，是以动作片为主的，它的运营团队都是"东京国际电影节"的成员，你应该去。后来他告诉我们说他去了，而且获得了大奖，当颁奖嘉宾用日语念到他的名字时，他也没听懂，自己还在四处张望，想看看获奖者到底是谁……

距那次福冈一别，也已时隔五年，我向壮壮询问了于蓝老师和他在福冈的日程安排，才知晓他们是前一天的11月8日刚刚从北京飞到东京，立刻又从东京转机飞抵福冈，因为在福冈停留的时间比较短暂，于蓝老师不顾一路上旅途奔波，9日的上午还在主办方的陪同下匆匆游览了福冈市。于蓝老师对福冈市的印象很好，她在文章中叙述道：

> 福冈是个美丽的城市，我们住在 SeaHawk（海鹰）宾馆。接待者征得我们的同意，利用第二天上午空闲时间带我们游览了市容。他们自豪地说这是填海后的城市部分，为了二十一世纪设计了这些花园式的建筑。果然，不同形状和色彩各异的高层楼房都竖立在青翠满目的绿色丛林与草地之中，花园、街道、港口都是很美好的，给人一种清新、恬适的感觉。

要知道，那一年于蓝老师已是七十六岁高龄，而且身患多种疾病，如此紧张的行程，应该是相当辛苦的。于是我对田壮壮说："今天晚上你们早些休息，明天（10日）上午放映你的《盗马贼》，你得在会场，我陪于蓝老师在附

近转转吧。"我们边商量边向外走，没想到场外仍有不少观众还没走，等着与于蓝老师握手、道谢、要签名。于蓝老师记述说：

> 　　这些观众中有日本朋友也有中国同胞。中国同胞和国内观众一样炽热，他们说："你们老一代电影家培养了我们几代人，至今我们不忘！""听说你来了，我们非常高兴……"而日本朋友则用友好而歉意的眼睛和我们交流，也有人用不流利的中国话向我表达观后的思考（指《林家铺子》）："日本曾给中国造成灾难，我们应该忏悔、反省……"这里面有女子大学的教授、职员，也有商人，他们送了名片，表示对中国的友好与歉意。一对花店的夫妇告诉我，为了人类生活的美好，他们卖鲜花，他们不希望再发生这种不幸！

　　翌日上午（11月10日），我去酒店迎接于蓝老师。于蓝老师将满头银发梳理得甚是整齐，身着一袭黑色半高领的通体毛绒长裙，领口正下方嵌着一枚金色的鱼形胸针，外面还套有一件短大衣长度的绛红色条纹毛绒外套，脖颈上

于蓝老师在福冈"元寇防垒"前（笔者提供）

披挂了一条与外套搭色恰当的围巾，脚上穿着一双半高腰松紧口的黑皮靴，右肩挎着一个黑色的软皮包，包带细长……总之，一切全都搭配有致，优雅、端庄、恰到好处，与我原来在厂里时看到的衣着过简、颜色非蓝即灰、单调肃穆的"领导"大大不同。

　　我陪同于蓝老师先是参观了"福冈市博物馆"，然后参观了"西部瓦斯公司"的一座展览馆，最后又探访了一个历史遗迹——元寇防垒。我一边走一边讲解，没想到于蓝老师过耳不忘，记忆力超群，竟然全部都暗记于心，而且在文章里描绘得那般详细，每一段还配写了精辟的见解和感想：

在历史博物馆里令我感兴趣的是，福冈人把1784年在东区志贺岛上发现的公元57年末汉光武帝所赠送的"汉委奴国王"的蛇钮金印作为日中友谊文物，陈列至今，视为国宝。除陈列原件外，他们还制作成纪念品出售，小叶为我抢购到一枚，我极为珍视这个小礼物。

另一处为煤气博物馆，他们不仅把煤气的各种功能展示清晰，并把利用煤气燃烧可以产生的不同色彩、图案做为艺术品展览，更令人惊讶的是用煤气燃烧演奏的交响音乐会。演出约十分钟，免费参观欣赏。其旋律、节奏的气势磅礴，可与一个庞大的管弦乐队相似。据说全世界只有这一座博物馆，那是在福冈一次博览会上，德国人来此展览设计的，后为福冈煤气公司购买下来，陈列于此，免费参观。这种举动除了能普及科学知识外，更会使人闪现并迸发出巨大的想象力！

历史遗址叫"绊马桩"（笔者按：应为"绊马沟"和用石块堆积在海岸上的掩体壁垒，因为日本没有海防城墙）。这个遗址就在靠海岸城市的楼房建筑之中，碧绿的草丛里，有供人休憩的石椅。初看发现不了什么遗址，然而路旁有一个别致的坚固标志，上面用日文写着：蒙古人曾侵略此地。再仔细看，在草地里有十数条深沟，已经用石头砌得整整齐齐，每条沟深两三米，而每条沟距却不到三尺（没有量，只是感觉），有的还纵横交错。原来历史上蒙古人曾两次跨海要在此处登临，为了防御蒙古入侵的骑兵，福冈人在海岸边挖了许多距离极近的深沟，马一跃上岸就会陷进深沟，再也跳不起来，因此蒙古人始终未能入侵上岸。此处命名"绊马桩"作为遗址，警示人们要保卫自己的和平生活。这使我想起我们历史上，特别是抵御日寇侵略时，人民群众的智慧绝不亚于此，各国人民都要誓死保卫自己的国土与和平生活。

中午我们一起品尝了"和牛呷哺呷哺"（涮牛肉）以后，我送于蓝老师去了回顾展的会场，因为下午是她与田壮壮的对话，既是母与子对话，又是中国的两代电影人对话。据我过去的了解，他们母子之间，这两代电影人之间，在电影观念方面和价值观方面，存在着相当大的不同，甚至可以说是对立……但是万万没想到，这一次他们之间的对话却是极其和谐，而且成功。在我看来，或可称得上是"史无前例"！

我在这里还是想引用于蓝老师自己的话，来回顾一下那场精彩的对谈：

第二天的上午放映《盗马贼》，由田壮壮和观众见面；下午则是正式介绍中国电影的演讲会。主持会议的八寻义幸先生十分风趣地向观众说，难得母子两代都从事电影，又都来到福冈，母亲讲话以后我们也想听田壮壮讲话。观众报以热烈的掌声。我就中国电影的起步，中国左翼作家联盟中的进步电影工作者（包括其中许多共产主义者），怎样从30年代起改变旧中国电影落后局面，使富有民族精神和现实主义传统的进步电影成为主流，为中国电影创造了值得骄傲的成就的这段历史作了简要回顾。然后又对新中国成立后至"文革"前的许多有影响的影片，特别是新中国成立十周年的献礼片以及60年代初期的优秀影片的成就和它们对创造中国电影辉煌的作用作了介绍。当然也讲到消除几次"左"的思想干扰后，出现的一些优秀影片。我的话刚一停，八寻先生就接着幽默风趣地说："妈妈讲过了，那么作为儿子这一代是否同意妈妈的意见呢？！"

田壮壮风趣、面带着微笑地说："妈妈讲的是对的，他（她）们生活在战争年代，革命年代的那代人确实创造了电影的辉煌。而我们生活在改革开放的年代里，有了更多的机遇，才使我们能有所作为；我们也不拘泥于老一代已有的规范，更要求反思，也有些叛逆性，追求创新……所以第五代电影工作者做出一些事情。但是第五代包括我自己尚未完成自己的任务。现在又有新的一代，一些人称之为第六代，他们生长在声像条件最丰富的年代里，所以在技巧的表现方面更熟练了，可是他们之中有些人还缺少一点社会责任感，更带有拜金主义、名利观念等。"他讲过之后，有人提一些问题，他回答得很恰当。主持人又温和地看着我："那么您又怎么看待儿子的这些话呢？他说的您认可吗？"

我笑了，首先肯定壮壮说得符合实际情况，但是我还想补充一些。我认为改革开放以后，第五代确实在电影的表现手法上有许多新的观念和新的语言，但是当时中国电影除了第五代还有许多人，也就是还有第四代和老一代导演与电影艺术家，例如：张水华、凌子风、成荫、谢晋等都属于老一代，在新时期里他们都有突破自己的新作品，也都是脍炙人口的作品。第四代的电影工作者就更多了，如：王好为、黄蜀芹、张暖忻、黄健中、李前宽、谢飞、郑洞天等都创作了富有突破意义的作品，可以说也是蜚声国内外。这些都是新时期的电影主流。

此外，我还反映了国内也有许多艺术家不同意第五代、第六代的划分，因为第六代还难以形成一代，即使第五代的创作思路也各不相同。我也认为年轻一代尚未走完自己的探索路程，而且每一代人都要经过时代和人民的考验。我想只要是符合人类历史向前向上发展、富有新意的作品，人民都会认可的。福冈的观众是那样饶有兴味地关注中国电影，又是那么友好和善，绝无挑剔与挑衅，透露的虚心好学的心情，给我印象极深。

我认为于蓝老师"田壮壮风趣、面带着微笑地说……"的这一段话，既充满了一位慈母对孩子的欣赏，也是经历过"革命战火"洗礼的老一辈电影人对于经历过"文革"而异军突起的一代电影人的认可，同时又直抒胸臆，丝毫不隐瞒自己的观念与立场。

于蓝老师在文章的最后部分写道："明早就要动身去东京了……短短的两天，我们收获了厚厚的友情。"由此看来，老人家不辞连日的辛苦，当天晚上就写下了这篇文字。从字里行间也可以看出，日本给于蓝老师留下了不错的印象，日本友人和友好人士使于蓝老师产生了好感。

其实，于蓝老师与日本友人的接触，应该可以追溯到 20 世纪 40 年代后期。1945 年 8 月 15 日，日本宣布无条件投降。全国抗战刚刚结束不久，于蓝老师便和丈夫田方一起受命离开根据地延安，前往东北执行任务——接收"满映"。据《红色影坛双星田方与于蓝》(中国广播电视出版社 2011 年) 一书记载，"于蓝述说"：1945 年 8 月 15 日，日寇终于投降了，田方和我都随中央第一批派往东北的干部团八中队出发，9 月 2 日离开延安，11 月 2 日抵达沈阳。田方很快地接受党的任务，为筹建中国人民自己的电影制片厂去战斗。他和许珂、钱筱璋冒着生命危险三进长春，终于胜利地完成了接管任务，为 1946 年冬在兴山东北电影制片厂的建成，田方荣立甲等功。

同书的"田方篇"介绍：1945 年 8 月 15 日抗战胜利后，田方和于蓝参加东北干部团赴东北。田方任八中队副队长，9 月 3 日从延安出发，11 月 2 日抵达东北沈阳。到达东北后，八中队改为东北文工一团，田方任副团长……随后，田方和许珂遵照组织命令，11 月下旬赴长春接受伪"满映"，田方任

接管组长，重新回到了自己熟悉的电影行业。田方运用自己过去在电影公司的经验，与舒群、袁牧之等一起，不畏艰险，在复杂紧张的战争情势中三次进出长春，圆满完成接收"满映"并组织迁厂的任务，把这个庞大的制片机构的全部器材和人员搬迁到黑龙江兴山。1946年10月1日，由中国共产党领导的第一个人民电影基地——东北电影制片厂在合江省（现"黑龙江省"）兴山成立，田方担任秘书长一职。

我们再看看于蓝老师在这一时期的活动，她也同期来到了东北解放区，在东北文工一团中，参演了话剧和舞台剧，1946年随团换军装为便装进入大连市区，演出了著名话剧《日出》中的交际花陈白露，以及冼星海的《黄河大合唱》，受到了被日本统治长达40年之久的大连民众的热烈欢迎。除了演出以外，还参加了解放区农村土改和各种宣传活动。1947年夏，随团进入长春，担任东北电影制片厂第一期训练班的指导员。1949年秋，主演了东北电影制片厂的电影《白衣战士》，从此开始了她的电影表演生涯。

日本的影评家佐藤忠男先生于1985年9月出版的笔记《炮声中的电影——中日电影前史》（『キネマと砲撃——日中映画前史』，株式会社リプロポート）一书中，对"满映"有过一些记载：（文字大意）日本管理者明显对满映的发展抱有极大的野心。作为一个文化事业，满映着手开展了一系列长效的宏大计划：培养本土创作者，建电影学校，这一切都随着战败而终止……由于特殊的处境，满映成为日本国内左翼分子的避难所，很多在国内难以生存的导演、编剧会来到满映，这一定程度上也充实了创作队伍。

他也记录了"满映"解散过程：（文字大意）1945年8月9日，苏联对日宣战，满映面临解散。满映解散的过程很有电影画面。最开始，员工和家属都抱着玉碎的觉悟聚集在摄影棚。理事长甘粕正彦举办了最后的晚宴。没有痛哭也没有欢呼，大家陷入一种虚脱状态等待死亡……苏军攻进"新京"之后，甘粕喝下氰化钾自杀。原满映在解散后多次易手。先是留下的中日员工组成东北电影公司。1946年袁牧之等人接手了公司主导权，不久国民党军队逼近，八路军劝说日本员工与他们一起转移到哈尔滨，多次波折，最终在10月改组东北电影制片厂，为共产党拥有的第一个真正的制片厂。

不过，他还记述：（文字大意）厂长袁牧之曾在苏联师从爱森斯坦，对意识形态宣传有强烈的热情，在拍摄上推崇苏联学派，这让满映员工和延安团队之间有一些微妙的矛盾。在之后制片厂的制作方针和精简政策下，有一半日本人被清退……新中国成立后，东北制片厂迁回位于长春的满映旧址，被精简的日本工作者也回到长春，有几位技术人员取了中文名，活跃在创作一线。到 1953 年，在两国红十字会交涉下，战时留在中国的日本人被逐步安排回国。

文中提到了"有几位技术人员取了中文名，活跃在创作一线"。在这一时期，争取日本留用人员为新中国的电影事业服务，作为秘书长的田方当然是义不容辞的事情，而作为训练班指导员的于蓝老师，也应该是做出过相当多的努力。尽管于蓝老师对这段经历，不曾留下什么文字或者口述记录，但是以我对她人格的了解，她是会以自己的党性觉悟和对党的事业的积极热情，一定会去做出努力的。我以为，若非如此，那些参与《白毛女》《六号门》等东影早期作品创作的日本留用技术人员，就不可能具备那样的参与意识和创作热情。其中岸富美子女士和她的家人就是一个很好的事例。

据岸富美子和石井妙子所著《满映与我》(『満映とわたし』文艺春秋 2015 年) 记载：大正九年 (1920) 出生于中国奉天省营口。15 岁进入京都"第一映画社"成为剪辑助理。在协助沟口健二、伊藤大辅等巨匠作品后，参与了日德合作影片《新土》(『新しき土』)。昭和十四年 (1939)，来到满洲，进入满洲映画协会 (满映)。战败后，与中国共产党保持一致行动，截止到昭和二十八年 (1953) 对中国电影草创期起到了支撑作用。归国后，主要作为自由职业者进行电影的剪辑工作。平成二十七年 (2015)，作为多年的电影技术工作者受到表彰。

由此可见，岸富美子女士跟于蓝老师年纪相仿，仅年长 1 岁。在"满映"被接收改造成东影后，岸富美子女士携母亲等一家 9 口随厂迁至兴山，包括了作为摄影师的丈夫岸宽身和哥哥福岛宏，以及兄嫂福岛小夜子等。此后她先后在东影和长影使用中文名字"安芙梅"，陆续担任了《桥》《白毛女》《六号门》等 10 余部影片的剪辑，并为中国培养多名中国剪辑师。1953 年，岸富美子同家人一起返回了日本。

自 20 世纪 80 年代开始，她再次来到长影，并多次访问中国，2016 年 5 月 18 日，已是 96 岁高龄的岸富美子女士，还专程到北京看望于蓝老师，这说明她们年轻时应该有过相当好的交往和友谊，也足以证明延安来的接收人员和"满映"的留用人员建立起了友谊。而这种友谊很有可能是从"斗争"开始的。

2011 年 8 月 28 日，在中国电影"华表奖"颁奖典礼结束时，我在会场遇到了于蓝老师，我上前打招呼，这时已是 90 岁高龄的于蓝老师一下子就认出了我，在簇拥着她的众人面前，一边拥抱我，一边用手爱抚我的脸，一边大声喊道："这不是小叶吗？你还好吗？"

2016 年 5 月 18 日，于蓝老师和当年东影的日本同事岸富美子（安芙梅）见面。《人民中国》杂志社的王众一总编见证了这一时刻（图片提供：王众一）

可是，仅仅时隔 4 年的 2015 年 12 月 30 日，我到于蓝老师家去探望，我们虽然合影留念，可是她已经不记得我了！

总之，于蓝老师的这篇文章，让我想起了许多许多⋯⋯

由于于蓝老师是新中国电影事业的第一代"人民演员"，她所参演的电影作品，影响、培育了中国的几代人，特别是出生于 40 年代末、50 年代和 60 年代的中国人，基本上无一不是看着她主演的电影而成长，无一不是为她银幕中的光辉形象所激励。所以 2021 年 7 月 5 日上午，尽管还处在新冠疫情当中，对于出席"中国著名表演艺术家于蓝遗体告别仪式"的人数严格控制，但是仍然有众多的生前亲友和社会各界人士赶到现场为她老人家送行。中央领导人送了花圈和挽联，就

2015 年 12 月 30 日笔者看望于蓝老师时的合影（图片提供：叶言材）

文艺界逝世人士的告别仪式而言，规格之高，这可以说是新中国成立以来第一次。

我因疫情未能赶回国内出席于蓝老师的遗体告别仪式。在前一天晚上，我书写了一副挽联，拍照后发给在京友人，请他们第二天代为敬献。挽联是这样写的：

革命母亲光辉千古，
永生江姐精彩万年！

# 我前行路上的那盏明灯

## ——纪念于蓝

郦　虹

### 梦想

我一直认为自己是个幸运儿！

从小我梦想当个文艺兵，受电影《青春》的影响，我最想当一名海军，1979年我考上了中国人民解放军海军南海舰队政治部文工团，成为一名穿着海军军服的舞蹈演员；1982年一次偶然的机会，参加了陈家林在湛江拍摄的电影《飞来的仙鹤》，这又让我有了新的目标：当导演……1986年我从部队转业进了珠江电影制片厂，离我的导演梦又跨近了一大步，从场记到副导演，直到2001年独立执导的第一部儿童电影《TV小子》，我的梦想终于实现了。

### 合影

我跟于蓝老师第一次相见，是在2002年的6月中国电影童牛奖的颁奖典礼上，我的处女作儿童电影《TV小子》荣获第十届童牛奖评委会奖。作为一个20岁开始做导演梦的人，我历尽19年的努力与拼搏，终于在39岁那年，拿到了人生中的第一个奖项。梦想成真的我已经不能用高兴来形容自己内心的激动，那是兴奋，甚至可以说是亢奋……

典礼上，我如何走上台，如何接过童牛奖杯，我已经记不太清了，但与于蓝老师的合影前后，我记忆犹新。

颁奖典礼结束后，嘉宾和观众们陆续离场，我看到于蓝老师和田华老师边走边聊地向礼堂大门走去，我很想跟于蓝老师合个影，一是想当面感谢她作为评委给我的获奖投了关键的一票，二是于蓝老师在电影《江姐》里扮演的江姐形象，是伴随我成长的精神支撑，这位"英雄"现在真真切切站在我前面，如果今天不跟于蓝老师合影，我会终身遗憾。强烈的合影欲望，让我很想快走几步超越她们挡在于蓝老师的跟前，提出要求、完成合影、满足愿望、一气呵成。可又担心自己的冒失会打断两位前辈的谈话，再落下一个不懂礼貌的印象就不好了。就这样，我纠结着……犹豫着……着急着……眼看着于蓝老师和田华老师已经走到礼堂的大门口，两位老师还在热聊中，我的合影怕是要泡汤了……焦急之时，幸亏善解人意的朱小欧老师看出了我的心思，叫住两位老师，帮我按下了快门，让我留下了一张珍贵的合影。

## 约定

我还以为于蓝老师会对我说几句恭喜、鼓励之类的话，可于蓝老师没有，她很平静，只说了一句话："希望你以后多拍儿童电影！"

于蓝老师的语重心长，让我第一次感受到一位长者的嘱托，意味深长，成为我前行的动力……

我丝毫没有犹豫，坚定地回答了一句："必须的！"

就这"必须的"三个字，成了我跟于蓝老师的一个约定……

转年，我接到第二部儿童电影的剧本《我们手拉手》时，我第一时间跟于蓝老师汇报，一是为了证明自己是个有诚信的人，兑现了我跟于蓝老师的约定；二是为了让于蓝老师给我支支招。于蓝老师同样没有我想象中那样夸我又接拍儿童电影，她还是很平静地跟我说："这个题材拍的人很多，你要想着怎么从同类题材中脱颖出来，好好动动脑筋想想办法吧……"于蓝老师的这番话，虽然没有直接给我支招，但她给我"同类题材较多"的重要信息，足以让我竖起床板、打开脑洞、不敢怠慢……

同年，我的第三部儿童电影《这个假期特别长》开拍，2004 年，《这个假期特别长》入围柏林第 55 届国际电影节参赛影片；

2005 年，《我们手拉手》获得第 11 届华表奖最佳儿童片奖。

有了三部儿童电影的"成绩"，我荣幸地成为中国儿童少年电影学会的会

员，并担任副会长一职。

担任副会长的最大收获，是能跟于蓝老师和电影界的专家及教育界的专家们一同评审儿童电影。学会每年两批推荐影片，只要没有自己的影片参加评审，我就有审片的机会，这是千载难逢的学习机会啊！感谢推荐我入会的王君正导演和黄军导演，让我能近距离地跟着于蓝老师，将儿童电影进行到底！

## 受教

于蓝老师对儿童电影的研究是有着自己独特真谛的。于蓝老师对我说过：一定要跟小观众一起看你自己拍的儿童电影，孩子们的笑和哭都是最真实的，这些最朴实的情感传递，可以提高你的判断力，将来再做儿童电影的时候，你就能轻松驾驭孩子们的喜怒哀乐，成为孩子们的灵魂导师……

于蓝老师的这些话，只有在与她一起审片、探讨儿童电影的时候才能有机会听到，我受益匪浅，与孩子们一起观看电影成了我追求梦想的一部分。与孩子们一同观看自己拍摄的儿童电影，可以让我了解到自己在剧本阶段设计的笑点和泪点是否准确，让孩子们的喜怒哀乐的节点是否充足……

所以，与孩子们一起观看电影是何等的重要，于蓝老师的独到见解，我受教了，受益终身……

## 印象

跟于蓝老师一起工作的十二年里，我们一起研讨、一起审片、一起商讨、一起参加电影节……她说的最多的一句话就是"一切为了孩子"。在我的印象中于蓝老师总是那么平静，那么慈祥，我从来没见她大起大落的情绪波动，无论遇到什么事，再难、再累，她总能控制好情绪，有条不紊地把事情处理得妥妥帖帖。

于蓝老师是一个廉洁的人，她唯一的收藏是十八次手术中医生从她的膝盖取下的增生骨，当我捧着她递给我的装满用药水泡着的白色骨头的瓶子时，我是既心疼又敬佩，心疼的是于蓝老师的一次次受苦；敬佩的是她的坚强与生死不惊、宠辱不惊的气概。

## 明灯

从 2001 年到 2015 年，我一共拍摄完成了 20 部故事片和 3 部电视剧，其中 17 部是儿童电影和 2 部儿童电视剧……这期间，为了寻求突破，我迷茫过、焦虑过，每次的挣扎如同行走在黑暗里，而于蓝老师总能解决我内心的困惑……

于蓝老师就是我前行路上的那盏明灯！

# 悼念于蓝阿姨

蔡安安

于蓝阿姨如果仍在世，今年整整一百周岁了。这两天，北京电影界同仁聚会，隆重纪念这位老艺术家。

于蓝在《烈火中永生》演江姐、蔡安安演华为。

我与于蓝相识半个多世纪，由于在 20 世纪 50 年代，我父亲曾与于蓝在苏联专家指导的表演进修班学习，为此我一直称她为阿姨。直至几年前，在北京的文代会见到她时，她对我叫她"阿姨"提出"抗议"，她说："你在《烈火中永生》中是叫我姐姐的，仍应该叫我姐姐。"

在 1964 年拍摄的电影《烈火中永生》中，于蓝饰演江姐，而我被导演水华选定饰演双枪老太婆和华子良的儿子华为，和江姐在重庆大学见面以及陪她上华蓥山时，是叫她姐姐的。这已是五十多年前的事了。

记得 1963 年秋，我刚从中央戏剧学院毕业，被分配至北京人民艺术剧院工作。我每天都在首都剧场看戏、记笔记，向演出的老演员们学习。冬季某一天，我看完戏正往外走，走至剧场门前大厅时，只见前面有几个人在剧院领导陪同下向大门外走去。鬼使神差，忽然其中一位戴法国帽的先生回头一望，见到我即停了一下，结果几个人都停下来看我，其中就有于蓝阿姨。原来戴法国帽的人就是曾导演过《白毛女》的水华导演，当时他们只望了我一下、点了点头，一句话未说就离去了。这一望，就决定了让我饰演华为的命运。原来他们作为《烈火中永生》摄制组的主创人员，当晚是来挑选演员的，结果台上的演员没有被选中，倒把台下的我给选上了。

由于我被选中饰演华为，给了我与于蓝、赵丹、项堃、张平、胡朋、庞学勤、王心刚及我父亲等优秀艺术家合作的机会。特别是于蓝，因为她和我的对手戏比较多，我记得全片开拍的第一场戏，就是她到重庆大学来找我的，我出场的第一句是叫她"姐姐"，从此我们每次见面都觉得很亲切。由于和于蓝这次合作，使我有更多机会向她学习及交往，也认识了田方，并与其公子田壮壮也成了好友。

于蓝阿姨是我的前辈，我在年少时就看过她在舞台上演戏。我们在一起拍戏和相处，真切地感受到她非常和蔼亲切，毫无长辈的架子。最重要的是，她对工作的认真，对角色创作的精益求精，对所有人的平易近人，都深深地影响了我！

# 化育劬劳　德艺双馨

## ——于蓝的电影事业与人生历程

### 李道新

　　化育劬劳，辛勤劳累教化培育之谓也。《礼记·中庸》曰："能尽物之性则可以赞天地之化育，可以赞天地之化育则可以与天地参矣。"清代郑燮《潍县署中与舍弟墨第二书》云："夫天地生物，化育劬劳，一蚁一虫，皆本阴阳五行之气絪缊而出。"另，百度百科解"德艺双馨"，指一个人经过若干年的思想修养和品质升华，加之不懈的刻苦钻研、努力进取，使自身的技艺水平达到出类拔萃的高度，而其信誉和声望也得到国家、民族和大众的广泛认可与赞许。化育劬劳，德艺双馨，恰是于蓝电影事业和人生历程的写照。也正因为如此，在纪念田方百年诞辰、于蓝九十华诞之际，国家广播电影电视总局有如下致辞："于蓝同志是著名表演艺术家，主演了《翠岗红旗》《龙须沟》《林家铺子》《革命家庭》《烈火中永生》等影片，成功塑造了'江姐'等浩然正气、令人难忘的经典艺术形象，伴随和激励了一代代观众的成长。于蓝同志还是优秀电影事业家，倡导创建了中国儿童电影制片厂并任厂长，退出领导岗位后，仍然关心和支持中国电影，尤其是儿童电影的发展，组织国际儿童电影节，积极扶持电影新人，热心公益事业，为新一代的电影工作者树立了榜样。"[1] 本文力图从于蓝的表演艺术及其经验总结、于蓝的电影观念及其儿童电影事业以及于蓝的杰出贡献及其历史地位等方面，探讨于蓝的化育之功、德艺之光，以此献给于蓝九十华诞，兼及回顾中国电影的盛衰与沉浮、骄傲与梦想。

---

　　① 中国电影资料馆、中国电影艺术研究中心编：《红色影坛双星：田方和于蓝》，中国广播电视出版社，2011，插图第6页。

## 生活与激情：于蓝的表演艺术及其经验总结

作为杰出的表演艺术家，于蓝风格稳健、个性独具、影响深远；其精心塑造的一系列舞台和银幕形象，早已穿越时空、脍炙人口。尤其值得注意的是，于蓝的表演艺术是与其认真自觉、一以贯之的经验总结联系在一起的，这就为深入理解她的表演实践及其历史脉络提供了不可多得的参照系。于蓝的表演艺术及其经验总结，是中国戏剧和电影表演史上的宝贵财富，也在一定程度上充实和完善了 20 世纪 40 年代以来具有中国特色的戏剧电影表演理论。

事实上，正是通过积极主动的社会生活实践、不断累积的舞台银幕创造以及热情善良的观众舆论口碑及其三者之间的交流互动，在延安鲁艺实验剧团、中央戏剧学院表演干部训练班以及中央实验话剧院的舞台上，在苏联专家及其斯坦尼斯拉夫斯基表演理论体系的启发下，特别是在熊塞声、王滨、张骏祥、冼群、水华、夏衍等编导艺术家的具体指导过程中，得益于中央领导特别是周恩来总理还有广大观众的关注、鼓励和热爱，于蓝将生活与激情较为完美地进行碰撞、糅合与生发，在日常的生活中寻找着崇高的激情，又在崇高的激情中回归着日常的生活，并为新中国电影呈现出向五儿、程娘子、张寡妇、周莲和江姐等有理有据、有情有义而又自然生动、含蓄隽永的经典形象，不仅一步一步地提高和跨越着自己的艺术表现能力，而且在很大程度上改变和突破了新中国电影较为浅近、单一而又不无图解化、概念化的表演程式，进而引发观众最大限度的思想震荡和情感共鸣，以其深具信仰内蕴和人格魅力的银幕形象熏陶感染、教化培育了新中国建立以来的几代观众。遗憾的是，主要由于政治斗争的风云变幻，特别是"文化大革命"的历史浩劫，1966 年以后的于蓝没能集中地在银幕上继续发挥自己的才能和努力，中国电影虚掷了这一代不可多得的表演艺术家进一步开掘创造的重要年华。好在新时期以来，于蓝通过儿童电影事业和公益社会活动，再一次接续了自己辛勤劳累、化育天下的理想和信念。

可以说，毛泽东《在延安文艺座谈会上的讲话》的指导精神，以及延安秧歌运动和解放区的文学艺术实践，一度作为一种颠扑不破的真理表述和方针策略，总会自然而然地流淌在每一个从延安走向各自岗位的文艺工作者的

血液之中；然而，包括于蓝在内，从他们踏上舞台和银幕的那一天开始，其实都要面临政治宣传与艺术创造、集体意志与个人能力、内在体验与外在形象、革命激情与真实生活等方面的矛盾、困惑和冲突。要想较好地解决这些问题，显然需要从理论与实践双向互动的角度，在大量的日常生活与艺术创作中进行不断的调整和修正。尤为可贵的是，于蓝较早便意识到了这一点，不仅在深入生活中注意用心观察，而且在表演过程中善于揣摩学习，还通过日记、笔记、文章等形式，经常对自己的思想和创作进行回顾和总结。早在1960年，于蓝即在《戏剧报》上发表《我们必须工农化》的文章；此后，又在《电影艺术》上相继发表了《难忘的课程——〈在延安文艺座谈会上的讲话〉发表二十周年有感》《我爱李双双——学习札记》等文章，对自己从延安时代到60年代初期的创作观念和表演经验进行了较为理性也较有深度的分析和探讨。尽管由于历史的原因，这些文章中的例证和观点并不一定能够完全表达作者的立场，但跟于蓝创造的舞台和银幕形象相互参证，对研究者深入理解于蓝的表演艺术还是具有极为重要的价值和意义。

《难忘的课程——〈在延安文艺座谈会上的讲话〉发表二十周年有感》一文，是在《在延安文艺座谈会上的讲话》发表20周年前夕写成的，可以看成于蓝对自己的电影观念和表演经验的一次相对完整的分析和阐述。[①] 文章中，于蓝表示：重读《在延安文艺座谈会上的讲话》，同时回顾自己的创作道路，"感触很多"；在许多感想中，"有一点对我来说是最重要、最可宝贵的，那就是作为一个演员，要永远地保持充沛、饱满的革命热情，关心与投入到群众的火热斗争中去，并在生活和斗争中不断改造与提高自己。这些看来似乎是老生常谈的道理，但它确实是十分重要的，而且是随时随地地左右和影响着自己的创作能力。当一个演员真正进入创作境界之后，它便成为你整个创作的动力，会影响你创作的倾向、风格和艺术形象的魅力。因为只有当你对待美好的事物、新的生活产生由衷的激情，才能有强烈的发自内心地要歌颂它、赞美他的欲望，这时，也才可能把自己感受的一切，通过所创造的形象传达给观众，来感染观众。"在这里，于蓝不仅不避"老生常谈"，而且明确地从形象传播与作用观众的层面，讨论了生活与激情之间的互动辩证关系；

---

① 《电影艺术》1962年第3期，第4—9页。

更为重要的是，她没有简单化地、公式化地停留在"老生常谈"上，而是结合自己从延安抗大学习开始至新中国成立之初几年的戏剧、电影表演实践，特别是在《一二·九》《佃户》、新秧歌运动以及《周子山》《翠岗红旗》和《小市民》等表演实践中的苦乐得失，阐明了将生活与激情结合起来这种创作能力的获得并不是"轻而易举"的道理，并且细致入微、以理服人地展现了其在创作过程中的"复杂性"和"艰巨性"。

现在看来，对这种"复杂性"的强调和"艰巨性"的探析，使于蓝始终没有放弃对艺术规律的遵循以及对表演生活化、细节化和真实性的追求，即便是在"文革"期间的故事片《侦察兵》中，于蓝饰演的房东孙大娘，也在言谈举止的设计、真情实感的流露等方面渗透着于蓝的特别用心，使这一形象跟王心刚饰演的侦察参谋郭锐、杨雅琴饰演的地方干部孙秀英、于洋饰演的解放军某部政委、赵岂明饰演的水房老大爷等相比均更具层次性和立体感，因而还留存着一丝人性化的光辉；更不用说在《革命家庭》与《烈火中永生》中既形神兼备、动静相宜、内外一致，又恰到好处、令人赞不绝口的许多华彩段落了。这也正是于蓝通过表演实践及其经验总结在中国戏剧电影表演领域所取得的重要的理论成果。

难能可贵的是，这种看似平凡实则不易的"老生常谈"，一直是于蓝的坚持。在纪念《在延安文艺座谈会上的讲话》50周年之际，于蓝发表的《说几句，也许是"老生常谈"》就是这种坚持的证明；① 即便是在《在延安文艺座谈会上的讲话》发表60周年之后，在自传《苦乐无边读人生》中，回顾《翠岗红旗》《革命家庭》《烈火中永生》等影片的创作时，于蓝仍然秉持生活与激情相互生发、相得益彰的评判标准，在努力正视创作过程的"复杂性"和"艰巨性"的基础上，披露了自己塑造银幕形象的酸甜苦辣和经验教训。关于《烈火中永生》中的江姐形象，于蓝便相当细致地描述了自己从革命激情进入生活体验，再从生活体验提炼革命激情，亦即从人物的内在精神延展到外在形态，再从外在形态深入内在精神的多次反复，并结合银幕形象创造的特殊规律，交代了江姐形象的诞生过程："当然理解与掌握江姐的内在精神气质之后，还要通过作为演员的我，从自我出发，假定与体验，并生活在角色那些

众说于蓝

---

① 《当代电影》1991年第2期。

特殊的、具体的规定情景之中，不断激发出自己的真情实感和思维过程，再根据导演的要求，反复实践、排练，尽量争取达到导演的要求才能实拍，最后通过导演的剪辑，才诞生出江姐形象。"① 可见，经过多年的思考和积淀，于蓝的表演理论相较此前已经具备了更加丰富的内容和更加系统的表述。只要《革命家庭》和《烈火中永生》等电影还有其感动人心的力量，周莲和江姐的形象就会永远烙印在电影观众的脑海，于蓝的表演成就及其经验总结就是值得不断探讨的话题。

除了以生活与激情的辩证统一为标准、以艺术创作的"复杂性"和"艰巨性"来评判自己的表演实践之外，于蓝还能以此为标准和方法来分析和评价其他演员甚至导演的创作，并给予感同身受的理解和切中肯綮的批评。这样的努力和表现，在中国电影演员中并不多见；这也足见于蓝在表演才能之外还具有较强的学习能力和思考能力，也更能体现于蓝化育劬劳、德艺双馨的不凡魅力。其中，对张瑞芳在《李双双》中的表演、对张瑜在《庐山恋》和《巴山夜雨》中的表演，于蓝都有专文讨论；② 另外，于蓝还在文章中分别回忆和追念张平、水华、田方、汪洋和袁牧之等曾经与之共事的电影艺术家和电影事业家，③ 从一些侧面探讨了电影表演的实践、理论和管理等问题，对于构建中国特色的表演理论体系无疑具有较为重要的参考价值。

## 理想与信念：于蓝的电影观念及其儿童电影事业

因为拥有一代人共同的理想与信念，于蓝从平津走到了延安，也从舞台走到了银幕，更从表演艺术走到了她后半辈子为之呕心沥血、同样做出杰出贡献的儿童电影事业。

这一代人为国家独立、为民族解放、为大众幸福的共同理想与信念，在

① 于蓝:《于蓝自述》，中央文献出版社，2011，第244—268页。

② 分别参见于蓝:《我爱李双双——学习札记》，《电影艺术》1962年第6期；于蓝:《寄语张瑜——写在首届"金鸡奖"评奖之际》，《人民日报》1981年5月23日，第8版。

③ 分别参见于蓝:《回忆张平》，《电影艺术》1990年第5期；于蓝、朱小鸥:《于蓝追忆水华导演》，《电影艺术》1999年第4期；于蓝:《汪洋同志与田方及我——深情的怀念》，《新文化史料》1999年第2期；于蓝:《忆汪洋老厂长——汪洋同志永在》，《当代电影》1999年第2期；于蓝:《永远铭记袁牧之同志》，《当代电影》2009年第7期。

国破家亡的乱世背景下萌生，在延安开始获得脚踏实地的践履。作为一个文艺工作者，于蓝的电影观念早在延安时期应已伴随着文艺观念的形成而逐渐形成；而当她把自己对电影的认识与对儿童的关心联系在一起的时候，便能以化育之功和德艺之光为目标，将自己此前的表演艺术跟即将展开的新的儿童电影事业紧紧地联系在一起。从根本上看，两者并无分别，都是为了一份早已定下的执着和坚守，一种无法放弃的理想与信念。

如果说，作为表演艺术家的于蓝，更多是通过银幕形象的艺术魅力感染观众、征服心灵；那么，作为电影事业家的于蓝，便主要是通过自己的身体力行和建言献策摆脱儿童电影的窘境，提升儿童电影的数量、质量和影响力，为少年儿童提供更加多样、愈益优质的精神食粮，为祖国的未来和人类的前途承担应有的职责和使命。在这方面，于蓝一开始即有明确的认知。特别是在儿童电影并不景气的中国影坛，选择儿童电影事业无疑是需要一种献身精神的。好在这种为理想与信念献身的精神，已经内化为于蓝及其一代人灵魂深处的指向。因此，在《为儿童电影献身》一文中，于蓝表示："对一个电影工作者来说，拍儿童片是要有点献身精神的。"[1] 指的虽然是拍儿童片的电影创作者，其实内蕴着她自己的心声。对一个电影工作者来说，还可以选择不拍儿童片，事实上也有一些创作者确实只把儿童片当作练手的题材，拍时敷衍，拍过即走；但在于蓝心目中，作为一个儿童电影制片厂的厂长，只有完全献身于儿童电影事业，才能"更好地为全国三亿儿童服务"。

抱着为儿童电影献身的理想与信念，于蓝多次上书中央领导和相关部门，或在"两会"期间及各种可能的场合为儿影厂和儿童电影鼓与呼。除此之外，她也不会放过每一次为孩子们服务的机会，总是想着踏踏实实地为孩子们做点事。按儿影厂成立之初的媒体报道，成立大会的第二天，于蓝就开始了"紧张"的工作。她走到优秀教师中去，虚心体验和学习他们热爱孩子、不怕苦难、为党的教育事业呕心沥血、鞠躬尽瘁的献身精神；她"废寝忘食"地阅读、挑选剧本，组织拍摄力量，并且准备制订一个比较长远的计划，为今后几年的工作勾画出大致的轮廓……儿童电影制片厂成立的消息发出仅三四天，于蓝就收到二三十封群众来信，有的表示祝贺，有的寄来捐款。她

---

[1] 《电影故事》1982 年第 6 期，第 1 页。

指着厚厚的一沓信件说："这些同志这么热情，总要给他们一个答复，这也是个不能不做的工作啊！"①

为了把最好的精神食粮献给孩子，于蓝还在儿影厂成立之初积极呼吁组织一流的编剧、导演、演员和设备拍摄儿童片，建议组织一支儿童电影的专业队伍。②在北京儿童电影制片厂成立五周年之际，尽管已经拍出了《苗苗》《四个小伙伴》《小刺猬奏鸣曲》和《十四五岁》等较有水准而又为小朋友们喜欢的儿童电影，但于蓝仍不满足。她结合儿童片的特点及其发行放映状况，对采访者表示："我是儿童电影的头头，却不能给孩子们送去丰富多彩的儿童片。我愧对三亿儿童。越到节日，我越痛苦。但儿影厂厂小力薄，难孚众望。"③作为一厂之长，没有历数自己的成绩，毫不讳言面对全国儿童的愧疚之情，此种精神境界已经超越常人，其胆识和勇气都是令人钦佩的。

1986年"六一"前夕，于蓝再次接受媒体采访。此时的儿童电影制片厂，在于蓝的主持和北影厂的帮助与合作下，已经拍出17部故事片，16集电视剧，还摄制了几部教学片、美术片和译制片。其中，故事片《四个小伙伴》《应声阿哥》《小刺猬奏鸣曲》《岳云》《十四五岁》等分别获得了文化部颁发的优秀儿童故事片奖和文化部、全国妇联、教育部与团中央等单位联合委托儿童少年电影中心举办的"童牛奖"；《四个小伙伴》还在意大利的季伏尼获得最佳荣誉奖和法国的郎市青年观众奖。但此时的于蓝，仍然感到儿童电影的"担子重""困难大"；她还在"大声呼吁"："希望全社会都来关心儿童电影事业，切实帮助儿童电影制片厂提高影片质量，拍出更多的受小观众欢迎的儿童片来。""有关部门要疏通儿童影片的发行渠道，以便更多更快地把影片送到少年儿童观众中去。"④在第二年全国政协会议上，于蓝继续发出三个方面的"呼吁"：第一，希望政府继续减免儿童电影制片厂的营业税、所得

---

① 孙扶民：《踏踏实实地为孩子们做点事——访北京儿童电影制片厂厂长于蓝》，《光明日报》1981年6月13日，第2版。

② 《把最好的精神食粮献给孩子——记〈辅导员〉杂志召开的儿童电影、电视剧座谈会》，《人民日报》1982年6月2日，第5版。

③ 小鸥：《痛苦多于快乐——"六一"节前访于蓝》，《电影艺术》1986年第6期，第41页。

④ 杨昌凤：《为了儿童电影事业的繁荣——"六一"前夕访于蓝》，《人民日报》1986年5月31日，第8版。

税；第二，鉴于北京东单儿童影院基本不放儿童片、全国 24 家儿童影院均名存实亡的现状，希望能调动发行放映系统的积极性；第三，发挥非商业性渠道的作用，把影片送到学校、少年宫去。[①] 到 1988 年，于蓝更是从电影生产、发行放映和学校家庭三个方面，更为系统地思考中国儿童电影存在的问题，认为儿童片生产亏本、票价太低、社会不重视等因素阻碍着儿童电影的发展。[②] 如此种种，为儿童电影的繁荣和少年儿童的健康成长而表现出来的殷殷之情和拳拳之心，实在令人动容。

尽管如此，跟中国电影走入低谷的总体状况一致，到 1989 年前后，儿童电影事业仍然"面临危机"。于蓝自称："为了儿童电影，我们是'磨破嘴，跑断腿，汗水加泪水。'"[③] 到 1994 年，于蓝还在杂志撰文，疾呼"救救儿童电影"。[④] 面对儿童电影厂家不愿拍、影院不愿放、儿童看不到的"恶性循环"，于蓝年复一年地奔走呼号，真正成了中国儿童电影的代言人。

在此过程中，于蓝还发起成立了中国儿童少年电影协会，创立了儿童电影"童牛奖"，发起了百部爱国主义影片进校园的活动；并作为国际儿童少年影视中心的执委，考察了德国、意大利、加拿大等国的儿童电影。

为了拍好儿童片、推动儿影厂、促进儿童电影事业的发展，于蓝还努力撰文或接受访谈，就儿童电影的许多问题发表意见。在《学习与探讨》一文中，于蓝结合好奇心强和求知欲旺盛等儿童心理，对儿童片提出了自己的期待。她指出："儿童是我们社会主义祖国的希望和未来，这将使我们担负着多么光荣而艰巨的任务！儿童与成年人是大不相同的，我们只有拍出更多更好符合儿童特点的影片，才能满足儿童求知欲望，才能激发儿童丰富的想象力，培养成为道德情操高尚的接班人。"接着，于蓝针对儿童电影剧本创作中普遍存在的一些问题进行了研究和探讨，对那些直接宣传和图解政治口号、只写故事不写人物、题材想要包罗万象以及一味追求庸俗低下的猎奇和噱头

众说于蓝

---

① 李彤：《花朵，期待着银幕之光——第二届儿童电影"童牛奖"评选散记》，《人民日报》1987 年 4 月 18 日，第 8 版。

② 于蓝、宋崇：《对儿童电影的沉思》，《人民日报》1988 年 6 月 12 日，第 8 版。

③ 《儿童电影工作者：磨破嘴跑断腿汗水加泪水，儿童电影形势严峻，于蓝呼吁尽快采取措施》，《人民日报》1989 年 6 月 1 日，第 4 版。

④ 于蓝：《救救儿童电影》，《群言》1994 年第 6 期。

等弊端，予以严肃的检讨和批评。① 在较为晚近的一次访谈中，于蓝仍然对儿童电影充满着期待："不管怎么说，还是会有人为儿童片努力，尽管有这么多的困难，我相信终归会出现好影片，能够得到孩子们的喜欢；不管怎么样，还是会有人在那里奋斗，只要奋斗就会出现很多成果。当然我还是希望我们国家的相关部门，要认认真真地、有实效地去解决与推动儿童电影的发展！因为少年儿童是我们祖国的未来！"② 正是秉承着这种自始至终为儿童电影献身的理想和信念，作为电影事业家的于蓝，即便走下银幕之后，也仍然在中国观众的心目中熠熠生辉。

## 知行与垂范：于蓝的杰出贡献及其历史地位

无论是在银幕上的表演，还是在现实中的言行，于蓝都能达成高度的一致。所谓知行合一，即指在思想追求与生活方式上互为表里、不可分离。也正因为如此，于蓝才能以其高尚的德行与高超的技艺启迪来者、垂范后世。毫无疑问，于蓝已因表演艺术、儿童电影和社会公益等方面的杰出贡献，在中国电影史上奠定了不可取代的历史地位。

于蓝的杰出贡献及其历史地位，既是其脚踏实地辛勤耕耘、循序渐进终生追求的结果，也得益于观众、舆论和社会几十年来的真诚热爱与精心呵护。基于所饰角色的性格特征及参与影片的广泛影响力，从一开始，于蓝电影的接受者就倾向于将银幕上的角色（如庄队长、向五儿、程娘子、周莲等，特别是江姐）与现实中的于蓝放在一起相互参照，有意无意等量齐观；反之亦然。随着人们对银幕角色的认同度越来越高，角色饰演者的杰出贡献和历史地位自然也会得到越来越高的认定。

早在 20 世纪 50 年代初期，刚刚拍完三部影片的于蓝就得到了舆论的高度关注和热情赞誉。有文章写道："提起于蓝同志，我们会立即联想起了她在银幕上创造的那些人物来：《白衣战士》里的全心全意为伤病员服务的庄队长、《翠岗红旗》里的始终关怀着革命的向五儿、《龙须沟》里的热爱自己的丈夫和生活的程娘子。这些优秀的革命战士和劳动人民的形象留给人们深刻的印

---

① 《电影创作》1982 年第 6 期，第 3 页。

② 张震钦：《于蓝访谈录》，《当代电影》2009 年 4 期，第 90—95 页。

象，从于蓝同志的身上，我们也发觉了这些人物所共有的性格，那就是朴实而又真诚的性格。"[1] 在这里，作者正是发现并肯定了银幕角色与其饰演者性格特征之间的一致性。角色因其创造者而变得生动美好，角色创造者也因角色本身而被赋予了特别的光华。这也是为什么迄今为止，还有如此之多的电影观众会把江姐当成于蓝、把于蓝当成江姐的重要原因。事实上，于蓝自己也会不断地以江姐的言行和境界来要求自己。

80 年代初期，已经退居幕后的于蓝仍然没有退出关注着的视线，她的表演艺术成就也开始得到电影学术界的分析、研究和肯定。在一篇文章中，研究者不仅发现于蓝塑造的银幕形象"性格不同""风貌各异"，而且归纳出于蓝表演艺术"在朴素中见光彩，于自然处露才华"，"显示了一种富有内涵的艺术美"的共同特点。文章最后，作者同样表示："不同的艺术家，有不尽相同的生活道路、艺术道路。而于蓝，从一开始，便在革命和艺术两方面得到了较好的结合和统一——革命，促使她献身于艺术；艺术，又是为革命的理想服务。""于蓝的道路是把理想、生活和艺术结合在一起，一步一个脚印走过来的。"[2]

在纪念田方百年诞辰、于蓝九十华诞之际，时任国家广播电影电视总局副局长赵实进一步指出："田方和于蓝是我们党培养出来的优秀革命文艺干部，他们把自己的全部人生献给了中华民族的解放和复兴事业，他们所创造的银幕形象深受广大人民群众的欢迎和喜爱，他们的成就和贡献、思想和风范、人品和艺德，值得我们认真学习、继承和弘扬。"[3] 结合于蓝 60 多年来的电影事业及 90 年来的人生历程，这样的评价应该是准确到位的。

化育劬劳，德艺双馨，庆幸中国电影史上出现了于蓝这样令人景仰的奉献者；也敬祝于蓝及其一代电影家身体健康、永远年轻。

---

① 虞如静：《我所知道的于蓝同志》，《大众电影》1953 年第 14 期，第 32 页。

② 木子、云缦：《于蓝和她的表演艺术》，《电影文化》1981 年第 1 期，第 171 页

③ 中国电影资料馆、中国电影艺术研究中心编：《红色影坛双星：田方和于蓝》，中国广播电视出版社，2011，"序"第 2—3 页。

# 孙明霞忆江姐

林　盈①

敬爱的于蓝阿姨离开我们整整一年了，由于疫情我没能回到北京向她作最后的告别，留下了心中永远的遗憾。

此刻我满怀深深的敬意回忆与于蓝阿姨的相遇与情谊。

1964 年我有幸在革命经典影片《烈火中永生》中

担任孙明霞的角色。因此有缘遇到了于蓝阿姨。孙明霞的第一场戏就是描述她因为没能去根据地而闹情绪，独自一人躺在大学宿舍的床上哭。这时江姐突然出现在她面前，江姐和蔼的目光与温和的语调让孙明霞感受到无比的安慰，江姐告诉她："这是组织的决定，留下来办《挺进报》仍然是干革命。"江姐掏出手绢让孙明霞擦去泪水。这时孙明霞立即兴奋起来，明白了办《挺进报》也同样是重要而光荣的革命工作！这就是我第一次见到于蓝阿姨，也是我与她合作的第一场戏。她那真挚、柔和又坚定的语调给了我极大的信心，去扮演好这一角色。很多观众想起孙明霞都记得狱中扭秧歌的那段欢快的场面，但对我来讲，最难忘的是狱中永别的两场戏。

一是狱中小萝卜头来告别。江姐和孙明霞都清楚敌人要杀害小萝卜头一家了，但又不忍心让小萝卜头这小小年纪面对这残酷的现实。江姐

———————————

① 作者系《烈火中永生》孙明霞扮演者。

暗示孙明霞一定要控制好自己的感情，不能在小萝卜头面前显示出丝毫的悲伤。江姐克制住心中极度的悲愤，用慈爱的目光平静地听小萝卜头兴高采烈地说"我要坐飞机走了"，而孙明霞却实在无法忍住眼中要掉下的泪水……

二是与江姐的告别。眼看着革命胜利在即，却要在此刻永远地失去敬爱的江姐，无法控制的悲愤让孙明霞恨不得能立刻冲出去与敌人拼命！这时由于过分激动，当我紧紧抱住江姐的一瞬间，我的手指下意识地频频抓动，如弹琴的动作一样，水华导演立即喊："停！停！"这个镜头只好重拍。（在于蓝阿姨背上弹钢琴的配角大概只有我一个）拍这个镜头时，于蓝阿姨在我耳边提醒我："激动也要有理智。"

之后的另一镜头江姐对孙明霞说："不要用眼泪告别。"并微笑着问孙明霞："你看我的头发乱吗？"孙明霞的内心在痛哭，但她必须克制住不让眼泪流下来……我不是学表演的，拍片的时候我正在中央音乐学院钢琴系学习钢琴演奏，师从朱工一先生，所以在拍戏过程中努力听取导演的要求，于蓝阿姨的榜样与提示给了我很大的帮助。

当年那一代的文艺工作者，每月除了固定的工资，演员没有额外的收入，大家都非常认真敬业，专注自己的角色，努力研究如何能扮演好剧中的人物，如何理解导演的要求。影片为了赶在新中国成立十五周年献礼，常常要开夜车，甚至拍到次日的清晨。拍《烈火中永生》的时候于蓝阿姨早已是一位德高望重的名演员，但她就像江姐一样，和演狱友的演员们在一起，从没要求任何特殊的待遇。大家都知道水华导演的严格，细腻入微，追求完美是出了名的。例如江姐受刑后躺在又脏又湿的地上，小萝卜头来看她，叫着"江阿姨，你过来呀"，江姐忍着巨大的疼痛拖着难以动弹的双腿，向牢门缓缓的爬去……一次又一次，为了能准确地表现出一个革命者的坚强，塑造出一个伟大而亲切的人物。电影《烈火中永生》的这些场景永远留在了我的心中。五十多年后，于蓝阿姨的表演，她塑造的江姐及那一代革命先辈为革命事业献身，为信仰而坚守的精神始终令我感到深深的震撼。

在于蓝阿姨晚年，我每次去探望她时，她总要请我吃顿饭，并且跟老板讲好决不能让我付钱，有时还约上《烈火中永生》的副导演赵元阿姨，聚会时一起聊起过去的电影界的老导演们，特别是水华导演。那时的电影艺

术工作者是多么地诚
恳、专注，一心只为
了创作出有质量的好
作品，从没有想着为
自己个人赢得什么好
处。像水华导演，甚
至想用自己的工资多
买些胶片，只为了把
每个镜头都拍到真正
完美。于蓝阿姨和我

都参加过不只一部水华导演的创作。我们都深深地体会到水华导演是多么的
诚心诚意，一心一意为了创作出优秀的作品而奋斗了一生，为我们国家的电
影艺术贡献了多部经典，包括我与王心刚主演的获奖影片《伤逝》。水华导演
是中国电影历史中值得爱戴与纪念的导师与榜样。于蓝阿姨多次感叹说："再
难遇见这样的好导演了！"

相比之下，谈到一些近代电影界的一些风气与现象时，例如不考虑人物
是否合适，因关系选用演员的做法，高额片酬，演员的炒作等，于蓝阿姨为
自己贡献了一生的中国电影艺术感到忧虑。

2010 年我有幸邀请到于蓝阿姨出来聚会，同时也请了赵元阿姨。马精
武、李冉冉夫妇也特意从城外赶来参加，还有我在拍《冰上姐妹》时认识的
好友，著名演员卢桂兰夫妇，大家在北影厂的小餐厅里好好聚了一次。从表
演训练班的往事谈起，回忆、谈论了不少影片、导演、故事，这餐饭一直吃
到餐厅里都没有人了，那天我们大家都格外高兴，说好以后一定要再聚。可
是后来这些年，因各种原因没能再次约起这样的团聚，很是遗憾。

2019 年于蓝阿姨已住在中日医院，当年夏天我约了卢桂兰一起去探望
她，我们见到她精神很好，很高兴看到我们，一个劲儿邀请我们在医院食堂
吃饭，我想着等她出了院一起好好聚会，可没料到疫情开始了，随后几个月
后赵元阿姨离开了，短短几个月后于蓝阿姨也离开我们了，医院的聚会竟成
了最后一次见面。于蓝阿姨一直说要画一张满意的梅花送给我，可惜无法实
现了。那本《烈火中永生》的画册就是于蓝阿姨送给我的永久纪念了。

于蓝阿姨对角色的"忘我"，与她在生活中的亲切待人，都是难能可贵的品质。虽然我只有在《烈火中永生》一部影片中与她合作，那时候我还没有毕业，五十多年来于蓝阿姨成为我一生珍贵的忘年之交，每次聚会我们都会畅谈探讨对艺术、对社会、对教育的各种看法，她一生以事业与为社会贡献为重，不追求名利、浮华、荣耀，始终坚守一个共产党员的初心。她是我心中永远的江姐，我一生尊敬爱戴的前辈。于蓝阿姨，我深深地怀念您。

# 纪念于蓝老师

## 周晓娟

　　第一次见到于蓝，是在 1991 年 5 月。她是中国儿童电影制片厂的创始人，我从北京广播学院 (现中国传媒大学) 毕业分配到中影公司国际业务部不久。见面的原因是她主持召开国际少儿电影中心 (CIFEJ) 首届中国年会，需要翻译。

　　年会的开幕式之前，我和于蓝老师聊了几句，她还给了我一份讲稿，让我事先准备。中外来宾济济一堂，轮到她发言了，刚开始她照稿朗读，我也不慌不忙，有备而来。到了中途，她越讲越激动，话剧电影演员出身的她说话铿锵有力，眉飞色舞，渐渐地她离稿发挥，也暂时忘记了我的存在……中国人听得津津有味，老外们一头雾水。好在她觉察出来，忙道歉让我翻译，可惜我已被她的热情洋溢即兴讲话弄蒙了，忘了速记，只好硬着头皮翻个大概。

　　再见于蓝是在西土城路儿影厂她的办公室，同时还见到了她的老搭档、新中国第一代女摄影师陈锦俶。二位前辈为了解决中国儿童看电影难的问题奔走相告，心急如焚，"发行渠道不畅通，就谈不上儿童电影的繁荣！"她们希望中影帮助引进

一批国际上获奖的优秀儿童影片，通过儿影厂的音像公司向全国发行，我们还真的成功地合作了一回。

　　90 年代中叶我自费留学出国，和于蓝老师从此相隔万水千山。我学业结束后在蒙特利尔的一家电影公司就职，老板是加拿大的资深制片人洛克·迪马斯。洛克专长制作儿童电影，有一部还在杭州拍了部分外景，好几部影片

曾在中国院线发行。我在他公司干了没多久，一天，洛克问我认不认识"一位杰出的中国女性"，我开玩笑地说：除了我母亲，还有谁呀？他目光炯炯地回答道：Yu Lan。这个名字老外发音毫无问题，我也不会听误，我说那当然知道，全中国人民崇拜的江姐，《英雄儿女》中魅力四射的政委——演员田方的妻子。洛克不了解也不关心我赞不绝口的"政委"，但和于蓝在 CIFEJ 年会和其他场合上见过，相见恨晚。洛克感叹道：我好羡慕中国有家这么大规模的儿童电影制片厂，国家每年投资拍摄几十部儿童电影，不像我一家私营企业，为了筹资求爹爹告奶奶，一年能拍一部就是奇迹了……没想到于蓝和儿影的名声早已到了大洋彼岸，是儿童和电影把他们连在了一起。20 世纪 90 年代末，于蓝提议在上海和江苏举办洛克儿童电影回顾展，并亲自参加了在大光明影城举办的隆重开幕式和随后的座谈会，把获奖优秀电影集中介绍给小朋友们，倡议中国电影人研究国外儿童电影制作和发行的经验，一路下来，我亲眼见证了他们之间建立在相互尊重和相互崇拜基础上的合作与友谊。

再到后来，我偶尔见到于蓝老师，是在中国国际儿童电影节上。多少年来，不论年高体弱，她是一道不变的美丽风景。2018 年岁末，中国儿童电影节在广州举办，于蓝老师在儿子田壮壮的搀扶下亲临讲话，声音虽然有些颤抖，但激情仍在，壮志未易。

在国外遇到和于蓝老师相识者时，对方常常问道："于蓝退没退休？"我总觉得这个问题不好回答，于蓝老师在 60 岁那年创办儿影厂，担任首届厂长后离职，但直到她 99 岁高龄去世，她哪一天没有在操心儿童电影事业呢？她是退而不休的典范，我们后人的榜样。

20 多年来，在于蓝和洛克这些前辈的激励和指引下，我也致力于儿童电影的国际交流，致力于改善儿童电影国与国间的发行渠道，如今仍觉路漫漫其修远兮。

我家里珍藏着一个特别的礼品盒，里面是件真丝黑白衬衫（一直不舍得穿），附了一封手写信。那是 2007 年宁波儿童电影节期间，我和于蓝同住一家酒店，她给我送的礼物。于蓝在工作上严格要求一丝不苟，在生活上又能平易近人、与人温暖。如今，她的笔迹依旧，人已仙逝……

愿于蓝老师，外国同仁尊称的 Madame，安息吧！

# 于蓝的儿童电影生产实践及其
# 儿童电影教育观念的形成

年　悦①

于蓝原名于佩文，1921 年出生，祖籍辽宁岫岩，两岁时随父母迁居哈尔滨，"九·一八"事变后不久，去往平津成为流亡学生。1938 年，她奔赴延安，随后加入中国共产党。于蓝曾主演《翠岗红旗》《龙须沟》《林家铺子》《革命家庭》《烈火中永生》等影片，成功地塑造了向五儿、程娘子、张寡妇、周莲、江竹筠等一系列经典艺术形象，是中国杰出的表演艺术家。1981 年，文化部党组决定成立北京儿童电影制片厂，并任命于蓝担任厂长负责建厂。1985 年，于蓝组建中国儿童少年电影学会，并出任会长。于蓝四十年砥砺前行，倡导支持中国儿童电影发展，在儿童电影创作生产和儿童电影教育方面作出实绩。回顾梳理于蓝儿童电影实践经验与教育观念的形成过程，有助于全面总结于蓝在中国儿童电影事业中所秉持的奉献与化育精神，也有益于探寻美育视野下儿童电影教育发展的基本规律及其未来走向。

## 一、筚路蓝缕：北京儿童电影制片厂的筹建

改革开放后不久，党中央高度重视少年儿童的培养教育工作。1981 年3 月，中共中央书记处召开了两次儿童和少年工作座谈会。中共中央书记处书记宋任穷在座谈会上强调："关心儿童和少年的工作，现在还仅仅是一个很好的开端，今后要长期坚持下去，要有步骤、有计划、有组织地扎扎实实搞好。应该充分认识到这是一件非常重大的事情，具有十分重要的战略

---

①　年悦，天津师范大学音乐与影视学院讲师。

意义。……对儿童和少年培养教育得怎样，直接关系到党和国家的前途和命运。"① 此后一个月，在中央高度关切儿童宣传教育工作的指示下，北影厂厂务会议上文化部电影局局长陈播传达文化部党组指示：决定成立北京儿童电影制片厂，并推荐于蓝担任厂长。6月1日，经中宣部、国务院批准，北京儿童电影制片厂（简称儿影厂）正式成立。

儿影厂成立后受到全国人民的热烈欢迎。在嘱托和厚望之下，于蓝开始构思办厂的初步设想并向上级领导提交报告。此后得到电影局陈荒煤指示："儿影现在已经打出牌子，党中央也重视，要下决心建一个像样的厂……"文化部副部长司徒慧敏也下达重要指示："儿童是特殊问题，要作特殊处理，儿影非建不可。儿童少年正当的娱乐的确很少，儿影担负的任务很重要。一般认为儿影厂和故事片厂一样，不！是不一样的。要有儿童的特点，应该说在我国建儿影厂是创举。从人口看，儿影要有一定的规模（不是特大），有一定数量，有它的特点，在今天是很重要的创建工作。"② 由此可见，儿童电影制片厂的创建工作既是国家政策层面的设计，也是服务儿童电影教育的重要举措，因此如何创建符合儿童教育特点且能更好服务儿童娱乐的电影制片厂成为于蓝工作的重心。

建厂之初，于蓝开始着手筹划儿童电影厂启动工作并深感责任重大。她邀请文馨萍和宋曰勋组成三人小组，开始了儿童电影厂最初的行政、生产、剧本创作等方面工作。她从北影厂借了两间房子开始办公，从跑地皮，申报基建规划与设计、制定建厂方针与建厂规划，再到充实领导班子，抓剧本工作，为早日建成儿影厂以及加快儿童影片投产创造最基本的条件，也克服了人员不够、资金不足等诸多困难。建厂第二年，于蓝借用北影大门东墙角空地盖了十间简易平房。电影拍摄、基建准备工作、组织独立投资、投产的训练和实际操作均在此进行，人手也逐渐增多。1987年3月，儿童电影制片厂正式从北影迁入新厂，从此更名为中国儿童电影制片厂。

作为中国第一个儿童电影制片厂，儿影厂在儿童电影创作生产及儿童电影教育方面都承担着重要使命。于蓝一边筹划建厂，一边积极组织儿童电

影的创作、生产、发行与放映。当时的中国儿童电影创作面临数量不多，相对边缘的处境。于蓝从一开始就清醒地指出，"拍儿童片是要有点献身精神的"，而这种献身精神也是她文艺观念的具体化实践。正如李道新教授所言："作为一个文艺工作者，于蓝的电影观念早在延安时期应已伴随着文艺观念的形成而逐渐形成；而当她把自己对电影的认识与对儿童的关心联系在一起的时候，便能以化育之功和德艺之光为目标，将此前的表演艺术跟即将展开的新的儿童电影事业紧密地联系在一起。"① 正是在为儿童电影事业献身的信念指引之下，于蓝上下奔走，倾尽热情为儿童电影争取发展机会。在儿童电影制片厂建厂初期艰难起步过程中，于蓝领导拍摄故事片二十余部，美术片、教学片、译制片和儿童影视剧工作都逐渐开展起来。故事片《红象》《应声阿哥》，童话片《"下次开船"港游记》，京剧片《岳云》，传记片《少年彭德怀》等在国内外电影节中获得了重要奖项，同时也丰富拓展了儿童电影创作类型。

鉴于儿童电影制片厂在创作生产和发行放映上的困难，于蓝积极为儿童电影呼吁，从争取政府减免赋税到全国儿童影院推广，于蓝的工作遍及儿童影片生产与儿童影院、儿童专场放映各个环节。1986 年以后，儿影厂已经初具规模，于蓝不再担任儿影厂厂长职务，而成为厂里的艺术顾问。在这一时期，她开始着力推动校内外儿童电影放映活动，并发起"百部爱国主义影片进校园"活动。1995 年，中华爱子影视教育促进会成立，于蓝出任会长，她积极鼓励各地成立"爱子影院"和"爱子影视剧团"，有计划地放映爱国主义影片，并结合学生需求放映影片，生动形象地提高教育实效，培养学生的兴趣和志向，丰富课余生活。

于蓝作为中国儿童电影事业的倡导者和实践者，积极鼓励儿童电影的创作和生产，身体力行提高儿童电影的生产数量，提升儿童电影质量，以及扩大儿童电影的影响力，卓有成效地改善了中国儿童电影发展的艰难局面。

## 二、提掖后学：儿童电影队伍的培养与建设

在改革开放以来的儿童电影发展过程中，于蓝非常注重儿童电影创作

---

① 李道新：《化育劬劳 德艺双馨——于蓝的电影事业与人生历程》，《当代电影》2011 年第 6 期。

队伍和研究队伍的培养与建设。她积极借助各方面力量拍摄儿童电影，力图组建一支儿童电影的骨干队伍，发掘和培育摄影骨干陈锦俶、孙勇田、李廷铮，导演骨干卢钢、孙郁强，以及倚重北影厂力量王君正、琪琴高娃、潘文展、袁月华、赵元、汪宜婉等人共同投身儿童电影事业。[①]

在组织和扶持儿童剧本创作方面，于蓝倾注了巨大的热情，她不仅支持本厂文学部的编辑张之路、郭玲玲、林阿绵、杜晓鸥等人从事儿童剧本开发与创作，还积极密切地与有志于拍摄儿童电影的导演和编剧合作。她邀请水华、谢铁骊、于彦夫、陈怀恺等著名电影人担任儿童电影制片厂的艺术顾问，借助他们丰富的电影实践经验指导儿影厂电影创作与生产。在于蓝的主持之下，从1981年到1992年儿童电影制片厂生产50部影片，其中有45部获得国内外奖项，且深受儿童观众好评。在于蓝积极组织和倡导之下，有越来越多的真诚无私的电影工作者加入儿影厂的儿童电影创作队伍。

在儿影厂建厂之初，北影厂将其出品的《四个小伙伴》和《苏小三》挂上"北京儿童电影制片厂"的名字上映以援助儿童电影制片厂。于蓝计划儿童电影制片厂可以尽快有属于自己的高质量的"拳头"作品，因此尤其注重在实践中发现人才，以改变依靠北影厂援助的局面。于蓝找到电影学院导演系主任张客邀请导演系毕业班同学来儿影厂实习并完成儿童文学改编电影作品《红象》。她大胆起用电影学院导演系新生力量，如张建亚、谢小晶、田壮壮、张艺谋、吕乐、侯咏、冯小宁等人，这些接受过专业电影训练并即将走出校门的青年导演为这部儿童影片带来许多新观念和新思想。此后，冯小宁导演的儿童影视作品《病毒·金牌·星期天》《大风警报》《大气层消失》，尹力拍摄《好爸爸、坏爸爸》《我的九月》等作品，多次获得国内外重要奖项。于蓝为儿童电影聚拢人才，不但丰富和发展了儿童电影创作思路，也培养锻炼了青年电影导演和美术指导，这些人才成为中国儿童电影乃至中国电影的中坚力量。

在此过程中，于蓝的儿童电影实践思路不断拓展，在她领导下的儿童电影制片厂还探索拍摄了实验性儿童影视片目。例如，1982年8月，于蓝根据王澍介绍的苏联为低幼儿童拍摄的极为短小的片段《叶拉拉》的做法，结合

---

[①] 张震钦：《于蓝访谈录》，《当代电影》2009年第4期，第92页。

中国具体情况，拍摄了电视系列片《小龙和小丽》，由罗小玲任导演，在两年内拍摄十四集，以教育和培养低幼儿童。于蓝相信并鼓励青年导演的创作热情，还放手让他们去拍摄电视剧。儿童电影制片厂每年为儿童拍摄一至两集电视剧。例如，《病毒·金牌·星期天》《亲亲我，老师》《好爸爸、坏爸爸》《盐丁儿》等优秀儿童电视剧，这些尝试为儿童电影影视创作多样化奠定基础。[1]

1984 年，于蓝和一些热心儿童电影事业的电影工作者如秦裕权、王君正、朱小鸥、陈锦俶等人为响应邓小平提出的"建设有中国特色社会主义"的战略号召，共同倡议成立"中国儿童少年电影学会"。这一学会的成立主要目的是促进学术交流，壮大儿童电影研究队伍，从而满足少年儿童电影工作发展的需要。在教育部原部长张文松同志倡议下，学会决定设立一个评选优秀儿童电影影片的奖项，借以鼓励更多人投身儿童电影拍摄工作。由此，两年一届的中国儿童少年电影"童牛奖"应运而生，这一奖项的设立，为推动儿童电影事业发展发挥重要作用。于蓝为争取"童牛奖"的奖金来源奔跑求助多方支持，后得到广电部每年拨付十万元专款专用。于蓝曾把中国儿童少年电影学会喻为"小小啦啦队"，形象地比喻这个组织的成立可以为中国儿童电影的成长呐喊助威。[2]

改革开放以来，中国青少年电影教育进入了发展的黄金时期，于蓝积极组织培育儿童电影创作队伍和理论研究队伍，热情倡导一系列少儿电影社会组织、学会的相继成立，尽己所能为儿童电影争取启动和扶持资金，积极组织儿童电影创作生产，组织儿童电影剧本创作、拍摄、发行，举办全国儿童电影剧本评奖会等举措都直接推动了少年儿童电影创作的繁荣以及少年儿童电影教育的推广。于蓝所主持的一系列全国性的儿童电影创作评奖评优活动、少年儿童电影走进校园等活动在全国范围内影响深远，促进了儿童电影开创性探索的深度和广度。

## 三、于蓝儿童电影教育观念的形成

在世界范围内，儿影厂的成立为从国家顶层设计层面大力发展儿童电影

---

① 于蓝：《苦乐无边读人生》，中央文献出版社，2001，第 319 页。
② 于蓝：《苦乐无边读人生》，中央文献出版社，2001，第 341—342 页。

事业积累了宝贵经验，而于蓝在此过程中也具有创建之功。在中国儿童电影事业的探索中，于蓝形成了其一以贯之的儿童电影教育观念。

中国电影从诞生之初就十分重视儿童教育，形成了注重利用电影对少年儿童进行思想认知、科学文化、审美能力等方面教育的传统。新中国成立后，党和政府高度重视少年儿童电影教育，并且努力将电影作为补充学校教育的重要手段，培养社会主义建设者和接班人。改革开放四十年，儿童电影制片厂的成立以及少年儿童电影发行放映网的建立，鼓励了儿童电影的生产、创作、发行和放映，由此逐步探索出一条少年儿童电影教育民族化路径，而于蓝在此过程中发挥了重要作用。

于蓝的电影教育实践伴随着她对儿童电影教化功能的深刻思考。在于蓝看来，儿童电影制片厂拍摄影片的过程，不但是研究儿童心理的过程，同时也是探索如何拍好儿童片这一儿童电影艺术规律的过程。于蓝认为，拍摄儿童电影"其目的主要是通过电影艺术来陶冶和启迪孩子们的美好心灵"。她多次强调，电影虽然是一种商品，但儿童电影不应商品化，不能搞成商业片，"其原因就在于我们是社会主义国家，我们的儿童，是我们革命事业的接班人……但是我们要为提高影片的质量，获得更多的儿童观众而奋斗"[①]。于蓝的儿童电影教育观念也深刻地影响了此后儿童电影教育工作的开展。她所组织的"童牛奖"参照"金鸡奖"的章程来进行评选工作，要求思想性第一位，重视艺术性的原则，并且尤为强调"趣味性"，即一定选择儿童喜爱的电影作品，坚持思想性、艺术性与趣味性相统一。实际上，在于蓝儿童教育思想的实践过程中，儿童电影制片厂的生产创作在全国儿童电影生产创作方面起到示范引领作用，中国儿童少年电影协会的"童牛奖"评选在一定程度上也确立了优秀儿童电影的标准，这些实践对改革开放后中国儿童电影生产与创作产生了深远影响。

1992 年，于蓝受到吉林省四平市把电影作为爱国主义、文化素质及美学教育的方式的启发，随即向教育部和文化部呈交了一份报告，希望能把电影放映纳入学校教学内容，并根据四平等地经验，选择近百部影片作为爱国主义教育影片推荐片目。这一报告得到中宣部和教育部的肯定，在丰富影片片

众说于蓝

---

① 于蓝：《儿童电影三十五年巡礼》，选自中国电影家协会电影史研究部编：《中华人民共和国电影事业三十五年 1949—1984》，中国电影出版社，1985，第 234 页。

目的基础上，将此活动纳入教育部计划，规定学校每学期需要组织公益性电影放映。这一举措着实推动了儿童电影进校园活动的开展。

1990 年前后，中国电影处于低谷期，儿童电影也同样面临困境，于蓝发表文章《救救儿童电影》，呼吁将儿童电影回归到事业单位，努力开辟非商业性的第二个市场。于蓝认为"儿童电影、科教电影都是不能简单的直接计算经济效益的文化事业，它们属于潜移默化促进德育、智育具有社会公益性的文化事业，其实也是希望工程"[①]。进入 21 世纪以来，尤其在国家文化产业政策的推动之下，民营资本进入电影领域，中国电影开始推行"院线制"，由此进入了产业化快速发展通道，儿童电影产量也随之逐年上升，但是能进入院线的儿童电影则少之又少。此前主要依靠国家政策扶持的国产儿童电影在产业化改革中面临空前挑战，于蓝依旧为儿童电影鼓与呼。针对儿童电影存在的问题，如图解政治口号及趣味庸俗等流弊，于蓝一直保持着批判的锋芒。关于儿童电影的"教育性"与"娱乐性"的关系问题，于蓝认为"强调提高影片的'娱乐性'没有错，但是不能丢掉'导向性'"[②]。增强娱乐性的前提必须坚持导向的正确性。教育性是儿童电影必要保留的功能，而这个"教"在于蓝看来并不是直接灌输的刻板说教，而是应该做到以形象来表达思想，真正做到寓教于乐。

在于蓝儿童电影教育思想的基础上，她在儿童电影美学方面形成了独特的认识。于蓝崇尚儿童观众所欢迎和喜爱的童真、童趣，并认为这种童真、童趣可以启迪儿童心灵。于蓝强调儿童电影编剧和导演要熟悉儿童生活，并且一定要孩子们喜爱和认可。[③]例如于蓝赞赏影片《应声阿哥》"充满大自然的环境美，和孩子们纯真的心灵美"；在谈到影片《扶我上马的人》时，她重视影片"亲切感人""心灵为之净化"；她喜爱影片《少年彭德怀》的"朴实隽永"。[④]在不断地实践与探索的过程中，于蓝非常重视儿童电影的审美价值，尤其强调教育性和趣味性相结合。于蓝认为儿童电影可以与学校教育相结合，不仅能够激发儿童的想象力和创造力，还可以生动形象地对儿童的审

---

①　于蓝：《救救儿童电影》，《群言》1994 年第 6 期，第 5—6 页。
②　张震钦：《于蓝访谈录》，《当代电影》2009 年第 4 期，第 93 页。
③　张震钦：《于蓝访谈录》，《当代电影》2009 年第 4 期，第 91 页。
④　于蓝：《苦乐无边读人生》，中央文献出版社，2001，第 316—323 页。

美情趣和思想品德进行教育，这是于蓝在长期儿童电影探索实践中形成的儿童电影美学思想。正如著名表演艺术家秦怡为于蓝所作题词"红心塑造英雄，真情培育儿童"，于蓝始终将自己的真情灌注在儿童教育事业，坚持儿童电影作为培育儿童的重要方式。①

2008 年，针对于蓝所反映的爱国主义影片教育活动中出现的问题，教育部等五部委发布《关于进一步开展中小学影视教育通知》（教基〔2008〕15 号），强调组织中小学生观看优秀影视作品，确保学校完成电影教育目标。2015 年，国务院提出《关于全面加强和改进学校美育工作的意见》，全面加强和改进学校美育工作，逐步优化美育资源配置，进一步完善各级各类学校美育课程。儿童电影教育观念在当下发展为美育教育的重要组成部分，在电影教育实践中，可以结合少年儿童课堂教学和课外活动，促进普及教育与专业教育，在联系学校美育和社会家庭美育的过程中，构建具有中国特色的现代化美育体系。

于蓝所奔走呼吁的儿童电影教育历经调整而在新时代语境中不断受到国家高度重视。2018 年，教育部、中宣部《关于加强中小学影视教育的指导意见》（教基〔2018〕24 号）进一步明确了未来中小学影视教育的发展方向。提出充分发挥优秀影片在促进中小学生德、智、体、美、劳全面发展中的重要作用，普及全国中小学影视教育，形成中小学影视教育工作机制。这项指导意见给作为当下美育工作的重要组成部分的青少年电影教育提出新的发展要求，迫切呼唤各相关单位积极开展青少年影视教育工作。于蓝的儿童电影教育设想在新时代语境下得以逐步实施，儿童电影教育得到了前所未有的关注，也正在成为强国战略的重要组成部分。

## 结语

儿童作为"祖国的花朵"，是未来中国的建设者和接班人，因此儿童教育关乎中国未来人才的培养和教育。儿童电影作为中国电影中重要组成部分，也是儿童艺术教育、道德教育、情感教育的重要手段，因此，为中国三亿儿

---

① 王国平：《于蓝：1951，岁月如歌》，《光明日报》2011 年 7 月 7 日，第 13 版。

童生产出符合时代需求的儿童电影，于蓝认为对此肩负着重要的使命，几十年来身体力行。晚年的于蓝获得了"国家有突出贡献的电影艺术家"，以及第27届中国金鸡百花电影节"终身成就奖"，这无疑是中国电影人的最高荣誉，用以肯定于蓝为中国电影事业作出的重要贡献。于蓝将自己对电影的热爱灌注到中国儿童电影事业之中，她将此前积累的电影艺术经验与对新中国儿童电影教育的关切紧密连接，由此产生了巨大的社会能量，推动了中国儿童电影及儿童电影教育的发展。

# 研 讨 实 录

# 一 庆祝于蓝同志从事革命艺术活动 五十年座谈会实录（1990）

## 在庆祝于蓝同志从事革命艺术活动 五十年座谈会上的讲话

艾知生[①]

各位来宾，朋友们，同志们：

今天是我们电影系统的老党员、老革命干部，我国著名的表演艺术家、电影事业家于蓝同志从事革命艺术活动五十年纪念日。我谨代表广播电影电视部，向于蓝同志致以热烈的祝贺和亲切的慰问！

我和千百万普通观众一样，是从电影银幕上认识于蓝同志的。于蓝同志在《翠岗红旗》《革命家庭》《烈火中永生》等影片中扮演的革命妇女向五儿、女共产党员周莲和江雪琴等银幕形象，在全中国乃至世界一些国家的观众中都留下了深刻的印象。这些不屈不挠的革命志士、坚强的共产党员的光辉形象，至今还活在千千万万人们的心里，鼓舞和激励着大家。于蓝同志的表演是成功的、出色的。1961 年，她因为塑造了《革命家庭》中的革命母亲周莲的形象，获得了第二届莫斯科国际电影节最佳女演员奖。

于蓝同志很早就参加了八路军，后来奔赴革命圣地延安，在延安加入了中国共产党，成了一名革命的文艺工作者。值得一提的是，她曾是抗大的学员，在鲁艺聆听过毛泽东同志的讲话，使她受益匪浅、终生难忘。她在革命的生涯中，从不忘记学习毛泽东的著作，使她的革命意志更加坚定。始终保

---

① 艾知生，时任广播电影电视部部长。

持一个共产党员的本色，活跃在中国影坛和其他革命工作中。

于蓝同志在党的十一届三中全会以后的新时期，把自己后半生的精力献给了中国儿童电影事业。她四处奔走，提议并参与发起成立了中国儿童电影制片厂、中国儿童少年电影学会，她在其中担任了重要的领导职务，还为创立中国儿童少年电影"童牛奖"付出了艰辛的劳动。于蓝同志还是全国政协委员，她兼职虽多，却工作得相当出色。人们都说，于蓝同志有一颗革命的童心。作为一名电影事业家，她为中国的电影事业，尤其是儿童电影事业做出了积极的贡献。

我们今天纪念于蓝同志从事革命艺术活动五十年，表彰她的成绩，同时还要向她学习。学习她演革命志士、做革命人的精神，学习她用毛泽东思想指导自己的实践。为革命、为"四化"建设奋斗不息的精神。

毛泽东同志在《吴玉章同志六十寿辰祝词》中曾经说过："一个人做点好事并不难，难的是一辈子做好事，不做坏事，一贯的有益于青年，一贯的有益于革命，艰苦奋斗几十年如一日，这才是最难最难的呵！"于蓝同志已经七十岁了，艰苦奋斗了半个多世纪，她并不因为已经做了一些好事而停步，还在不断地做好事。这种精神值得我们每一个电影工作者，特别是共产党员同志们学习。我们要学习于蓝同志，做坚定的革命文艺工作者，在各自岗位上，在今后的工作中做出有益于革命，有益于儿童，有益于人民的贡献，并教育我们的后代，坚定地继承革命先辈的遗志，将革命事业进行到底！

我衷心祝愿于蓝同志健康长寿，工作愉快！谢谢大家！

# 妇女儿童的益友良师

## ——在于蓝同志从事革命艺术活动五十年纪念会上的讲话

黄启璪[①]

同志们，朋友们：

在金菊红叶染京秋的美好季节，由广播电影电视部电影局、中国电影家协会、中国电影发行放映公司和中国儿童电影制片厂主办，召开于蓝同志从事革命艺术活动五十年纪念会，这是中华艺苑中的又一件喜庆之事。于蓝同志是我国优秀的话剧演员和著名的电影表演艺术家，她五十年如一日，辛勤耕耘，孜孜不倦，为繁荣革命文艺奉献了累累硕果，深受人民群众，特别是广大妇女儿童的尊重和爱戴。借此机会，我谨代表全国妇联向于蓝同志表示热烈的祝贺！同时，代表亿万巾帼和纯真的孩子们，向于蓝同志表示崇高的敬意和衷心的感谢！

于蓝同志是在革命队伍中成长起来的人民艺术家。在"中华民族到了最危险的时候"，为了抗日救国，年仅十七岁的于蓝，徒步投奔平西抗日根据地，又翻山越岭到了延安。在党的培养教育下，于蓝同志深入群众，服务工农，把自己完全融合到革命事业和人民解放的火热斗争之中，为艺术创作打下了丰厚坚实的基础。经过抗日烽火和解放战争的千锤百炼，于蓝同志由一名爱国青年成长为革命的艺术家。

在长达半个世纪的革命艺术生涯中，于蓝同志对人民高度负责，对艺术精益求精。终于达到很高的艺术造诣，形成了自己朴素、明快、真挚的表演风格。在《白衣战士》《翠岗红旗》《龙须沟》《革命家庭》《烈火中永生》等影片中，成功地塑造了庄毅、向五儿、程娘子、周莲、江姐等伟大妇女的艺术形象，她们以内在的特有的艺术魅力，感人肺腑，催人奋进，一直活在人

---

① 黄启璪，时任全国妇联副主席、书记处第一书记。

民的心里，产生了极大的教育作用，不知鼓舞了多少热血青年、各界妇女走上革命道路，为新中国的建立和社会主义祖国的繁荣昌盛，贡献宝贵的青春年华。于蓝同志塑造的妇女形象，也是中国妇女在党的领导下，翻身解放的生动写照。《革命家庭》中的周莲，就是一位可敬的革命母亲典型，她支持丈夫、儿子献身革命，由一位旧式家庭妇女，成为自觉而坚定的革命战士。妇女解放是无产阶级解放事业的组成部分，正是在革命的洪流中，我国妇女地位发生了翻天覆地的变化。于蓝同志自己说："她不是明星，是一个普通的革命艺术工作者。"然而广大妇女从她创作的艺术形象中，看到了一颗颗熠熠发光的启明星。

于蓝同志不仅以艺苑为阵地，成为广大妇女的益友，而且以影视为课堂，成为儿童少年的良师。1981年，已届花甲之年的于蓝同志受命创建了中国儿童电影制片厂。作为首任厂长，她带领的19位同志，在无厂房、无资金、无设备的条件下艰苦创业，在"一条穷街"上筑起了童影厂的办公大楼。10年来该厂生产了43部儿童故事片和20多部集电视剧，为孩子们提供了宝贵的精神食粮。从《四个小伙伴》到《哦，香雪》，小朋友们在开心的笑声中，受到了美丽的熏陶和思想教育。多少次孩子们手捧鲜花，欢呼雀跃，亲昵地称于蓝同志为"儿影奶奶"。儿童是社会主义的建设者和接班人，也是敌对势力妄图"和平演变"的对象。于蓝同志为了使儿童少年一代健康成长，为了祖国更加美好的未来，奔走呼号，呕心沥血，用艺术的琼浆玉液，精心培养祖国的花朵，充分表现了老一辈革命艺术家高瞻远瞩的博大胸怀。

春华秋实，于蓝同志从事革命艺术五十年，取得了令人瞩目的成绩。她曾代表《白衣战士》剧作组，从邓大姐手中接过"救死扶伤"的奖旗，成功荣获莫斯科国际电影节最佳女演员奖，是中国电影周报评选的"十大影星"之一。她现在是全国政协委员，中国电影家协会副主席，全国儿童少年电影学会会长，中国儿童少年影视中心主席，中国儿童电影制片厂艺术指导。在成绩和荣誉面前，于蓝同志一如既往，热情、谦虚，不断进取。正是：踏遍青山人未老，桑榆未晚霞满天。

在我结束自己的发言时，我再次代表广大妇女和儿童，向于蓝同志表示良好的祝愿，祝于蓝同志健康长寿！祝于蓝同志为之奋斗的我国影视业百尺竿头，兴旺发展！

# 纪念于蓝同志从事革命艺术五十年

滕进贤[①]

半个世纪之前，一位风华正茂的少女为了党的事业，投身于人民的戏剧和电影工作。半个世纪之后，她以卓越的表演才能、高尚的道德品质，真诚的为人处世和忘我的献身精神赢得了党的称赞，观众的爱戴、人民的赞扬，她就是于蓝同志。

于蓝同志 17 岁参加革命，19 岁从事文艺工作。在 50 年的艺术生涯中，她塑造了一批生动感人的艺术形象。十年浩劫中，她与田方同志一起蒙受不白之冤，并因此损伤了面部神经，被迫中止了表演生涯。然而，这种打击与伤害并没有动摇她对共产主义事业和中国共产党的坚定信念。当她重新获得工作权利的时候，她又积极投身于各项社会活动，为祖国的下一代，为中国的电影事业而努力工作。

我们今天之所以要纪念于蓝同志从艺 50 周年，并不仅仅是因为这个时间长度，而是为了总结学习于蓝同志为艺为人的优秀品质，在这 50 年里，于蓝同志塑造的艺术形象并不是很多，但这些艺术形象赢得广大观众持久的喜爱，尤其是其中的电影形象，如江雪琴和周莲。于蓝同志为什么会取得这样的成就？准确回答这个问题的必要性不仅仅是为了评价于蓝同志的艺术创作，更是为了提高今天的电影表演水平。我们认为，于蓝同志这一艺术成就的取得，除了党组织的培养、人民的哺育之外，不仅依赖于她对表演技巧的娴熟把握，更依赖于她那严肃的创作态度。尽管艺术作品有许多虚构的成分，但艺术的创作过程是实实在在的，没有对生活的准确把握，没有对自身创作劳动的严格要求。完全以游戏的态度进行创作，是不可能塑造出真实感人的艺术形象的。从中外电影史来看，任何成就卓著的表演艺术家，都是将

---

① 滕进贤，时任广电部电影事业管理局局长。

生活体验和技巧把握完美地统一于自己的创作中的，于蓝同志的艺术创作也是如此。因此，我们希望广大电影创作人员，认真学习于蓝同志的创作态度，努力提高自身的艺术素养，为中国电影整体质量的提高而学习、学习、再学习！

一个真诚的艺术家，首先应是一个真诚的人，电影艺术往往是由电影人生派生出来的。在长达半个多世纪的艺术生涯中，于蓝同志一贯严格要求自己，努力为党的文艺事业辛苦工作。当演员的时候，她认认真真地演戏，当领导之后，她勤勤恳恳工作，为了中国的儿童电影事业东奔西走、四处呼吁呕心沥血。在她身上，献身于党的事业与献身于艺术是高度统一的，因为我们的文艺工作正是党的伟大事业的有机组成部分。这种敬业精神，这种献身精神，值得所有电影从业人员认真学习。

路遥知马力，日久见人心。一部艺术作品需要时间的检验，一个人也需要时间的检验，一个艺术家更需如此。50年过去了，于蓝同志无论作为一个共产党员，还是作为一个艺术家，都经受住了历史的严峻考验，这一点十分难能可贵。我们相信，只要广大电影工作者认真学习于蓝同志为艺为人的精神并将其付诸实践，中国电影光辉灿烂的明天就一定会到来！

热烈祝贺于蓝同志从艺50周年！祝于蓝同志身体健康，为党做更多的工作！

# 她从延河边走来

## 郭　维[①]

　　51 年前，延水河畔，一位年轻的女战士提着小小的背包，踏进了鲁艺的大门——这就是今天站在我们面前的双鬓如雪而革命精神仍青春不老的著名表演艺术家，大家敬爱的于蓝同志。

　　50 年来，于蓝同志认真学习马列主义、毛泽东思想，参加革命实践，深入工农兵，在火热的革命斗争中磨炼自己、丰富自己，遵循毛主席在延安文艺座谈会上讲话中提出的生活是创作的源泉的教导，坚定不移地走深入劳动人民生活的第一线进行创作的道路。不投机、不取巧、不怀任何侥幸心理，在生活中学习、创造，为观众塑造了一系列感人的妇女形象，单就电影创作来说，她塑造的庄毅、向五儿、程娘子、张寡妇、周莲、江雪琴，可以说都在中国电影史上留下实实在在的足迹。

　　于蓝塑造的第一个银幕形象是影片《白衣战士》中的庄毅，虽是于蓝从话剧舞台转向电影表演的初试之作，但凭着她在革命队伍中长期的锻炼和生活积累，她把这位解放军中的医疗队长对伤病员的革命情谊、对工作的认真负责、对革命的无私奉献演得朴实自然。

　　1951 年，于蓝在上影影片《翠岗红旗》中塑造的向五儿，时间跨度大，命运变化多，于蓝通过丰富的生活细节，揭示了向五儿在不同时期的不同心态。在前半部分着力于表现一个普通劳动妇女的勤劳、淳朴；后半部，运用了准确有力的人物塑造表现主人公在白色恐怖中的悲惨境遇，细微而准确地刻画和揭示了主人公复杂而隐蔽的心理活动，而在被捕，面对仇人时又表现出沉稳不乱的心态，显示出于蓝的表演功力。

　　1952 年，于蓝在《龙须沟》中饰演以摆香烟摊求生的贫苦妇女程娘子。

---

　　① 　郭维，电影导演，时任中国电影家协会党组书记。

在此之前，于蓝的创作多为革命战士或根据地革命群众，而程娘子却是旧中国北平城内一个基层贫苦市民。戏虽不多，于蓝同志不因腹中怀孕将产，还挺着浮肿的双腿深入市民生活，她通过深入中获取的许多细节将散落在各段的"小戏"将这个人物演得既有呼应又十分流畅，使一个并非主角的程娘子在观众心中留下的鲜明生动的印象至今不衰。

1959 年的献礼影片《林家铺子》中于蓝的戏非常少，开始导演水华还担心戏太少，怕于蓝不肯承担。但于蓝丝毫不计较角色的地位，为了演好只有几句台词几个镜头的张寡妇，她认真研读原著及文学剧本，研究外景地素材，细心听取主创人员下生活的感受，加上她以往的生活积累，揣摩这江南小镇的孤苦无依的在三座大山压榨下的妇女……把戏外戏准备得十分充分，于是在银幕上短暂的镜头中，观众看到了一个被人吃人的旧社会榨得失魂落魄、走投无路的活生生的"张寡妇"。

1960 年，于蓝在《革命家庭》中饰演周莲，她把一个不谙世事的单纯少女到白发苍苍的革命母亲的女主人公的成长脉络，层次分明、分寸适宜地展现在银幕上。于蓝把人物演得有情有味，血肉饱满，与当时不少借助于说教、单一地表现英雄的作品相比，于蓝的表演是难能可贵的，这一形象使她荣获了 1961 年莫斯科国际电影节最佳女主角奖。

1965 年，于蓝塑造的江姐，更是中国电影史上一个光彩照人的银幕形象。于蓝塑造的江雪琴热情激荡、朴实自然、感情丰富、成熟机警，既有坚贞不屈、视死如归的英雄气概，又有女性特有的对同志、对革命、对未来的依恋、向往之情。这是一个光彩照人，具有强烈震撼力的女英雄形象，她的魅力至今留在人们心里。

"喷泉里流出的是水，血管里流出的是血。"于蓝正是以自己的心血，自己对革命、对人民的深厚感情，塑造了银幕上的江雪琴。同样，她也在自己的人生道路上继承着江雪琴烈士的未竟事业。当她因病不能继续在银幕上从事表演时，她又承担起为三亿多小观众创作精神食粮的儿童电影事业，是她率领同志们一起建立了中国第一个儿童电影制片厂，成立了中国儿童少年电影学会，使新时期起步较晚的儿童电影事业沿着健康的道路成绩辉煌，获得迅猛发展。

今天我们大家聚集一堂纪念于蓝同志从事革命艺术五十周年，主要是要提倡、学习于蓝同志认真学习马列主义、毛泽东思想的革命理论，坚持党的文艺方针，在艺术上精益求精，献身革命文艺的精神；学习她对革命文艺的忠诚和一丝不苟的创作态度；学习她团结同志，不计个人私利、一心一意为中国儿童电影事业的胸怀！

　　最后我们代表中国电影家协会祝愿我们的老艺术家、中国电影家协会副主席于蓝同志健康长寿，工作愉快！

# 祝于蓝的艺术青春永远芳香

## 汪 洋①

　　为祝贺于蓝同志从事革命艺术工作五十年，作为老朋友、老战友、老同事，我心中有无限感慨！

　　几十年来，于蓝同志为我国电影事业奉献了自己的青春，奉献了一身的光和热。她所主演的影片几乎每部都载入了中国电影事业的史册，她所扮演的角色，无论是《龙须沟》中的程娘子，《林家铺子》中的张寡妇，《烈火中永生》的江姐，还是《革命家庭》中的妈妈，个个都贮存进了几代观众的记忆中，扣动了几代人的心弦。

　　岁月流逝，如今的于蓝虽然已是白发苍苍，但她的心理年龄永远是年轻的，至今仍拥有广大观众对她的爱。对一个艺术家来说，还有什么比这更值得宽慰、更感到温暖的呢？

　　于蓝同志的表演，所以获得国内外观众和专家的承认，因为她表演最大的特点，就是"真实""质朴"。这种"真实"和"质朴"完全是自然的流露，而不是故作姿态。一个演员的表演，如果能在"真实""质朴"几个字上获得成功，应该说是最大的成功。

　　并不是所有的演员都具备这种优势，青年时期的于蓝就是一个豪爽、奔放，富有朝气的女性。从事电影工作后，她不但对生活充满热情，对电影艺术也执着地追求。她对所扮演的每一个角色，都要深入生活，调查访问，反复琢磨，一丝不苟，所以对人物性格都刻画得细致入微。再加上她对电影表演艺术的特性，具有深刻理解，因此她的表演达到朴素自然、恰如分寸，给予观众强大的感染力。

　　于蓝同志的几部最成功的影片，大都是在北影拍摄的，因而大大提高了

---

　　① 汪洋，北京电影制片厂原任厂长。

北影在国内外的声誉，也为北影这块金字招牌增添了光彩，我作为过去北影的老厂长永远不会忘记于蓝同志为北影所洒下的辛勤汗水。

80年代开始，于蓝同志又致力于儿童电影事业，她和不少同志在一起，为创建儿童电影制片厂，费劲了心机，从无到有，童影才达到了今天这样的规模。几年来，童影所拍的电影，都能正确贯彻党的文艺方向，为广大儿童提供了丰富的精神食粮，现在许多孩子们的心目中，已经深深印下了于奶奶的形象。

从于蓝同志的成就中，我们可以看到一个演员的人格力量，凡中外著名艺术家，多半具备了这种真实的人格魅力。正是于蓝同志在生活中，在平时的待人接物中具备了诚恳、坦率、真实、质朴的品格，只有当演员用真实的灵魂去拥抱角色的真实灵魂，才能诞生出震撼效应的艺术形象。我认为于蓝同志可以当之无愧地接受"电影艺术家"这顶"桂冠"。

让我们用精神的花朵，编织成一个超越时空、永不凋谢的花环，奉献给这位鹤发童颜的女艺术家。

祝她艺术青春永远芳香！

研讨实录

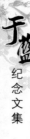

# 我祝贺于蓝同志从事革命艺术活动五十年

刘白羽[①]

前几天，在看电视时，听到于蓝同志谈到母爱——的确，母爱是伟大的。母爱是人世间最温暖的真情。不过，我觉得于蓝同志的母爱是建筑在坚强的意志与崇高的信仰的基础之上的母爱，因此，我收到请柬后在那金晃晃的十五个字里，我最注意的是"革命"二字，也正是这金晃晃的"革命"二字，把我们联系在一起，吸引我到这里来的，因为这说明于蓝的鲜明态度，她从事的不是其他什么无关宏旨的艺术，而是革命的艺术。这革命的艺术推动着五十年既艰巨又辉煌的历史，在社会主义创造与建设轨道上，朝着庄严的神圣的未来前进，这就是于蓝，这就是于蓝的艺术。

我们都是喝延河水成长的人，我们已经白发苍苍的时候，请允许我片刻时间，让我对那闪光的往昔再做一次遐想吧！不知为什么我的记忆中，那时候于蓝那么年轻，甚至可以说还那么幼小。延安的黄昏，是大家休息的时候，延河两岸有潮水般的人群，毛主席也常常信步，闲走其中，见了人还重重地握手，凝目注视，温暖地问着你的姓名。于蓝和她的好朋友赵路，也常常在人群之中，她们是那红色大摇篮中的宠儿。但正是在那时，于蓝同志悄悄地开始了她的艺术生涯，也决定了革命的人生道路，一直到她成为党的、国家的、人民的杰出艺术家，又成为杰出的儿童教育家。

作为一个老朋友，不论于蓝作为演员，在银幕上体现她表演天才的时候，还是她作为儿童电影的导演和领导，发挥她组织天才时，我都关注着她。她百折不挠，没有背离她在延河边上作出的庄严誓言，而是坚韧不拔地走着自己的作为一个马克思主义战士的道路，这是不能不令人钦佩的。

她在电影艺术上塑造了那么多人物形象，我无法一一叙述，但铭刻在我心中至深的是她演的江姐。当江姐走到一个县城门前，知道自己的亲人已被

---

① 刘白羽，解放军总政治部文化部原任部长。

处死刑，那一片刻，我真为她担心，她怎么完成这个形象？但她在那一瞬间的演出艺术，使我心情十分激动，她演出了一个女性的柔情，又演出了一个女性的刚强，她演出了江姐的灵魂。所以，我想，因为江姐的形象就是于蓝的形象，因为她已经是一个经过考验的革命者，她恰如其分而又扣人心弦地演出了另一个革命家的事迹，这就是革命人演出的革命的艺术。

让我回想一下，我很怕触动又不能不触动那艰难的岁月，那艰涩的心灵。"四人帮"被粉碎了，又可以不必顾虑给人家带去麻烦，而径直地去看望自己想看望的人了。我第一个想看的是田方，可是田方不在了。田方，你怎么不等一等这满天朝霞？你就在那凄惶风雨中去了。但我还是要看看你的家，看看于蓝。和我的老伴一道去了，可是于蓝一家人都不在家，静悄悄的，我一看那么狭窄的房子里，一张床铺挨着一张床铺，中间连个插足落脚地方都没有——这就是两个大艺术家的家呀！静悄悄的，我背过身子流下了眼泪……

我不知道今后于蓝在艰难中怎样前行，怎样走她的路？走怎样的路？

我在观察着，我在等待着。于蓝在这之后不久像一道彩虹一样绚烂，她走上一条更光辉、更宽广的路。她没有辜负老一辈革命家毛主席、周总理对她的喜爱，她同时也回答了朋友们对她的关怀。于蓝把她的一颗慈心，一颗爱心，奉献给祖国的花朵，革命的后来人。她的头发花白了，但她的心灵永远那样年轻，她奠定了社会主义中国第一个儿童电影制片厂，她推出了一部又一部给儿童看的电影。

于蓝同志！你衡量过你的母爱的深沉的含义吗？今天的儿童，正是 21 世纪中叶富强中国的缔造者、栋梁材。他们之中，那时会出现各方面的杰出人物，把我们社会主义革命重担担得更稳，走得更远，为了人类的未来，向着我们共产主义的理想，更加胜利地前进。于蓝同志！你的母爱是伟大的。你在 20 世纪，做着 21 世纪的工作，我想那时我们这一代人都没有了，但是受过你的电影艺术陶冶、净化的灵魂，在那时是会在整个地球上发出热、发出光，其中就有你的一份母爱。作为一个老朋友，这就是我对你的革命的艺术的评价。

为了未来，

为了我们坚贞不二的信仰与理想，

为了 21 世纪的光辉，

谢谢你！于蓝同志！

# 于蓝的成功之路

舒　强[①]

对老战友于蓝同志从事革命艺术活动五十年表示祝贺、致敬！

在延安，我看过于蓝同志扭秧歌舞，演秧歌剧。她下过乡，深入过群众，她学习马列主义、毛泽东思想。新中国成立以后，在苏联专家的表演干部训练班，她学习过斯坦尼斯拉夫斯基的表演方法，演过《小市民》，1956 年在中央实验话剧院，我和她一起演过《同甘共苦》，一块儿搞过几年党的工作。

后来她搞电影去了，在银幕上，她创造了许多为革命奉献一切，在对敌斗争中不屈不挠、坚贞不屈的共产党员的崇高形象。

她成了广大人民群众崇敬的电影明星。

她是怎么成为电影明星的？

于蓝本人长得并不算漂亮，和许多明星比起来，她似乎没有很大魅力，不吸引人。她演戏，几乎没有什么表演，表情、声音、动作都平平常常，没有什么惊心动魄的地方。

她的表演最大的特点是朴素、真挚、真实。

她不是表演剧中人物，而是她就是剧中人物。

她塑造了一颗颗剧中人的心，一个个剧中人的灵魂，生活在剧中的各种不同的生活情境中，各种敌对人物和同志们中间。

她真诚地生活于角色之中，真诚地深入角色的精神世界，准确地通过语言和形体动作，面部表情，展现出人物的丰富的内心世界，精神面貌。

观众不是看她表演，不是看戏、看电影，而是看一个个活生生的共产党员在生活、战斗，为革命作出牺牲，看人物灵魂的英雄气概、崇高和美。

于蓝的美在于真实，真实的体验，真诚的体验和准确的、朴实无华的体现。

---

①　舒强，中央实验话剧院总导演。

我以为，这是她表演的最大特点，也是于蓝同志的表演最成功的地方。

她如何做到这一点的？很值得研究、学习。

于蓝是个演员，但在我印象中，她首先是一个革命者、共产党员，她五十年前投奔革命圣地延安，就是要为革命，为共产主义奋斗终生。

她现在是个电影明星，可是她当初演戏，演电影不是为了做明星，她甚至从未想过做明星，她想的就是革命，她是通过在舞台上、银幕上塑造的活生生的人物形象，宣传革命，她不是在舞台上、镜头前喊革命口号，她是以人物的真实情感和行动在打动观众的心，激发群众的革命热情。

于蓝本身就具有众多剧中革命者的气质、思想和情感，她是用她的共产党员的心去创造角色，是以所创造的真实人物的真实感情感染观众，征服观众，使观众受到鼓舞、教育和艺术欣赏。

这是于蓝的成功之路。

是于蓝最美的地方。

也是最值得我们学习的地方。

# 真诚与执着

## ——我所认识的于蓝

赵　元[1]

　　如果有人问我："于蓝最突出的是什么？"我会毫不犹豫地回答："她真诚、执着。"看到她外表娴静文雅，在她内心却蕴藏着灼热的火，燃烧着自己，也燃烧着别人，和她在一起，颓丧、消沉会愧然而退，她的热情会推动你向上攀登。

　　谈起于蓝，她的脑子里会闪现出许多画面，在摄影棚里，在采访中，在劳动时，甚至在史无前例的那场浩劫中，她都沉着顽强地从灾难中挺了过来；于蓝是在革命队伍里长大的，敌、特、判的帽子无论如何扣不到她的头上，只好给她戴上一顶黑明星的"桂冠"，并贴上了"忠实执行文艺黑线的黑干部"的标签，对她实行所谓的"车轮战"，我作为知情人总是被叫去陪斗。面对那不公正的遭遇，我忽而冲动，忽而消沉，可于蓝都像履行大事似的随造反派押进押出，冷漠对待向她抛来的不实之词。她既不咆哮也不颓唐，批斗回来就躺在铺板上，悄悄吞进一片安定，然后掏出一块小手绢往脸上一盖，强制自己闭上眼睛休息，养精蓄锐准备应付再次的斗争，她那无声的行动使我在迷茫中找到力量，那就是要有坚定的信念，相信党、相信人民，真理总有一天会战胜邪恶！

　　半个世纪以来，于蓝在各个历史时期，通过舞台，通过银幕，成功地塑造了各种不同的中国妇女形象。从《翠岗红旗》的向五儿，《龙须沟》中的程娘子，《林家铺子》的张寡妇，《革命家庭》中的周莲，到《烈火中永生》的江姐。无一不震撼着亿万观众的心，激励着人们在各条战线为祖国、为社会主义建设奋勇奉献。同时，于蓝也在人民革命中的激流中成长、成熟。于蓝对

---

　　① 赵元，北京电影制片厂导演。

中国妇女怀着无比的崇敬和同情，她不止一次地说道："中国妇女了不起，最能吃苦，最能牺牲自己。"尤其是劳动妇女的奉献更使她感动，正因为她对劳动人民寄予深情的爱，思想感情融汇在他们之中，使她在创作中获得真情实感，她的表演才能朴实无华，她的人物才能鲜明、生动！

于蓝五十余年的艺术生涯是实实在在的，她不是靠外部条件去取胜，她靠的是对党的艺术事业的忠诚和她那如饥似渴的对艺术的执着追求，通过她的勤奋耕耘后结出的丰硕成果，她给我的印象是从不满足自己的成绩，总是在探索追求新的东西。她塑造的江姐已经在社会上起到了巨大的反响，她个人也获得了很高的荣誉，可她没有在掌声和欢呼声中飘飘然，却在寻找自己表演上的不足，她曾对我说："我还没有把江姐演好！"

于蓝是老革命，但从没有见到她以功臣自居凌驾于群众之上的架势。她谦虚，平易近人，尤其对老艺术家更为尊重，我不止一次地听她谈起在《翠岗红旗》影片的拍摄中张骏祥导演对她表演上的指导和启发，使她受益匪浅。我也听过表演艺术家赵丹赞赏于蓝的佳话，他们在"鲁迅传"筹备组期间结下了友谊，后又在《烈火中永生》中再度合作。赵丹认为于蓝待人真诚，是信得过的朋友，于蓝热情谦虚的美德，体现出党对知识分子团结的力量。

于蓝在工作中的勤奋、学习上的刻苦是罕见的，为了适应新中国话剧和电影事业的需要，50年代初期，当她结束了抗美援朝慰问团的工作后，考取了中央戏剧学院表演艺术专家训练班，她极为珍惜这难得的学习机会，过去在战争年代没有机会系统学习艺术理论，现在党给了她这么好的学习机会，为了不辜负党对自己的培养，她日夜玩命学习，钻研表演方法，细致地整理专家讲课的笔记，由于过度用脑，一度患了神经官能症，长期失眠，人消瘦许多，每夜靠安眠药入睡，她就是用这样顽强的拼搏精神，门门功课取得了优异的成绩，获得专家和同学们的好评。

于蓝深知一个真正的好演员，一个能经得起时代考验的好演员，需要具备各方面的艺术修养，她除了博览群书外还练习舞蹈及各种形体训练，而且还练起了钢琴，这一切对她来说并不是容易的事，因为那时她已经三十多岁，已是两个孩子的母亲，然而正因为她真诚地对待艺术，她就必然会执着地追求，她的可贵的毅力使她战胜了一切。

　　于蓝是著名演员、"大明星"，但她从不以明星自居，生活中的她很朴素，基本是不修边幅，在摄制组她是主演，但她不像有的演员有戏去现场，没戏就待在宿舍或出外溜大街，她关心全摄制组的工作，经常到拍摄困难的第一线去。1964 年，我们在重庆朝天门码头拍摄《烈火中永生》片头的一组镜头，为了揭示敌人猖狂溃退的气氛，有几个镜头需要运用升降机拍摄，而升降机只能架在嘉陵江畔停泊的木船上，摄影师带着摄影机随着升降机离江面六米之高拍摄大俯瞰，湍急的嘉陵江水冲击着木船，船身的摇摆造成摄影师及摄影机在高空拍摄时非常困难和危险。为了安全，组里特组织了一个安全小组，于蓝自告奋勇担任了组长，她们借来了安全带、救生圈，把摄影机的三角架绑了又绑，摄影师身上系好安全带，还五花大绑与升降机连体，于蓝忙前忙后全神贯注布置着一切，直到顺利拍摄完毕她才松了口气。我深深地理解于蓝，在这样的关键时刻，她是不会离开战斗集体的，她那自觉的责任心促使她要和大伙儿在一起，她自觉地履行着党员艺术家的职责，这种忘我的精神是令人钦佩的。

　　1960 年，我们在羊市大街（当年影协所在地）和水华导演研究《革命家庭》文字本，有一天工作到深夜，水华同志暂住影协，我和于蓝得回家住，将近工作了 20 个小时的我们，谁不想赶紧回家钻进被窝睡大觉？可我们两人只有一辆自行车，谁都没有带人的技术，在迫切回家的心情下我们鼓足了劲试着带人，先是她带我，不行，我根本就上不了后座，她的车把直晃荡，又换成我带她，她倒是坐上了车，可我还是稳不住车把，三晃两晃竟把她摔倒在地，我很紧张，她却哈哈大笑爬了起来还准备再来一次，我可胆怯了，说："算了，算了，我摔了倒不要紧，把你摔坏了，拍不了戏我可交代不了。"如此这般，我们只好服输，两人推着车在漫长的黑夜里一路絮絮叨叨往回家的路上走去。我想当今的大明星或是大红星，恐怕难以想象和理解当年于蓝这位明星的行为吧！

　　于蓝是领导也是普通一兵，作为领导她处理问题很讲原则，但又不盛气凌人，对待下级既严格要求又热情关怀。1984 年我在儿影厂拍《十四五岁》，外景地在烟台，因为赶着要在暑假期间拍完，摄制任务相当紧张，在那酷暑的日子里，于蓝风尘仆仆地来到外景地给组里鼓气，于蓝的来临激起同志们更大的干劲，一致表示要使影片质量更上一层楼。然而，于蓝来到的那一天，对她来说是一个特殊的日子，是一个令她心碎的日子。因为那天是于蓝同志的爱人、我们敬爱的田方同志、我们北影厂的老厂长逝世十周年的纪念日。于蓝告诉我，为了来我们组，在北京她已带着孩子提前到八宝山看望老伴了……于蓝到组后，谢绝了制片主任为她安排的套间，硬要在我的小屋里加一个床，我知道她要和我谈话，要了解我在创作中的问题，我渴望能有这个机会和她叙个痛快，但又觉着太委屈我们的厂长了！那晚我们谈了许多话，为了第二天还得早起拍戏，她曾几次催促我入睡，最后是强制性地宣布："不说了，睡觉！"我不吭声了，渐渐入睡，一觉醒来，天已大亮，欠身一看，于蓝不在了，被子叠得整整齐齐，再扭头一看，桌子底下的水桶里的脏衣服不见了。我顿时紧张起来，难道她去洗衣服了？我慌忙下床跑到共用盥洗间，一眼就看到于蓝在洗什么，我二话不说冲了上去抢下她手里的衣服，我太揪心了，我不能接受她这样的关心和帮助，不是因为她是厂长，也不是因为她是名人，而是因为她是个癌症患者，在她身上已经挨过四次手术刀，她又比我年长，我怎能忍心让她为我服务？！可于蓝说："我看你太可怜！"

真诚的相待无需更多的语言！

真诚的相待更使我难以忘怀！

于蓝总是身体力行，自觉捍卫着共产党人的光辉形象。

于蓝演戏是认真的，做人也是认真的，即使是在干校大家都处在逆境中，她在劳动中也是一丝不苟的。在干校她抢着干重活、险活，一次在修盖厨房的顶棚时，从屋顶上摔了下来，我看到她时，只见她一脸土灰，额角流着鲜血昏倒在泥地里，看到这副惨状，大家都惊呆了。大家都在为她的生命担忧！在她住院抢救期间，我们不能获得去医院探望的自由，只能每天从军宣队的宣布中得到一点她伤情的信息。于蓝经过了一段治疗后，伤情有了好转，当我们看见于蓝时，她的模样变了，她的眼睛斜肿着，左边脸部的肌肉僵死，这对演员来说是一个致命的打击，同志们的心里都十分难受，于蓝却还是那样地平静，她含着微笑对大家说："不要紧。"

"文化大革命"给于蓝和她的家庭带来了莫大的悲哀，她先后失去了两个亲人——丈夫和哥哥。哥哥是她革命的引路人，丈夫是她几十年来战斗的伙伴，她承受了一般人难以承受的打击，但是她没有被痛苦压倒，她像陶承妈

妈（"革命家庭"中周莲的原型），她像烈士江姐那样，接过亲人的遗愿，迎接时代赋予她的新任务，把毕生的精力全部投入开拓中国儿童电影事业，她率领着和她志同道合的伙伴们白手起家，从无到有，她的事业越来越红火，越来越壮大，为中国儿童电影建立了丰碑。她胸中装着三亿儿童，同时，她也在三亿儿童的欢声笑语中获得欣慰和力量。

我衷心祝愿于蓝同志青春常在。

# 为艺与为人

## ——纪念于蓝老师从事革命文艺五十年

杨海波[①]

我 1985 年开始从事电影工作，是电影战线上的一名新兵，但此前在我关于电影极其有限的知识里面，于蓝老师占有着重要的位置。这全是由于她所塑造的共产党人江雪琴这个女神般的圣洁形象。毫不夸张地说，这一形象的感召力，是我选择电影作为我今天的职业的动力之一。从观赏实践来看，这一经验或许带有规律性，许多成功的电影形象在观众的记忆中可以说是刻骨铭心、终生难忘，甚至可以改变其命运，这除了依赖于电影艺术中的其他因素之外，更主要地依赖于演员。

表演是一项高尚、崇高、神圣的职业，在斯坦尼斯拉夫斯基的思想中，演员的地位可以说与作家是同等的，他们的区别仅仅在于，作家将生动的生活转化为语言符号，演员将这语言符号转化为艺术化了的生活。因此，我认为，对一个作家的要求同样适用于一个演员。当然，其他的表演流派对此有不同的要求，但无论哪个流派，有一点是相通的，这就是塑造人物。

一个演员应该有崇高而又坚定的信念，这样才能体验到并表现出人生与艺术的意义，于蓝老师用五十多年的时光证明了自己正是一个这样的人。她十几岁即离家参加革命并服从革命工作需要投身于文艺工作，五六十年代她取得了辉煌的艺术成就，却从不向党和人民索取，只有付出，"文革"中她备受摧残，却从未动摇对生活和艺术的信念；改革开放以后，她积极从事儿童电影事业和其他社会活动，为祖国的未来，为社会主义文艺的繁荣贡献余热，这种高尚的人格与良好的修养，正是于蓝老师取得辉煌艺术成就的坚实基础。

---

① 杨海波，时任职于广电部电影局研究室。

　　一个演员应该热爱生活并由此培养高超的观察与把握生活的能力。于蓝老师有着丰富的生活经验，她非常善于挖掘，运用自身的生活积累。除此之外，她在塑造每一个人物形象的时候，还非常注意体验角色特定的生活，注意找到角色的生活规定性，这是于蓝老师取得辉煌艺术成就的丰厚源泉。

　　一个演员应该具有良好的艺术修养。首先体现在对剧作的准确理解与把握上面，相对于丰富的生活而言，语言形态的剧作是一种简练和省略，一个好的演员应该善于从简约中找出丰富，这样才能塑造出有血有肉的、生动的人物形象。其次体现在熟练掌握自身的外部表现工具和表达人物情感、思想的内部心理技巧，这是表演艺术特性的重要组成部分，于蓝老师在这方面可以说炉火纯青。在江雪琴这一具有代表性的人物形象中，于蓝老师对剧作的理解非常准确，外部工具的运用、形体动作的设计和节奏感都富于浓郁的艺术韵味，这是于蓝老师取得辉煌艺术成就的可靠保证。

　　对演员的这些要求，证明表演这个职业是高尚、崇高、神圣的，但同时也说明这一职业是艰辛的，要取得成功，必须付出艰苦的努力与劳动，更富于诱惑的是这一职业所要求的双重深入，容易使人把握不住自己。一个演员可以体验并表现自卑，但不能将它转化为自身的人格，一个演员可以体验并表现粗俗，但不能将它转化为自身的品行，这需要演员对自己有更严格的要求。表演职业是高尚、崇高、神圣的，这要求从事这一职业的人具有相应的品格，一个演员只有具备这种品格，才有可能取得辉煌的艺术成就。于蓝老师五十年的为艺为人，为我们充分地证明了这一点。

# 于蓝和童影

陈锦俶①

老骥伏枥，志在千里。

志士暮年，壮心不已。

我想用这两句诗句作为对于蓝在童影十年的写照。

1981 年初，党中央书记处召开会议，号召全社会都来关心少年儿童的健康成长，并建议成立一个为少年儿童服务的"儿童电影制片厂"。文化部党组把这项重任委派给了于蓝，任命于蓝为北京儿童电影厂厂长。当时于蓝六十岁，她是在身患癌症初愈，年逾花甲之时接受了这项创业重任。曾有好心的同志劝她不要接受，他们凭着自己切身的经验告诫于蓝说："建电影厂这件事不简单，没个十年八年的功夫建不起来。"更有同志说："这事不像演戏，可能等你见马克思时厂房还没影呢！"于蓝是位卓越的表演艺术家，但她对基建、儿童工作和企业管理是门外汉。说起来很可笑，当初童影厂的牌子挂出去了，还是康克清同志亲自来挂的牌子，可童影没有报户口，没有办理执照，很长一段时间童影是黑户，这都是因为不知道办企业的手续闹出的笑话。改换了行当，很多知识要从头学，已经年逾花甲的于蓝还要像年轻人一样的"从头越"，这里所遇到的困难之多是可想而知的。但于蓝这位老共产党员，以她对国家的赤子之心，对儿童的责任感，毫不迟疑地挑起了创建儿童电影厂的重担。十年过去了，童影十年的成绩展现在我们面前。回顾童影十年的路，不由得要向于蓝同志深深地鞠一躬，并以崇敬的心情说一声："于蓝，你为儿童创建了功绩，功德无量。"

记得宣布于蓝任儿童电影厂厂长的时候，她是光杆司令，手下没有兵

---

① 陈锦俶，时任中国儿童电影制片厂厂长。

马，没有建厂地皮，没有资金，一切都需要她来思考和筹集。无数的困难落在她那瘦弱的肩膀上，比如建个什么规模的厂？建厂的宗旨是什么？在哪里建最理想，是北京还是天津？是依附大厂还是独立门户？是建小而全的厂还是独树一帜建一个具有改革时代特色的厂。儿童电影厂影片的创作特点是什么？建一支什么样的队伍？如何建立？人才从哪里来？童影厂树立什么精神？……她日夜思索，各方咨询，快速决断。于蓝自她披挂上阵后，就像奔驰在战场上的战马不停息地飞奔。她一方面组织剧本，一方面组织队伍，一方面筹划建厂规划。为了开辟一片儿童电影绿洲，她马不停蹄地日夜耕耘。厂里同志称她为"于铁人"，同志们开玩笑地总问她："老太太您是不是天天吃人参呀，您怎么不知道累呢？"其实当她独自躺在床上时疲劳和病痛的折磨有谁知道呢？

　　社会需要就是对于蓝的命令。根据孩子的呼声，于蓝决定童影必须走边拍片边筹建厂的路，不能等待，不能依赖上级指示，不能完全依靠国家拨款，而要主动开创局面。在于蓝的决策和亲自带动下，调动起大家的热情，大家献计献策，卓有成效。1981 年 6 月 1 日宣布童影诞生，到 1982 年底，年仅一岁半的童影就摄制完成了《应声阿哥》《红象》《马加凌飞》《一扇敞开的窗》四部影片。当孩子们第一次在银幕上看到"北京儿童电影制片厂"厂标时，孩子们为自己的电影厂欢呼着。而这四部影片的诞生，也显示了于蓝的工作魄力，表现出她的企业家的才干。在摄制完成影片的同时为童影积累了70 万元生产资金，打开了童影厂的生产局面，在生产中培养队伍，童影的基建工作也快速进展着。1983 年底完成了并获得各有关部门批准的"厂房设计图"。1984 年破土动工，1987 年 4 月童影厂迁进新居。这样的建设速度，在电影史上少见。兄弟单位说："你们童影建房速度快，因为你们有于蓝。"这话不错，这里是饱含着于蓝的心血和汗水。在基建过程中哪里有问题于蓝就出现在哪里，地皮、资金、钢材她都为之奔波，凭着她那炽热的心，感动了所有的人，为工程的进展一路开绿灯。

　　十年树木，百年树人。建设和发展儿童电影事业的关键在于建设一支肯献身儿童电影事业的创作队伍。人才是发展事业的基础，在培养人才方面于蓝煞费苦心，她大胆起用中青年创作人才，为他们创造发挥才能的条件。有不少编剧、导演、摄影、美工、作曲是在童影这块沃土中锻炼成长起来的，特别在培养儿童剧作家，扶植儿童剧本方面她确实是"呕心沥血"。为扶植出一个好儿童剧本，她反复阅读，多方听取意见，亲自和作者切磋商谈。如在扶持剧本《我只流三次泪》时，于蓝亲自到长春和作者王幸东、王浙滨彻夜长谈。使作者在困惑中得到信念，修改后的剧本超越了过去描写战争片所固有的藩篱，影片有新意，曾获国内外好评。她严格地把握党的文艺方向，坚持对少年儿童给予正面教育，凭着她的政治责任感注意掌握分寸。对不健康的思想倾向能坦率地提出批评，同时她又极严肃地要求艺术质量。例如对《豆蔻年华》剧本反复数次讨论，她对原剧本中的大段说教，以及剧中人物性格塑造都提出修改意见。她到上海和作者长谈，又到南京和导演多次切磋，使《豆蔻年华》影片在校园题材中有新的突破，在艺术上提高了层次，又有深刻的思想内涵，获得各界好评。于蓝对我厂摄制的每一个剧本都认真地分析，凭借她多年的艺术修养指导提高剧本的思想艺术水平，为提高儿童片的艺术层次，她不耻下问，虚心地向老艺术家张水华、陈怀凯、朱今明、于彦夫、谢铁骊等同志讨教。由于于蓝的诚心诚意，这些位老艺术家成为童影的忠实顾问，随请随到。

于蓝对艺术的严格，对同志的真诚，团结了一大批剧作家，源源不断地为童影提供优秀剧本，为提高儿童片水平奠定了基础。

儿童片是为少年儿童服务的，我们拍片首先是给孩子们看，给不同年龄层次不同文化教养的孩子们看，寓教于乐。于蓝经常带着影片到学校、农村。1983年春节，于蓝带着《红象》《马加凌飞》等片到北京郊区的南韩纪大队放映，听取意见。冬季的夜晚，寒风刺骨。于蓝和社员一起坐在露天广场看片。一千多名农民观众，有老人、有孩子兴趣盎然地看了三小时儿童片，中途很少退场。农村观众对儿童电影的热情深深地打动了于蓝的心，在座谈会上农民强烈反映看不到儿童片，他们都希望给孩子们多看点好片子。他们说："别叫孩子们尽看武枪弄棍的，对孩子不好，对国家也不好。"朴素的语言表达了老百姓的心意。于蓝经常亲自聆听群众呼声，又积极地向有关部门反映群众的呼声。然而于蓝这颗一心为儿童事业的心有时不能被所有的人理解，有时还要遭到责难，但于蓝在无理的刁难面前从不灰心，一往直前地排除万难，她对前途总是充满信心。

为了团结更多的儿童工作者共同繁荣儿童电影事业。1984年她倡议组建

了"中国儿童少年电影学会",又在五大部委的支持下设立了"童牛奖"。学会两年举办一次儿童片学术研讨会,两年评选一次优秀影片。这两项活动促进了国产儿童片水平的提高,推动了广大儿童少年看片评片,开展大规模的影评活动,提高少年儿童的审美水平。培养了一代新观众,使儿童片在培养一代社会主义新人的任务中发挥作用。

为了筹集奖励优秀儿童片奖金,于蓝同志四处奔波,八方宣传,她到了大庆胜利大港油田,到了江苏省、四川省、浙江省、黑龙江省、吉林省、辽宁省、河北省、内蒙古包头市等,祖国各地留下她的足迹,各地的少年儿童和银幕上的江姐,生活中慈祥的于奶奶留下珍贵的合影。于蓝的形象给各地少年儿童留下深深的记忆。

在于蓝的辛勤努力下,儿童少年电影学会又团结了一批热心儿童电影理论研究的同志,儿童电影的队伍越来越壮大,我们的朋友遍天下。

1986年于蓝代表中国儿童影视中心加入了国际儿童影视中心,扩大了中国儿童电影在世界的影响,提高了中国威望。1991年6月国际儿童电影年会在中国召开。因故于1991年如期召开了,有许多国家来参加会议,他们没想到中国的组织工作是这样圆满成功,会后各国代表纷纷向于蓝表示赞赏和诚挚的感谢。国际儿童影视中心主席雷娜塔多次向于蓝表示感谢,回国后又发来电传说:"感谢你对CIFEJ年会代表的热情周到接待和出色的组织工作。"年会秘书长,加拿大的罗伯特·特伊说:"我参加了20多次年会,这次是最好的。"在年会期间同时举行第四届"童牛奖"发奖大会。美国米蓝先生看到金属童牛陈列两排赞叹地说:"这么多奖品,这么多的礼物,真让人难以置信,很少有其他国家能像中国这样热心于儿童事业,重视儿童影视工作。中国的儿童真幸福,有父母的疼爱、老师的关怀和全社会的爱护。"中心副主席勒热纳说:"我是第一次来北京,我所遇到的全是一张张灿烂的笑脸,每个人都是那么友好、可亲,中国是一个微笑的国家。"

1991年的国际年会不仅是在文化、艺术、影视方面的一次交流,而且使社会主义中国的伟大形象在各国代表心目中有了正确的了解,年会的召开给党和国家赢得了荣誉。而这次年会是在于蓝70大寿时召开的,70高龄的于蓝"壮心不已"地拼搏,是什么力量在支撑着她呢?

十年共事使我最敬佩的,也是使我思想受益最大的,就是她那对事业执着的追求，对党、对人民、对国家的无私奉献，对同志坦诚相待、肝胆相照的共产党员的崇高品格。她在年逾花甲之时创造着伟大的奇迹，她以优秀共产党员的思想品格，以身作则地教育童影职工，为童影留下精神财富，成为童影的榜样。

春蚕到死丝方尽，蜡炬成灰泪始干。

我们学习于蓝同志，为祖国为儿童奉献终生。

# 质朴纯正　浓淡相宜

## ——于蓝电影表演艺术赏析

黄佳明①


　　于蓝近十年虽说是在中国儿童电影园地辛勤耕耘，而在此之前，她一直是作为一名电影演员活跃在中国影坛的。在新中国成立以后成长起来的电影演员行列中，于蓝的表演创造成就是令人瞩目的。

　　于蓝是辽宁岫岩人，1921 年出生于一个知识分子家庭，"九一八"事变后，随家从沈阳入关，迁居京津。民族的苦难和生活的动荡，激发了她对生活的思索和对现实的不满。十七岁时，她怀着一颗火热的心，冲破日伪的层层封锁，来到抗日根据地斋堂，并于 1938 年 10 月，历经千难万险，奔赴革命圣地延安，成为抗日军政大学的一员。在新的天地中，她的思想在革命熔炉中得到锤炼，她少年时代就醉心的文艺事业也向她敞开了大门。在校期间，她开始从事舞台剧的表演，施展出在这方面的艺术才华。1942 年，聆听了毛主席在鲁艺的讲话之后，于蓝在世界观、艺术观方面受益匪浅，使她的艺术创作之路沿着一个与生活源泉、与人民保持紧密联系的正确方向不断发展、提高。解放战争期间，当她被调至兴山东北电影制片厂时，已在舞台表演中磨砺了很长时间，是一个有着较丰富舞台表演经验，能够把握人物形象塑造的演员了。可以说，是在思想、生活、技巧三方面都具备一定的积累、准备之后，于蓝开始向电影表演艺术迈步。

　　在电影处女作《白衣战士》中，于蓝饰演的女主角庄毅，是中国人民解放军某部医疗队长。今天重看这部四十年前的影片，确实可以看出它的许多稚拙之处，很难将它溢美为上乘之作。然而，它确在某些方面具有开拓性的历史意义，作为新中国电影首批故事影片创作之一，它依然以其难得的历史

―――――――――――

　　① 黄佳明，中国电影家协会副研究员。

风貌留下了新中国电影创业的足迹。在中国妇女银幕形象画廊中，庄毅与影片《中华女儿》中的抗连女战士，是首批出现在中国银幕上的女革命战士形象，是以后中国电影上大量涌现的"红色娘子军"形象系列的发端。尽管这部影片后来很少播映，鲜为人知，但它在中国电影历史上还是具有自己的独特地位。在这部影片中，于蓝的表演是基本胜任的。可以说，长期在革命队伍中的战斗生活和过去积累的表演经验，使于蓝在从影之初就显示出了自己在某些方面的优势，使她起点不低，起步不凡。

1951年上海电影制片厂出品的《翠岗红旗》是于蓝拍摄的第二部影片，于蓝饰演主角向五儿，影片以向五儿十五年的生活经历贯穿始终，表现了江西翠岗乡苏区人民的苦难生活、坚定不移的革命信念和坚韧不拔的斗争精神。

与庄毅相比，这是个时间跨度更大、命运变化更多的角色，尽管影片中仍有于蓝早期电影表演的稚嫩之处，但依然有很多地方闪现出于蓝在塑造人物方面的艺术才华。按照人物成长的不同阶段，于蓝着力揭示其不同及发展变化，特别是在胜利的红旗下一家团聚时的情景。在小鸿的搀扶下，向五儿见到了已成为红军师长的江猛子。这时，于蓝又将人物形体动作幅度收到很小，默默地凝视，轻轻地吐出一句："你回来了！"这是一种热戏冷演的艺术处理，让人体味到角色在巨大喜悦震撼下，激情达到顶点时的表面宁静，真是"道是无情却有情"，此时的柔声细语，极为感人。

向五儿形象的塑造，虽然显示出她表演创造的才华和潜力，也有些不完美之处，那就是在时间跨度大的情况下，虽注意到把握人物不同阶段的发展变化，却对变化之间的呼应联系注意不够，缺乏层次之间的流畅与连贯。因此，时有人物塑造突兀跳跃的断裂之感。

1952年北京电影制片厂出品的《龙须沟》是于蓝拍摄的第三部影片。

在"京味小说""京味电影"等作风时髦风尚泛起在首都文学艺术界的今天，看着四十年前拍摄的《龙须沟》，不能不承认它是部地地道道的京味电影。影片调动多种艺术手段，以扎实精细、质朴自然的纪实风格，创造了解放前夕、解放之初的历史变革时期北京贫困市民居住的大杂院生活特有的真实氛围，使其具有浓郁的时代气息、地方色彩和生活实感，尽管这部影片仍不可避免地存留了由话剧移植成电影的某些痕迹，然而，它记载着历史生活

的片段，以不可抗拒的艺术真实的魅力，长久地闪烁着光彩，显示出经得住时间检验的生命活力和审美价值。

《龙须沟》是于蓝电影表演史上的一部重要影片。与庄毅、向五儿相比，程娘子只是个配角，戏不是很多，处于陪衬地位，从角色的角度看，主角比配角一般有着多一些的便利。因此，饰演配角更要求演员的表演少而精，以少许胜多许，在有限的篇幅中展示出人物的诸多方面以至全貌，在人物形象塑造上，既要浓缩，又要多面，还要点面结合并注意其间的连贯流畅。所以，表演界流行的行话曰：只有大演员，没有小角色，正是这个道理。

在龙须沟的这个大杂院的诸多人物中，程娘子是个独特的人物，丈夫程疯子原是天桥的鼓书艺人，因被恶霸逼迫而缩居在大杂院里，闭门不出。程娘子只好一人独自挑起生活重担，背起香烟摊，在外与各色人等费力周旋，在内承担起供养、保护丈夫的责任。与同院的其他女性相比，生活的磨砺使程娘子少有丁四嫂那种对丈夫的依赖性、王大妈随遇而安的软弱性、二春年轻气盛的火爆性。影片中，于蓝用精细的手法展示出人物的独特之处，虽然同在大杂院居住，程娘子却是始终头发梳得光光溜溜，破旧衣衫穿得清清爽爽，待人接物礼貌得体的女性，这准确地展现了一位由"长衫"阶层沦落而来、在家庭生活中无儿少女拖累、好强爱面子的旧北京市民妇女的特点。对程疯子，于蓝用亲切的语调、爱怜的眼神，事无巨细都关照周到，千叮咛万嘱咐地服侍和"管束"，展示出人物善良纯朴、通情达理、贤惠宽厚的美好品格和对落难丈夫相濡以沫的夫妻深情及兼有的"母性"色彩。对被她视为"命根子"的香烟，于蓝小心翼翼地捧着、拣着、摆着、摸着，那动作、那神态，着墨不多，点到为止，却给人留下深刻印象。让人体味到的程娘子挣扎求生的艰辛、生存能力的脆弱，实令人同情。以上几点，已粗略地勾勒出程娘子这个人物的基本面貌。可贵的是，这并不是再一个集中的场景与事件中突出揭示的，而是在围绕其他人物的事件中，东一滴、西一滴，零零散散地汇聚而成的印象，这是于蓝准确地把握住人物基调后，充分地利用每一个镜头、每一次出场，高效益地展示并注意到其间的呼应对比，连贯流畅的结果，而在集中到程娘子身上仅有的两段戏中，于蓝则显示了刻画人物性格的功力。其中，最为精彩的一段戏是以程娘子与冯狗子的矛盾为贯穿线的，因无米下锅，程娘子只好踩着雨后泥泞上街摆摊，眼看风雨将至，手中钞票无几。即使下雨，也不得不耐住性子再恭候买主。正在此时，冯狗子来到烟摊。影片中，于蓝将忐忑不安、焦虑万分的神态收敛起来，用期待、渴望同时又有些不放心的眼光注视着冯狗子，当冯狗子拿了两包烟不给钱返身就走时，于蓝并没有马上发作，而是低着头用手轻轻地抚摸着空空的烟架，忍了半天，才低声嘟囔了一句："老白拿烟也不给钱！"这里，把一个饱受恶霸欺凌、生活没有安全感、满腔怒火又不敢怒不敢言、委曲求全而又实在按捺不住的小人物的复杂心态及心理过程揭示得清晰、准确。而当她带着一肚子委屈和怒火回到院里时，见冯狗子正在痛打丈夫，这时，于蓝对人物进行了"一反常态"的处理：只见程娘子大叫一声，把烟摊重重地摔在地上，疾步奔来，一头撞在冯狗子胸上，又叫又骂地与他厮打起来。这时的程娘子简直像一头被激怒的母狮般勇猛彪悍、势不可当。当冯狗子见全院众怒难犯而逃走后，程娘子看着头破血流的丈夫，又一头扑在他身上，紧紧地抱住他，放声大哭起来。这一段戏，于蓝演得流畅自如，节奏鲜明，形体动作幅度大，力度强，表现力丰富而有震撼力，酣畅淋漓地揭示了这位贫困妇女饱受恶势力欺压而埋藏在心底的仇恨和愤怒终于如火山般喷发出来，揭示了程娘子身上蕴含着的，甚至她自己都不曾意识到的巨大的自卫、反抗能量。此时的"一反常态"，与前面铺垫好的程娘子对丈夫的母性色彩呼应起来，与在街市上对冯狗子忍气吞声的态度比起来，既逻辑合理、真实可信，又出人意料，反差强烈，确实是对程娘子性格刻画独到、精彩的一笔。

从 1949 年到 1952 年，四年间，于蓝完成了三部影片，电影表演艺术以迅猛的脚步在向前迈进，可谓耕耘辛苦，收效显著。程娘子银幕形象塑造的成功，为她电影表演艺术前期探索做了一个令人满意的小结。1955 年至 1956 年，于蓝进入中央戏剧学院表演干部训练班进一步深造，到 1959 年拍摄第四部影片《林家铺子》时，于蓝已在表演艺术上达到了更高的水平。

《林家铺子》是中国电影历史上的精品之一。在国庆十周年的献礼片中，它是题材独特、质量上乘的佳作。它在编、导、摄、表、录、美诸多部门的整体和谐方面，在典型环境中的典型人物塑造方面，在电影艺术表现形式的民族化探索方面，所取得的成就都体现了建国十年来中国电影事业达到的最高水平。

于蓝在影片中饰演的是个孤苦无依的年轻寡妇，在银幕上消失了七年的于蓝对张寡妇形象的塑造，没有使关心她的观众失望。对这个戏很少的配角，于蓝在对人物基调、性格刻画方面显示出一种自如洒脱的风貌，表演更为精炼细致，收得拢、放得开，几乎人物出场的每一个镜头里，都能让人感受到这个贫苦寡妇实实在在的生活气息。影片中，张寡妇匆匆走到林家铺子前，把小孩往柜台上一放，对阿四说："帮我照看一下，我去买米。"语调、神态中的亲切、随便、爽快，揭示出她轻车熟路，是常来常往，与阿四的关系是平等、融洽的。米铺前，人群涌动，张寡妇背身入画，提篮挤上，这是很短的一个镜头，且又是背影。于蓝用大步流星的步态，刻不容缓的挤入动作，形象地展示出人物习惯于疲于奔命的生活常态及她挣扎求生的不易。上海市民涌入小镇，张寡妇做起了卖洗脸水的生意。她背着孩子，一手提着大水壶，一手拿着铜盆、面巾，头顶烈日，在难民群中声声叫卖，一有买主，立刻恭谦地迎上，手脚利索地张罗，仅是个大全景镜头，张寡妇那弱小的身躯，承此重负，动作节奏上的起伏变化，使人感到她是在用整个身心的超负荷去挣每一文求生的小钱。这是影片中唯一的一个正面表现张寡妇生活收入来源的镜头，于蓝没有放过这个镜头，她赋予这个大全景以丰富内涵，以一当十，以一当百，使人们确信张寡妇存在林老板那儿的一百多元，就是这样，甚至以还要劳累辛苦得多的方式来挣得的，一点一滴都是这位贫苦寡妇的血汗。与朱三太一起夜访林老板时，在林老板居高临下、财大气粗的气势下，朱三太尚可倚老卖老地与林老板交涉几句，而张寡妇只站在朱三太身后少言无语。于蓝在这一组镜头中，赋予人物担心焦虑、拘谨卑谦的神态，只是在将要离去时，才用恳求甚而哀告的语调对林老板说，这一百五十元钱是她一点一点用十个手指头挣出来的活命钱。同时，还张开十指，伸给林老板看。这段戏中，于蓝展示了人物低下无靠的社会地位、毫无安全感和自卫能力的忐忑心态。一句台词、一个动作凝聚着人物的全部真情，突出地强调了这一百五十元钱与人物命运至关重要的关系，经过这许多铺垫、烘托、渲染，当林老板写宽出走，林家铺子被商、警等各界查封、瓜分之时，张寡妇像疯子一样敲门、呼喊、撕打、冲撞，自是人物思想、感情、行为的合乎逻辑的表现。这里，于蓝又一次运用了"一反常态"的艺术处理，撒着欢地演出了人物在极度悲观、绝望、愤怒情况下的最后的争斗。在大鱼吃小鱼、小鱼吃虾米的社会中，张寡妇、朱三太这样的下层劳苦群众总是被倾轧得粉身碎骨的。朱三太孤身一人，行将就木，遭此恶运后只能无力地瘫坐在林家铺子前哀号。然而，就连她也比张寡妇的处境强，她尚可以一死解脱，而张寡妇还年轻，还有半生的路要走，幼小的孩子还要她抚养，真是求生不得，求死不能。因此，这场灾难对张寡妇的打击要沉重得多，她才有这绝望的疯狂之举。然而，她的拼死抗争是无济于事的，军警一声枪响，慌乱的人群炸散，无数双无情的脚残酷地踩在掉在地上的张寡妇孩子身上，张寡妇在乱脚中向她的儿子爬去，她那颗心还能再承受住又要面临的重创吗？她是疯、是死？是投河、是上吊？于蓝以其精彩演技把张寡妇深深印在观众心里，激发出人们的深切同情和不尽的思索。

　　于蓝塑造的张寡妇是一个成功的人物形象，她显示了于蓝电影表演艺术趋于成熟，并初步形成了自己质朴纯正、浓淡相宜的艺术风格。

　　1960 年北京电影制片厂摄制的《革命家庭》是于蓝电影表演艺术的代表作，于蓝以精湛的演技成功地塑造了一位由普通家庭主妇成长为坚定革命者的女性周莲。与向五儿相比，周莲的时间跨度更长，可以说，影片描写了周莲从十六岁的少女到白发苍苍的老年，当然重点是从少女到中年，人物经历也比向五儿更复杂、更坎坷、更跌宕，与轰轰烈烈的中国革命事业联系更紧密，是一个跨度大、容量大、色彩丰富、主调突出的人物形象，也是表演上难度较大的一个角色。

　　于蓝在塑造周莲形象时，有两方面是成功的，一是紧紧抓住人物成长的纵向脉络，有发展、有层次、分寸适宜，自然真实地展现人物与革命事业的关系。初嫁之时，当红盖头即将蒙住周莲的脸时，于蓝用羞怯而又忐忑不安的眼神，流露出一位少女对未来的向往和对夫家毫无所知的忧虑。新婚燕尔，于蓝又用含笑暗窥及深夜送水两个动作，表达了初为人妇的周莲的甜蜜、满足及在被自己倾慕的丈夫面前的顺从、谦恭。梅清参加北伐，周莲拖儿带女大码头上送行，那望着渡船远去的眼神，也仅是一位贤淑的妻子对丈夫的关切担忧及对自己将挑起的一家生活重担的沉重感。当北伐军进城后，万千民众沉醉在胜利喜悦中的情景，不能说对周莲没有感染。因此，当惊闻梅清回家后，她的喜悦之情，与她在街上感受到的革命热情已融为一体。梅清回家后，与孩子们一起"强制"着周莲剪发髻，当周莲看见镜中梳起了"革命头"的自己后，她深情地望见着梅清，很难说她对"革命头"的接受仅是对

丈夫的一贯顺从，而不是她对革命的投入。作为一个家庭主妇，她已把对丈夫的爱和自己对革命的感情自然而然地融为一体了。如果说，周莲是在革命高潮时投身革命的话，那么，她经受考验和从事革命实践则是在漫漫的白色恐怖岁月之中。梅清被害是周莲成长史上的重要转折，同样，失去的巨大悲痛对周莲来说并不是孤立的，白色恐怖下的大屠杀中，周莲目睹了许多革命志士的悲壮牺牲，她已自觉地将失去的悲痛融汇在巨大的时代悲剧之中，并将仇恨转化为革命的激情。因此，当她终于找到了党，便欣然接受了组织安排的工作，当上了"革命的娘姨"，继而，又成为"富商"的"阔太太"，成为我党地下机关的中坚力量。地下党机关被破坏一场戏中，于蓝用流畅自然的表演展示了周莲已成为精明能干的地下工作者的不凡风貌，她主动请战，掩护同志们撤离。从容自如地与搜查者周旋，机警果敢地打发孩子离开，在万分紧迫的情况下，争分夺秒地烧毁了机密文件，当破门而入的敌人捏着纸灰对她咆哮时，周莲镇定自若，脸上掠过的那傲然的淡淡一笑，内涵丰富，是胜利者的自豪，是对敌人扑空一切的嘲笑，也是对敌人丑态的鄙视。狱中母子相逢一场，于蓝很好地处理了人物外部静态与内心动态的关系，用细微的眼神变化揭示了人物沸腾的感情活动与外在表现的克制，展示了既是一个革命者，又是一个母亲的周莲此时此刻的复杂内心世界。当立群被押走，周莲也被押出审讯时，监狱的长廊那头，是渐渐远去的儿子，周莲在转身走向另一头时，有个缓缓的停顿，稍后，又平和地转过身来，只见走廊那头已不见立群的身影。于蓝用这一停顿、这一转身，表现了周莲在此诀别之际对儿子的依恋，那凝滞住的停顿中，使人感到周莲那颗母亲的心正在随着儿子的脚步声远去。至此，周莲这个人物形象完成了，她从一个心中只装着丈夫、孩子、家庭的主妇，成为一个为革命利益奉献出一切的坚定的革命者。

周莲形象的塑造成功，使于蓝成为 60 年代中国影坛广受欢迎的女电影演员之一。1961 年，《革命家庭》在莫斯科国际电影节参展，于蓝获女演员奖，从此，她成为享誉国际影坛的电影演员。

1965 年，在根据轰动一时的长篇小说《红岩》改编的影片《烈火中永生》中，于蓝又成功地塑造了女革命者江雪琴的英雄形象。

《烈火中永生》是一部洋溢着革命英雄主义精神的影片。影片以充满激情的笔触，描绘了解放前夕在重庆中美合作所进行的惊心动魄的斗争，热情讴歌了为了中国人民解放事业而献出一切的革命前辈的崇高品格和英雄风貌。

　　于蓝在塑造江雪琴时，以多种表现手法强调和突出了人物的成熟感。江雪琴首次出场，是下渡船与迎接她的许云峰接头，只见她衣着入时，端庄大方，谈笑自如，款款而来，俨然一位商界女眷的潇洒气派。在校园里，她与华为漫步林荫下，轻松随便之余略用眼角扫一下因各派学生争斗而沸腾的校园，当两个反动学生被进步学生揪拉而走时，她略一转身，有意"淡漠回避"之，这些细微的细节，恰到好处地显示了江雪琴在长期地下斗争工作中具备了严谨的工作作风和善于保存自己的掩饰能力。在孙明霞宿舍里，江雪琴则以同志式的亲切、长者的慈祥，谆谆告诫、循循善诱地对这位热血青年做思想工作，使她破涕为笑。在与甫志高的那段戏中，于蓝用洒脱自如，连贯流畅的表演，充分地展示了江雪琴丰富的对敌经验和高超的斗争艺术，江雪琴从蛛丝马迹中感到情况有异，当机立断指挥武器立即转移。一切刚刚就绪，她在门口遇到叛徒甫志高，在不该遇到的地方和时候见到此人，江雪琴先是一愣，为了掩护未远离的武器，为了稳住甫志高，便立即将他让进屋门，与之慢慢周旋。从甫志高"老许告诉我地址"的这句假话中，江雪琴已知面对的是个敌人，她不露声色地招待着，并背对甫志高对镜梳头，一面从镜中观察着甫志高的动作，一面东扯西扯地拖延时间，一面机警而迅速地进行着判断与决策，寻求脱身。她借倒洗茶杯水的机会见到有人向院内探头，便知已陷重围，脱身困难了。这时，她便结束虚与周旋，立即戳穿甫志高的叛徒嘴脸，狠狠地抽了他一个耳光。在这一段并不算长的戏里，于蓝将人物的心理活动揭示得丰富细腻，脉络清晰，层次分明，转折自然，显示出人物的不凡风采，给观众留下很深的印象。在敌人审讯江雪琴的片段中，于蓝牢牢把握住人物坚贞不屈、从容镇定、藐视敌人的心态，外部形体采用雕塑式的静态处理，那挥动的皮鞭、翻卷的火舌、晃动的光彩以及敌人满头大汗的忙碌、声嘶力竭的咆哮，都更有力地衬托了人物雕塑似的宁静及不可动摇，使得江雪琴更像钢铁一般牢牢地伫立在那里，坚不可摧。在赴刑场的片段中，于蓝在充分揭示人物视死如归的革命气概的同时，又注意点染出人物对战友、对未来、对生活的依恋。当江雪琴端庄沉静、神态自若地迈着坚定不移缓缓走向刑场时，她那含笑投向狱友的深情目光，凝聚着对事业的忠诚，对未来的信念和对战友的鼓舞和期望。

综观于蓝的电影表演创作，不论是她早期的作品，还是她后期的作品，虽有粗拙与精美、稚嫩与成熟的差异，但她的全部表演创作都有一种共同的特点，那就是少有的矫揉造作，欣赏于蓝的表演，似乎很少立即感受到什么很强烈的刺激，因被煽动而感情投入，相反，却是让人慢慢地吸引，并令人回味。她在塑造人物时，一般很少多余的、过分的东西，看似平淡无奇，可细想起来，又不缺少什么，该有的都有了，品味起来，这个人物确实应该是这个样子。她的表现质朴纯正，朴素得不像在演，纯正得少有杂质，只有这个人物该有的东西。这种质朴纯正，这种平淡无奇，又与前几年提倡的所谓"淡化"表演完全不同，绝不是不发挥演技的创造力，也绝不是一味"淡"下去，而是该淡则淡，该浓则浓，淡时轻描淡写，点到为止，浓时浓墨重彩，撒着欢演足。淡也好，浓也好，以人物性格、心理、感情为把握分寸的依据。牢牢地把握这一点，也就掌握好了淡浓相宜的尺度。前文提及的两次"一反常态"的艺术处理，则是这种浓淡相宜、浓淡相辅的最好例证。这种质朴纯正、浓淡相宜的表演风格，既是她所塑造的劳动妇女、革命妇女的人物类型所需要的，也是她塑造好劳动妇女、革命妇女形象的重要保证，还需提及的是，于蓝的后三部影片导演均是水华，水华的导演风格对她表演风格的形成与完善也起到了重要影响。

纵观于蓝的电影表演创作，思索她一步步扎实成长的历程，深感到她的艺术成长之路是与新中国电影事业的发展进步密不可分的。新中国成立之后，中国共产党领导下的中国人民的革命斗争生活，得以有正面展现的可能。于是，革命战争题材、革命历史题材的影片创作，以不可抗拒之势奔涌于中国影坛，这种崭新的题材、崭新的人物呼唤着与其相适应的电影艺术工作者，呼唤着熟悉这种斗争生活并对此充满创作激情的艺术家，这种时代的需要，使中国电影工作者的队伍迅速扩展并进行着适应性转变。于蓝正是在这种扩展和转变中，应时代的呼唤涌现出来的成绩卓著的佼佼者之一。

# 植根于人民之间的表演艺术

## ——学习于蓝同志表演艺术的体会

海　音①

演员依据剧本的提供，在导演指导下进行创作，将人的艺术形象从剧作体现到银幕上。表演艺术创作主要表现在独特地再体现人物鲜明的性格，形象生动地表现出隐藏在剧作字里行间深邃的作者意念，对剧作的人物形象作有个性的补充和体现。

新中国成立十周年时我看了北京电影制片厂拍摄的《林家铺子》，无论从导演的处理，摄影的画面构图、布光、色彩，以及整个时代气氛的塑造，至今给人留下难以忘怀的极好印象。这个极好的印象自然是编、导、演、摄、录、美等各部门集体创造的结果，我这里只谈一个角色——从"张寡妇"的表演创作中向于蓝同志学习。

林老板称呼为"张家嫂嫂"的这个人物，在剧本中只有很少的几处提到她，几次出场与朱三太在一块。全剧反映30年代初期（茅盾原著于1932年6月）那个动荡不安的时代，外有日本帝国主义的侵略，内有封建官僚的压迫、剥削，中小工商业倒闭，农村经济破产，民不聊生，"大鱼吃小鱼，小鱼吃虾米"的那个特定的时代中社会的本质现象。

张家嫂嫂的第一次出场，她匆匆地将怀抱中的娃娃放在柜台上托阿四暂时照看一下，并将折子交阿四请他师父开出这个月的利息钱，好让她买米回来带走利息钱。这点戏银幕上只占有几秒钟，但一个栖身于底层社会的劳动妇女已活生生地展现在我们面前，她生活得如此紧张，买的米量少得抱着孩子还可随身而带，那就是买一次能吃几餐的量，但她是林老板的债主，又要将被林老板这个"小鱼"吃掉的"虾米"。她戴着重孝，生活中刚遇到不幸，

---

① 海音，北京电影学院表演系副教授。

但是她整个的精神状态又是在不幸中坚强地挺立着，动作十分麻利，带着浓浓生活气息的一个不幸的人，自己并没有意识到生活在不幸之中，这也是真正的生活现实。

银幕上第二次出现，她在一群"一·二八"事变中从上海逃难出来的人群里提着水壶"卖甜水"，背上还背着孩子，戏也是很少，一闪而过，从这里我们知道张家嫂嫂放在林老板那里的钱是以这样方式挣来的血汗钱，而这样血汗钱还将要被吞没，在这样的社会里人们将如何生活得下去？

第三次出场是朱三太来告诉她林老板要走的讯息，于是她去托阿四、林老板，对他们说："我利可不要，只要取出 150 元本钱就行。"那是她生怕林老板要走，坑了她，才发出这不得已的呼声，在林老板的哄骗下，她带着疑惑的心态及眼神说出："我是无依无靠，就靠这本钱，你说话可要算数，不要骗我。"就这样在林老板的巧语花言下出了门。

第四次出场：林家铺子终于倒闭了。早晨，排门上贴出了一张纸，上面写着："清理账目、停止营业"，张家嫂嫂奔来看见这种局面，她完全意识到上了林老板的当。于蓝同志的表演给人感受到真是天塌了，今后这孤儿寡母怎样生活？她竭尽全力挤过拥挤的人群，双手撞击着排门板，喊叫着："开门！让我进去。"却被警察推出来倒在地上，她努力挣扎着从地上爬起来，手里紧紧抱着孩子，再次以生命在冲刺，警察的枪托打人她也不顾了这一切，可她哪里能斗得过那些持枪的警察："再挤我开枪了。"枪声响，人群被赶散，有的跌倒，有的哭，张家嫂嫂被人推得倒在地上，孩子离开了她的怀抱，被人们挤得失散了。……孩子被践踏……张家嫂嫂在人们的脚步底下伸展胳膊，喊着："我的孩子，我的孩子……"四处寻找孩子，这孩子的生命在这场动乱中九死一生，此时只有母亲的惨叫声："我的孩子，我的孩子……"画面落在载着林老板的脚划船远去，河面上留下一条涟漪。我看到这里呼吸几乎要停止，久久地，久久地，我思索着表演艺术的感人魅力。

张家嫂嫂在全剧中只是一个小小的配角，通过于蓝同志的创造把这个小角色留给我们很深刻的印象，使我们形象地生动地认识那个社会，对生活在底层的人所遭到的一切寄予无限的同情。为什么达到这样的社会效果呢？是演员用心灵全身心地投入这个人物的造型，记得于蓝同志曾说过："艺术家必须有革命理想、感情，否则，就创造不出激动人心的艺术形象。"于蓝同志的艺术创作，实践了自己的诺言。

于蓝同志的表演严肃认真，精益求精。从一个小角色里演出了一个大社会的深刻含义，如果没有生活于人民中间，去体验劳动人民的疾苦，是无法如此生动地刻画出张家嫂嫂这个人物形象的，电影演员的创造要在几个镜头中树立起一个栩栩如生的人物形象，她不仅要分析人物思想，把握住人物的心理状态，更是通过恰当的形体动作，反映符合人物性格特征，符合规定情境中的这一个人的精神状态语言、动作，那是要经过千锤百炼、精心设计处理，反复排练、选择、提炼，最终得到这银幕形象的。而于蓝同志的表演创作，精就精在丝毫没有什么动作设计的痕迹，演下来潇洒、酣畅，一气呵成，那是因为：

于蓝同志在表演时感情真挚，她全身心地投入了角色，这样的表演才能深深地感染观众。

于蓝同志在表演上举重若轻，朴实无华，情感淳厚，混为一体，这种表演创作射放出一种魅力，使人们接受这一角色相信她是活着的人。

同样的，在《龙须沟》里饰演的另一个底层劳动妇女"程娘子"是一次成功的创作。这里就说程娘子的一场戏：娘子在街上卖烟，遇到冯狗子的挑衅，白拿她一盒烟，从演员的眼神中看到她只是忍着气，因为她知道斗不过冯狗子这种人，只有忍下，但当她提着烟摊篮子进了自己家院时看到冯狗子又在欺侮她的丈夫，一个精神受过刺激的程娘子，顿时火气从心底升起，她什么也不顾地将手里的篮子往地上一挥，三步两跨地扑向冯狗子，要与他拼命。这时，大院里的人们都赶来斗冯狗子，冯狗子见此状只有狼狈逃出，程娘子又转身扑在程疯子身上痛哭起来，在这哭声中表达出对丈夫的疼爱，表达出满肚子的委屈，表达出在这个社会里求生存的艰辛，这一切都一股脑儿倾泻出来了。又一个善良温顺而又泼辣、敢斗、情感丰富的劳动妇女形象树立在观众面前了。

于蓝同志善于把握劳动妇女的精神世界，这与她的革命理想、革命激情是分不开的，她的表演创造是深深地植根于人民之间，张家嫂嫂与程娘子都是小角色，剧作中描绘的文字不多，但经过于蓝同志的再塑造，栩栩如生，一个又一个人物在银幕形象的画廊里高高地悬挂着。

学习于蓝同志的表演艺术的同时，还要学习于蓝同志的为人，一个年已

古稀，白发苍苍，生活中经受了巨大的不幸，在很短的时期里，病魔突然夺去了她的战友、同志、丈夫，我们敬爱的老团长田方同志的生命的时候，自己又身患癌症……要是一般的人在这样一个个灾难打击中是很难挺立起来了，而我们的于蓝同志，她擦干了眼泪，与病魔斗争，她战胜了病痛。按常规，一个革命半个世纪的老人，身上还带有这样那样的慢性病，完全可以在家里，在疗养院里，安度晚年。可我们的于蓝同志却把自己的晚年全部付予童影厂十年的创建中，为了我国三亿八千万儿童的茁壮成长，一个革命老战士又开辟了一个新的战场，真是"生命不息，奋斗不止"。这是一个真正的革命艺术家的情怀。

# 我的好朋友于蓝

颜一烟①

我认识于蓝同志是在 1939 年秋冬之交。那时我在鲁艺艺术指导科任教员，她在延安女子大学学习，本是无缘相识的，凑巧，党中央决定搞一个纪念"一二·九"运动的话剧，编剧的任务给了史行、刘因和我三人。我们一个星期突击出五幕剧本，剧名：《先锋》，我分工写第一、二幕，剧中女主角、学运领袖，我给取名"沙红"。在清凉山下抗大救亡室排戏。初进排演场，我见到的"沙红"扮演者，是个十分文静、善良质朴、天真无邪的女学生，没有娇里娇气城市小姐的"派儿"，气质上很接近角色，导演翟强同志悄声问我："怎么样？"我肯定地回答："就是她！"

她就是于蓝同志，她不是演员，但是青年学生，她没直接参加过北京的"一二·九"，但参加了天津"一二·一八"的游行请愿示威运动。她有生活，没有负担（不怕演砸了），刻苦钻研，虚心求教，以当年参加学运的革命激情，成功地塑造了"沙红"这个叱咤风云的学运领袖。

《先锋》演出之后，轰动了延安。鲁艺相中了这个好苗子，立刻把"沙红"的扮演者于蓝，调到了鲁艺实验剧团，鲁艺排演《日出》时，我被分配扮演"顾八奶奶"。彩排时，因第三幕没我的戏，我就在侧幕边看戏。胡四等人到了那个三等窑子，后边喊："见客喽！"接着，报一个花名："老窝瓜"。帘子一掀，出来一个花枝招展、扭扭捏捏的姑娘，朝胡四一飞眼、一招手，腰肢一扭就进去了，只这一闪，使我不禁一惊：扮演这个卖弄风骚的三等妓女的，竟是于蓝，刚刚轰动延安的主角，这回竟跑龙套！而且是这么样的一个龙套！十七八岁的大姑娘，演这么一个打情骂俏的妓女，谁愿意？只是掀帘子这么一闪，如果说能给观众一点印象的话，那就是恶心，有人会想：这

---

① 颜一烟，北京电影制片厂著名电影剧作家。

是轰动延安的沙红吗？这不会破坏沙红的形象吗？这不会影响以后的演戏吗？……这些，于蓝都没有想过，她想的只是：这里没有什么大明星、小龙套之别，一切都是革命工作！扮演这个角色，演员表上没名字，写演剧史不会写它，介绍表演艺术时也提不到它！但我要在这里写一笔，因为这说明了：于蓝，这位今天在银幕上留下许多光辉形象的、著名的表演艺术家，在她迈进艺术殿堂的第一天，首先就是个革命者、共产党员！

我后来调到编译处任编译员，和戏剧系的同志就很少来往了。我和于蓝同志开始接触，并逐渐了解她，是在东北文艺工作团。1945 年 8 月 15 日，日本投降，我们鲁艺部分师生随东北干部团进行了两个月，于 11 月 2 日到沈阳，奉命成立了东北文艺工作团。团长沙蒙、组训部长王大化、戏剧部长李牧、音乐部长刘炽、总务部长何文今、编辑出版部长颜一烟、秘书张平、支部书记于蓝。

1946 年 3 月，我团奉令调往大连，那时大连工作很难做，我们脱了军装，换上便衣，作为民众团体出现，实际上是直接受市委领导。于蓝同志经常找市委书记韩光同志请示，研究怎样配合党的工作进行宣传。

在团内，于蓝什么都干，需要演戏就演戏，不为名，不为利，演《日出》，她饰陈白露，这是绝对主角，但她不署真名。在大连《人民呼声报》上发表的她的创作手记《同情与蔑视》，署名和演员表上一样，都是"韩地"。在话剧《把眼光放远点》、秧歌剧《兄弟开荒》《血泪仇》中，她都扮演了角色，演出前后，她帮助装台、做服装、收拾舞台，演歌剧时组乐队、吹笛子……她所做的一切，职演员表上都没有于蓝这个名字。作为支部书记，她所做的工作，更是无法计算了。除了和行政领导研团的大政方针外，花费时间和精力更多的是做人的工作。我团在大连吸收了不少新团员。于蓝同志常常和他们促膝谈心，她能理解人，能团结人，开展批评和自我批评，也从不居高临下。许多人心里有疙瘩等愿意找她谈，有的新同志说："跟生身父母都不愿意说的心里话，愿意跟于蓝同志说。"

1946 年冬，全团在哈尔滨短期休整，总结这段工作时，于蓝同志当选为模范工作者，同时当选的有：王大化、张平、何文今、颜一烟、李晓南。最有意思的是，在唱选票时，竟有一张选票上写着六个于蓝。一问，是在大连参加的一个女孩子写的，问她为什么这样写，她连连说："于蓝最好！最好！

最好！"监票人说："这样写是不合选举法的。"这张票因此作废了，这位第一次参加选举的小姑娘，为此还哭了一鼻子。这听起来像个笑话，实际上不正是说明作为支部书记的于蓝在这个女孩子心中的地位吗？

后来，于蓝和我虽然同在电影厂，但她演电影，我写剧本东奔西跑，两人一别若干年，再相见时，我们都是"牛鬼蛇神"了，都被赶到五七干校去劳动改造、接受再教育。

1972 年，北影正在大拍样板戏时，接到命令，拍一部儿童故事片，就把我调回厂，叫我把我的中篇小说《小马倌和大皮靴叔叔》改写成电影剧本，于 1973 年拍成影片后，改名《烽火少年》。他们硬给加上违反"三突击"原则，不符合样板戏精神等罪名，命我检查，我拒绝检查，当时窃踞文化部长要职的于会泳下令逼我退休，我不肯退，就给我拿"劳保"（工资的 60%）。我要深入生活，说："不开介绍信，不给旅差费。"我要求说："党培养我十几年不容易，请允许我用几十年学到的一点工作能力，继续为党为人民服务吧！"谁想回答竟是："为人民服务的人多的是，用不着你！"革命几十年竟落了个革命"用不着"的结果！我真想大哭一场！但是我没有哭！我拿着我出版发表过的剧本和小说当介绍信，自费深入生活。半年后，我带回来一个电影剧本、两个短篇小说。这时候，于蓝同志落实政策，调任编导室主任，我把这情况向她如实汇报了。她只说了四个字："我给你报！"我的眼泪"唰"地下来了！这四个字暖人心啊！金钱有价情无价！我没有报！我是从来不向党计较得失的，虽然这半年我花了近千元，虽然我还在拿"劳保"，但我没有报！因为这四个字是无价之宝！它们告诉我：革命还用得着我！党还要我呀！对一个共产党员来说，还有什么比这更宝贵的呢？

1980 年冬才恢复我的工作权，在女儿的支持下，我写了长篇小说《盐丁儿》。1982 年春我拿初稿请于蓝同志看，她在艰苦创业的百忙之中，把我那卅万字的草稿，不到一个星期就给看完了。看后立刻对我说："你快把它改成电影剧本，儿影拍。"我写出剧本草稿交给她，她仔细认真地提意见，把修改方案用铅笔一条条写在本子上，当时北影厂厂长汪洋同志说："剧本很好，可以拍，但不必搞上下两集，有一集就行了。"我遂压缩成一集。老导演朱今明同志很喜欢，立刻筹拍，成立了主创小组，导演、副导演、摄影、美工……于蓝同志任艺术顾问（义务），多次参加讨论，后因厂领导人中有人提出：这

个戏成本太高，怕卖不回来，会赔钱，就停拍了。

1983 年，剧本在《电影创作》上发表后，得稿费 450 元，我全部捐给儿影，这时就有人说闲话，说我捐这钱，是"拍于蓝马屁，为叫儿影拍《盐丁儿》"。我说："于蓝是既不拍人马屁又不受人拍的铮铮铁人，你们这样说，不只是对我的不理解，也是对于蓝的诬蔑！"

于蓝同志为《盐丁儿》的拍摄，真可以说是跑断了腿，磨破了嘴。她亲自写信给北京电视台、中央电视台、电影发行公司……亲自跑到当时的北京市大兴县企业局，亲自和贺敬之同志谈，还亲自向潍坊市委副书记推荐这个剧本，潍坊电视台也曾答应拍……于蓝同志还写文章在《人民日报》上发表，题名《〈盐丁儿〉给人以力量》。最后一句写道："我爱《盐丁儿》，愿向更多的朋友推荐。"于蓝同志为此奔波了几年，都因没钱拍不成，她曾对我说："我不是满族，但我的故乡岫岩是满族自治县，咱俩敲着木鱼到满族自治县化缘去吧！"

于蓝同志为繁荣儿童电影事业，确实呕心沥血！她和童影厂的全体同志们，辛勤耕耘，结了硕果。10 年中共拍出影片 45 部，其中 23 部在国内外获 45 种奖次，为亿万儿童贡献了高质量的丰富的精神食粮，他们是为儿童电影事业立了大功的！ 1989 年于蓝同志被中直系统评为优秀党员，1990 年又被广播电影电视部评为优秀党员，她很谦虚地说："工作是大家做的，应该评评别人，不要光评我！"据我十几年对她的理解，她确确实实是当之无愧的优秀党员！

向优秀表演艺术家、优秀电影事业家于蓝同志致贺！

向优秀共产党员于蓝同志致敬！

# ⬛ 光荣与梦想
## ——新时期中国儿童电影开拓精神座谈会实录（2011）

时间：2011 年 6 月

地点：江苏省江阴市

## 编织五彩梦　热血丹心谱
### ——新时期儿童电影事业开拓精神礼赞

侯克明①

　　各位儿童电影协会的老前辈，各位领导、各位嘉宾，大家下午好。今天我们聚集在这里，举行一个座谈会，因为在 30 年前有一位当时已经 60 岁的老人，她接受了中央领导的任务，创建了中国儿童电影制片厂，随后推动了我们新时期中国儿童电影的辉煌。那么这位老人就是坐在我们面前的于蓝老师。

　　30 年前，以于蓝老师为首的老一辈电影工作者，听从党的安排，毅然投身儿童电影事业。他们艰苦奋斗，兢兢业业，俯下身子倾听孩子的心声，抬起头来观察世界儿童电影的发展，在不长的时间里，先后创立了中国儿童电影制片厂、中国儿童少年电影学会和中国国际儿童电影节，拍摄出了一大批广大少年儿童喜闻乐见的优秀儿童片，带出了一支专业的儿童电影工作者队伍，将中国儿童电影事业推向了一个新的高度，在 80 年代创造了中国儿童电影的一个辉煌时期。

　　80 年代初期，中国正处于改革开放拨乱反正的岁月。全国人民在邓小

---

① 侯克明，中国儿童少年电影学会会长。

平同志的领导下，意气风发，为实现四个现代化而奋斗。中国电影人在改革开放的新时期，掀起了新中国电影的第二个新高潮。于蓝等老同志正是在这个大背景下开始从事儿童电影工作的。当时他们的工作条件十分艰苦，可以说是白手起家，连个像样的办公室都没有，只能在临时盖起来的简易房里办公。在百废待兴的年代，凭着对孩子们的热爱，凭着对教育下一代紧迫性的认识，老一辈儿童电影工作者们不怕艰苦、不畏困难、开拓进取，终于在80年代取得了开创儿童电影事业的重大胜利。可以这样说，热爱事业和艰苦奋斗是80年代儿童电影创业者留给我们最重要的精神财富。创办儿童电影事业对于蓝和她的同事们来说都是一项崭新的事业，他们积极向教育工作者学习，深入到儿童中间，了解少年儿童的心理特点和艺术教育规律，努力把儿童片拍得好看，具有童心童趣，适合孩子们欣赏。同时，于蓝和她的同事们放眼世界儿童电影创作，积极走出国门，努力让中国儿童电影与世界接轨，将国外先进、优秀的儿童电影理念引进国内。

最近，于蓝老师几次与我谈起他们创业时的情景，她反复强调："80年代儿童电影的辉煌历史是大家创造的，许多事情都是我们大伙一块干的，绝不能把功劳都记在我一个人身上。如果说我还做了些事情的话，那就是团结人。我认识的人多一些，我把那些老领导、老同事、老艺术家、教育工作者、社会各界人士以及我们搞儿童电影的人，都团结到一块，共同干一番儿童电影事业。"作为老延安、老革命，于蓝老师谦虚谨慎、实事求是的革命精神，永远是我们的学习榜样。同时，她团结同志、共同奋斗的精神，更是我们儿童电影事业的宝贵精神财富。

心系儿童，放眼世界，热爱事业，艰苦奋斗，团结合作，开拓创新，在激动人心的80年代，在改革开放的新时期，于蓝等老一辈电影工作者用他们的热血丹心谱写了华丽的儿童电影篇章，为孩子们用电影编织了五彩梦。

今天，中国电影产业发生了翻天覆地的变化。面对产业大发展、大繁荣的新形势，我们有必要重温80年代儿童电影创业时期的历史经验。我们要向老一代儿童电影工作者学习，依靠党的好政策，依靠社会支持，努力奋斗，牢记使命，积极进取，开拓眼界，学习世界先进经验，在新的世纪，创造中国儿童电影新的辉煌。

# 中国电影家协会致辞

*康健民*[①]

敬爱的于蓝老师，敬爱的中国儿童电影拓荒者，老一辈的电影家，尊敬的各位领导和亲爱的朋友们！

今天在江南明珠江阴召开新时期中国儿童电影开拓精神座谈会，又是正值第十一届中国国际儿童电影节举办期间，在此我谨代表中国电影家协会，代表全国的 6000 多名中国电影家协会的会员，向会议的举办表示祝贺！

刚刚我听了侯克明会长关于中国儿童电影发展历程的介绍，非常感动。这使我想起不久前在电影资料馆召开的田方和于蓝老师的电影座谈会上大家的发言。所以我想，中国儿童电影一路走来，在座的各位老艺术家们、拓荒者们，还有全国的儿童少年电影工作者们付出了大量的心血和智慧，所以新时期中国儿童电影才有了如此繁荣的局面。我特别高兴的是，再过几天是我们敬爱的于蓝老师 90 岁诞辰，赵实书记对此十分关注，来之前专门让办公厅给我打了个电话，赵实书记做安排，6 月 7 号要到您家里去祝寿。

看到于蓝老师令我充满了感慨，2009 年，在新中国成立 60 年那一年的中国金鸡百花电影节上，于蓝老师荣获了中国电影金鸡奖的终身成就奖，我清楚地记得那天是曾经在儿童电影《苗苗》中扮演苗苗的李羚朗诵的那一段讲到了于蓝老师，您不光在银幕上创造了那么多栩栩如生的艺术形象，感染了几代中国人，润泽了几代中国电影人；同时您对中国儿童电影的开拓、创新、繁荣、发展付出的劳动和心血，更让全国的电影工作者对您表示崇敬。

我想我们中国电影家协会的天职是联络、服务、协调，儿童电影也是我们非常关注的一个重要领域，这次第十一届中国国际儿童电影节在江阴召开，这是中国儿童电影工作者在这里的一次重新集结，紧紧抓住"十二五"

---

① 康健民，时任中国电影家协会分党组书记、常务副主席。

期间中国电影发展的极好机遇，促进中国儿童电影创作进一步繁荣发展。

我代表中国影协主席团，第一要祝福我们中国儿童电影的创业者、创新者，祝福在座的各位老艺术家，祝你们健康长寿；同时，我也要祝福一直守着寂寞，默默地耕耘在儿童电影这块土地上的少儿电影工作者们，谢谢你们；最后我要表达一个祝愿，就是祝我敬爱的于蓝老师身体健康、心情愉快，感谢您对中国儿童电影做出的巨大贡献！

# 中国电影资料馆暨中国电影艺术研究中心致辞

饶曙光①

于蓝老师的一生是追求真理，永远探索的一生，她在银幕上为我们塑造了众多难忘的、至今仍然深入人心的银幕形象，给我们以精神的滋养。除了大家所熟悉的《革命家庭》《烈火中永生》的银幕形象之外，我个人特别欣赏于蓝老师在《翠岗红旗》里面的表演，因为那里的表演更富有魅力和人性化，那个时候还没有受到后面的一些思想的影响。这些艺术形象，至今仍然给我们晚辈以美好的艺术享受。

更重要的是，于蓝老师为我们中国儿童电影四处奔走，她对儿童电影的热爱和奉献，为我们培养了一大批儿童电影的创作队伍，包括像尹力、冯小宁这样的年轻导演，都是在于蓝老师的亲切关怀下开始了他们的创作历程。

那么多新时期的优秀的儿童电影作品，都跟于蓝老师分不开。在今天来看，我们应该对于蓝老师为儿童电影事业的奔走呼吁，有一个更宏观的认识和评价。因为这其实是在为我们整个国家健康的电影文化在奔走呼吁。从文化生态学的观点来看，电影大百花园里如果没有儿童电影，那就不是真正意义上的百花园，从更高的层次上，一个民族健康的电影文化是从儿童电影开始。

所以从这个角度看，于蓝老师和前辈艺术家们的努力和奋斗，在今天有更加直接的现实意义。我们知道中国电影产值有了一百个亿，近七年的电影产业化改革，使我们的电影市场体系建设取得了长足的进步。但是相对于电影市场体系建设，我们的电影文化体系建设出现了短板，这是当前我们电影文化生态不可忽视的一个结构性的问题。那么，健康的电影文化建设应该从娃娃抓起，所以我们想于蓝老师和老一辈艺术家们对儿童电影的呼吁，其实

---

① 饶曙光，时任中国电影资料馆副馆长，中国电影艺术研究中心副主任。

它的意义和价值并不局限于儿童电影，因为电影文化体系建设是一种软实力的建设，尽管它不可能像电影产业那样用数字、用票房来衡量它的价值，但是它的价值对我们整个民族的未来具有决定性的意义。所以从某种意义上，儿童电影决定中国电影文化的一个走向，因为我们今天太有必要培养我们未来的观众群体。大家对儿童电影也谈了很多建设性的意见，昨天我总结了大家的意见，归为十六个字，希望大家来共同推进儿童电影的发展，这十六个字就是：市场运作、政府扶持、全民推广、儿童受益。我特别强调"全民推广"，因为这需要我们每一个人，尤其是每一个家长都要负起他们的责任来。

儿童电影要健康发展，就需要在传承和坚守中不断创新，而创新并不是空想，除了我们要借鉴国外儿童电影创作的先进经验之外，还要更多地研究我们自身的优秀传统。

向于蓝老师为代表的老一辈儿童电影工作者表达敬意，你们为儿童电影事业拼搏奋斗的精神，值得我们永远学习，薪火相传、代代相传。

# 江阴市政府致辞

徐冬青[1]

尊敬的于蓝老师，各位老一辈电影艺术家，各位领导，各位来宾，同志们、朋友们！

今天是个特殊的日子，在这里各位老一辈电影艺术家和我们一起共同回忆他们为中国儿童电影开拓奋进的光辉历史，共同畅谈中国儿童电影事业的美好前景。今天还是一个特别的日子，在江阴，我们十分爱戴的于蓝老师迎来了90岁生日，和我们一起分享90年的风风雨雨。这为我们提供了一个十分难得、十分宝贵的学习机会，我们感到无比感动和荣幸。

我想这种学习不仅是让我们了解中国儿童电影起步、发展的历史，更重要的是我们在于蓝老师等老一辈电影艺术家的身上，从他们为中国革命事业、电影事业做出无私奉献的经历中，体会革命的艰辛，学习奉献的精神，坚定发展的信心。在继承发扬革命传统中放飞美好的梦想。

我们深深地感到，不管是现实中还是影片里，于蓝老师崇高的理想，敬业的精神，会让我们好好学习。于蓝老师的人生阅历丰富，历经坎坷令人敬仰。她年轻时就树立了崇高的共产主义理想，坚定了高尚的革命信仰，她亲身经历了血与火的战争洗礼，坚强地扛起文艺这把抗战利剑，她演出的一部部电影感动了无数观众，感动了一代甚至几代人，也感动了那个时代。应该说我小时候就是看着于蓝老师电影长大的，现在回过去看看，《革命家庭》中的妈妈，《烈火中永生》中的江姐，还有《龙须沟》中的程娘子等鲜活的银幕形象深深地埋在我的心里。

我想这对每个观众来讲都是无比珍贵的。比如说一提到江姐，观众一定会马上想到，银幕上于蓝老师坚定不屈的光辉形象，这是作为电影表演艺术

---

[1] 徐冬青，时任江阴市委常委、宣传部长。

家最大的收获和财富。于蓝老师在影片当中塑造了几代中国人不可磨灭的经典记忆，源自她在现实中对理想的追求、对艺术的敬重，用于蓝老师的话讲就是"革命人演革命电影"，这也正是支撑于蓝老师电影艺术事业的生命和灵魂。

我们深深地感受到，不管是在生活中还是在事业上，于蓝老师高尚的人格，奉献的精神，值得我们好好学习，我们在于蓝老师身上感受到崇高的人格魅力。于蓝老师从影一生，为艺术博采众长、自成一家、硕果累累，她为人高风亮节、真诚谦和、淡泊名利。我们在于蓝老师身上感受到强烈的生命意志，于蓝老师虽然已经耄耋，满头银发，但是乐观豁达，虽然经历了"文革"的重重考验，她始终保持着对信仰的追求。我们在于蓝老师身上感受到无私的奉献精神，从60岁开始全身心投入到中国儿童电影事业中，而且一干就是20年，今后还一直关心儿童电影事业的发展，一直关注少年儿童的快乐成长，成为中国儿童电影的垦荒者。她把晚年无私奉献给儿童电影事业，四处奔走，多年操劳，无怨无悔，由中国银幕上的红色母亲，成为中国儿童电影事业的好母亲，让我们感到无比的感动和崇敬。

应该说，江阴市委市政府承办第十一届中国国际儿童电影节，我想离不开于蓝老师这种高贵的品格。近年来我们江阴正在全面推进幸福江阴建设，江阴也是在全国率先提出进行幸福社会建设的一个城市。幸福江阴建设主要就是"五民五好"。简单地讲就是"五个好"，我们在整个"十二五"期间追求人人都有好工作、家家都有好收入、天天都有好心情、处处都有好环境、个个都有好身体，这就是幸福江阴的建设目标。

我们坚持一个城市的竞争力靠科技，一个城市的影响力靠文化，充分挖掘江阴的城市精神和文化底蕴，充分发挥文化教育文明，引导社会推动社会发展的作用，做到文化事业投入到位，文化产业改革到位。2010年江阴文化产业增加值超过了116亿，占到GDP的比重超过了5.8%，文化成为江阴城市发展的一张亮丽名片。去年我们和康健民主席友好合作，承办了第19届中国金鸡百花电影节，今年我们又和侯克明会长一起合作，承办第11届中国国际儿童电影节。我们就是希望通过充分放大电影这个大众喜闻乐见的文化载体，进一步推动江阴的文化大发展、大繁荣，为中国电影事业做出一点应有的贡献。

　　"十二五"期间，我们发展的目标中间最重要的一点，就是要加快推进人的现代化，提高市民素质，打造学习型城市，形成开放包容、核心进取的社会发展环境。我们需要向于蓝老师等老一辈艺术家学习，学习他们艰苦奋斗、无私奉献的光荣传统。少年儿童是祖国的未来，儿童电影为小朋友们感受快乐、认识世界，学习成长，开启了一个十分重要的窗口。我们将更加关注儿童，关心下一代，让我们的儿童在优秀儿童电影等文化作品的熏陶下，幸福快乐地成长。我们也将继续重视文化、支持文化、发展文化，做强文化事业，做大文化产业，进一步提升城市文化软实力和可持续发展竞争力。

　　借此机会，我们衷心地感谢各位领导、各位艺术家对江阴的发展关心和支持，我们也衷心地感谢于蓝老师等老一辈电影艺术家为我们今天上了一堂生动的一课。最后衷心地祝愿中国儿童电影事业蓬勃发展！祝各位来宾、艺术家们幸福安康！与此同时，还要衷心地祝愿我们敬爱的于蓝老师 90 大寿生日快乐、健康长寿！谢谢大家！

# 童影厂成立三十年感怀

陈锦俶[①]

    中国儿童电影制片厂从建厂到今天整整 30 年了，我的心情既激动兴奋，又感慨万千。30 年前的工作生活值得怀念。我觉得自己特别幸运，我原来是中央新闻纪录电影制片厂的，就是扛摄影机的，然后于蓝同志成立儿童电影制片厂，就把我从新影调到了童影厂，我当时也很兴奋，因为我想，到童影厂还是可以搞故事片摄影的。但童影厂建厂初期一穷二白，电影局只拨给了建厂资金，没有生产资金。于蓝同志提出了边生产边建厂的创意，我很支持，希望能尽快生产影片。那时候拍一部影片最少也得四五十万。在这种情况下，于蓝把启动生产的任务交给了我。一开始我想先拍两部短片。

    首先是组建摄制组，在没有生产资金的情况下，没有摄影机、没有胶片，我们采取了赊购的办法。先到甘肃光学电影机械厂商议，赊购一台国产电影摄影机和镜头；然后又到保定胶片厂商议，我们为他们的"代代红"胶片做试验，请他们给我们一批胶片。

    但是"代代红"胶片感光度比较低，拍室内景需要大量灯光，我们都没有，就需要一些高感光度的胶片，但那些都是进口胶片，需要钱买。我就想办法去募捐。我听人说中国新闻社刚进了一批高感光度的伊斯曼进口胶片，我就找到他们的领导，希望他能够支援我们一些高感光度的胶片。开始他们不愿意支援，没办法我们只能去磨了。我和郭玲玲同志，两人一大早去该领导家门口等。第一天去，领导早早就走了，没堵上。第二天我们就早点去，7 点就到了他家门口，他一出门就让我们给堵上了。他看我们都是女同志，挺不容易的。我跟他说，进口的高感光度胶片现在不用将来到期也全都报废，他也知道，最后给了我们十盒伊斯曼胶片。

---

    ① 陈锦俶，中国儿童少年电影学会名誉会长。

机器和胶片都有了，就可以组建摄制组了，两个摄制组都是我摄影。一个组由老演员史林挂帅任导演，影片名字是《敞开的窗户》；另一组的导演是汪宜婉，片名是《马加和凌飞》。为了节约成本，两部影片都是在北京拍摄，我们出去采访都是骑自行车。拍完以后是定价收购，定价收购就是所有影片，不管你投资多少，当年都由中影公司统一收购，每部影片 70 万元。两部短片算一部长片，赊购摄影机的钱需要还，七扣八扣，最后剩下 40 万元，为童影厂积累了第一笔生产资金。

后来我们连续拍摄了一些儿童影片，多部获得了国内外的奖项，包括金鸡奖、百花奖，而且还在柏林电影节获了奖。大家都抱着一种为儿童服务的精神，全心全意地奉献，从没有拿过酬金，在于蓝同志的精神感染下，我们在困难当中不觉得困难，非常乐观。童影厂就是这样一步一步地走过来的。

1984 年中国儿童少年电影学会成立，这是于蓝同志提出的，她认为光靠一个儿童电影制片厂的每年 5 部影片无法解决孩子们看电影的问题，还要有一个能够团结其他电影制片厂、其他文艺工作者和教育工作者来充实儿童电影队伍的组织，学会成立的宗旨就是要团结更多的影视、教育人员，来共同繁荣儿童电影事业，光靠我们单枪匹马做事不成。1984 年我写过一个儿童电影改革的建议，我觉得既要解决影片质量问题，同时也要考虑到市场问题，市场是企业的生命，没有市场企业就不能发展。所以我提出成立了中华爱子影视教育促进会，其主要任务就是把优秀影片输送进校园。中国儿童少年电影学会和中华爱子影视教育促进会对儿童电影的发展起到了至关重要的作用，做了不少突出的贡献，而且到现在还发挥着作用。

后来我们提出做一个儿童片的评奖，大家就说要叫"童牛奖"，"童牛奖"的用意是培养儿童"初生牛犊不怕虎"的精神，培养儿童电影工作者有"俯首甘为孺子牛"的精神，在这两个层面的意义上我们设立了这个奖。 1985 年 5 月，首届"童牛奖"颁奖大会在中南海怀仁堂举行。这个奖对提高我国儿童少年电影的创作水平，为广大小观众拍摄出更多更好的儿童少年电影，产生了积极的促进作用。

1989 年，我们创办了第一届中国国际儿童电影节，而今这个国际儿童电影节已经成功举办了十一届，影响很大，通过这一平台，我们既拓宽了视野，了解了国外儿童电影的发展现状，也为中国儿童电影走向世界开辟了新局面。

　　但是，后来我们也要走市场经济的道路了。我可能对市场经济的概念理解得不是很清楚，我觉得儿童电影本身就是一种公益事业而不是功利事业，要靠儿童电影赚钱是不太可能的。当然我的认识不一定正确，但把儿童电影并入市场运作中，没有政府的支持，是很难生存的。这不仅仅在我们国家，在国外也是如此。我亲历了童影厂的艰难初建和蓬勃发展，对童影厂、对一起奋斗的同事有着割舍不断的深厚感情。而今，看到当年在于蓝同志领导下的童影厂，又成了一块牌子，一个人的儿童电影制片厂，心里有一种无以名状的悲凉和酸楚……（"一块牌子，一个人的儿童电影制片厂"指1981年成立北京儿童电影制片厂，任命于蓝同志为厂长，文化部向于蓝授厂牌——编者注）。

　　兼并以后对儿童电影制片厂的发展来说是不利的，但是我后来又感到有些欣慰的是，虽然童影厂被兼并了，但是很多民营公司都在拍儿童电影，我看到了一种希望。民营也好，国营也好，只要愿意从事这项事业都能做出成就来，近两年儿童片的数量大大增加了。我觉得下一步工作除了进一步为孩子们选出优秀影片，还要把这些民营公司的创作人员组织起来，进一步提高他们对儿童片的了解，掌握儿童片的规律，请一些儿童教育家和儿童理论家对他们进行理论教育，也要帮助他们组织儿童片的拍摄。我相信在竞争当中可能会提高我们的儿童电影水平，所以我现在反倒不觉得失望了。

　　我在解放后有幸成为新中国第一代女摄影师。尽管一生经历了这样那样的运动，家庭也受过冲击，但是革命给我的教育始终支持着我，在任何困难前我都充满希望。我在中央组（拍摄中央领导人活动的新闻工作组——编者注）工作中见到了这么多伟大、杰出的人物。他们给我这么多影响，奠定了我一生的基础，因此我觉得我的一生是非常幸福的，感谢命运，感谢我身边有像于蓝这样的好同志。

　　我相信生活总会越来越好，我们的事业也会越来越发达，因为社会是在不断进步，这是必然的趋势。我们所从事的儿童电影事业也会在众人的努力下蓬勃发展，我相信是这样！

# 于蓝和我的情缘

文馨萍[①]

> 蓝色小桶把线牵，
> 干校先遣队结缘。
> 创建童影心连心，
> 满园春色百花开。
> 老骥伏枥心欢畅，
> 革命情谊万年青。

20世纪60年代初，我在北影厂办工作，田方同志任副厂长，那年于蓝同志从莫斯科电影节获奖回国，到厂里来看田方，竟送我一个从国外带回的一个儿童玩的蓝色小塑料桶，我有些意外，我们从没接触过，她怎么知道我有个小女儿呢？短短几分钟的相处，于蓝同志的温雅质朴给我留下了很深的印象，她丝毫没有名演员的架子，和田方同志真般配，"不是一家人，不进一家门"。总之，初次印象好极了。

时隔七八年，1969年底，作为"五七"干校先遣队，到黄村的任务是盖房子，在一望无际的沙土地上盖宿舍。先遣队大部分是男同志，只有三位女性当小工，我从"三门"（家门—校门—机关门）到"三同"（同吃、同住、同劳动），学于蓝的榜样，生火、压井水、担水、和水泥灰，然后用土建专用的长柄大勺，一勺一勺地连续举递到高架上，让师傅们砌墙。在又累又脏、同甘共苦的劳动中，增进了我们相互了解和友谊。不久，大队人马下干校重新编队，我和于蓝分手后，在那个年代就再没联系了，却为日后的童影厂共事结下了情缘。

---

① 文馨萍，中国儿童少年电影学会原副会长兼秘书长。

1981 年 6 月 1 日，于蓝受命任北京儿童电影制片厂厂长，我悄悄地在她耳边说"我愿去童影"。但在这之前我曾答应邓芳同志（电影局局长陈播的夫人），协助她为电影学院筹办制片管理班，我如实告诉她，她要和于蓝协商。后来邓芳对我说，她为于蓝前胸留下的手术伤痕所感动，让我如愿到童影厂。如果没有前面的情缘，我会在哪儿呢？

于蓝是表演艺术家，在银幕上塑造的形象，和真实生活中的她一样，令人敬佩，可信、可亲。我到童影厂后，更有切身的体会。

我原住爱人单位的宿舍大院，需调整搬家，那时候没有搬家公司，多是靠同事、朋友帮忙搬。可那次童影厂的同志们，除留下值班的，几乎全体出动，用一辆平板三轮车，上楼下楼，抬的抬，推的推，大家在嘻嘻哈哈的笑声中很快就搬完了。我爱人单位的同事们非常羡慕，直夸童影厂好。后来我爱人病重时，于蓝亲自到家里和医院探视。爱人去世，我悲痛万分，六神无主，又是于蓝同志和童影厂的同志到我家中，亲自和我爱人单位负责人商榷治丧工作。追悼会上，童影厂同志们都去参加了，负责拍照等。我爱人的同事说，这是他们单位承办最好的一次追悼会了。相比之下，对方单位是例行公事，童影厂是真情实意的关怀。我找不到能表达我深切感激的话语，把童影厂当作我的娘家，于蓝是我的亲人，我只能在工作中尽心尽力，回报社会，回报童影厂。

于蓝同志以无私、为公、坚持、勤奋、只争朝夕、勇往直前的精神，加上她的亲和力，以身作则，带领童影厂健康成长。

1981 年 3 月 25 日《人民日报》刊登："中共中央书记处于 3 月份两次在中南海勤政殿召开儿童和少年工作座谈会，提出：全党全社会都要重视儿童和少年的健康成长。"同年 4 月 25 日在北影厂务会上，电影局陈播局长传达文化部党组指示：决定成立北京儿童电影制片厂，并推荐表演艺术家于蓝任厂长。在北影厂挂牌，"两个厂一锅汤"。

1981 年 6 月 1 日，在北影厂礼堂，由文化部主办，隆重举行了童影厂成立典礼。文化部副部长周巍峙向于蓝授厂牌，敲锣打鼓挂在了北影厂大门上。

当时，只有厂长于蓝光杆司令一人，连办公室也没有。6 月 4 日宋曰勋和我正式报到，向北影借了两间小办公室。第二天于蓝就说，我们不能坐等上级指示，要主动请战。根据当时改革的形势，本着不搞"小而全"，不重复建设，人员编制小而精、勤俭办厂的原则。第九天，就以于蓝个人名义写出报告并转呈中央书记处各位领导同志。第三十六天就正式上报童影厂的建厂计划。于蓝同志常告诫我们说："我是革命队伍中的一份子，首先是共产党员，不能虚有其名、坐享其成，人民给我这样高的地位，又给了我这样的权力。我们决不能辜负领导的期望，再苦再累，必须完成。"这就是她雷厉风行的作风。

仅以童影厂基建工作来说，除了聘请北影和电影资料馆两位退休的工程师在技术上把把关，厂里有七位来自不同单位、都没有直接从事过基建工作的经历，有区房管局来的电工教师、水暖工人……我更是外行，还闹了个大笑话。当时介绍某工程师时都简称"李工""刘工"，我误认为姓李名工。反正我们就虚心请教，边干边学。幸好是儿童事业"得道多助"，得到不少善良的好同志给我们指点、出主意，从跑地皮、委托设计、地址勘探、"三通一平"、建材指标、申请投资，规划局、供电局、自来水公司……数不清跑多少部门，要盖多少个印章。初期厂里没汽车，都靠大家骑自行车，基建如此，厂里影片生产也如此，当时有人用十六字形容我们："橡皮脑袋八哥的嘴，蛤蟆肚子兔子的腿"，形象地描述同志们的干劲。遇事不怕碰钉子，伶牙俐齿以情动人，忍气吞声委曲求全，腿勤快跑事情办成。

很多时候，我们必须请于蓝亲自出马。例如童影厂建厂土地问题，文化部已决定从电影学院已购置的黄亭子小区的地皮规划中划出一块刀把地给童影厂，急需主管副部长仲秋元的签批。仲部长正在国务院一招驻会，秘书称散会回部办公室才能呈办。我和于蓝就直奔一招，利用午间休息找仲部长。可是于蓝近视眼，从不戴眼镜，叮嘱我注意寻找，因为我们是在过道里拦截（不知道房间号），刚从餐厅出来的人又多，我们是从走过去的众背影中发现的，于蓝赶紧上前拉住仲部长，解决了问题。这样的例子还很多。

当年基建用钢材是凭指标供货，我们施工就碰上螺纹钢紧张缺货，好不容易开工又马上面临停工待料，急忙向于蓝汇报。于蓝想到首钢主管劳动人事工作的赵慧同志是她的"粉丝"，就带领我们拿上批准的用量指标去首钢，通过赵慧同志的帮助，因为我们的用量不大，他们从仓库库底打捞一番，第二天就将螺纹钢送到我们的工地上。

　　于蓝参加全国政协会议，我们还请于蓝佩戴会议证到第六建筑总公司会见总经理张欣，公司以政协委员来单位视察工作隆重接待，亦使童影厂工程项目保质保量按期完成。童影厂工程于 1984 年 11 月 27 日奠基，职工宿舍1985 年底建成，厂房 1986 年底建成。1986 年初，童影厂第一次分配宿舍工作中，于蓝同志决定要奖励北影四位导演各一套住房，她们为童影厂各拍了两部影片，并获国内外的奖项。却使童影厂两位职工的小孩被勒令退出北影幼儿园。于蓝向她的"粉丝"说明缘由，这两个小朋友高高兴兴地转入"蓝天幼儿园"。

　　于蓝一心为儿童电影事业，把方方面面的人团结在自己周围，有了问题总能想方设法帮助解决，充分调动大家的积极性，营造了一个团结、温馨、欣欣向荣的革命大家庭。我庆幸自己是童影厂的一个成员，跟于蓝同志和童影厂的同志们一起奋战的历程，是我最珍贵的回忆。

　　另外，我就觉得童影厂的同志们齐心协力克服重重困难，从一个厂长、两个兵到六个人、八个人、十九颗青松，发展到二百多人，拍出一些好的儿童影片，是全世界唯一一座儿童电影制片厂，是经过国务院正式批准列入国家的建制，国外有些同仁都羡慕我们。这个厂如今却名不存，厂也没有了。为什么？不理解。借本届国际儿童电影节论坛谈了建厂初期一些群众不知的细节，不是论文。

# 于蓝，我心中的一盏灯

朱小鸥①

我很幸运，退休以后没有经历过空虚寂寞、无所适从的彷徨，因为我结识了于蓝，跟着她从事儿童电影事业。她在前面开辟新天地，脚步匆匆，从不停息；我和同伴一路小跑，不敢稍事懈怠，才能赶上她那充满活力的背影。即使今天，年届 90 高龄的于蓝已经坐上轮椅，常常是我们小心地推着轮椅，和她一起去参加活动，她仍然是精神抖擞、激情满腔地为儿童电影奔波操劳。她永远是儿童电影事业队伍前飘扬不息的旗帜。

于蓝爱儿童、爱儿童电影事业的忠诚之情已融入她的生命中，无微不至，无时不想。在上海、南京的少年宫放映室，开封的帐篷，自贡的盐井，大庆的油田，和孩子们一起看片，她会关心帐篷的通风如何改进、场院露天电影的声音效果、光线强弱。只要是孩子的事，在她心里都非小事，尤其是关于影片的内容，孩子的反映，她都记下来、仔细研究。有时为了一句台词，会和创作人员争得面红耳赤。她容不得儿童的精神食粮中有半点泥沙。孩子们都叫她于蓝奶奶，其实，她岂止是奶奶般地呵护着孩子们，在她的爱中浸透着对孩子个体成长的尊重、对国家民族未来的责任感。

于蓝为人坦诚。作为演员，她尊重观众。走在大街小巷，只要听见有人叫"于蓝"，她总会停下脚步、亲切友好地与人打招呼。在她心里，人民群众、演员，谁轻谁重十分清楚。一次我们到四川自贡江姐老家。只见竹林旁一段残垣破壁。陪伴的同志说，这就是江姐原来的家，后来被火烧了。于蓝抚着那半截断墙泣不成声。她说："英雄的事迹都是江姐做的，我只是演了她，可是党和人民都把荣誉给了我。我得到的太多、太多！"于是她从包里、衣袋里掏出所有的钱，轻轻放在院里的长凳上，留给江姐的堂兄。

① 朱小鸥，中国儿童少年电影学会原副会长、中华爱子影视教育促进会原会长。

　　于蓝是位优秀的演员，她的优秀并非只是演艺技法的优秀，而是真诚地、全身心地融于角色中，向自己表演的角色学习。于蓝经济上并不富裕，"文革"中她在农村劳动时，从房顶上掉下来，伤了面部神经，不能自如表演而未能再上戏。前两年于蓝受邀客串演了一点戏，收到两万元的片酬，她转身就将钱汇给了东北一个孤儿院。

　　我不禁想起今天影视圈"风起云涌"的演员"高酬金"风，总有些疑惑。酬金应该拿，那是演员的劳动所得，由于表演艺术水准的高低优劣而有所不同、有所区分也是合理的。但总得有个分寸。听说有的大明星摆谱而索取一部作品总投资的二分之一乃至三分之二为个人酬金，影响了整部影片的创作质量，还心安理得。

　　我想酬金无止境，良知应该有底线。

# 请接过儿童电影的火种

徐家察①

我跟于蓝同志应该是忘年交，她比我大十几岁，但是我跟她之间从来没有因为她大我小，我跟她说话就要拐弯抹角。我们两个人经常是直接交流，有什么说什么。而且我这个人是这样，如果我不愿意认识你、我不喜欢你，我马上就放在脸上，而且会对他说我不喜欢你。所以我跟于蓝合得来的最重要的一点，就是我们两个人都特别坦诚，容不得沙子。

联合国每四年都要召开一次儿童世界大会，请一百二十多个国家的小朋友代表参加，地点在联合国总部。有一年的会上，小孩子们发言一片抱怨声。比如第一个发言的非洲小孩就说："为什么我要光着脚走上纽约的这么一个讲台？我从来没有穿过鞋。"还有一个小孩说："为什么我们的爸爸妈妈一天到晚在打架，他们没完没了，让我们无家可归。"还有的小孩说，从来没有上过学，不认识字。有的小孩抱怨，没有文艺活动，看不到自己喜欢的电影。总之，孩子们都在诉说他们的苦闷，诉说他们的不幸。

当时的联合国秘书长安南有一个发言。他说："你们所有的这一切的苦难、一切的不平、一切的困惑，都是我的责任，我这个当联合国秘书长的人没有把所有国家的大人们管好，但是你们今天跟我说了以后，我要下决心把他们管好。"他接着说："孩子们你们知道吗？如果有一天世界一片黑暗的时候，需要有人去寻找火种，他要点燃火把，去点一盏灯，才能够照亮前面的路，而这个人他要经过很多艰难，甚至于牺牲他自己的生命。我希望在座的小朋友们，都做这样的人，当黑暗来临的时候，第一个冲破困难去找火种，哪怕牺牲自己，也要把光明带给大家。"

这个讲话非常令人感动，我想作为儿童电影来讲，于蓝就是那个去寻找

---

① 徐家察，中央电视台青少部原主任。

火种的第一个人。国家给了她这样一个重任，又没有任何物质条件、经济基础，可是她有一颗坚强的心，她要去找那个火种，要点亮火把，要带领队伍往前走。她的确带领了一支对这个事业忠心耿耿、志同道合的团队，所以才会有我们今天说的"辉煌的十年"，大家可以翻阅手上的这本书，看看他们是怎样从困难走向光明的。

我经常开玩笑，在这辉煌的十年当中，你们三个（指于蓝、陈锦俶、文馨萍）搭的窝里头飞出了很多金凤凰，很多大师就是从不起眼的儿童电影开始起飞的，比如王兴东、尹力、冯小宁、琪琴高娃、王君正、张艺谋、田壮壮等。我们开过很多研讨会，我记得为王兴东开的研讨会在不起眼的一个招待所里，那里灯光昏暗，还都是硬板凳，但是所有的专家坐在那儿认认真真地为年轻人添砖加瓦。我们也开过琪琴高娃的研讨会，声势很大，当时广电部副部长田聪明都来参加了。新时期的辉煌十年，功劳除了于蓝领导有方外，这应该归功于童影厂的全体同仁们，应该为他们鼓掌，他们当之无愧，感谢他们为孩子们所做的这一切。

今天，当我们看到举火把的那个老太太已经白发苍苍、年老体弱，她的团队里的这些老伴们也都年老体弱的时候，我们的儿童电影碰到了新的问题。在这种情况下，她所举的火把忽明忽暗，前面的道路很难看清。但是值得欣喜的是，在她的后面有一批身强体壮的年轻人加入了这支队伍，我们为这个队伍欢呼鼓掌。我们希望他们能够继承前辈的光荣传统，前辈的光荣传统就是你要有一颗大爱的心，你要有一颗坚韧不拔的心，你要有一颗无私奉献的心。

我更要提醒你们，希望你们能够不为名利、甘守寂寞，抵御那些形形色色的诱惑，也希望你们能够打破常规、开拓创新，把所有的艰难险阻都能克服，比前辈走得更好。在今天于蓝老同志90岁的时候，希望你们敢说："于蓝同志你放心吧，火把我们接过来了，我们会让它燃得更旺，我们的道路会更明亮！不仅是辉煌的十年，我们还要创造辉煌的二十年、三十年！"

# 跟随于蓝同志做啦啦队

陈 澈①

2011 年的春天，在北京的电影界，刚刚隆重地举行了纪念田方同志诞辰一百周年和庆贺于蓝同志九十华诞的活动，暨《红色影坛双星田方和于蓝》大画册首发式。中国儿童少年电影学会又要为于蓝老会长的九十大寿举行庆典，这是十分可喜的事！古人历来说："人生七十古来稀。"当然，如今时代飞跃，人生已不以七十为稀了，而且编成了口诀："七十小弟弟，八十多来兮，九十不稀奇，百岁可预期。"于蓝同志虽已九十高龄，且身患多种病痛，却鹤发童心，精神矍铄，坚强不衰，这是大家乐于见到和期望的！

学会希望曾经跟随于蓝同志一起工作过的老同志，在这个美好的时刻，来写一写于蓝同志，这是义不容辞的事！当然每一位与于蓝老会长共同工作过的同志，会有不同的感受。这里，我就来说一说自己所认识的于蓝老会长。

我最早知道于蓝同志，已是遥远的六十年前了。1950 年我还是上海电影制片厂一个小小的美工助理，那时我正在参与影片《上饶集中营》的摄制工作。于蓝同志参加摄制的影片《翠岗红旗》也同时在上影厂拍摄之中。我们两个摄制组有时在同一摄影棚里工作，就时时能见到于蓝同志饰演的江西老区红军家属向五儿在摄影场地进进出出。那时虽然有缘见面却无缘对话，错失了零距离接近的机会。

历史是常常会给人一个莫大的机遇，时光推延了三十年之后，让我竟然走近了这位已经大名鼎鼎的表演艺术家。这时，她已是奉命创建北京儿童电影制片厂的首任厂长。那是 1981 年，我正在北京电影制片厂的文学部工作，从童影厂成立大会开始，我也开始了与儿童电影事业掰不开、扯不断的

① 陈澈，中国儿童少年电影学会原副会长。

情结。我作为北影厂主办的《电影创作》杂志的编辑，经常需要报道介绍儿童电影的情况，就不断地和童影厂打交道，也就开始和于蓝同志有了零距离的联系。直到1984年，中国儿童少年电影学会在于蓝同志亲自组织主持下成立了，我便有幸成了学会的理事。理事理事，就要处理学会的事，常常到学会参加各种会议和活动。此后，于蓝同志亲自提名，经理事会议批准，让我担任了学会的副秘书长；后来又经于蓝同志提议，由在京的副会长会签通过，让我担任了学会的副会长。这样，我就成了学会的一个成员，一直跟随着于蓝同志和各位副会长、秘书长做日常工作。直到1997年和1999年，我先后出国探亲，远行了两年，也由于年逾七十，按民政部规定须离开学会的岗位，才不再到学会工作。

　　说到跟随于蓝同志工作的日子里，感慨很多也很深。于蓝同志全身心地扑在儿童电影事业上，令人深深地感动。她开过几次刀，可以说从头到脚都有病，腰际还埋了钢板，一直带着病痛工作，依然坚强地为儿童电影战斗着。在我们学会，有一句名言就是"为儿童电影磨破嘴、跑断腿，无怨又无悔！"就是要到处奔走，从中央到地方，向各部门的领导呼吁，寻求支持，解决问题。有时她亲自出面，或用电话，或写信、写报告给有关的领导求助；有时由她身边的几位亲密的搭档如常务副会长（后来的第二任会长）陈锦俶同志和秘书长文馨萍同志等分头出动。还有如常务副会长秦裕权、副会长朱小鸥同志都是于蓝同志最得力的助手；又有像文化部的罗英同志（可惜已故）、教育部的姬君式同志、中央电视台的徐家察同志也都是于蓝同志最为知心的、亲密不可分的朋友和热心的支持者，也可以说是"高级志愿者"。所以使学会的工作和活动开展得健康、活跃，有声有色，很有声誉。特别是两年举办一届的著名儿童少年电影"童牛奖"，每年评奖从筹备到颁奖，于蓝同志总是事必躬亲。以她的知名度和工作热情，总能赢得各方面的支持和资助，都是十分感人的。因此，第一届"童牛奖"的颁奖大会，在人民大会堂隆重举行，中央相关领导同志总是有请必到，亲自出席颁奖；委托学会举办"童牛奖"的五大部门——国家教委、文化部、广电部、全国妇联和共青团中央也总是有领导同志到颁奖大会上来坐镇。

　　又如筹办第二届"童牛奖"评奖时，因为考虑到要让小观众参与评奖，评选他们喜爱的影片，为了真实反映儿童少年观众对儿童电影的评价，作为对儿童电影创作的第一手反馈，有利于提高创作人员的修养和素质。于蓝同志想到从这一届评奖开始增设小评委奖。由于评委会经费有限，于蓝同志亲自向中央领导汇报，最终由大庆、大港、胜利三大油田资助拨给经费，在"童牛奖"评委会中增设了由三大油田的九名子弟学校学生为小评委的"油娃奖"，取得了很好的效果和影响。自此以后，每一届"童牛奖"，评委会都增设了小评委奖。如第三届由江苏省的南京、镇江、苏州、无锡、常州、扬州、南通七大城市联合承办，增设了"小红花奖"；第四届由四川省自贡市承办，增设了"盐童奖"；第五届由山东省德州市承办，增设了"童鸡奖"；第六届由浙江省杭州市娃哈哈集团承办，增设了"娃哈哈奖"；第七届由上海市的永乐电影集团承办，增设了"永乐杯奖"。于蓝同志还委派我连续担任了第二至六届的小评委"联络员"，辅助小评委的评选，沟通小评委和大评委之间的信息，作为评选时的参考。于蓝同志特别嘱咐我"只带耳朵，不带嘴巴"去参加小评委会，以免影响小评委的自主评选。我从受命担当这个光荣的使命后，始终记住和遵循于蓝同志的要求，不但参加好自身的大评委工作，还要兢兢业业地带好小评委，同十来岁的娃娃们朝夕相处，形影不离地打成一片，建立了亲密的祖孙情谊。因此，小评委都亲切地称呼我"陈爷爷"，像对他们自己的祖父一样地和我相处。有的小评委还称我为他们的"儿童团长"，使我也从中感到无比的幸福！记得每每安排饭桌时，我总和小评委坐在一桌，亲密无间、说说笑笑地进餐，建立了深厚的友谊。有的小评委长大后，考上了大学，甚至工作了之后，还一直同我通信联系。其实，这也是我在工作中深切体验着于蓝同志甘为孺子牛的精神的一个成果。

"童牛奖"是当时中国电影四大奖项（金鸡、百花、华表、童牛）之一的很有声誉和威望的评奖，在国内电影界影响很大，有的导演在拍摄儿童片时，就以很自信的豪言壮语声称："我就是奔童牛奖来的！"（后来果不其然，她导演的儿童片真在"童牛奖"评奖时获了奖）。就是在国际影坛，"童牛奖"也有很好的声誉，大家都很羡慕中国有个"童牛奖"。在我国举办第二届"童牛奖"时，忽然接到印度电影界的来信，盛情申请参加评奖。但是由于"童牛奖"只评选国内儿童片，不可能满足印度同行的愿望，只好婉言推辞了。还有，在1987年北京举行国际儿童电影中心年会时，参加年会的国外代表应邀参加了第二届"童牛奖"的颁奖大会。有一位代表在会后感慨地说："见

到这一座一座金光灿灿的童牛，可以看到中国的儿童和儿童电影工作者是多么的幸福！"这样的反响一直鼓舞着我们，激励着我们。

可以毫不夸张地说，于蓝同志不愧为"童牛奖之母"。"童牛奖"的评奖，的确与于蓝同志紧密不可分，每一届评奖，她都是煞费苦心，精心策划、指导，带领我们做好每一步骤、每一环节的工作。在每一届评奖之前，总要及早通知全国电影厂报名参选、选送拷贝和有关材料，然后在学会内部成立初选小组来进行预选，确定参评的影片。我总是有幸被指定和张青山、秦裕权、王澍等几位同志作为初选小组成员，在于蓝同志亲自主持下认真负责地工作。最为重要的是筹措经费，是一件十分艰苦的事，于蓝同志也是亲力亲为。而在每次到评委会的举办地，于蓝同志总是很注意与当地的关系，同时也不失时机地到当地采风学习。如第四届评委会在四川省自贡市举行时，自贡是革命英烈江姐的故乡，在评委会期间，于蓝同志和我们几位评委亲自步行了十几里田间小道，到大铺乡江家湾，专访了江姐的家乡，亲自会见慰问了江姐的堂兄江泽州老人，还在仅存一道断墙残垣的江姐故居废墟上，含着热泪凭吊了江姐的出生地和童年生活的地方，然后又到烈士公园中江姐的塑像纪念碑前虔敬地摄了影。

银幕上的江姐创造者，缅怀着历史上的英烈江姐，观众的心里也一直记着饰演江姐的艺术家于蓝同志。我们都记得跟随于蓝同志到各地参加活动的时候，不论在上海、在绍兴的街头，都有人驻足凝望她；特别是有一回在泰山顶南天门的天街上，一批游人发现了于蓝同志，都兴奋地走拢来，对她微笑致意，围着她争相看一看她的庐山真面目。我们逗趣地问这些热心人："认得她是谁吗？"人们都会齐声回答："是江姐哦！"于蓝同志的内心始终和观众贴在一起，特别是和儿童少年们紧紧地贴在一起，她始终怀着一个信念，就是一切为了儿童，为了祖国的明天，带领着她身边工作的同志们一起为儿童电影事业奉献自己的全部精力。她常常说要为儿童电影工作当啦啦队、当孺子牛，她是这样完完全全地去实践这个愿望，同时也感染了我们，都心甘情愿地当啦啦队员！

于蓝同志德艺双馨，德高望重。高山仰止，心向往之。大家都诚挚地祝愿于蓝老会长永葆青春，健康长寿。我们仍会一如既往地跟随着她为儿童电影事业这一片美丽的沃土继续不懈地耕耘，让它永远成为中国电影大地上的净土和绿洲!

　　挂一漏万地写了这些，这里，我想用不久前祝贺《红色影坛双星田方和于蓝》大画册首发时，写给于蓝老会长的感言末尾的一段话，作为本文的结束语：

　　　　红色影坛双星熠熠闪光，照耀着中国影坛，照耀着无数的年轻人。莫道影路多艰难，总有灯蛾敢触电。每年每年，总有几千几千青年，怀着美好的憧憬，怀着崇高的理想，去报考北京电影学院，就是满怀着炽热的希望，想献身电影事业。"红星闪闪亮，照我去战斗！"记得这两句歌词吗？他们会咏唱着它在红色双星的引领下前行，生生不息，代代传承着前进！

# 让一代又一代人去追寻那个时代的光荣与梦想

## 奚姗姗[①]

　　我跟于蓝同志直接的接触，是我在电影局工作的时候，也正是于蓝同志要建立儿童电影制片厂的时候。她在选人的时候，曾经向当时的丁乔同志提到过，能不能把我放走，到她那儿去。当时我说我服从组织分配，但是当时陈荒煤要建立中国电影艺术研究中心，不肯放。后来陈锦俶担任了这个角色。

　　我先是从银幕上敬仰这位老革命家、老电影艺术家。她的思想、精神、艺术的魅力，在以后对于蓝同志接触多了备受感动。我在工作过程当中，接触到好多同志，对于建立儿童电影制片厂时于蓝同志那种奋斗精神的敬佩与赞赏，我突出感受到了于蓝同志人格魅力的感召力。

　　在她的感召下，我就开始关心一些儿童电影的工作。后来到了中国电影艺术研究中心以后，我也开始参加一些儿童电影创作的研究工作，跟于蓝同志和童影厂建厂的那些老姐妹们成了好朋友，成了她们之中的一位。于蓝同志是我们经常交往、谈心的老大姐。

　　现在我只讲两点。首先，于蓝同志在开创新时期中国儿童电影辉煌事业当中，是最突出的一位光荣与梦想的执着追求者。她是以坚定的信念，无比的勇气，挑起了党和国家的重任，开拓出新时期儿童电影的一片新天地。整个新时期电影从 80 年代初到现在是 30 年，在这 30 年当中，最初 10 年的创业是最艰难的，但是她为整个新时期儿童电影繁荣发展局面打下了一个坚实的基础。这个坚实的基础一直延续到 90 年代，不仅给我们留下了儿童电影事业，也给我们留住了她所坚守的那份精神。

　　我觉得她的这种精神，对我们是永远的财富，是值得我们永远学习发

---

　　① 奚姗姗，中国电影艺术研究中心原副主任。

扬的。而她和她的伙伴们那种无私奉献的理想信念，她们热爱儿童的母亲情怀，她们踏实苦干、任劳任怨，甚至玩命干的工作作风，都给我们留下永远不能忘怀的记忆。

其次，于蓝同志的人格魅力有很大的感召力。于蓝同志带领的这个团队，始终在于蓝同志人格魅力的感召力下，共同来克服困难。关于于蓝同志的这种人格魅力的感召力，今天我想引用两位老同志的话，一位是已故的北影老厂长汪洋同志，也是于蓝同志的老战友。他有一次说："如今的于蓝虽然已经白发苍苍，但她的心理年龄永远是年轻的，为创建童影厂费尽了心思，在许多孩子的心目中已经深深印下了于奶奶的形象。"还有一段话是当年于蓝同志的老战友、老作家、老诗人刘白羽讲的，他说："于蓝把一颗慈心、爱心都奉献给祖国的花朵，你衡量过你的母爱的深沉含义吗？今天的儿童是21世纪中国的栋梁之材，他们之中将会出现各方面的人才，你的母爱是伟大的，你在20世纪做了21世纪的工作。"为什么我特别记住呢？这些非常深切的、由衷的那种感动，激励着我们当时很多从事电影工作的同志。

所以今天我在于蓝同志90华诞的生日上，祝她永远健康，也祝她的人格魅力所绽放出来的精神光辉，将会鼓励一代又一代的人，去追求自己那个时代的光荣与梦想。

# 兢兢业业坚持在为儿童服务的岗位上

林阿绵<sup>①</sup>

　　我是 1962 年开始参加工作的，大学毕业就分配到中央人民广播电台少儿部名牌节目《小喇叭》和《星星火炬》当编辑记者 21 年，如果到明年 2012 年在中国儿童电影诞生 90 周年的光辉时刻，我还能编撰完成《中国儿童电影纪事》这件有意义的工作，那么我就整整为孩子们工作了 50 年。特别是 1983 年得到于蓝老师的知遇之恩，把我调到儿童电影制片厂当文学编辑。我常常想，为什么 50 年来我能够坚持在这个为儿童服务的岗位上呢？

　　第一，我的青少年时代就是接受于蓝老师主演的影片《革命家庭》《烈火中永生》等以及《祖国的花朵》《鸡毛信》《红孩子》《小兵张嘎》等优秀儿童片的深刻教导、启迪。那些光辉的形象一直激励着我。特别是到童影厂后，更在于蓝老师这些前辈艰苦奋斗的精神鼓舞下，使我更强烈地意识到要为孩子们做好工作，首先要树立一种使命感，一种责任感。80 年代以后，我们国家的形势发生了深刻的变化，社会环境也出现很多变化，对孩子们的影响也越来越大，这时候更需要为他们多摄制一些真、善、美、爱的影片。就是在前辈们的影响下，我树立起一辈子都要脚踏实地为少年儿童做事的决心。有了这样的决心，我认真负责地组织编辑了 9 部剧本，其中 8 部共荣获了国内外 32 个奖誉。能够取得这点成绩就是由于对儿童艺术事业树立起责任感和使命感。

　　第二，在前辈们的教导下，还使我在社会实践中深刻地懂得：做工作要孜孜以求。从中央电台工作起始一直到现在始终记住，要为孩子做好工作，一定要深入到孩子们中间去。因为我是 50 年代的中学生，不了解 80 年代的孩子怎么办？我就到八一中学去跟班蹲点，每周去两天与同学们一起上课、

---

　　① 林阿绵，中国儿童少年电影学会原副会长。

学习、谈话、游玩、交友。从初一跟到初三，三年的经历使我逐步深入了解青少年的情况，他们的生活、学习、思想感情各方面。有了这样的工作实践，我这个文学编辑才能编辑出受孩子们喜爱的剧本，拍出《豆蔻年华》这样受广大师生欢迎和中央领导同志赞扬的影片。领导们明确地指出：当前我们是在造就我们的接班人，还是培养我们的掘墓人，这是一个非常尖锐的现实问题。《豆蔻年华》确实是一部造就接班人的优秀影像。但愿广大的影视工作者再接再厉，创作、摄制出更鲜明、更感人，为广大青少年喜爱并值得效仿的优秀接班人的典型形象，使我们的共产主义事业拥有一批批可靠、成熟的接班人，永远后继有人。

# 用电影给孩子们带来欢乐是我最大的欢乐

卢　刚①

　　1981 年 6 月 1 日，在党中央的亲切关怀下，中国儿童电影制片厂的前身——北京儿童电影制片厂成立了。当年我告别奋战了八年的八一电影制片厂，怀着对儿童片的浓厚兴趣，来到了这个当时只有两间房和六个人的小厂，在于蓝厂长的麾下当了一名马前卒，开始了艰苦的创业历程。如今，整整三十年过去了。抚今追昔，感慨万千！

## 十万元起家

　　童影厂成立之初，既无器材设备又无拍摄资金，拍片完全依靠北京电影制片厂。1982 年初，在全国妇联的关怀下，中国儿童福利基金会和中国儿童工作协调委员会向童影厂赠款十万元。于蓝老师和大家商量后决定用这宝贵的十万元起家，带领我们独立拍片，投产《马加和凌飞》与《敞开的窗户》两部短故事片。当时的情况，拍一部故事片一般需要七十万元左右的资金。十万元拍片无异于天方夜谭！但秉承了延安革命精神的于蓝厂长淡然一笑，带领我们捧着童影厂这个"金饭碗"向社会各界"化缘"。功夫不负苦心人，爱子真情感天下！为了三亿六千万儿童看到新的儿童片，甘肃光学仪器厂折价售给我们摄影机；长春光学仪器厂赠送了变焦距镜头；保定胶片厂无偿提供"代代红"胶片；工程兵 88711 部队开来了发电车；北京儿童活动中心、北京火车站和北医三院等单位都为我们免费提供了拍摄场地。

　　《马加和凌飞》是我和汪宜婉联合导演的，摄影师是陈锦俶（从中央新闻记录电影制片厂调来，出于服务儿童的坚定信念，署名"魏童"，后来继任童

---

① 卢刚，中国儿童电影制片厂导演。

影厂厂长）。为了既节约成本又确保质量，我们使出了浑身解数。陈锦俶带领摄影组自己打造器材箱，没有升降车就爬到大轿车顶上拍摄。汪宜婉带病坚持工作，一丝不苟。我兼职扮演凌飞的父亲，自然不取分文。剧中有一场孩子们乘火车到海滨的戏，按常规要租一节车厢，请一车群众演员，这要花很多钱。我们联系到一个夏令营，利用他们乘火车去天津的两个小时拍这场戏。一上车我们就立即教孩子们唱剧中需要的歌，教会了就立即抢拍。在火车进站前终于拍完了这场戏。

两部短片在六一节上映，受到孩子们的欢迎和喜爱。师生座谈会上一致认为影片紧凑、清新、有生活气息，以平凡小事歌颂了心灵美，树立了八十年代新少年的形象。

## "小斗"长大成人了

1983 年在于蓝厂长信任的目光下，我独立导演了第一部影片《清亮的小溪》。这部描写祖孙情深的故事片竟然赚取了无数观众的泪水，在当时节目尚属匮乏的中央电视台连播数年。二十多年过去了，我和剧中小主角的扮演者们早已失去了联系。当年小斗的扮演者刘朝晖十二岁，弟弟小明子的扮演者张志勇只有七岁，二人都在上小学。我想他们早到了成家立业的年龄，都生活得好吗？我多么想见见他们啊！这部影片是在当时的四川邻水和重庆北碚拍摄的，小演员也是就地找的。《重庆晨报》的朋友们得知我的心愿后热情相助，在该报发表了《北京导演急寻"小斗"》的消息。谁知上午出报，下午就找到了！我飞赴重庆与他们重逢。刘朝晖和张志勇一同携妻带子给我献上鲜花，他们当年的容貌还依稀可辨，但都已过了而立之年，已为人父了。刘朝晖扮演的小斗性格倔强，他本人也有一股不服输的精神。他告诉我，为了磨炼和战胜自己，考大学时偏偏放弃了自己喜欢的文科，选读了自己比较弱的理科，考上了重庆医科大学，毕业后又读了硕士。如今他已经是经验丰富的内科主任医生了，还多次参加我国政府派遣的医疗队，援助南太平洋的岛国瓦鲁阿图。小明子的扮演者张志勇当年拍外景时总爱坐在大轿车前排，羡慕地看司机开车。当时他曾说，最大的愿望就是长大后当一名汽车司机。如今他果然当上了一名出租车司机，有了属于自己的小车。妻子还开了一间杂

货铺。儿子长得虎头虎脑，两只大眼睛亮闪闪的，恰似当年的小明子！看到这两个不同的家庭都生活得如此美满幸福，使我倍感欣慰！《清亮的小溪》虽然没有改变他们的命运，却整整影响了他们的一生！

秉承童影厂艰苦创业的精神，从 1982 年到 1999 年的十八年中我一共编导了九部儿童故事片和四部儿童电视剧。其中使用过的主要小演员有数十人，群众小演员更是高达数千人。如今他们都陆续步入了成年人的行列。他们中的大多数都和我没有联系。我常常想念他们，由衷地祝愿他们幸福健康！希望有机会和他们重逢，共话今夕。

## 富大龙马上惊魂

1988 年我奉命导演战争故事片《小骑兵历险记》，挑选年仅十二岁的富大龙扮演主角连福。连福是解放军小骑兵，马术娴熟，而富大龙虽然自幼学了点拳脚功夫却从来没摸过马。为了确保拍摄，大龙刚到草原我就安排教练扶他上了马。瘦小的身躯和高大的枣红马形成强烈的对比，他却一点也不怵。训练中，枣红马突然受惊，载着富大龙狂奔起来，穿过草原，越过丘陵，很快就消失了！把我惊出一身冷汗，急忙派人四处寻找。半个多小时过去后，富大龙骑着枣红马独自归来，已是汗流浃背，满面尘埃。他憨厚地笑着说："导演，我会骑了！"凭着这股顽强的精神，富大龙不用替身，独自完成了策马飞奔、雨中行军、摔下战马等高难度动作，并准确、生动、细致地诠释了人物性格，使影片大获成功，创下了当年儿童片售出拷贝数量最高的记录。

大龙上高中时，被我录取到童影厂艺术学校创作班学习，非常刻苦认真。他和同学们自编自导自摄的纪录片《中日学生长城行》在北京电视台播出，获得各方好评。后来他顺利考上北京电影学院表演系并以全班总成绩第一的优异成绩毕业，如今已是金鸡奖和华表奖的双料影帝。上届国际儿童电影节，他和我紧紧拥抱却无语，憨厚如初，质朴如初。

## 王立平免费作曲

1991 年我编剧并导演了奇幻故事片《荧屏奇遇》。通过角色进出荧屏，把古今两个世界联系起来。因为特技多，难度高，投资少，经费十分紧缺。我请时任电影乐团团长的作曲家王立平为我作曲。他是我大学时的老朋友，也是一位很有造诣的摄影爱好者。我在八一电影制片厂拍摄故事片《奸细》时，王立平不顾天寒地冻，专程赶到冰雪覆盖的大兴安岭森林中，拍摄我们的工作情景。这回，当他得知我们剧组经费紧张后豪爽地说："为儿童片作曲，我费用全免！"这使我既感动又忐忑。但王立平在创作过程中丝毫没有因为是儿童片且不收费而稍有怠慢。每完成一段乐曲都要虚心听取我和录音师的意见，认真修改，直到各方满意为止。

同样使我感动的还有中央人民广播电台播音员刘笑梅。我们请她扮演自己的行当——剧中的电视台播音员。当她得知儿童片经费少的情况后同样爽快地说："我不要酬金！"她不但认真地参加了前期拍摄，还认真地完成了后期配音。此后，每当我在电视上看到她熟悉的身影都会油然升起一份敬意。

当八一电影制片厂特级车间的老朋友们得知我需要特技镜头却又缺少资金后，同样热情地伸出了援手。他们当时也缺少先进的设备，不掌握后来才有的 3D 技术，于是土法上马，在特技棚内用钢丝吊起演员，拍摄并合成演员进出荧屏的镜头，反复试验，直至成功。车间主任只向我们剧组收取了少量工本费，并为画面不够理想一再致歉。

这部低成本制作的奇幻片受到了小观众热烈的欢迎。不久前我出国旅游。当导游得知《荧屏奇遇》是我编导的之后，双眼立刻亮了起来，激动地说："那是我小时候最喜欢看的儿童片！我一连看了好几遍呢！"他真诚的目光告诉我，这不是虚伪的奉承。

## 开车奔赴西藏

1998 年冬，我冒着严寒和缺氧来到景仰已久的西藏高原采访，创作了电影剧本《弹起我的扎年琴》。第二年夏天，我又率领摄制组奔赴西藏拍摄。那时青藏铁路还没有通车，都乘飞机又会超出预算。全组人员便分乘数辆大轿车、小面包车和卡车，拉上摄影器材、装备与行装，由北京出发，晓行夜宿，一路风尘，用了八天时间，从青藏公路开到拉萨，不顾高原反应，立即投入紧张的摄制工作。当时我的学长谢飞正率领摄制组在西藏拍摄故事片

《益西卓玛》。他们全组往返京藏都是乘飞机的。谢飞得知我们的情况后同情地说："你们搞儿童片的真不容易！"我笑道："早已习惯了！"

《弹起我的扎年琴》是一部歌舞故事片，描写三名藏族孩子历尽艰险到拉萨艺术学校求学的经历，把藏族最有代表性的舞蹈和最美的景点都编拍了进去。为了真实地再现藏族的生活风貌和独特的歌舞艺术，剧中的全体演员及副导演、美术师、作曲、指挥、演奏、演唱、编舞等主创人员都聘请当地的藏族朋友担任。当年点燃亚运圣火的藏族小姑娘达娃央宗此时已经长大，当上了西藏艺术学校的舞蹈老师。我正好用她的真实姓名和身份经历，把她编入剧情，扮演了孩子们走进艺术殿堂的引路人。达娃央宗依然美丽、纯真、开朗，十分敬业地完成了任务。当她得知儿童片经费紧张的情况，便和其他藏族同志一起自愿领取最低的薪酬。在西藏区委宣传部的热情帮助下，在藏汉两族同志的携手努力下，此片大获成功，荣获国家民委、文化部、中国文联及广电总局共同颁发的"骏马奖"。

## 最高奖赏

1987年，我编导的《飞飞从影记》上映后不久，我骑车回家，在北影厂门口，一个瘦小的男孩站在我面前怯生生地问："叔叔，《飞飞从影记》是您拍的吧？"我停下车点点头。小男孩说："谢谢您给我们拍了这么好看的电影！"然后就羞涩地转身离去了。我心头一热，眼睛顿时湿润起来。没有大人的刻意安排，没有炫目的灯光、动听的音乐和热烈的掌声，这孩子发自内心的话语深深地打动了我！二十多年过去了，这孩子一定长大成人有了工作吧？他瘦小的身影至今还定格在我的脑海中，历久难忘！这是对我这个儿童电影工作者的最高奖赏，胜过我获得过的所有奖项！三十年来，多少有作为的年轻导演在童影厂拍了几部儿童片后都改拍成人片了，因为拍儿童片名小利薄，难以出头。我之所以能够始终坚守这块阵地，和这个孩子的鼓励不无关系。

其实儿童片的创作领域是很宽广的，大有可为。不同题材、不同风格样式的儿童片我都乐于尝试。从题材上讲，战争片我拍过《小骑兵历险记》；农村片我拍过《清亮的小溪》；奇幻片我拍过《荧屏奇遇》；传记片我拍过《孙文少年行》《少年林则徐》《少年郑成功》等。从风格样式上讲，我的《小法官的证词》等是正剧；《万元惊梦》《实习生》和《瓜王旗》等是轻喜剧；《飞飞从影记》和《荧屏奇遇》是现代与过去时空交错，喜剧与悲剧的结合；而《弹起我的扎年琴》则是轻松活泼的歌舞风光故事片。我所以这样做，就是要尽量满足少年儿童多种多样的欣赏需求，更好地为我的上帝——小观众们服务。

如果说，我在儿童片创作中取得了一点点业绩，和童影厂这块沃土是分不开的；和于蓝厂长及继任的历届厂长的信任、关怀是分不开的；和社会各界的大力支持是分不开的。恩师于蓝厂长在推荐我评为一级导演的信中深情地说："卢刚确实是一位脚踏实地好学、肯钻研的电影编导，并具有丰富的实践经验。他拍摄的儿童片均有较好的社会效益，深受儿童观众喜爱。在经济效益方面也是出售拷贝最多的，符合思想性、艺术性、观赏性统一的原则。"她热情的鼓励至今还鞭策着我多为孩子们做些力所能及的好事，不敢懈怠。

我认为，儿童电影工作者的使命就是给电影插上欢乐的翅膀，带领孩子们在真善美的天空中自由翱翔。用电影给孩子们带来欢乐，是我此生最大的欢乐！

## 盼望童影厂浴火重生

中国儿童电影制片厂曾经辉煌过，曾经是中国儿童电影生产当之无愧的旗舰，曾经是中国儿童电影乃至世界儿童电影研究、交流、创作和生产的中心，曾经是我国社会主义制度优越性的一个标志，吸引了外国多少同行们羡慕的目光。希望有一天我们童影厂能够像凤凰涅槃那样浴火重生，重振雄风。但愿我这个希望不是梦想。

# 我们不后悔，这一辈子为儿童电影做了一些工作

张郁强[①]

我是因为1987年一个偶然的原因，进入儿童电影制片厂的。那个时候我也不知道以后会拍儿童片，但是后来我偶然拍了《月光下的小屋》之后，有人来找我说于蓝同志希望你去儿童电影制片厂。说实话我当时是犹豫的，因为当时正在搞《白马》剧本，北影厂的副厂长跟我说要是我不去童影厂的话，《白马》就给我拍，当时《白马》是一个很重要的片子。

去了以后，我知道于蓝同志是童影厂厂长。我原来不认识她，我印象非常深的就是她拍过《龙须沟》《革命家庭》，我对这两个片子的演员印象最深。我在上影的时候，跟赵丹、舒适这些老演员在一起待了一些年。我觉得于蓝演的这些戏非常地真，而且我总觉得她跟别人有一点不一样，她是真的爱她角色旁边的这些人。

后来我到了童影厂之后，我对她印象深刻。我们在房山拍片的时候于蓝老师来探班，我第一次接触于蓝老师，我印象最深的就是她的微笑，她的眼神。后来我并没有别的更高的理想，对儿童电影事业，我比于蓝老师的境界差远了，我就觉得没见过这样的厂领导。我刚从上影调来的时候，我在上海待了近十年，对领导我是敬而远之的。在我脑子里，我不大愿意跟领导打交道。但是于蓝老师让我感觉到，她不是我想象中的领导，她对我这样的工作人员，有点像对待孩子的感觉。

所以我就觉得我愿意做，我努力地去做，而且我自己觉得，通过跟她有几年的接触，我觉得她把我过去心里边的一些童心重新焕发出来了。因为我整个的经历和我这个人的个性，我很自由散漫，很随意，但是我这个人还是有童心的。所以我在跟于蓝老师的接触中，唤醒了我自己的一些童心。后来

---

① 张郁强，中国儿童电影制片厂导演。

北影厂也有人跟我说过，你再回来吧。我脑子里不是毫无犹豫，但是第一，我觉得我做人不能那样，当初于蓝老师那么热情，那么真诚地对待我，我不能找个机会就跑了；第二，我也确实觉得在童影厂有一种温暖，我在外面拍过很多戏，在很多地方拍过戏，但是我感觉合作关系最融洽的是在童影厂，这个跟于蓝老师还有陈锦俶老师，包括后面的领导，都有很大关系。因为于蓝老师非常严格，有时候甚至很严厉，但她从来对事不对人。她都是很诚心诚意的，就是为了这件事情，为了这个片子要拍好，哪怕跟你们争论，哪怕拍桌子，哪怕很生气，但是她非常纯，她的目标就是一个，就是要把片子拍好。她对所有的人都一视同仁，她真的非常爱童影厂的每一个人，这一点我真切地感受到了。

所以我觉得在童影厂拍片子，资金很少，条件很差，却是一个很愉快的艺术创作过程。虽然创作出来的片子并不会得到多少名和利。但是我看到于蓝老师，一个功成名就的大演员，所有的人非常崇拜她，非常钦佩她的表演艺术，她还能够那么安安心心地、全心全意地来做这件事，我们为什么不能老老实实地为孩子做一点甘于寂寞的事情呢？

我在80年代曾经两次可以出去办公司，我可以说是中国第一个拍自负盈亏的片子的人，也是第一个自己投资拍片子的人。那时候已经有人愿意给我搞投资，但是我还是愿意和我们童影厂的人一起，安安心心地做点我们想做的事情，我觉得这些都是于蓝老师影响了我们。所以有一个年轻的民营影视公司老板问我："你说于蓝她是真的还是假的？她的信仰是真的假的？"我说她是真的，她真是真的。我说我还跟她吵过架呢，我还写过信，还跟她有过矛盾呢！就我接触到的、我了解到的童影厂的人，我们不后悔，这一辈子为儿童做了一些工作，我们挺满足的。

最后我希望于蓝老师好好休息。您不能老是这么忙，您还是要健健康康地过个幸福的晚年，这是我现在对您最大的心愿！

# 北大学子的致敬

李道新①

尊敬的于蓝老师，尊敬的在座的各位前辈，非常不好意思，因为明天还有学生的答辩，所以必须得提前走。我其实非常愿意坐在这里听这么精彩的故事，这是精神的感召。刚才我的眼睛都湿润了好几次了。我觉得提前走是我自己的损失。

应该说，是一种感动，也是一种激励，更是一种召唤，让我走向电影研究，走到北大的讲台上。是于蓝及其一代人的电影精神，再一次带领我们以及青年学子走向于蓝及其一代人的电影。

就在昨天下午一点钟，在我为北京大学各年级各专业开设的《中国电影史》课堂上，我再一次向我的400多名学生播放了于蓝主演的《烈火中永生》。30年前，同样还是一个少年的我，在湖北江汉平原的农村露天电影场里，第一次看到《烈火中永生》。记得当时的我心潮澎湃，泪流满面。昨天下午，我仿佛回到了过去。

为配合这次放映，我做了一个工作。就是给同学们发了一份调查报告——《关于新中国电影在北京大学的影响调查——以于蓝及其主演的影片为例》。我在课堂上一致强调，作为一个北大学子，作为一个李道新的《中国电影史》课的学生，你一定要知道田方和于蓝。我要做的事情就是这些。

在一个多小时的放映和调查之后，我收到了327份有效问卷。我相信于蓝老师和在座的各位前辈也非常想了解北京大学的同学有关新中国电影和于蓝老师的一些观点和意见。

我的第一个问题是：关于于蓝你知道多少？回答者中，有206人不同程度上知道于蓝及其主演的电影，占63%，另外140多位同学写"完全不知道"。

---

① 李道新，北京大学艺术学院教授。

第二个问题是：于蓝主演的电影有哪些？回答《烈火中永生》的有 181 人，占 55%；另外，《革命家庭》《龙须沟》《林家铺子》等影片加起来不到 10 人。

第三个问题是：你因何时何地何种动机看过于蓝主演的哪一部影片？有 50% 的同学说是在中学的课堂上看过《烈火中永生》，另外有 40% 的就在北京大学的《中国电影史》的课堂上。

第四个问题是：看于蓝电影最大的感受是什么？ 80% 的同学写到"浩然正气""动人心弦"，10% 的同学写到"演技纯熟""表演真挚、自然、专业"。

第五个问题是：你知道离开银幕后，于蓝做了哪些事？只有不到 20 个同学写到"从事导演、慈善公益事业和儿童电影事业"。

第六个问题是：每个人写一句话送给于蓝及其一代电影人。

经过昨天的整理，我把其中的一些我个人以为很重要的话送给于蓝老师以及在座的各位电影前辈。

有同学写道：

"于蓝奶奶，感谢您为中国电影做出的不朽贡献，作为大学生的我们非常惭愧，没有对许多中国革命电影进行详细的观摩和学习，以后会多加补充，保重身体。也许对那个时代我们无法理解，但您的真挚表演让我们对那个时代充满敬意。"

"很抱歉，老一代的电影人在娱乐的今天，我们或淡忘，或压根不知道你们，请你们保重。先驱是值得尊敬的，信仰及气度至今我便只能仰望，新中国因为你们才显得热血沸腾，感谢您为我们带来的优秀影片。"

"是你们塑造了我们的父辈、母辈，你们的影像是一个时代的回声。有信仰的一代人，青春无悔，你们的青春将在银幕上永驻。有些精神可以通过光影穿越时空，您为 90 后的我们带来了当时中国炽烈的爱国热情，您给了我们认识历史、记住历史的机会。"

　　30 年前在农村的露天电影场里等待 4 个小时为看《烈火中永生》的少年，现在也已人到中年。面对 90 后的一代年轻人，我相信他们确实不同程度上受到了于蓝及其一代电影人的感召。我始终想让他们知道，我们中国有好的电影，好的影人，更有好的电影精神。因为有这一代人共同的理想与信念，于蓝从平津走到了延安，也从舞台走到了银幕，更从表演艺术走到了她

后半辈子为之呕心沥血、同样做出杰出贡献的儿童电影事业，这是一代人为国家独立，为民族解放，为大众幸福的共同理想与信念。

在国破家亡的乱世背景下萌生，在延安开始获得脚踏实地的践行，作为一个文艺工作者，于蓝的电影观念早在延安时期就伴随着文艺观念的形成而逐渐形成，而当她把自己对电影的认识与对儿童的关心联系在一起的时候，便能以化育劬劳、德艺双馨为目标，将自己此前的表演艺术跟即将展开的新的儿童电影事业紧紧联系在一起。在我看来，这两者并无分别，都是为了一份早已定下的执着和坚守，一种无法放弃的理想和信念。

如果说，作为表演艺术家的于蓝，更多是通过银幕形象的艺术魅力感染观众，征服心灵；那么，作为电影事业家的于蓝，便主要是通过自己的身体力行，为少年儿童提供更加多样、寓意深刻的精神食粮，为祖国的未来和人类的前途承担应有的职责和使命。在这方面，于蓝一开始就有明确的认知，特别是在儿童电影并不景气的中国影坛，选择儿童电影事业无疑是需要一种献身的精神，好在这种为理想与信念献身的精神，已经内化为于蓝及其一代人灵魂深处的指向。这样的一种献身精神，无论何时何地，都永远令人敬仰。

向于蓝老师致敬，向老一代中国电影人致敬！

# 从几件小事看于蓝的人格魅力

*翟俊杰*[①]

　　中国电影星河璀璨，说到中国当代电影史、中国儿童电影史，不能离开于蓝，也离不开于蓝大姐。今天是"光荣与梦想——新时期中国儿童电影开拓精神座谈会"，又巧合是于蓝大姐的生日。所以，我们在畅所欲言的同时，也由衷而自发地要为于蓝大姐庆祝她的生日。刚才，我注意到一个小细节，陈锦俶大姐在发言时，于蓝大姐在旁边摸摸她，小声说，别再说了。后来又特意站起来讲，"不要再说我了"。这是于蓝大姐一贯的谦虚，她让我想起几件小事：

　　第一件事。大约是在三十六七年之前，在西城区宝产胡同，我和部队的战友周肖一块儿去看于蓝大姐。那个时候她的处境很不好，正经受着冲击，我们见到她时，她留着朴素的短发，温和而坚定地和我们交谈，最后送到门口，淡然地笑着说再见。我出来就和周肖讲，于蓝大姐简直和江姐像极了，从容、镇定，微微笑着，那就是江姐最典型的表情。

　　第二件事。"四人帮"刚刚粉碎的那年，福建海岛女民兵的优秀代表洪秀枞到了北京。那时正是百废待兴，有许多社会、电影工作需要于蓝大姐去做。当她听说这位女民兵很想见到"江姐"时，特意叫上于洋大哥的夫人杨静大姐、总政歌舞团的魏风同志，还有我和周肖，陪同洪秀枞在天安门广场参观，并安排吃饭，整整陪同了一天。于蓝大姐对同志们的情感不是功利的，也不是礼节性的、矜持的、点到为止的，而是诚挚地、温暖地待人。这件事当时在《大众电影》上还刊登了，她的人品艺德给我留下了很深的印象。

　　第三件事。这件事让我遗憾至今。童影厂曾搞过一部影片，叫《来吧，用脚说话》，是我的好朋友王兴东编剧的作品。于蓝大姐说，让小翟来拍这

---

　　① 翟俊杰，八一电影制片厂导演。

个戏！我当时真是非常期待、特别高兴。而且，于蓝大姐居然亲自到八一电影制片厂，去借调我。可是，当时的厂领导不知为何，一直没有同意。结果，我和于蓝大姐、兴东，和儿童片终是失之交臂。但是，由此也种下了我的儿童电影的情结。不为别的，就为于蓝大姐的信任，时至今日，我依然记在心里。

第四件事。那是一年的大年三十，家家户户，老老少少，都在匆忙赶回家，包饺子，买元宵，要过一个热热闹闹的年。而于蓝大姐领着田华大姐、陈锦俶大姐、朱小鸥大姐还有我，我们这一行老的，去看望位于北京南郊天堂河少年管教所里的孩子们，和他们一起过个年。那些孩子们犯过错误，面对管理有时也想不通，叛逆心理极强。在家家团圆的这一天，我们的到来，让他们意外，也仿佛见到爷爷奶奶般，那份感动，是发自内心的。我想，心暖了，就能好好学习，还能回到正常的社会中来。

还有一件事，于蓝大姐出了一本书，名为《苦乐无边读人生》，她赠了我一本。我是连夜一口气读完的。她的艺术经历、情感经历、战斗经历，那些苦都让她化为了乐，就是乐观。后来有个机会见到于蓝大姐，我给她敬了一个军礼。我说："于蓝大姐，说真心话，您是真正的共产党员，这是一种力量、一种榜样、一种高风亮节！"

于蓝大姐，我们都叫她大姐，这个称谓，在咱们国家，是对为各项事业做出过突出贡献的老一辈女同志的尊称、爱称。我的母亲今年九十三岁，于蓝大姐您今天是九十周岁，比我母亲还小三岁呢，所以您还是小妹妹。而于蓝大姐、田华大姐从来就没有叫过我什么翟导演，都是小翟、小翟地叫着，我听着也很亲切。那咱们这两个年轻的老兵，一起再做一部儿童片吧，我们不放大话，号称票房破亿，只是摸准市场，注意质量，找到儿童的关注点，我多么希望这部影片的那个片头，仍然是我们所喜欢的中国儿童电影制片厂的厂标！

今天是于蓝大姐的生日，请大家一同为她祝福，祝于蓝大姐健康长寿！我们愿意与您一起，在中国儿童电影这片蓝天下，飞得更高、奔得更远！

# 当我是一只无名的蝌蚪游进电影之河时

## ——写在于蓝同志九十寿诞

### 王兴东[①]

现在大部分孩子们看不到蝌蚪了，只能喝瓶装水，看不到那清澈透底的小溪，看不到甩动小尾巴的蝌蚪，只能从动画片《小蝌蚪找妈妈》的里认识青蛙的童年了。

当我是一只无名的蝌蚪，游进电影的河流里，有幸遇到了于蓝这样的母亲般的导师，指导我创作儿童电影，引导我走向生活，教导我们从艺的道德。我从《飞来的仙鹤》《狼犬历险记》一部部儿童电影剧本写起，一直到今天写了《建国大业》《辛亥革命》等28部电影的剧本，从蝌蚪长成青蛙，回溯游程，每一步都有于蓝老师的关爱。

记得1985年于彦夫、张圆导演听说我在辽宁抚顺采访一个"男妈妈"，青年未婚男工收养一个女弃婴的故事。于彦夫、张圆夫妇帮我出点子，用了12天，我和王浙滨写出剧本《鸽子迷的奇遇》，两天后传来好消息，于蓝同志召开儿童电影厂务会，剧本审查通过了，让我们和导演去云南采外景去，这是我从事35年剧本创作中通过最快的一部！

当时云南边防自卫反击战打响了，于蓝老师交给我一个任务，写一个边防军人和孩子的故事。我接受重任，带上儿童电影厂的介绍信，直接深入云南省军区参战部队，见到了许多前线的伤员，采访参战人员的后方家属和孩子，离战场近了，对战争有独特的感受，对军人的后代也更有情感了。

《我只流三次泪》剧本初稿拿出，于蓝不满意，她不是像当下所谓的"制片商"一脚把你踢开，另起炉灶。而是把我和浙滨带到了大导演水华家里，水华在耐心地听了我们去前线的采访和自己的感受。最后，他一锤敲定，锁

---

① 王兴东，编剧，中国电影文学学会会长。

住父子情来写，凡是与之无关的都删掉。水华还讲了自己的一个细节：中学时他父亲去世了，当男生上厕所撒尿，站成一排说说笑笑，当看到他的鞋面上绷着白孝布，顿时无语，父爱是心路里的灯。艺术需要点拨，蝌蚪需要引路，为提高我的写作水平，于蓝引领我们走近水华。

还是为了修改这个剧本，我们住在长影十一宿舍六楼，有人早晨8点多钟敲门，开门一看。我惊诧了，是于蓝和陈锦俶从北京到长春来了，患过乳癌且年近70岁的人，爬98阶楼梯呀！于蓝是中国22大明星、全国政协委员、影协副主席，对我这样年轻的编剧如此关心，怎能不让我感动？怎能不让我激情满怀地写好剧本？这是大师对弟子的指导，这是前辈对后生的传递，对艺术的执着、对工作的负责、对同志的平等、对年轻人的关爱，如薪火一般悄然传递。

当我是一只无名的小蝌蚪，游进电影的河流里，在于蓝博大无私的情怀呵护下，成长的路线没有偏向。《鸽子迷的奇遇》在印度第五届国际儿童电影节得了金章奖；《我只流三次泪》得了政府奖，我和浙滨还得了第三届童牛奖优秀编剧奖。两部影片的导演均已离世，和导演合作的美好记忆冲印在长长的胶片里，于蓝老师传授写剧的经验和从艺的道德成为我们一生的路标。她是来自延安的艺术家代表，她把经过中国革命实践证明的现实主义的创作方法传给我，我曾是他们作品的被感动者，如今我用剧作再感动更多的人。

当我从小蝌蚪编剧成长为知名剧作家之时。于蓝老师请我在儿童电影创作会议介绍经验。有一天，突然收到了于蓝老师由录音整理手写的3万多字我讲座的整理稿。天哪！让我受宠若惊，70多岁的于蓝是怎样听着录音整理出来的，至今我还保留着那份笔记。我不是她的儿子，她对我的每一部电影都要去看，直率地发表批评意见，甚至我写的话剧《北平1949》，她也不顾年高体弱也要去剧场观看。

当我是一只无名的小蝌蚪，游进电影的河流里，正是电影界里像于蓝这些清纯如水般心灵的老前辈，哺育着滋养着我的创作细胞，使我成长为剧作家，成为国家参政议政的委员。感谢慈母般的于蓝，在她70多年电影的创作中，创造了"于蓝精神"，这就是她对电影事业，对孩子们，对年轻人的真爱与负责，她对社会负责，对人民负责，对未来负责，始终如一地体现在电影向孩子们传播真善美的使命之中，于蓝精神是在中国电影创造中生成的宝贵的文化品格和财富，我有责任传承下去！

# 矢志不渝热爱中国电影

郑洞天[①]

我第一次跟于蓝见面，是拍《烈火中永生》的时候。我是电影学院三年级的学生，老师说你们学电影得到组里去实习，放暑假谁不回家谁就去跟组，我正好跟的是《烈火中永生》。我到组里第一天，就拍的场地外景，江姐在风雨之中看见彭松涛的人头，剧组场记问这帮同学里谁会说四川话？当时我们电影学院去了十几个人，一个同学，一个我，我是重庆生的，我们俩就举手，场记就让我俩去打扮打扮。你们现在看《烈火中永生》影片，刚开头不久，于蓝老师迎面走过来，看到两个农民的背影议论纷纷，说不得了了，人头都挂那儿了，然后她就很怀疑地回头看了一眼，其中一个农民的扮演者就是我。19 岁的郑洞天，看不见是背影，有一点点侧脸。但是没想到就这一看，从 19 岁到现在，我从于蓝的崇拜者一直到她很亲密的孩子，我觉得这是个缘分，或者说是一种情怀。

这个会如果说的是童影厂的前 10 年，我可以说是在前 10 年最后一部为童影厂干的活。1991 年春天，马崇杰，还有孙永田，他已经不在了，我们拍了《人之初》，原初剧本是于蓝老师跟作者，那个作者已经好几年前就给了于蓝老师，但是于蓝老师一直说我要给你找一个导演，结果到 1990 年她才说，说让我去拍这个片子，就是《聂耳的童年》。然后我一看这个片子，要展现 20 年代的昆明，以当时童影厂给的投资资金拍不了这部片子，而且我希望拍成非常精致的一部作品。

后来于蓝老师和陈锦俶就说，经过讨论决定给我，当时童影厂一般片子给 90 万到 95 万，说给你这 10 年来我们给每部片子最高的一个投资，给 105 万。后来做后期的时候，我说这是一部音乐片，因为是《聂耳的童年》，能不

---

① 郑洞天，北京电影学院教授，导演。

能做 SRD 的，那个时候 SRD 刚刚开始，就是立体声，双声道立体声。于是又要加钱，最后这部片子加到 113 万，这个可能是童影厂前 10 年最高的预算。还有，那年我们剧组是春节前去的昆明，过春节的时候，童影厂突然告诉我们说于蓝老师和陈锦俶老师要到组里来，我估计这前 10 年的每个春节她们都没在北京过，因为第一个春节她们去了云南，第 10 个春节她们到了昆明，到了玉溪，那时候我们组在玉溪，就是春节那几天她们两个人一直跟我们全组的人一起在玉溪，我们一天也没有休息，就接着拍，当然由于她们的到来，我们摄制组有了会餐。

但是更主要的还不是这些关怀，除了投资以外，我们选了一个景，要恢复 20 年代的昆明，找了一个特别好的地儿，结果有一排电线杆子，现在电脑就可以扫掉，当时没有这个技术。后来就打听说拆这个电线杆子要多少钱，当地供电局说 1.1 万块一根。最后我们设计来设计去，说只要拆 3 根就行，打电话回厂里，然后她们两位又一次说特批。我后来又说这个电影要做动画，就是聂耳的妈妈给他讲故事这段，我全部要用动画，于是又是一笔钱。后来好多年轻导演说，我们在电影里用动画，我 1991 年就在中国电影里用过动画了，这都是在她们的关怀下完成的。

因为我们青年厂很小，所以我有很多片子是给别的制片厂拍的。我第一次给童影厂拍片子，从于蓝老师为我选剧本，到后来再修改这个剧本，以及决定这个影片整个风格和拍摄过程，感觉到好像不是我给谁打工，是全厂在跟我一块儿干一件事，就像回到自己家里一样。我跟她们就那一部戏，就到今天的交情。我觉得人和人之间最重要的就是这种特别细节的交往，她让你感觉，你跟她干，或者你为这个事情干，你不可能不全心投入你的全部精力，它是一个事业。我相信很多外厂的导演，凡是给童影厂拍过戏的，都是这个感觉，我也跟他们交流过，像卢刚都拍了 18 部了，他们的感受一定更深。当时我的副导演马崇杰，后来也成了童影厂很优秀的导演。

这两天的研讨会上，大家所有的发言当中，除了表示一种殷殷之爱外，绝大多数都是带着忧患意识的。田方老师、于蓝老师为我们带来了什么？虽然我现在也快不干了，但是我会跟我的学生、跟更年轻的人讲，我们矢志不渝地去热爱中国电影，为中国电影而奋斗，是因为它很崇高，它是一种事业，甚至它包含了我们的艺术理想。

我们干了这个事业以后，我们认识了一批人。人的一生，最重要的是要认识跟你干同一件事的那个人，值不值得你尊重，值不值得你和她交往。这些人决定了我们也愿意像她们一样来对待这件事，就像她的儿子和他们同班同学，现在都是我们电影学院的院长、系主任等，他们有一次跟我讲，说郑老师你知道我们为什么现在已经安心于这个教学岗位了吗？我们就是看着你、谢飞这些人，怎么就这么喜欢当老师呢？这是真话，他就是这么说。因为一开始让他们留下来做老师是不太愿意的，他的同学都是张艺谋、陈凯歌等，但是他就那么乐意当老师，然后他就当了。那现在其实他们已经在影响比他们更小的年轻老师，就是他们的学生。我跟这个事业的关系，其实真是田方老师、于蓝老师这样的一种传承。情感的传承，是通过细节来感受的，这个是最牢固的、不可改变的。虽然我们现在所有的人都对中国电影今天的发展忧心忡忡，但是我们仍然还要为这个事去熬心费力。因为它会改变，这10年就证明，只要有一拨人一块有同一个目标，用一种精神在那儿干活的时候，这个事是能干出来的。那10年的困难，应该说比现在要困难，但是那10年有个好处，就是还有一些我们是可以克服的，现在有一些事是谁都克服不了了，那不是钱的事，也不是某一个领导所能决定的，那是另外一个话题。

但是我就觉得以后，比如电影学院的开学典礼，我们每年开学典礼都有一个叫"入学教育"，以前经常我被找去做入学教育，讲讲电影学院的传统。我想以后应该把这部片子当入学教育的第一课，就是看看前辈的中国电影人曾经怎么干的，这个还不是30年代、40年代，是很近的人，这些人大多数还都在，想要再听详细些，还可以把她们请来讲。

我和谢飞拍第一部片子《火娃》的时候，水华导演正在拍《伤逝》，我们在洗印车间里每次送样片的时候，就发现样片都堆到一个走廊里，那时候洗印车间也很惨，我们这个片子大概一共是十几本样片，水华那儿就三四摞，当时大导演也就是1:3，我们是1:2.5。结果片子还没拍完，我就听到了一个故事：有一天北影厂的领导在开会，咚咚咚地有人敲门，然后一推门是水华，水华当时是北影总导演，说找汪洋厂长，汪洋说："哎呀，快进来，快进来，你什么事？"水华说："我问你一本胶片多少钱？一本底片多少钱？"汪洋说："你干吗问这事？拍了一辈子电影，你也没问过。"水华为什么有这么

多底片呢？就是说他拍的戏，他拍的方案多，于是厂里就特批了他若干个比例，但是就那样他仍然认为拍得不满意，他还要改。然后他就说："我实在不好意思跟厂里再申请胶片了，我能不能拿我的工资买一本胶片，我有一场戏想重拍。"这个故事和墙角的那三摞胶片，我后来在电影学院讲了很多次，我说这就是一个导演。后来有一次在一个会上讲了，然后被《读者文摘》给转载了，这就是中国电影的精神。我们这一代人接触的上一代电影人都是这样的，所以才能造成我们这一代人只要一说起中国电影的事，我们就有一种不能推卸的责任感，它就是你的事，它已经跟你的人变成一样了，这就是因为看见了于蓝老师她们就是这样活下来的一辈子。

那么我希望像今天这样的会，甚至于有其他的方式，能够让更年轻一代将这种精神传下去。这样的话，中国电影不管有多少的难处，或者将来还会有多大的挫折，那么总有一批人觉得他有这个责任，为中国的观众拿出更好的东西来，特别是为我们的孩子，我想这应该是我今天最大的感想。

# ⚂ 追思 · 致敬 · 继承

## ——于蓝同志诞辰一百周年纪念会(2021)

时间:2021 年 6 月 3 日

地点:中国电影集团第二放映室

**黄军**:各位老师、各位领导、各位同志们,今天我们坐在一起,共同缅怀为中国儿童电影事业呕心沥血的于蓝老师,追忆她引领我们并始终和我们在一起艰苦而又快乐奋斗的时光,感念她的辛勤付出和取得的成就,向她致以崇高的敬意,继承她作为一个革命艺术家的精神,将以她为代表的几代先辈们开创的儿童电影事业延续下去,并发扬光大,我们今天举行座谈纪念会。下面我先介绍一下到会的领导和来宾,到会的有:国家电影局副局长陆亮同志,中国电影家协会党组书记、驻会副主席张宏同志,中国电影集团党委书记兼中国电影集团中国电影股份董事长焦宏奋同志,中国电影集团公司副总经理兼艺委会主任江平同志,中国电影集团原党委书记老厂长窦春起同志,中国电影家协会副主席、著名导演尹力同志,老艺术家田华同志、陶玉玲同志。

还有于蓝老师的亲属——儿子田新新,还有于海丹、吴晶、田川,以及范崇嬿大姐、王好为导演、王君正导演,远道而来的石晓华导演,童影厂著名编剧张之路,还有林阿绵、杜小鸥、卢刚、郭玲玲、刘惠中、李廷铮,念到的这几位都是童影厂的老同志、老艺术家。还有儿童少年电影学会的新老副会长张震钦、张援、金忠强、郦虹、李镇,著名作家王浙滨,原教育部基教司的周长祜副处长,他原来也是电影学会的秘书长。还有郑晓春,也是儿童少年电影学会老的副会长,也是儿童电影制片厂老的办公室主任。还有李欧、章英思老师、王建萍,以及现在中国儿童电影制片厂副厂长周杰。到会的还有各位媒体朋友们,中国儿童电影制片厂现在还在坚守的一群年轻人,

他们全都到会。我们鼓掌，对大家的出席表示感谢。

首先请中国电影家协会党组书记、驻会副主席张宏同志致辞。

**张宏**：尊敬的田华老师、尊敬的陶玉玲老师，各位老前辈、各位老艺术家、各位老师、各位嘉宾，大家下午好！

今天我们怀着万分崇敬的心情相聚一堂，共同缅怀我国著名电影表演艺术家和电影事业家于蓝老师的百年华诞，在这儿我首先代表中国电影家协会向于蓝老师表示深深的怀念，向她的精神表示崇高的敬意，也向来参加这次会议的各位老艺术家、各位同仁表示衷心的感谢。我看到今天是由中影集团和中国儿童少年电影学会、中国儿童电影制片厂举办的活动，我对他们不忘老前辈、不忘初心的精神深深感动。

于蓝老师是中国电影界的杰出代表，她参与见证了在党的领导下，尤其是新中国成立以来中国电影走过的辉煌历程，她是新中国 22 大明星之一，荣获了中国电影百年百位优秀演员的称号，也荣获了第 27 届中国电影金鸡奖的终身成就奖。她是党和人民的好女儿，是新中国电影的奠基者和引领者，为中国电影事业的发展作出了卓越的贡献。于蓝老师 17 岁从北平步行千里奔赴延安，她怀着革命理想和革命信念，并将华彩的一生献给了党的电影事业，为中国电影史留下了宝贵的文化财富和精神财富。在银幕上，于蓝老师以敦实朴素细腻的现实主义表演风格，主演了《龙须沟》《烈火中永生》《革命家庭》《林家铺子》等多部影片，成功地塑造了向五儿、周莲、江姐等一系列不朽的红色经典的女性形象。光彩夺目的角色深入人心，激励鼓舞了一代又一代观众的爱国热情。

在 60 岁那年，于蓝老师担任儿影厂的第一任厂长，以消瘦的肩膀扛起了中国儿童电影的重担，组织拍摄了数十部儿童电影，创建了中国儿童少年电影学会，应该说是新中国儿童电影的开拓者。她曾担任中国文联的荣委，中国影协的理事、副主席、顾问等，她永远充满了激情、充满了热情，她孜孜不断地教导培养年轻人，对电影事业不遗余力地给予大力支持。所以从于蓝老师的身上我们看到了她对党的信仰，看到了她对电影艺术的赤子之心，也看到了她对晚辈们的提携之恩。

每一次我看望于蓝老师的时候，我感觉于蓝老师的眼光就像她所担任的儿童电影制片厂的厂长这种职务赋予她的眼光一样，她永远充满了善良、真诚、透亮、清澈，就像晚上我们看到的闪闪发光的星星一样。于蓝老师离开我们一年了，她的音容笑貌还常常浮现在我的眼前，她对电影事业的关心嘱托仍然常常回响在我的耳旁，她塑造的经典形象和她的崇高品德深深地镌刻在我们每个人的心中。于蓝老师用一生践行了一个共产党员的理想和信念，在建党的百年之际，我们铭记和追忆于蓝老师，重温她对理想的不懈追求，对事业的执着奋斗。这在当下来说，是对我们广大的电影工作者一个重要的激励和教育。从于蓝老师高尚的品格当中，我们汲取信仰的力量，获得精神的传承，正像习近平总书记指出的那样，我们要成为有信仰、有情怀、有担当的新时代的电影工作者，在建设社会主义文化强国的征程当中贡献我们电影人的力量。

斯人已逝，光影永存，于蓝老师的光芒将永远不会被时光磨灭，她是一颗闪烁的明星，在中国电影史上永远会熠熠生辉。谢谢大家！

**黄军**：谢谢张宏书记，下面请中国电影集团公司党委书记焦宏奋同志致辞。

**焦宏奋**：田华老师、陶玉玲老师、陆亮局长、张宏书记、新新兄弟，各位同事、艺术家，大家好！首先我代表中国电影集团公司感谢大家来参加于蓝前辈诞辰一百周年纪念会，共同向老人家追思致敬。于蓝前辈与在座的很多同志一起共事，她和蔼可亲的音容笑貌永远活在我们心中。

于蓝前辈的百年人生波澜壮阔、感天动地，我想用三点来概括。

第一，于蓝前辈的一生是一位优秀的共产党员追求真理、坚守信仰的一生，是为党、为人民无私奉献、不懈奋斗的一生，无愧于党和人民的优秀儿女，无愧于新中国最美奋斗者的光荣称号。

第二，于蓝前辈的一生是一位优秀艺术工作者勇攀艺术高峰、精益求精、不懈追求的一生，是为人民、为艺术无私奉献的一生，是名副其实德艺双馨的人民艺术家。

第三，于蓝前辈的后半生为发展儿童电影事业艰苦创业、上下求索、殚精竭虑，直至生命最后一刻，不仅开创了新中国儿童电影事业的第一个高峰，更为新时代儿童电影事业的繁荣奠定了坚实的根基。

于蓝前辈的一生功绩是我们宝贵的精神财富，将泽被后世、永垂青史。向大家简要汇报一下我们最近几年儿童电影的情况。近年来，按照中央领导关于发展繁荣儿童电影事业的指示精神和中宣部的工作要求，中影集团组建

了儿童影视创作研发中心，黄军会长当时既兼任厂长，又兼任儿研中心的主任，还有周杰，一起具体做这项工作。充实了中国儿童电影制片厂的创作团队，在创作出品优秀儿童影片和三部待公映的影片基础上，目前在中宣部、国家电影局以及中央文明办、教育部等部位的大力支持下，正在发起广泛协同攻关，汇聚影视界优秀创作力量以及社会各界的优秀资源和爱心力量，抓紧研发创作新时代儿童主题电影品牌。现在主要有三个方面：

一是新时代好少年。现在中央文明办每年都评新时代好少年，已经坚持很多年了，也是一个非常好的平台。以中央文明办等五部委每年评选全国的新时代好少年先进事迹为基础创作，首部影片剧本初稿接近完成，力争年内完成拍摄。

二是以《霹雳贝贝》续集为代表的儿童科普科幻系列，张之路老师已经完成了剧本，目前正在中国科协、国防科工局等部委的指导支持下筹备拍摄，力争明年开拍。

三是与人民网联合发起实施了中华少年强体育影视新时代工程，一年来取得了良好的开局。

总之，中影集团将继承和发扬于蓝老师创业基础，全力支持中国儿童电影制片厂创作生产新时代儿童电影精品，为培养有理想、有道德、有文化、有纪律的社会主义建设者和接班人，为培育德、智、体、美、劳全面发展担当民族复兴大任的时代新人而培根铸魂，这将是对于蓝先辈最好的致敬、最好的传承，谢谢大家！

（观看短片）

**黄军**：视频的影像有点模糊，由于资料比较久远，但是通过剪辑，我们还是重温了于蓝老师的战斗历程。看到于蓝老师的足迹，基本可以说也是新中国儿童电影发展的足迹，看完以后感慨万千、浮想联翩。片子是在很短时间内做成的，做这个片子的编导是童影厂和北影厂的孩子，已经都是后几代了，很年轻，现在就在中国儿童电影制片厂，我们很自豪，未来有人，于蓝老师的精神在继续发扬着，我们感到很欣慰。下面有请中华儿童文化艺术促进会专家委员会主席范崇嫘老师发言。

**范崇嫘**：各位领导、各位电影艺术界的艺术家们、新老朋友们，今天特别有意义，因为中国共产党百年华诞，在这个时候我们来纪念于蓝同志百年诞辰特别有意义，所以要感谢我们伟大的党培养了于蓝这样优秀的共产党员，培养了于蓝这样杰出的电影艺术家和儿童电影事业的开拓者。我跟于蓝同志是在 40 多年前相识，那时候我在全国妇联工作，有一次儿童工作座谈会上，于蓝大姐就提出，能不能设立童牛奖作为儿童电影事业的最高奖，理由是光有一个儿童电影制片厂生产儿童片还不够，她希望电影制片厂以外的全国各个电影厂都能为孩子们生产适合孩子们成长的优秀儿童电影。她的提议得到了全场热烈的鼓掌，我回去以后就跟妇联主要领导汇报了，坚决支持于蓝同志的建议，童牛奖就在那一年，也是牛年诞生了。初生牛犊不怕虎，一诞生就得到了全国积极响应。一晃就是 40 年，据我知道获得童牛奖的有60 多部儿童电影，其中有些电影还获得国际奖，许多编剧、导演、演员和小演员都获得了这个奖。所以这件事情我觉得特别有意义。

儿童电影是带有公益性的，所谓公益性就是不收孩子们的电影费或者是少收，这样在电影市场上就出现一个问题，很多电影院不愿意放儿童片，怎么办？于蓝大姐到处奔走呼号，最后跟国家教育部达成了协议，儿童电影进校园，这件事情也是非常有意义，使得孩子们看到了优秀的儿童电影片。另外一件事情我也非常感动，我们搞了一个和平的旗帜——世界儿童呼唤和平活动，有一次，一位紫砂壶艺术家提出能不能在中国找 100 个名人为孩子们画紫砂壶，支持"保卫和平、关爱儿童"这件事业，于蓝大姐马上表态支持。这样我们就到了她的家，她朴素的家。她坐着轮椅、拿着紫砂壶端详半天，居然画出了一枝兰花，然后又画出了一枝梅花。于蓝大姐跟我说，只要是为了孩子们，她从不拒绝，因为她爱他们。画紫砂壶的还有田华大姐和陶玉玲大姐，非常有意义。

我今天看到于蓝大姐的短片，我就觉得她没有走，她就在我们心里，她永远活在我们心里，永远是我学习的榜样。虽然我也年龄不小了，但是看到在座的各位老朋友，40 多年前都是黑头发，今天一看有的都不认识了，头发都白了，有的人口罩摘下来我才认出他原来的模样，感到非常亲切。各位都是在于蓝精神的影响下全心全意为电影事业、为儿童电影事业无私奉献，所以我对各位表示崇高的敬意和谢意，谢谢！

**黄军**：非常感谢范老师，您对中国儿童电影的足迹、对中国儿童电影的发展脉络非常清楚，谢谢！下面请上海电影制片厂著名导演石晓华老师发言。

**石晓华**：于蓝老师是我心目中的崇高女神。从小看电影，《翠岗红旗》《革命家庭》，于蓝老师塑造的革命形象我非常喜欢，因为她非常质朴，深入人心，是我心目中非常崇敬和喜爱的一个优秀演员。但是自从 1982 年我参加了儿童电影制片厂开的一个创作会以后，开始跟于蓝老师有近距离的接触，开始能够真正地看到她的真实面貌，给我留下了非常深刻的印象，那是她不顾病体，为儿童事业拼命拼搏的革命精神。她拖着病体，四处为儿童影片呼吁的身影。她那慈祥微笑的面容，深深地镌刻在我的心中。跟她接触当中共同经历的一些事情，使我看到于蓝老师不仅是一个优秀的演员，她是中国儿童电影的垦荒者，更是中国电影事业的伟大事业家。

1981 年她不负重望创立中国儿童电影制片厂，里面的艰辛我不说了，后面有同志说。于蓝老师深感仅仅埋头生产是不行的，必须在生产的基础上要不断地总结经验才能前进，因此 1982 年她搞了儿童影片创作座谈会，这是当年发的纪念品，我还保留着。当时虽然我们在拍儿童片，但是对儿童片的概念大家还非常模糊，对许多影片是不是属于儿童片还存在着分歧，所以这个创作座谈会澄清了观念上的一些认识。在此基础上，于蓝老师深刻地认识到理论的重要性，所以在 1982 年我们召开创作会的基础上，1984 年成立了中国儿童少年电影学会，真正地把一些搞理论的专家，我记得当时还有于敏老师等一批专家，跟我们生产第一线的实践创作者有机地结合在一起，进行经验的总结，进行理论的探讨。这个学会成立以后，不但把儿童电影理论推向了常态化和固定化，而且在这个学会成立以后，引领了一批儿童影片在表现形式上的方法，在电影创作上有了更大的提高。

于蓝老师并没有满足于她的这些成绩，刚才范老师也说了，于蓝老师觉得在电影生产过程中有文化部优秀影片奖，但是那更多的是关注到全国各地的一些大片，对儿童影片怎么能有更有力的支持，更有力地鼓励儿童影片创作人员创作出更多优秀的影片，于蓝老师想到了要成立自己的儿童影片奖。由于有了童牛奖，应该说激励了大多数同志能够投身到儿童影片当中去，不是为了这个奖，而是为了繁荣儿童的影视。童牛奖的成立不要单单把它看作是一个奖项，它是儿童电影生产产业中一个重要的环节和链条。童牛奖的成立意义非常深远，不亚于百花奖、金鸡奖这些政府奖项。

我还记录了当年成立大会的情况，那是 1984 年 12 月 11 日的下午，在官园，参加会议的有当时文化部的丁峤副部长，还有宋庆龄基金会的荣高棠，以及教育部的同志。在会上荣高棠大声呼吁不单单是儿童厂要拍儿童片，我呼吁所有大厂也要拍儿童片，丁峤对这个呼吁给予积极支持。而且会上总结了儿童电影历年来的成绩，在国内外的影响，给了儿童电影工作者具体的支持。童牛奖设立以后，于蓝老师又马不停蹄地开始了新的征程，她的目光高瞻远瞩，她看到国外虽然有儿童电影的评奖，也有影展，但是我们国家送出去的机会不是很多，所以她强烈地要求我们国家要加强儿童影片的走出去，要加强儿童影片和国际的交流。所以在 1989 年经国务院批准、联合国备案，创办了中国国际儿童电影节。在这个电影节上，不但中国的儿童影片可以借此机会走出去，而且可以更多地把国外的优秀影片引进来。要知道当时我们出国的机会是非常少的，尤其是儿童影片，因为当时外汇经费很少，但是由于有了国际儿童电影节，我们可以把国外优秀的影片引进来，让更多的搞儿童影片的同志可以借鉴国外的影片经验，了解国外儿童的生活情况，他们的拍片经验是什么样的，他们的情况、他们的发展水平到什么程度，这对我们国家儿童影片的提高起到了巨大的作用。不但如此，我觉得还应该强调一点，我曾经接触过一个外宾，他就跟我讲你们国际儿童电影节对我们国家有很大的触动。因为当时欧洲共同体由于受到我们国家儿童电影节的影响，他们成立了电影基金，尤其是为儿童电影的生产拨了专款。欧洲的荷兰、芬兰、丹麦等国家电影生产能力有限，因此他们在电影基金会的支持下几个国家联合起来拍儿童戏，也拍出了一批优秀的影片。儿童电影节的作用不单单是提升了我们国内的电影水平，在国际上也产生了重大影响。到现在国际电影节已经举办了 13 届，我希望继续举办下去，它不但在国内产生了巨大影响，在国际上也产生了这么大的影响，而且是人家亲口告诉我的，真的要坚持下去，这也是电影产业中一个非常重要的环节。不但自己提高，还加强对外交流。

除了这些作为以外，随着改革开放，儿童电影在发行、在推广当中也遇到了一些瓶颈，跟我们过去计划经济时代有很大的不一样。在这种情况下，于蓝老师常年奔波，四处呼吁，她的腰和膝盖骨又动了多次手术，她并没有因病而停止自己前进的步伐，因病魔而阻止自己工作，她带领儿童电影学的很多同志到浙江等地方的基层了解儿童影片发行的情况，掌握数据、掌握实际情况，来解决电影发行困难的问题。在她的精神感召下，在她的提议下，1994年经国务院批准由教育部、广电部和文化部跨部门成立了全国中小学影视教育协调委员会。这个委员会的作用就是使我们生产的优秀儿童影片更好地进校园，跟更多儿童见面。从发行部门来讲，不能说全部解决问题，但是解决了一部分问题。这一点应该说只有中国才有，在全世界所有国家中我还从来没有看到过政府成立一个专门部门，为儿童影片进学校，让儿童能看到影片成立这样一个机构，这又是于蓝老师不可磨灭的功绩。

于蓝老师从一个优秀演员，为了儿童电影应该说她放弃了自己喜爱的演艺事业，转而搞行政工作、搞电影生产工作，抓创作、抓理论、抓推广，把一个儿童电影生产的产业链完整地糅和在一起，非常不容易。我们电影界内部人常说中国电影有两大事业家，叫"北汪南徐"。北汪就是北京的汪洋厂长，南徐就是上海的徐桑楚厂长。在他们领导下，两个厂都为中国电影奉献了无数优秀的影片，许多影片是经典之作，流传至今。与他们相比，我觉得于蓝老师巾帼不让须眉。在她的带领下，不但生产了很多影片，而且她在电影产业上组合了这么多元素，组成一个完整的产业链，在这方面绝对不亚于他们。所以我认为她是一个真正了不起的电影事业家。应该说她在这方面对电影事业的贡献、对儿童电影产业链的整合作出的贡献，在中国电影史上应该留下浓重的一笔，功不可没。我大胆地说一下，在电影事业完整性方面，无论是做演员取得的成绩，还是从抓理论、抓推广方面，方方面面她所做出的成绩，应该说前无古人后无来者。后面的同志在于蓝老师搭建的完整的产业链基础上一定会锦上添花，她是垦荒牛，搭建了一个很好的平台，而且是完整的平台，她才是我心目中真正的中国的女神。谢谢大家！

**黄军**：谢谢石晓华老师。下面请中国儿童少年电影学会的老会长，也是北京电影制片厂著名导演王君正老师发言。

**王君正**：压力太大，惭愧至极，我师姐和晓华导演、窦春起等领导的发言，从宏观世界到微观世界，从人品到艺品，方方面面把于蓝老师总结得非常到位，我还有得说吗？真是压力大极了，所以他们说的时候我的稿子都不敢拿出手，但是我还是想说一点心里话。

于蓝老师不仅是我电影事业上的老前辈，也是我情感上的老前辈。特别是我的父母和于蓝老师、田方老师一起在延河边成长，所以她更是我心目中的长辈，如父母一般的长辈，她的去世让我感到我又失去了一位亲人，难过了数日。记得默默把这个消息告诉我，我说我又失去了一位亲人。

我临来开会的时候，我的一个晚辈，也是我的干女儿，问我开什么会，我说开于蓝老师的一百周年纪念会，她说王妈妈你用最简单的一句话给我介绍一下于蓝，我想了想，我说她是刚强、坚韧、自律、有才华的一位老前辈。于是乎我就给她举了一些例子，我今天就不重复了，因为后面还有那么多人要发言。刚才你们听了前面的发言肯定完全是同意我这个总结的，我的晚辈说那您一定要好好地去把这个会开完，回来跟我们讲一讲，我说一定会。

于蓝老师演过《烈火中永生》里面的江姐，我说她生活中就是"江姐"，我们大家都是这么说的。她做过两个乳腺的手术，做过脊椎的手术，做过膝盖的手术，做过子宫的手术。筹建儿童电影制片厂的时候住在木板房子里，破铁门还压断了她的手指头。她身上有几十处做过手术的地方，我跟我的晚辈讲到她的刚强，晚辈说您也很刚强，简直是太不可同日而语了，我说她的刚强我真是睁着眼闭着眼都不可想象。特别是刚才好为大姐讲到五七干校那一段，那个时候她已经年过半百，当时的军宣队给她出难题，她跳到房子上去干活，最后掉下来，多少人真是心都揪在了一块，最后她的脸受伤，很多戏都不能拍，但是在学会的时候她拍了一部戏，有2万块钱酬金，她立刻捐给了白山市孤儿院。

我代表我老伴也说两句。我老伴和于蓝老师有一段特殊的情感，他和田方老前辈有着父子一般的情感，做到了无话不谈。五七干校的时候他们都在一块，后来分开了，每个周末田方同志都会带一包烟，找老马，他们两个人相会，那个时候他们叫他小马。我女儿当时最喜欢的人就是田方爷爷，因为老马每次见到于蓝老师都是大老远的喊"老娘"，我很惭愧。老马跟张水华合作了几部戏以后，于蓝老师亲自找到马秉煜，"你一定要独立拍一部戏"，于是《少年彭德怀》就让马秉煜指导，也有幸这部片子就获了奖，没有给于蓝老师丢人。

有一件事我必须在这儿说一下，很多人都不知道。"文革"时期于蓝老师、张水华老师、马秉煜跟总政的一个编剧下去体验生活，到大担岛、二担岛、蚊尾洲岛，就是到南海体验生活。那时岛上的安全性都是未知数，我们

当时也没有那么先进的设备登陆，所以他们都非常勇敢。好为大姐说到于蓝老师所有刚强的细节，这个细节我一定要跟大家分享。马秉煜是他们里面最年轻的，但是他都不敢，蚊尾岛就是一个小岛，就是我们上去一个班搜查一下，然后他们就到上面体验生活。船随着浪拍上去，你就得赶快登上去，不然撤下来就掉进汪洋大海里了。于蓝老师是一个女同志，她就那么勇敢，马秉煜都吓得魂飞胆散，但是我一看到于蓝老师这么勇敢，一下子我们就都上去了。类似这样的情景几乎是他们登每一个岛都要遇到的情况，我真是佩服于蓝老师。

中间加一个小细节，我跟于蓝老师到印度参加电影节，有一个大的酒会，是一个古堡，要坐船，虽然上岸没有那么危险，但是我天生就是个没出息的，水和河岸之间就不知道脚往哪儿踩，于蓝老师一下子就上去了，回过头来还拉我，我那个没出息。于蓝老师让我真是佩服得五体投地，这种小细节我都愿意和大家分享。

马秉煜从于蓝老师身上学到了非常多的东西，所以他对于蓝老师那种崇敬崇拜是从心里发出来的，他真是学到了不怕牺牲、排除万难的精神。于蓝老师离开我们一年了，她的形象真是永远在我们心中，她塑造了那么多感人的银幕形象，这且不说，即使就是她生活中点点滴滴的形象也永远从我的心里磨灭不了。当时她去世的时候，我真是觉得失去了一个难以割舍的亲人一样，这是我真实的思想。

**黄军**：谢谢王导。王导是中国儿童少年电影学会一个很重要的会长，上次改选的时候我曾经有过总结，我说她是中国儿童电影学会从开创起到她那时候是一个非常重要的转折点，即由贫到富，不再穷办会，而是富办会。王君正老师对中国的儿童电影，包括对儿童少年电影学会的发展作出了特殊贡献，谢谢！下面有请尹力导演发言。

**尹力**：那天壮壮在朋友圈说妈妈走了，现在你的感官不再起作用，你的心独立、赤裸、清明且处于当下，你以前从未经历过现在经历的一切，这即是佛。感谢所有关心妈妈的人，我想独自安静几天。

去年疫情期间，我记得几位导演第一次聚，就是少红导演、我、冯小刚，把壮壮约出来，问问老太太情况怎么样，说在医院，不太好。即便我们有足够的心理准备，但是她的离去还是在我们心灵上震了一下。我记得我们到中日医院去跟她面别，当天《新闻周刊》就来采访我，我说我对于蓝老师可能比跟其他的电影人还有很多层不一样的意义。首先于蓝老师她所塑造的银幕形象在中国电影百年的长廊当中栩栩如生、熠熠生辉，如璀璨的星辰，每一个形象都是中国电影人物的丰碑，几乎构成了我们过去辉煌电影史最重要的一部分。另外于蓝老师对我有知遇之恩，我的电视剧、电影的处女作都是在童影于蓝老师的指导下完成，电视剧《好爸爸坏爸爸》、电影《我的九月》。从一个没有拍过一部戏的年轻人，能够有那种信任，我当时跟于蓝老师说宁挑一千斤，绝不挑九百九。因为当年拍戏的条件跟今天不可同日而语，今天有的时候年轻的导演说你拍第一部戏印象最深的是什么？其实也就是说我们的初心是什么，真诚。

我记得我拍《我的九月》第一个镜头样片回到厂里，于蓝老师给我写了8页纸的信，是对样片的意见。在这之前于蓝老师生日，我们在集团20层为她祝寿，我还把那封信拿来让于蓝老师看，她印象特别深。我把一个长镜头、一个移动镜头，几个孩子迎面走来，前景的放的是三个垃圾桶，于蓝老师说垃圾桶不是不可以放，但是垃圾桶太脏。写实主义、现实主义，不是自然主义，所以我印象特别深。当年的儿童电影制片厂在北影的一条街，用木板房拦起来，大家就在那儿创业。我记得当年于蓝老师真是辛劳，所以她不仅用她的银幕形象照耀着亿万观众，而且她的伟大一生，就像王君正老师发言一样，给我树立了榜样。当年说跑断腿、磨破嘴、泪水加汗水，这就是当年的童影厂，在那么艰苦的条件下还创作出那么多脍炙人口留给未来的好的儿童电影。

今天我们的电影技术武装到牙齿了，但是儿童电影的现状却令人堪忧。上次黄军他们提出来孩子们进影院看电影的机会太少了，任何一个多厅影院能不能拿出一个厅来给孩子们放电影，看来在现实社会当中这个要求都挺难实现的，他们在联系教育部，能不能把优秀的儿童影片送到学校去。王君正导演、石晓华导演，你们拍过那么多好的儿童电影，我做过两届金鸡奖评委会主席，每年都看不到儿童片，现在儿童片这么难，没人拍，拍完没地方放。但是那么多年前，我们生产的儿童电影它就是标杆，今天绝不是因为这个片种少人拍，拍完没人放而降低标准，矬子里拔将军，而是应该能不能拿出今天代表中国儿童电影水平的电影。所以于蓝老师开创了儿童电影的事

业，今天看到很多老的领导、老的同事感慨万千，黄军他们的路可能还比较难走，但是也要向今天儿童电影的创作者、制作者们致敬，谢谢大家！

**黄军**：谢谢尹力导演，以后儿童电影进校园还要请您多多支持。下面请著名剧作家王浙滨同志发言。

**王浙滨**：我接到于蓝老师诞辰百年纪念会的通知之后，我的内心始终无法平静。于蓝老师和我的父亲同年生，都是中国共产党诞生的那一年，几乎走过了一个世纪。刚刚放映的纪录片及各位老师的发言都表达了对于蓝老师的敬爱之情。于蓝老师在银幕上塑造的一个个可亲可敬的革命母亲形象，影响了一代又一代观众。于蓝老师呕心沥血创建的儿童电影事业引领一代又一代儿童电影工作者。

我结识于蓝老师是 1982 年，我和王兴东编剧的电影《飞来的仙鹤》获文化部优秀影片奖。那时的我们初出茅庐，到北京领奖时见到仰慕已久的于蓝老师，没想到她那么平易近人，亲切地叮咛我们一定要为儿童电影制片厂写一个好剧本。三年后，我们带着剧本《鸽子迷的奇遇》和导演于彦夫相遇而来到她面前，至今我还记得她郑重的话语，儿童电影制片厂太需要致力于儿童电影事业的剧作家了，我希望我们的合作从今天开始。那是 1985 年的秋天，从此我们与儿童电影制片厂结下了不解之缘。

于蓝老师是在 60 岁之际刚刚做完癌症切除手术，义无反顾地接受了这项任命，中国终于有了一家为少年儿童生产电影的制片厂。我去过童影厂，建立之初在北影门前东侧的那排平房，那是我们为儿童电影制片厂创作的第二个剧本《我只流三次泪》。我还记得那个剧本讨论会是围在一个通红的火炉边召开的，我们大家就围坐在火炉边，于蓝老师亲自主持，记得还有文学部主任宋曰勋，我们的责任编辑郭玲玲、林阿绵今天也到场。听着我讲着前线归来的故事剧本创作的构思，于蓝老师希望我们尽快能把剧本写出来。那时我们还在长影，一个星期天的早晨，我们全家正酣睡着，突然听到一阵敲门声，我急忙穿着睡衣爬起来打开门。万万没有想到，站在我家六楼门口的竟然是于蓝老师和童影厂副厂长陈锦俶，我喜出望外，却万分窘迫，于蓝老师拥抱着我笑着说，我就是想这样把你们一家堵在被窝里，她的童心与年龄无关，永远感染着她身边的每一个人。爬上 6 楼，98 级台阶，于蓝老师是专门到我家交流《我只流三次泪》意见的。那一天我的心始终是热的，眼睛是湿的。来到北京，她又亲自把我们带到著名导演水华家里，请水华导演亲自为剧本把脉。于蓝老师在她《苦乐无边读人生》的自传中详细叙述了她与我们的结识、信任与友谊。

《鸽子迷的奇遇》《我只流三次泪》两部电影的诞生过程是令人难忘的。1994 年中国儿童电影文学学会的年会中举办了王兴东、王浙滨儿童电影剧作研讨会，会议由于蓝老师亲自主持。于蓝老师的这一片赤心不仅打动了我们，也打动了一切投身儿童电影事业的电影人，中国儿童电影制片厂成立至今，已经拍摄了百余部儿童电影，应该说这是于蓝老师为中国儿童电影奠基而树起的一座丰碑。每一部影片的字幕中，包括我们为童影厂前后创作的五部儿童电影，都无法找到于蓝的名字，但哪一部电影没有凝聚着于蓝老师的智慧和心血呢！

我更近距离与于蓝老师朝夕相处的是 1995 年，筹备第四次世界妇女大会妇女与影视论坛，这是中国在本次大会上承办的 44 个论坛中唯一与电影有关的论坛。中国电影界有影响的女导演、女编剧、女演员、女电影事业家 20 余人在于蓝老师的凝聚下参与筹备举办这个论坛，今天来的王好为导演、王君正导演、石晓华导演都参加了这个论坛。我的任务是为论坛于蓝老师的主旨演讲撰稿，我跟着于蓝老师在资料馆里找资料、在机房里剪辑画面、修改解说词，于蓝老师追求完美的创作激情和充沛的精力让我完全忘记她那时已经是 74 岁高龄。在怀柔世界妇女大会上，我们的妇女与影视论坛如期召开，于蓝老师做主旨演讲。第一部分在黑暗中为求生存而斗争的妇女，第二部分在战争事业中求解放的妇女，第三部分在建设中求平等发展与和平的妇女。这三部分内容中的女性形象都是在中国电影中剪辑出来的，我有幸参与了这部短片的制作过程。于蓝老师怀着真挚的情感的演讲亲切、自然、简洁、生动，那是我一生中看到于蓝老师无数次精彩演讲中最精彩的一次。演讲结束后，中外来宾全场掌声雷动，久久不息。我们参加论坛的中国女电影工作者都热泪盈眶、无比自豪。于蓝老师是幸福的，她将毕生精力给予了千百万观众，给予了全中国、全世界的妇女儿童，给予了新中国儿童电影事业，而她得到的是她一生也享用不完的深厚的爱。于蓝老师的自传《苦乐无边读人生》出版后赠送我们，她在扉页上亲笔写到王兴东、王浙滨两位作家，为纪念我们的友谊，特以此书赠送。

是的，我们和于蓝老师的友谊延续了近40年，至今还保留着于蓝老师给我们的书信。刚才看到江平递给我电话本的一页，上面写着我和王兴东的电话号码，还有我们在长春家里的电话号码，我忍不住了。于蓝老师亲自为我们在儿童电影创作会议上，她刚刚学会打电脑，整理出了几万字的发言稿，我们每一部电影研讨会、首映式，只要邀请她，她都会出席。记忆最深的是《黄克功案件》研讨会，得知她刚刚出院，我不忍心通知她，她从报纸上看到消息后给我打电话，说你们拍摄延安时候的电影我想看看，那是我一生中最青春快乐的时光。那天她是坐着轮椅来北京电影学院看完影片的，她怎么也不肯坐在放映室中间的位置上，她说年纪大了，若中间上厕所会影响他人观看。我最后一次见到于蓝老师是得到田壮壮同意，在中日医院的重症监护室里，我们全家三口人捧着鲜花来到病房里，看到她躺在病床上，那永远坚强的眼神第一次变得那么虚弱无助、痛苦难忍，我的内心充满了无法言说的难过。每年我家的樱桃熟了，恰逢是于蓝老师的生日，我都会亲手摘一筐送给她品尝，最后一次是2018年6月2日。今天在座的江平、黄军，都参加了于蓝老师97周岁的生日，那也是我最后一次推着轮椅，把于蓝老师送回家。于蓝老师，每年樱桃熟了，我都会想念你，你的笑容已经藏在我心里，你的童心影响了我的一生，你的坚强永远鼓舞着我。谢谢大家！

**黄军**：谢谢王浙滨。下面请童影厂原文学部主任、著名儿童剧作家张之路发言。

**张之路**：大家下午好！刚才大家充满激情甚至亲情的发言，让我也非常感动，尤其是很多发言都回忆了于蓝当年的事迹，让大家到现在铭记不忘。我的发言刚才大家说过的我就不说了。

今天在休息室的时候，我看到田华和陶玉玲进来，我就跟窦厂长说了一句，我说于蓝同志不光属于儿影，他说你这一句话可以作为发言题目，我说正好没有发言题目，尤其刚才听了很多同志感人肺腑的发言，我觉得于蓝确实不光属于儿影。今天是于蓝老师诞辰一百周年的日子，我们应该记住怀念她为中国电影事业作出的贡献，也要为她为中国儿童电影的开拓发展繁荣作出的努力、付出的心血而感恩和致敬。

我是1982年来到刚刚成立的北京儿童电影制片厂的，几十年在儿童电影制片厂的学习和工作成为了我人生重要的组成部分。遇见于蓝老师是我人生的幸运，因为于蓝老师以及她的接班人领导的童影厂给了我信心和条件，给了我理想和友情，让我和我的同事们在幸福快乐中学习和工作，并且为儿童电影的艰难与成功感到自豪。

紧挨着北影的院墙，七八间板房，全厂开会要到院子里，所谓的儿影一条街，就是在冬天还要生炉子的房间里，于蓝老师的手指就被门上的弹簧吃掉了一截，她居然没有考虑再接手指的建议，因为初创的儿童电影事业让她把个人的事情完全抛在脑后。于蓝的奉献精神深深影响着我们，她身为厂长、著名演员，但是她没有任何架子，平易近人、和蔼可亲，尤其是对当时还年轻的我们充满着信任，鼓励我们，锻炼我们，1982 年，童影厂除了拍摄两部短片《马加和凌飞》《敞开的窗户》之外，还拍摄了一部科教片《中国书法入门》。说到这儿，我也特别想让大家记住这部片子，如果在片库里，把它再拿出来，让它再见见世面，作出它的贡献。我被委任撰稿编辑并参加摄制组的摄制，这是我第一次接触拍电影，有些畏难情绪，于蓝老师鼓励我说："我告诉你张之路，什么工作都是从不会到会的，我支持你，相信你们一定能成功。"我不但要撰稿还要编辑，还给片中讲课人做配音。当时参加拍摄的名家很多，书法家协会老军事家舒同、刘炳森、欧阳中石，还请启功先生为整个片子《中国书法入门》题写片名。那次拍摄对我来说是电影入门，摄制组的生活让我得到锻炼，这件事可能对别人来讲觉得没什么，但于蓝对我的信任深深地印在我的脑子里，因为当时我是在文学部当编辑。

于蓝老师作出这么大的贡献和事业，除了她的热心，还有她的视野和格局。她能团结许多人为儿童电影事业工作，比如当时准备投入拍摄的一些剧本，她多次让我请张水华导演审查并提出意见。那些时候我就常去拜访地处南沙沟的水华老师的家，水华老师谦虚大度，艺术眼光准确独到，一个剧本能让我们谈一个小时。那些时候不但剧本的水平得到提高，对我本人也是珍贵的学习机会。现在在我的心目中，于蓝老师是个幸福的人，不光是因为她百岁的人生，还因为她有坚定的信仰，她有顽强的意志，她有为之奋斗的事业。所以现在我想起来我觉得于蓝的一生很幸福。

今天于蓝老师虽然不在了，儿童电影也面临着一些困难，但是我们要把于蓝老师的精神传承下去，我们相信明天、相信未来。

**黄军**：谢谢张之路。下面有请江总，您现在是两个身份：一个是要代表

于蓝老师的亲属，一个是代表儿童电影制片厂第六任厂长、中影集团副总经理、艺委会主任，请江平同志发言。

**江平**：谢谢黄军厂长的介绍。同志们、各位前辈、儿影的各位老师，还有今天到场的各位领导，下午好！

刚才大家都饱含深情回顾了于蓝老师波澜壮阔、气象万千的一生。于蓝老师经常说，她说我跟我们党同年是我最幸运的一件事情。今年我们在党史学习教育当中，八个字，说我们党是一百年波澜壮阔、气象万千。这八个字用在于蓝老师身上也是非常贴切的，因为她的人生就像刚才同志们所说的一样，真的是步步艰难、步步辉煌，但是她是步步努力。

刚才新新大哥和吴晶嫂子和海丹姐都在这儿，说你可以代表咱们家属一块说。我知道这是对我的一种信任，因为于蓝妈妈在世的时候，她有什么事情会给我打电话，她总说有我们家老三，什么事情我找不着壮壮，他满天飞，新新住得远，身体不是特别好，我有什么事肯定找你。其实找我她不是现在找，我在上海的时候她就给我打电话，她说你就是我们儿影的上海办事处。她的耳朵有点背，打电话说话声音特别大，她经常会给我打电话，一会儿找吴蔚云，吴蔚云同志家里的电话我找不着了。一会儿找张骏祥同志电话，我总是告诉她。这些年我手机号码没有变过，老太太能背出我的电话号码。有一个重要的原因就是社会活动多的时候找她，小谢接电话说不清楚，老太太又耳背，她就跟小谢说，你把江平同志电话记着，人家问你，你把电话给他，让他说行还是不行。经常有人给我打电话说于蓝老师给的我电话，有什么活动，您能不能让她去，我再给她复述一遍，我怕小谢说不清楚，所以我很感恩于蓝老师把我当成自己家里的第三个儿子一样。我掰着手指头算了一下，我1997年在中央党校读书到现在25年，于蓝老师的生日我一年没落过，而且有好几次除了在中影食堂吃饭，只要在外面饭店吃饭，她会盯着问今天钱谁花的，"江平同志，你现在当领导了，你别花公家的钱。"我告诉她今天的钱肯定不能报账，"我要是知道那不行，给你自己添麻烦，我也不愿意让人家说拿公家的钱给我吃饭。"最多一次，尹力导演在，20多桌，她反复地问今天钱谁掏，要是不行的话我自己掏，然后我告诉她我说今天是孙茜、章子怡、雷佳音，还有那几个大家一起凑的钱，她说那我就感谢这些年轻的同志们，那天晚上她不停地唱《革命人永远是年轻》。有一天我们给她过生日的时候，陈至立大姐还在，她站起来居然说我感谢各位老师。她就是这么一个人。

我印象中这么多年里，她从来没有为新新、壮壮或者是海丹的事找我，她找我有事一准儿是儿童电影的事或者是公家的事。有一次她为了孙子给我打过一次电话，说他想到美术电影制片厂学习，她一再叮嘱，说一是不准告诉这是于蓝同志家里的孩子，二是他所有的住宿、吃饭必须得给钱，否则就不找我了，当然后来孩子没来成。她让孩子来找我的时候带着一个信封，那个时候10块钱一张票子，200块钱已经附在里头了。后来我把钱退给她，她说："不不不，我老在上海给你添麻烦"。所谓添什么麻烦，就是有一次我们到吴蔚云家里去，田华老师也在，她说要去看望，因为那是她的恩人，我就弄了一辆车送她。她说："我听说你们现在上海车是承包了的"。那个时候广电搞改革，所有领导每个月发3000块钱车钱。她说："你的车承包不承包我不知道，反正我得给15块钱，因为你又用了公家的车，你明天必须把车钱交了去。"我了解了一下，上海的打车费是14块4毛，所以她给了15块钱。这些小事我都记得住。包括我们曾经拍一部儿童电影《胖墩夏令营》，结果把她作为艺术指导的名字打成了于兰，我发现的时候急了，说全部重来吧，她说坚决不行，知道于蓝就行了，不知道也没问题，说重做一回得1万多块钱，坚决不行。轮到自己的名字错了，她说坚决不行。

1997年在上海有一次童牛奖，那次她找到晓华导演，她说晓华同志你拍的《儿女情长》收视率是47%，那时候全国从来没有过电视剧收视率达到47%，她说是东方电视台放的，能不能帮着跟东方电视台联系，让这届童牛奖在上海颁奖。记得那一次我们就是在上海，晓华导演跟我一块去找的刘文国同志、穆端正同志。她来了之后，我有一个主持，她看了我的主持稿说，江平同志有两个错误的地方。一是一定要记住《鸡毛信》的导演不光是骏祥同志，还有石挥同志，石挥同志应该在前头，后来是因为石挥同志受到了不公正的待遇，硬是把他的名字给拿掉了。现在石挥同志早已平反了，我们不能不提石挥同志，我跟骏祥同志都沟通过，必须石挥同志放头一个。为了这个事我知道她专门去找了周老师一次，说今后说到《鸡毛信》的导演第一个是石挥。二是我在介绍《白求恩》的一张照片的时候，她说你说了吴印咸、江平同志拍摄的这张照片。江平同志我要纠正你，以后一定要提这张照片是

沙飞同志和吴印咸同志拍摄的，她说吴印咸同志跟我说，沙飞其实是他的老师，很多东西是沙飞同志拍的，因为当时各种原因沙飞同志受了刺激，误杀了一个日本反战同盟的医生，后来沙飞受到了最严厉的处罚。1982年已经给沙飞同志平反了，今后再说到这种事，你是学中国电影史的，可不能只提吴印咸同志，她说我也跟吴印咸同志当面说过，后来我看到吴印咸在回忆文章当中专门提到沙飞同志。所以我觉得于蓝老师是非常细致的一个人，她要证明这段事之前她还得跟当事人说清楚，我以后可能会提到谁谁谁会在您前头。

她坚强、细腻，也有柔弱的时候。别人恭敬她、敬重她，说她是前辈的时候，她说她就是沾了江姐的光。我要说的是她此生的最后一部电影是我策划监制的，我们做首映的时候，尹力导演来参加《一切如你》。拍这部戏的时候我们T恤已经印出来了，她当时就说这个得给我留一件，我得做纪念。晶晶姐陪着去的，她一共加起来大概有六七句台词，但她怕记不住，她说她得把完整的本看了，然后就反复地跟刘佩琦说："佩琦同志我得跟你对台词，你把上句词一定要告诉我，我好接下句词。"结果在现场的时候，导演说奶奶您一句句说。"不，你们架着机器拍，我能演多少演多少。"一场戏两台机器跟着她，她居然一句词不落地接下来，然后她说希望再来一遍，现在不是没有片底了吗？现在不给国家浪费了，要求再来一次。那天晶晶就在现场，我们也都在，真的是很感动。

最后一次，我陪书记去看她的时候，她已经不是特别清楚了，但是看着咱们印的画册，还能看出来这是于洋同志的画，然后问我们电影通过了吗？其实我心里知道她是问哪一部儿童电影，因为《一切如你》其实已经有了一年时间，她这个时候脑子里其实是一种错觉，她就问我们电影通过了吗？所以我的手机里留存了她大量的最后的视频，包括她最后在医院还能起来的时候推着轮椅走步的视频，我还都有。

她很少给子女留钱留东西，但是她跟我说你们不要让新新、壮壮他们知道，我会多给小谢一点，就是他们家的保姆。不是说他们不愿意，她说那是我亲生的儿子、儿媳，但是保姆在我身边，他们家在农村，儿子又在城里打工，挺不容易，我要是有点什么东西，我多塞点给他们。住院之前有一次我去，她说"江平同志我送你一样东西"，这不是像自己家里儿子一样吗？她给了我一件衬衫，说："我记得你的生日是几号，你老给我买东西，你在上海给我买一件粉红的丝绸衬衫，特别喜欢、爱穿，我的围巾你也年年给我送，我给你买了件衬衫。"然后就送了我一样宝贝，说可能对你还有用，电话号码本，她说我现在都存在手机里了，她会存在手机和电脑里，是她几十年来存的所有老同志家里的地址、电话，全都在这个本上，给我的。她去世之后，家里子女我们一块给她收拾屋子，我什么都没要，我就要了这么一个笤帚疙瘩，就在床上。因为我以前去看她，她总是拿笤帚疙瘩扫，我看见了，她还不让小谢扫她的床，都是自己拿着笤帚疙瘩，她说自己的床和自己的内衣得自己洗、自己收拾，她说这是对小谢的尊重。我就说我给你买一个好一点的笤帚疙瘩，她说你不知道我这个笤帚疙瘩有历史，是一个少数民族的牧民同志送给我的，当时我不爱吃羊奶，他就在家里给我做馍，没东西送给我，就给我送了一个笤帚疙瘩。我觉得这是人民群众对我们拍电影的同志的一份心，所以她说笤帚疙瘩我得永远留着。多少次小谢差点给我扔了，我就批评她，咱不能忘了本，所以她的笤帚疙瘩传到我这儿来，我把它留下来了。我觉得这就是不忘本，我们总是说初心是什么，有一些豪言壮语在别人嘴里说出来可能就是口号，可是在于蓝妈妈嘴里说出来那就不是口号。她经常说我们不能忘了人民，我们不能忘了人民的培养，她说出来我们就觉得她不是在喊口号，一个笤帚疙瘩那是人民送给我的。

两年多前，中影合并的时候，我回到集团来当副总经理。我到医院看她，她时而清楚时而糊涂，我跟她说我回集团当副总经理了，她看着我说"啊"，保姆说不许录像，还是录下来了。她第一句话说你没犯错误吧，我说没有，那好。后来我就跟她说，壮壮他爸田方老师不是厂长，后来当副厂长了吗？她笑笑不犯错误就好。我真的很感动，不犯错误就好，这就是这一代前辈、大师对我们一个最基本的要求。所以我说什么都可以不要，这个笤帚疙瘩我可以代表我这一代的电影人，也代表家里的子女，永远把它传下去、留下去。今天来说它就是一个红色电影的人物，是于蓝老师和人民在一起的一个象征和写照。

**黄军**：谢谢江总。江总的发言充满激情，大家都知道你是著名的段子高手，但是今天肯定不是段子。

**林阿绵**：今天这个隆重的纪念会使我们感到于蓝老师的精神和崇高品德应该得到更好的发扬，所以我建议：

第一，举行于蓝影展。上海最近举行了上官云珠和周璇的影展，我主张中影集团搞一个于蓝影展。于蓝一共拍过 13 部影片，我们在放影片前先放今天的短片介绍于蓝的光辉，至少选下面四部影片，最经典的《烈火中永生》，江姐是我们永远永远的崇高形象。还有《革命家庭》《翠岗红旗》《林家铺子》轮流放映，最好免费给广大群众，特别是青少年，不要让他们忘记这些历史，通过于蓝老师的光辉形象，让他们记住党的历史、中国人民的历史、中国发展的历史。

第二，建议找一个合适的地方，于蓝自己的卧室还是中影集团找一个房间，办一个于蓝生平展。最近纪念党的一百周年举办了大量的人物生平展，产生了广泛的影响。于蓝正是我们党一百年光辉事业中光辉的形象和伟大的共产党员形象，所以我建议搞一个于蓝生平展。把她的用品、她的经历、她的所有成就进行展览，特别是让广大电影工作者来看，我们如何把儿童电影事业发展得更好，因为儿童强则中国强。

第三，出于蓝艺术图书集，这个是非常需要的。现在我已经收集到的第一部分于蓝的生平传记，要有一个详细的记录。第二部分，于蓝的个人著作，我现在已经收集到七八篇，当然还是很少，还应该更多地收集于蓝大量的著作。第三部分，影评。于蓝当时饰演了那么多优秀形象，应该把影评收集起来。第四部分，怀念的文章，现在已经开始出现了，也要收集起来。第五部分，收集于蓝的书信，于蓝给很多导演写过很多很精彩的书信，都是非常感人的，这些信还体现了于蓝对儿童电影创作的观念，对今后的电影创作有很好的指导意义。第六部分，于蓝的照片，剧照收集起来。第七部分，获奖记录。最后于蓝老师有没有日记，如果有日记，一定要收录。这样我们编成一本于蓝艺术图书集，我相信会产生广泛的社会影响。

**刘惠中**：我就说一下关于于蓝的一点，于蓝在我印象里是诚信第一。于蓝是我最信得过的一位领导，说话算话，所以凡是她布置给我的工作，二话不说勇往直前。1990 年于彦夫来童影厂搞一部片子，我是摄影组的，于蓝告诉我现在缺制片，希望你能做这部片子的制片主任，所以这部电影也是我制片的处女作。由于前面对于蓝的印象，我觉得这个人信得过、可靠，她指引我让我去做制片主任我就去做制片主任，而且这个制片主任也做成功了，紧接着我连续做了七部片子的制片主任。所以于蓝是诚信第一的好领导。

**郭玲玲**：一时不知道该说什么。在我的印象中于蓝阿姨是一个最不像领导的最好的领导。因为我们相处，她对我来说第一是阿姨，第二是朋友，第三才是领导。在我的成长过程中，她起了决定性的非常关键的作用，可以说她是我人生中的贵人，我一辈子记着她、感谢她。

**李廷铮**：刚才大家谈的人格魅力我不说了，就怎么提高儿童电影质量问题我谈一谈。儿童电影制片厂刚成立以后，她请北影的水华等专家做顾问，每次看样片都请他们看。不仅这样，许多导演，比如王好为、郑洞天，都到童影厂来拍影片。于蓝是从两方面着手，因为于彦夫来了以后，我跟他拍《鸽子迷的奇遇》，一块去采访、一块去拍摄。拍摄之前于蓝就找我谈话，说你好好向他们学习，于彦夫很有经验的，后来确实从他们身上学到不少东西。那年冬天梁晓声的剧本，于蓝已经退居第二线，但是也是很负责。再有罗小玲拍一部《少男少女》，在上海拍，那个时候分镜头于蓝老师都要看的，很细致，后来片子要补镜头，罗小玲找到我，因为我在童影厂岁数比较大，而且跟罗小玲一个组，搞摄影的，她说你多做工作。所以她对质量要求相当高。我们童影厂这么多年为什么拍出这么多片子，而且在国际上得奖？我觉得跟于蓝老师的要求和她的一些办法分不开。我就谈这些。

**黄军**：还有儿童电影制片厂最年轻的团队，有请中国儿童电影制片厂的周杰副厂长发言。

**周杰**：今天参加这个活动，我非常激动，我依然记得当时带领我们团队到中日友好医院拜访于蓝前辈的情景，我们还合了影。刚才又听了各位领导、前辈对于蓝老师生平的回顾，对我来讲是对于蓝精神最好的阐释。我代表年轻团队讲一句话，我们会尽我们全部的力量做好工作、拍好片子，以此表达我们对于蓝老师最好的怀念。谢谢大家！

**黄军**：最后请陆亮局长给我们讲几句话。陆亮局长从他很年轻的时候就给儿童电影制片厂写过剧本、拍过片子，非常支持儿童电影制片厂的所有活动、所有事情。

**陆亮**：确实我对童影、对儿童电影、对于蓝老师特别有感情，特别有崇敬之情。国家电影局孟局长派我来参加这个活动，我就代表中宣部电影局、代表国家电影局，代表祥林局长对这个活动的举行表示祝贺，对这个活动的主办方中国电影集团、中国儿童少年电影学会、中国儿童电影制片厂表示感

谢，对于蓝同志的亲人和同事、朋友表示欢迎、表示敬意。

我真是带着感动参加完了这个会，从大家的述说中、大家的故事中深深地感受到了一个前辈艺术家伟大的灵魂、坚定的信仰，这都是我们的榜样，确实是我们的楷模，需要后续的电影工作者特别是儿童电影工作者继承于蓝老师的志向，学习她做人，学习她拍电影，把这些我们应该做的事情做得更好，以她为榜样。我想于蓝老师最想做的事情还是把儿童电影拍好，儿童电影在于蓝老师的手上曾经很辉煌，虽然现在有一定的困难，但是我觉得在中影集团、中国儿童少年电影学会、在童影厂共同的努力下，电影局也会继续关注、帮助儿童电影的发展，一定能拍出让于蓝老师在天之灵满意的电影。我相信我们拍摄的优秀的儿童电影会让于蓝老师在天堂上露出笑容。谢谢大家！

**黄军**：谢谢陆局长。

刚刚大家从各个方面表达了对于蓝老师的崇敬，通过大家的发言我想到了三个关键的词语。一是革命艺术家，这句话是窦厂长最早表达出来的，我觉得非常准确，于蓝老师是一个革命的艺术家，她跟其他的艺术家是不一样，是独一无二的。二是华丽转身，她在六十岁的时候，从一个表演艺术家华丽转身，成为中国儿童电影事业家。三是一花开五叶，以前我们总是说中国儿童少年电影学会、中国儿童电影有五朵金花，五朵金花有四朵换来换去，但是只有一朵永远不败。于蓝老师这一朵花开了五叶，中国儿童电影制片厂、中国儿童少年电影学会、中国电影童牛奖、中国国际儿童电影节、中国爱子影视教育协调委员会，都是于蓝老师一花开出的五叶。

于蓝的精神是什么？不同的人以不同的目光、从不同的角度、不一样的视点与距离，感受和表述会不一样。正是这些多样的感受与表述，勾勒出了于蓝精神的雕像，比较立体地呈现了代表于蓝精神的于蓝老师的形象，让我们看见以于蓝为代表的中国电影界，特别是儿童电影战线于蓝精神的蓬勃绽放。所以于蓝精神不仅仅是于蓝老师一个人的精神，是所有为了中国儿童电影事业、为了中国孩子，也就是我们的下一代的精神世界的审美与道德的提升而努力奋斗的电影工作者的精神集合。据我个人的感受和理解，于蓝精神是对新中国儿童电影事业充满激情与理想，总是看到中国未来的美好与光明，为了这个美好与光明始终以革命艺术家的精神不忘初心、克服困难、呕心沥血，与志同道合者携手奋斗几十年如一日，筚路蓝缕。这四个字我觉得是最准确的，穿着简陋的衣服披荆斩棘，勇往直前，对未来充满希望，对现实坚定信念。

百年于蓝，因云而来，归去自然，云自随风去，依旧面蓝天。更具体地表述一下于蓝是谁，于蓝是革命的艺术家，是中国新时期儿童电影事业的开拓者，是新中国儿童电影当之无愧的一面旗帜，新中国最美奋斗者。一个为了中国儿童电影殚精竭虑、百折不挠的人；一个为了让中国的孩子能看上好的儿童电影，特别是国产儿童电影而不计个人得失四处奔走、甘愿俯首弯腰的人；一个为了能够保证电影品牌委曲求全最后又能顾全大局的人；一个和风细雨循循善诱，善于团结志同道合者一起奋斗到底的人；一个精神世界纯粹而且高尚的人；一个有益于少年儿童心智健康和道德培养的人；一个有益于中国电影事业全面发展的人，当然也是一个有益于人民的人。她英勇，值得我们学习，于蓝精神永存。

下面请儿童少年电影学会名誉会长侯克明教授做总结性发言。

**侯克明：**最后学会给派的任务是代表学会感谢今天所有到场的嘉宾和领导，所以首先感谢电影局领导、感谢影协的领导、集团的领导，特别是文化部少儿司的老领导范崇嬿老师，还有儿童电影厂、电影学会的各位老前辈，感谢大家参加今天的活动。这个活动我们筹备了很长时间，去年一直在说要做这件事情，今年终于在于蓝老师诞辰一百周年的时候开成了纪念会。

因为在儿童电影这个领域我是最晚的，是一个小辈，从 2008 年开始跟着于蓝老师做儿童电影的工作，应该说在座的都是我的老师。

关于于蓝老师精神，刚才黄军老师说了很多，大家也都说了很多，我就说三句话。要向于蓝老师学习，一是要学习她的政治站位高，今年是建党七十周年，我们都要学党史，我们都要提高自己的政治站位。我跟着于蓝老师干儿童电影这几年，觉得于蓝老师真的是一位优秀的共产党员，她干儿童电影是为党在干。我每次去她家，她一定要提这个问题。跟大家讲一个事：2014 年儿童电影学会换届，我们在 9 月底就起草了换届的工作报告，花了很长时间起草，我们内部先看，过了十一，10 月中旬送给于蓝老师看报告，年底换届选举。送完报告，于蓝老师突然打电话说你来一下，看完报告我有事要谈，我们赶紧去她家里。她说报告我看了，很好，但是最重要的一点，你看最近习近平总书记在文艺座谈会上做了重要讲话，要赶紧把习近平总书记讲话的精神"文艺为人民服务"必须写进儿童电影的工作报告里。所以于蓝老师的政治敏感性强、政治站位高，我们做儿童电影工作一定要学习她的精神，一定要有这种政治站位，从政治的高度去做儿童电影。

二是于蓝老师永远把人民放在心中，她永远记着观众。现在我们看到她在广州的讲话，怎么形成的？当时我们给她安排，用轮椅推她到台中，然后她跟大家讲两句话，宣布电影节开幕。我把安排跟她说了，她说不行，那么多观众在，我怎么能坐轮椅上去？我走上去。我说台子很大很远，她说不行，我必须走上去，后来我们换了一个安排，您就坐在台下，我们找小朋友给你献花，这个时候你站起来讲两句话。她说不能让观众看着我推轮椅上去，所以她脑子里永远想的是观众、人民，不想自己。我们作为电影人，心里必须想着观众、人民。

三是于蓝老师心里装着孩子，一心为儿童电影。我最后一次见她是去年的春节前，忘了是腊月二十几，我印象很深，是戴着口罩去的。我永远记不住号，到底是 15 楼还是 16 楼，到了那儿又问郑老师到底是几楼。我进去，当时只有护工在，问怎么样，说不行，连着几天已经叫不醒她了，你看看就走吧。我就想临走我得跟她说一句，我说于蓝老师，我来看你来了。于蓝老师，我代表儿童电影学会、代表中国的儿童电影人来看你来了。一说到儿童电影，她一下睁开了眼睛，看了我一下，然后又闭上眼睛睡着了。一提到儿童电影她就醒，护工说这两天都叫不醒她。所以儿童电影这个事一直是她心里最重要的事。我们每个人都还在从事这个工作，我去年在广东做儿童电影论坛的时候就说到我们今年的电影节没有于蓝老师护着我们了，她不在了，所以我们做什么事都要想到于蓝老师，举头三尺有神明，我们做儿童电影的事有没有做好，能不能对得起于蓝老师，这是我们一定天天要想的事。今天我们坐在一起纪念她老人家，一定要讲政治，从政治的高度、从为党工作的高度去拍儿童电影，一定要心里想着人民群众、想着观众，一定要一切为了孩子，拍好儿童电影。这也是今天我们为什么要开这个会，为什么要纪念于蓝老师重要的原因。谢谢大家！

**黄军**：感谢工作人员，尤其是学会和中影的工作人员，也感谢媒体。谢谢大家！

# 于 蓝 年 谱 ①

————————————

　① 此表由李道新整理，主要参考下列文献整理、充实与汇编：(1) 中国电影资料馆、中国电影艺术研究中心编：《红色影坛双星：田方和于蓝》，中国广播电视出版社2011年版；(2) 于蓝：《苦乐无边读人生》，中央文献出版社2001年版；(3) 国家广播电影电视总局电影事业管理局党史资料征集工作领导小组编、陈播主编：《中国电影编年纪事（综合卷·上）》，中央文献出版社2005年版；(4) 北京图书馆社会科学参考组、中国电影家协会电影史研究部合编：《全国报刊电影文章目录索引（1949—1979）》，中国电影出版社1983年版，(5) 中国电影资料馆编：《全国报刊电影文章目录索引（1980—1989）》，中国电影出版社1994年版。2009年之后的信息由李镇整理。

**1921 年（出生）**

6 月 3 日，出生于辽宁省岫岩县。原名于佩文，父亲曾任地方法官。

**1922 年（1 岁）**

随父母居住黑龙江省哈尔滨。

**1928 年（7 岁）**

入学。

**1929 年（8 岁）**

母亲去世。只身投奔在沈阳老家的祖父。

**1931 年（10 岁）**

到沈阳。"九一八"事变后，沈阳被日军占领，随继母逃难到河北张家口，读高小。

**1934 年（13 岁）**

因姑姑在天津河北女师学院读书，考进河北女师学院中学部初中。

**1937 年（16 岁）**

7 月 7 日，日军占领北平，华北陷落。辍学。

**1938 年（17 岁）**

同窗好友赵书凤的母亲将于蓝原名"于佩文"改名"于蓝"，寓意"希望你们走在万里无云的蓝天下"。

春，经同学介绍，在中共平西抗日根据地做地方工作的负责人黄秋萍的帮助下，跟同学赵路徒步爬越妙峰山，到达平西抗日根据地斋堂，参加抗日工作。

8 月，经过一军分区司令员杨成武安排，前往延安。

10 月 24 日，到达延安。先后在延安抗日军政大学和女子大学学习。

**1939 年（18 岁）**

2 月，在抗日军政大学加入中国共产党。除了系统学习政治理论之外，还积极参加业余演出活动。

**1940 年（19 岁）**

3 月，调入延安鲁迅艺术文学院实验剧团任演员。先后参演话剧《佃户》《海滨渔妇》，五幕话剧《粮食》，苏联话剧《带枪的人》以及秧歌剧《周子山》《二流子转变》等。

11月7日，苏联十月革命胜利纪念日，于蓝与田方在延河边的窑洞里举行了婚礼。

### 1941年（20岁）

在延安"鲁艺"参演苏联契诃夫名剧《求婚》。

### 1943年（22岁）

在延安参演《挑花篮》。

11月，跟"鲁艺工作团"一起深入绥德、米脂等地演出。

### 1945年（24岁）

9月2日，跟田方一起随东北干部团步行出发，11月2日到达沈阳，参加东北文工一团巡回演出《东北人民大翻身》《把眼光放远一点》《我们的村庄》等剧。

### 1946年（25岁）

春，于蓝所在的东北文工团一团前往大连、旅顺进行宣传和演出。在曹禺名剧《日出》中饰演女主角陈白露。随后，又到丹东等地进行街头宣传活动。

在东北参加"土改"。

冬，在全团总结会上当选为模范工作者。

赴东北参加东北电影制片厂故事片摄制的筹备工作。

### 1947年（26岁）

夏，于蓝随东北文工团一团进入长春，被任命为东北电影制片厂第一期训练班指导员。

12月，儿子田新新出生。

### 1948年（27岁）

于蓝随东北文工团在佳木斯。

### 1949年（28岁）

秋，在东北电影制片厂主演影片《白衣战士》，扮演医疗救护队队长庄毅。该片获全国妇联颁发的"救死扶伤"奖旗。

### 1950年（29岁）

3月，调入北京电影制片厂演员科。

在上海电影制片厂摄制的影片《翠岗红旗》中扮演女主角向五儿。毛泽东主席曾三次观看《翠岗红旗》。

《大众电影》第 3 期发表《于蓝同志》（作者：钟婴）。

### 1951 年（30 岁）

5 月 22 日—7 月 23 日，跟北影演员剧团一起赴朝鲜抗美援朝前线慰问志愿军，并体验生活。

参加根据老舍话剧改编的影片《龙须沟》拍摄，扮演程娘子。

### 1952 年（31 岁）

4 月，儿子田壮壮出生。

11 月，作为代表之一，欢迎并接待以费道罗夫等一行 7 人苏联电影艺术工作者代表团。两国电影演员在座谈会上交流了各自的表演经验。

### 1953 年（32 岁）

在话剧导演孙维世执导的契诃夫舞台名剧《万尼亚舅舅》中饰演重要角色之一叶琳娜，但因排练不成功而被撤换。

《大众电影》第 14 期发表《我所知道的于蓝同志》（作者：虞如静）。

### 1954 年（33 岁）

作为第二届全国政协委员会委员，在大会上发言。

考入中央戏剧学院成立的表演干部训练班，在校学习两年，师从苏联专家库里涅夫，学习苏联戏剧大师斯坦尼斯拉夫斯基的表演体系。

### 1956 年（35 岁）

与胡思庆、任德耀合作执导根据著名作家周立波长篇小说《暴风骤雨》改编的多幕同名话剧，作为表演干部训练班的毕业演出剧目。

中央戏剧学院表演干部训练班毕业后留在中央实验话剧院，演出《同甘共苦》《小市民》等话剧。在《同甘共苦》中饰演女主角华云，演出结束后受到周恩来总理的接见。

当选为全国先进工作者。

### 1957 年（36 岁）

影片《翠岗红旗》获得文化部 1949—1955 年优秀故事影片二等奖，包括于蓝在内的每个主创人员均获得一枚银质奖章。授奖大会期间，周恩来、邓颖超邀请于蓝等女演员到中南海紫光阁做客。

在中央实验话剧院演出话剧《百丑图》，演出结束后受到周恩来总理的接见。

**1959 年（38 岁）**

在影片《林家铺子》中扮演张寡妇。

**1961 年（40 岁）**

《大众电影》第 1—2 期合刊发表《访于蓝同志》（作者：沈基宇）。

从中央实验话剧院调回北京电影制片厂。

在《革命家庭》中扮演女主角周莲，获得在苏联举办的第二届莫斯科国际电影节演员银质奖。毛泽东曾多次观看《革命家庭》；周恩来评价于蓝："她演了一个好妈妈。"

上海天马电影制片厂筹拍电影《鲁迅传》，于蓝拟扮演许广平。创作组先后到绍兴、广州、北京等地搜集史料、访谈相关人物和购置服装道具。因随后提出的"大写十三年"口号，影片被迫夭折。

参加全国故事片创作会议（史称"新侨会议"），并与会议代表一起受邀跟周恩来总理同游香山。

在医院检查身体的于蓝读到小说《红岩》。出院不久，跟导演张水华、副导演欧阳红缨一拍即合，决定将《红岩》改编成电影，上报北影厂拍摄计划。

**1962 年（41 岁）**

当选文化部推选的"新中国 22 大电影明星"之一。

《电影艺术》第 3 期发表于蓝的文章《难忘的课程——〈在延安文艺座谈会上的讲话〉发表二十周年有感》。

**1964 年（43 岁）**

赴山西绛县南柳大队和曲沃参加"四清运动"，跟农民群众"同吃、同住、同劳动"。

访问印度尼西亚。

**1965 年（44 岁）**

在影片《烈火中永生》中扮演江姐。周恩来关心创作，还亲自就影片中江姐和许云峰就义一场戏提出修改意见；郭沫若题写了片名。

周恩来总理接见阿联酋电影代表团，田方、于蓝等在座。

**1966 年（45 岁）— 1972 年（51 岁）**

"文化大革命"中跟田方一起同时被打倒，作为北影厂重点"黑帮"，多次遭到残酷批斗。之后下放到北京郊区大兴县天堂河的北影厂"五七干校"

参加劳动。

**1973 年（52 岁）**

回到北影厂，被安排跟田方一起负责北影厂编导室工作。

**1974 年（53 岁）**

春，深入海岛体验生活，参加新片《霞岛》的前期筹备工作。

8 月 27 日，田方去世。

在影片《侦察兵》中扮演孙大娘。

**1978 年（57 岁）**

与李伟远赴新疆，联合执导儿童题材故事影片《萨里玛珂》。

跟武兆堤共同筹备拍摄影片《陈毅出山》，因突发乳腺癌未能继续。

作为代表，参加第五届全国政协会议。

**1979 年（58 岁）**

《电影故事》发表《于蓝三章》（作者：李文斌）。

**1980 年（59 岁）**

在全国人民代表大会上，就制片厂创作和上座率的关系以及电影学院导演系招生问题发表意见。

**1981 年（60 岁）**

4 月 20 日—5 月 2 日，担任第一届中国电影金鸡奖评选委员会委员。

5 月 23 日，在《人民日报》第 8 版发表《寄语张瑜——写在首届电影"金鸡奖"评选之际》一文。

6 月 1 日，北京儿童电影制片厂（后更名为中国儿童电影制片厂）成立，出任首任厂长及艺术指导等职。

6 月 13 日，《光明日报》发表《踏踏实实地为孩子们做点事——访北京儿童电影制片厂厂长于蓝》（作者：孙扶民）。

6 月 24 日，写报告送康克清并转呈中央书记处各位领导同志，提出儿影厂建厂初步设想。

7 月 3 日，任儿童少年文化艺术协调委员会电影电视协调小组组员。

7 月 6 日，《北京晚报》发表《愿于厂长成为乔厂长——访儿童电影制片厂厂长于蓝》（作者：赵凝）。

12 月 27 日，胡耀邦接见故事片厂会议代表，儿影厂于蓝、陈锦俶参加。

《电影文化》第 1 期发表《于蓝和她的表演艺术》（作者：木子、云缦）。

《黑龙江青年》第 8 期发表《她还是个"老八路"》（作者：文利）。

**1982 年（61 岁）**

春节期间，专程去到云南《应声阿哥》外景地，看望剧组工作人员和儿童演员们。

3 月 28 日，《戏剧电影报》发表《儿童影片也要反虚假——访儿童电影制片厂厂长于蓝》（作者：苏雷）。

4 月 1 日，给胡耀邦写信，恳请党中央再次关怀儿影厂。

5 月 4 日，得到中央批示之后，再次给万里写信，汇报实际存在的问题。

5 月 18 日，将儿影厂新片《红象》送请胡耀邦、胡乔木、胡绳等同志审看。得到胡耀邦肯定。

7 月 17 日，向中国儿童活动中心赠送儿童故事片《红象》。

7 月 21 日，《长江日报》发表《年逾花甲童心在——记著名电影表演艺术家于蓝》（作者：南笙）。

9 月 29 日，到北京市电影公司跟影院工作人员、北京市团委及史家胡同、后达里等小学老师座谈，调查了解儿童影片的上映情况。

11 月 20 日，《黑龙江日报》发表《于蓝在故乡》（作者：于作文）。

11 月 22 日，与中影公司座谈改进儿童影片的发行放映问题。

11 月，到山西绥德外景地看望《扶我上战马的人》摄制组。

12 月 16 日，儿影厂举办全国儿童电影文学剧本座谈会。

《艺术世界》第 3 期发表《明天属于谁——介绍于蓝》（作者：解波）。

《银幕与观众》第 12 期发表《她还活跃在影坛上——访于蓝》（作者：王林、史子正）。

于蓝在《电影故事》第 6 期发表文章《为儿童电影献身》。

于蓝在《大众电影》第 6 期发表文章《献给孩子们的礼物》。

于蓝在《电影创作》第 6 期发表文章《学习与探讨》。

**1983 年（62 岁）**

4 月 20 日，陪同邓颖超观看儿童片《扶我上战马的人》。

4 月，文化部举行优秀影片政府奖颁奖大会，儿影厂《应声阿哥》获得首次增设的儿童故事片奖。

5 月 17 日，获得全国妇联表彰的全国优秀儿童工作单位称号。

5 月 29 日，《文汇报》发表《于蓝和儿童电影》（作者：祝大同）。

6 月，当选为六届全国政协代表。

前往影片《"下一次开船港"游记》拍摄现场，看望摄制组工作人员。

于蓝在《电影画报》发表文章《和孩子们相会在新春》。

《艺丛》第 3 期发表《我所见的于蓝同志》（作者：胡万春）。

### 1984 年（63 岁）

2 月 5 日，于蓝在《天津日报》发表文章《明朗的天空》。

2 月 25 日，《辽宁日报》发表《银幕"江姐"今何在？——访于蓝》（作者：傅场）。

4 月 7 日，将新片《岳云》送到中南海，请邓颖超审看。得到肯定。

4 月 14 日，以个人名义写信给康克清并请转胡耀邦，要求中央给儿影厂以经济政策的补贴。

5 月 10 日，写信请荣高棠向顾问委员会反映儿童电影事业面临的困难。

6 月 1 日，向万里、乌兰夫汇报儿童电影发行中存在的问题。

7 月 21 日 –8 月 17 日，以中国电影代表团团长身份率团参加意大利举行的第十四届季福尼国际儿童青年电影节。电影节授予中国儿童电影事业和中国儿童电影代表团荣誉奖牌。

11 月 2 日，任中国儿童少年电影学会会长。

11 月，参加新中国 35 周年电影回顾学术讨论会。

12 月 3 日，《新民晚报》发表《试看银幕江姐迈新步——访儿童电影制片厂厂长于蓝》（作者：唐宁）。

### 1985 年（64 岁）

3 月，在第六届全国政协会上发出《向国务院财政部请求，为发展儿童艺术事业给予政策性经济补贴》的提案。

4 月 2 日，于蓝在《人民政协报》发表文章《电影与儿童——我这一年》。

4 月，当选为中国电影家协会副主席。

4 月—5 月，参加在美国洛杉矶召开的国际儿童少年影视中心代表大会。

7 月，参加在洛杉矶举行的国际儿童少年影视中心年会。

《电影创作》发表《关心孩子们！——幼儿园小朋友和儿影厂长于奶奶的通信》。

**1986 年（65 岁）**

3 月 25 日，任中国儿童少年电影电视中心主席。

3 月，第六届中国电影金鸡奖授予儿影厂新片《少年彭德怀》最佳儿童片奖。

5 月 25 日，《解放日报》发表《纯真的童心激励着她——访儿影厂长于蓝》（作者：潘慧南）；《中国电影报》发表《全社会都来重视儿童电影事业——"六一"节前访于蓝》（作者：冯湄）。

5 月 31 日，受天津市电影发行放映公司之邀，带领《飞飞从影记》及主创人员到天津映出并与观众见面；《人民日报》发表《为了儿童电影事业的繁荣——"六一"前夕访于蓝》（作者：杨昌凤）。

12 月 25 日，文化部电影局正式下文任命宋崇为儿影厂厂长。于蓝主动让位，改任儿影厂艺术指导。

获得中直机关"优秀共产党员"称号。

《电影艺术》第 6 期发表《痛苦多于欢乐——"六一"节前访于蓝》（作者：小鸥）。

《电影评介》第 8 期发表《大家都来关心儿童电影——于蓝与小影迷座谈侧记》（作者：王凯弟）。

**1987 年（66 岁）**

3 月 14 日，经广电部批复，北京儿童电影制片厂更名为中国儿童电影制片厂（简称"童影厂"）。

5 月 8 日，邓颖超在病中为童影厂新厂题写厂标。

5 月 20 日，于蓝参加中央书记处在人民大会堂召开的在京少年儿童工作座谈会。

5 月 25 日，《中国电影报》发表《童心不泯——访电影界老战士于蓝》（作者：建文）。

5 月 26 日，于蓝接待国际儿童少年电影电视中心主席格鲁博维奇和秘书长莫尼克。

7 月 6 日—28 日，前往苏联，参加国际儿童少年影视中心第三十二届年会，同时参加莫斯科第十五届国际电影节。于蓝任国际儿童影视中心评委。

11 月 12—23 日，参加印度布班尼斯瓦举行的第五届国际儿童电影节，并担任该电影节的国际评委。

《女子世界》第 4 期发表《霜叶红于二月花——访著名电影艺术家于蓝》（作者：米敬）。

### 1988 年（67 岁）

3 月 5 日，于蓝在《中国电影报》发表文章《我只是你们中间的一个》。

5 月 31 日，《人民日报》（海外版）发表《为了孩子们——访儿影厂艺术指导于蓝》。

7 月 11 日—29 日，赴保加利亚参加第三十三届国际儿童少年电影电视中心年会及国际儿童电影节。被推选为国际儿童影视中心理事、执委。

8 月 10 日—15 日，童影厂在北京稻香湖举办儿童电影夏令营。

### 1989 年（68 岁）

2 月 2 日—13 日，赴东柏林参加儿童电影节。

6 月 1 日，《中国电影周报》发表《为了明天——"六一"前夕访于蓝》（作者：龙世祥）。

7 月 27 日，《中国电影周报》发表《希望多拍一些儿童片给我们看——小观众和于蓝的通信》（作者：徐嘉、于蓝）。

8 月 1 日，《人民政协报》发表《于蓝的爱情与家庭生活》（作者：梁若冰等）。

10 月 11 日—15 日，携带童影厂儿童影片专程到包头，与包头钢铁稀土总公司在钢城开展儿童少年精神文明共建活动。

11 月 11—26 日，赴印度新德里参加印度第六届国际儿童电影节，同时参加国际儿童影视中心执委会议，提出邀请在中国召开年会的议题。

跟赵丹、白杨、崔嵬、孙道临、王心刚、谢芳、刘晓庆、潘虹、姜文等一起入选《中国电影周报》评选的新中国成立 40 周年"十大电影明星"。

### 1991 年（70 岁）

5 月，在北京召开国际儿童少年影视中心年会，于蓝当选国际儿童少年影视中心新的执委会成员。

6 月，成功举办第二届北京国际少年儿童电影节。

### 1992 年（71 岁）

获得广播电影电视部"劳动模范"称号。

于蓝文章《不断学习、不断探索——向水华同志学习心得一二例》收入《论水华》（北京电影制片厂艺术研究室、中国电影出版社中国电影艺术编辑

室合编，中国电影出版社出版）一书。

**1993 年（72 岁）**

获得中国福利会妇幼事业"樟树奖"。

**1995 年（74 岁）**

获得文化部、广电部纪念世界电影诞生 100 周年、中国电影诞生 90 周年"世纪奖"优秀女演员奖（"世纪影星"）。

获得中国电影表演艺术学会"特别奖"。

与丁峤、水华和石方禹等一起获得中国儿童电影学会"荣誉奖"。

创建中华爱子影视教育促进会。

**1998 年（77 岁）**

10 月，获得"中国内藤国际育儿奖"。

**2000 年（79 岁）**

4 月 20 日，在全国中小学影视教育交流会上阐述影视教育的重要性。

**2001 年（80 岁）**

从中国儿童电影制片厂厂长任上正式办理离休手续。

获得第九届中国电影童牛奖评委会特别贡献奖。

12 月，自传《苦乐无边读人生》由中央文献出版社出版。

**2002 年（81 岁）**

5 月初，中国电影家协会、中国电影集团公司、中国儿童少年电影学会、中国电影表演艺术学会联合主办于蓝《苦乐无边读人生》一书出版座谈会，表演艺术家于洋、田华等参加。艺术家们对该书给予很高评价。

5 月，在上海参加中国影人纪念毛泽东《在延安文艺座谈会上的讲话》发表 60 周年活动。

6 月 19 日，在北京参加纪念左翼电影运动 70 周年暨阳翰笙百年诞辰座谈会。

9 月 26 日—10 月 4 日，率领中国儿童电影代表团，携《城南旧事》《我的九月》《天堂回信》等影片，参加在台中举办的"2002 童想影展"。

11 月 22 日，参加中国电影博物馆奠基暨开工仪式。

受邀参演儿童影片《二十五个孩子一个爹》。

**2003 年（82 岁）**

2 月 16—21 日，作为评委会成员参与第九届电影表演艺术学会奖评选。

### 2005 年（84 岁）

6 月 5 日，参加"纪念中国电影百年赵丹表演艺术研讨会"。

8 月 6 日，在第十届中国电影表演艺术学会奖颁奖大会上，跟孙道临、陈强、秦怡一起获得"终身成就奖"。

8 月 28 日，在第十一届中国电影"华表奖"颁奖典礼上，跟秦怡、陈强、黄素影等 11 位年逾八旬的老艺术家一起获得"水晶华表"纪念杯和鲜花。

12 月 22 日，出席北京大观楼影城"中国电影诞生地"揭匾仪式。

获得人事部、国家广电总局纪念中国电影诞生 100 周年 50 名"国家有突出贡献的电影艺术家"荣誉称号。

获得中国电影表演艺术学会评选的"百年百位优秀演员"荣誉称号。

在影片《烈火中永生》中饰演的江姐，获得中国电影评论学会、中国艺术研究院影视艺术研究所和文汇报社联合评选的"中国电影百年 100 个经典银幕形象"之一。

### 2007 年（86 岁）

获得中国电影表演艺术学会表彰的终身成就"金凤凰奖"。

### 2008 年（87 岁）

受邀参演儿童片《寻找成龙》。

### 2009 年（88 岁）

获得第十届中国国际儿童电影节"杰出贡献奖"。

获得第二十七届中国金鸡百花电影节"终身成就奖"。

被"人民网"网友票选为"庆祝新中国成立 60 周年人民喜爱的艺术家"称号。

获得北京青少年公益电影节举办的庆祝建国 60 周年"观众最喜爱的十大经典银幕形象"奖。

与顾秀莲一起担任中华爱子影视教育促进会的名誉会长。

### 2010 年（89 岁）

与秦怡、仲星火探望病中的张瑞芳。

### 2011 年（90 岁）

参加江阴第 11 届中国国际儿童电影节。

出版《于蓝自述》（中央文献出版社）。

出版《苦乐无边读人生》（北京大学出版社）。

**2012 年（91 岁）**

儿童电影推荐展映活动启动仪式在京举行，于蓝等电影人到场助阵。

在绍兴参加"新中国 22 大电影明星"诞生 50 周年纪念活动。

获得华鼎奖中国电影终身成就大奖。

**2013 年（92 岁）**

接受人民网文化频道的专访。

**2014 年（93 岁）**

在北京金鸡百花影城出席《于蓝自述》签售活动。

在北京出席首届科普电影文化周。

**2016 年（95 岁）**

参加中央电视台中文国际频道（CCTV-4）《中国文艺》"向经典致敬"节目。

**2017 年（96 岁）**

中国电视艺术家协会演员工作委员会授予于蓝 2017 年"特殊贡献者"称号。

**2018 年（97 岁）**

参加中央电视台中文国际频道（CCTV-4）《中国文艺》"影视回声"节目。

参加中央电视台中文国际频道（CCTV-4）《中国文艺》"向经典致敬"节目。

参加人民网融媒体文艺栏目《见证人：致敬改革开放 40 年·文化大家讲述亲历》节目。

参加上海文广新闻传媒集团（SMG）的文化名人访谈类栏目《可凡倾听》的录制。

出演了剧情电影《那些女人》。

**2019 年（98 岁）**

与秦怡、田华等主演家庭电影《一切如你》。

获得中华人民共和国"最美奋斗者"称号。

**2020 年（99 岁）**

6 月 27 日晚 21 时 07 分，于蓝在北京去世，享年 99 岁。

# 后　记

斯人已逝，精神永存！

为深切纪念和缅怀著名电影艺术家、中国儿童电影事业家于蓝同志，使于蓝的精神惠及后世，中国儿童少年电影学会于 2021 年 4 月发布了即将出版《于蓝纪念文集》的消息，并向国内外征集稿件。2022 年春节后，根据稿件征集的情况，编委会决定调整文集的结构，将本书的内容扩充为五章。

第一章，"于蓝谈艺"收集了于蓝同志不同年代撰写的文章 14 篇。

第二章，"于蓝访谈"选择了 4 篇不同媒体对于蓝同志的访谈文稿。

第三章，"众说于蓝"主要来自本次征稿，其中既有旧稿，也有为响应征稿投来的新作，共计 31 篇。

第四章，"研讨实录"的内容采自 3 次集中探讨于蓝精神的会议，分别是 1990 年"庆祝于蓝同志从事革命艺术活动五十年座谈会"、2011年"光荣与梦想——新时期中国儿童电影开拓精神座谈会"、2021 年"追思 致敬 继承——于蓝同志诞辰一百周年纪念会"。

第五章，"于蓝年谱"梳理了于蓝同志一生中参与的重要作品和参加的主要活动。其中前半部分由北京大学李道新教授整理，2009 年后

的年谱由李镇收集整理。

　　本书的出版是在中国儿童少年电影学会第六届领导班子的统一部署下完成的，得到了广大会员的支持，也得到了社会各界的积极响应。此外，中国广播影视出版社在任务紧张、经费有限的情况下，出于对蓝精神的尊崇，增设绿色通道、加班加点、认真审校，还额外安排了加印，在此我们对中国广播影视出版社的鼎力支持致以衷心的谢意！

李镇

2022 年 8 月